Illuminate Publishing

CBAC
UG Y Gyfraith

Canllaw Astudio ac Adolygu

Sara Davies • Karen Phillips • Louisa Walters

ip

CBAC UG Y Gyfraith Canllaw Astudio ac Adolygu

Addasiad Cymraeg o *WJEC AS Law Study and Revision Guide* a gyhoeddwyd yn 2014 gan Illuminate Publishing Ltd, P.O. Box 1160, Cheltenham, Swydd Gaerloyw GL50 9RW

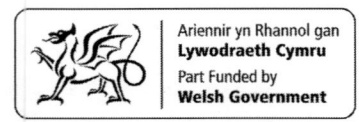

Ariennir yn Rhannol gan **Lywodraeth Cymru**
Part Funded by **Welsh Government**

Cyhoeddwyd dan nawdd Cynllun Adnoddau Addysgu a Dysgu CBAC

© Louisa Walters, Karen Phillips, Sara Davies (Yr argraffiad Saesneg)

Mae'r awduron wedi datgan eu hawliau moesol i gael eu cydnabod yn awduron y gyfrol hon.

© CBAC 2014 (Yr argraffiad Cymraeg hwn)

Archebion: Ewch i www.illuminatepublishing.com
neu anfonwch e-bost i sales@illuminatepublishing.com

Cedwir pob hawl. Ni cheir ailargraffu, atgynhyrchu na defnyddio unrhyw ran o'r llyfr hwn ar unrhyw ffurf nac mewn unrhyw fodd electronig, mecanyddol neu arall, sy'n hysbys heddiw neu a ddyfeisir wedi hyn, gan gynnwys llungopïo a recordio, nac mewn unrhyw system storio ac adalw gwybodaeth, heb ganiatâd ysgrifenedig gan y cyhoeddwyr.

Mae cofnod catalog ar gyfer y llyfr hwn ar gael gan y Llyfrgell Brydeinig

ISBN 978-1-908682-24-6

Argraffwyd gan 4edge Ltd, Hockley, Essex

03.14

Polisi'r cyhoeddwr yw defnyddio papurau sy'n gynhyrchion naturiol, adnewyddadwy ac ailgylchadwy o goed a dyfwyd mewn coedwigoedd cynaliadwy. Disgwylir i'r prosesau torri coed a gweithgynhyrchu gydymffurfio â rheoliadau amgylcheddol y wlad y mae'r cynnyrch yn tarddu ohoni.

Gwnaed pob ymdrech i gysylltu â deiliaid hawlfraint y deunydd a atgynhyrchwyd yn y llyfr hwn. Os cânt eu hysbysu, bydd y cyhoeddwyr yn falch o gywiro unrhyw wallau neu hepgoriadau ar y cyfle cyntaf.

Mae'r deunydd hwn wedi'i gymeradwyo gan CBAC ac mae'n cynnig cefnogaeth ar gyfer cymwysterau CBAC. Er bod y deunydd wedi bod trwy broses sicrhau ansawdd CBAC, mae'r cyhoeddwr yn dal yn llwyr gyfrifol am y cynnwys.

Dyluniad y clawr a'r testun: Nigel Harriss

Testun a'i osodiad: GreenGate Publishing, Tonbridge, Caint

Caniatâd

Pob delwedd © Shutterstock. Credyd lluniau unigol: t9 Vivid Pixels; t12 ER_09; t17 Robert2301; t25 Csdesign; t26 etc. PILart; t33 Evlakhov Valeriy; t41 Denis Cristo; t49 maigi; t54 Virginija Valatkiene; t61 Phil Holmes; t65 Patrick Hermans; t70 nubephoto; t74 zimmytws; t79 ungureanu; t80 Daniel Hughes; t83 Axel Wolf.

Cynnwys

Rhagair 4
Sut i ddefnyddio'r llyfr hwn 5

Gwybodaeth a Dealltwriaeth

LA1 Deall Gwerthoedd, Strwythurau a Phrosesau Cyfreithiol 7
Y Gyfraith a Moesoldeb 9
Rheolaeth Cyfraith 11
Rheithgorau 13
Cyfraith Gwlad ac Ecwiti 18
Y Broses Droseddol 21
Y Broses Droseddol: Mechnïaeth 23
Y Broses Droseddol: Gwasanaeth Erlyn y Goron 27
Y Broses Droseddol: Apeliadau/*CCRC* 31
Y Broses Sifil 35
Dull Amgen o Ddatrys Anghydfod 39
Tribiwnlysoedd 41
Cyngor Cyfreithiol a Chyllid 45
Y Confensiwn Ewropeaidd ar Hawliau Dynol a Deddf Hawliau Dynol 1998 51
Yr Undeb Ewropeaidd: Sefydliadau 55

LA2 Deall Ymresymu, Personél a Dulliau Cyfreithiol 57
Ynadon 59
Y Farnwriaeth 62
Proffesiwn y Gyfraith 66
Diwygio'r Gyfraith 70
Cynsail Barnwrol 73
Dehongli Statudau 78
Deddfwriaeth Ddirprwyedig 82
Yr Undeb Ewropeaidd: Ffynonellau Cyfraith 85

Arfer a Thechneg Arholiad

Cyngor a Chanllawiau Arholiad 90
Cwestiynau ac Atebion 94
Mynegai 142

Rhagair

Mae'n bleser cyhoeddi'r llyfr adolygu hwn yn y Gymraeg. Mae'n amserol ac yn angenrheidiol. Mae wedi ei ysgrifennu gan athrawon profiadol wrth eu gwaith sy'n meddu ar gyfoeth o brofiad mewn dysgu U2 ac UG Y Gyfraith. Bu'r awduron yn ymwneud â chreu adnoddau addysgol yn y Gyfraith sy'n cynnwys amrywiaeth o gyfryngau gan gynnwys DVD.

Fel arbenigwyr pwnc, mae'r awduron yn dangos dealltwriaeth ddofn o'r fanyleb ar lefel ymarferol ac esboniadol, ac yn dangos hefyd eu bod yn sylweddoli cyd-destun polisi ehangach gweithrediad y Gyfraith ac yn fwy cyffredinol 'System' Gyfreithiol Cymru a Lloegr. Daw'r llyfr yn fyw gan siarad â'r darllenydd trwy ymwneud ag atebion gwirioneddol gan fyfyrwyr, sydd wedyn yn cael eu mapio yn erbyn sylwadau'r arholwyr.

Mae'r llyfr yn cyflwyno'r deunydd mewn modd deniadol a hygyrch. Nid yw'n osgoi'r her sy'n cael ei gosod gan y manylebau, ac rwyf yn sicr y bydd y llyfr o gymorth i athrawon a myfyrwyr.

Yr Athro Iwan Davies
Dirprwy Is-Ganghellor a Chadair Hodge yn y Gyfraith, Prifysgol Abertawe

Sut i ddefnyddio'r llyfr hwn

Bwriad y Canllaw Astudio ac Adolygu hwn yw eich helpu i wneud eich gorau yn arholiad UG Y Gyfraith CBAC. Mae'r awduron yn nodi'n union beth sydd ei angen gan ymgeiswyr o ran cynnwys er mwyn ennill y marciau uchaf. Hefyd, mae gwallau cyffredin wedi'u nodi, a chewch gefnogaeth a chyngor fel y gallwch osgoi'r rhain. Dylai hyn eich arwain i lwyddo yn eich arholiad UG.

Mae'r Canllaw yn ymdrin â'r ddau bapur arholiad UG:
LA1 – Deall Gwerthoedd, Strwythurau a Phrosesau Cyfreithiol
LA2 – Deall Ymresymu, Personél a Dulliau Cyfreithiol
Mae'r llyfr wedi ei rannu'n ddwy adran.

Gwybodaeth a Dealltwriaeth

Mae **adran gyntaf** y llyfr yn ymdrin â'r wybodaeth mae ei hangen ar gyfer pob testun o fewn y fanyleb UG. Mae wedi ei ysgrifennu mewn ffordd gryno, ac mae'r gwaith ymestyn wedi ei ddangos yn glir, er mwyn i chi gael y gorau o'ch gwaith adolygu.

Nodweddion pwysig

Trwy'r llyfr, mae achosion pwysig yn cael eu hamlygu a'u tanlinellu, ac mae termau cyfreithiol pwysig wedi eu nodi mewn print trwm, er mwyn i chi allu cyfeirio atynt yn hwylus ar unwaith.

Defnyddir diagramau hwylus trwy'r llyfr er mwyn crynhoi gwybodaeth a gwneud adolygu'n haws.

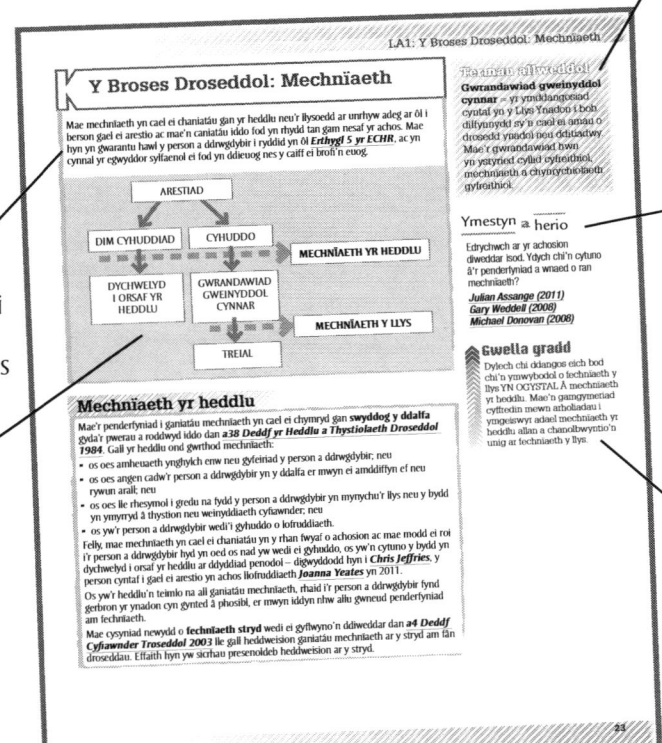

Termau allweddol

Mae diffiniadau Termau allweddol yn cael eu rhoi ar wahân ar ymyl y ddalen. Mae'r termau hyn i gyd yn allweddol i'r fanyleb, a dylech chi eu dysgu.

Ymestyn a herio

Mae'r nodwedd hon yn rhoi cyfle i chi i ymchwilio ymhellach i'r testun, ac yn rhoi cyngor i chi ar ddarllen ehangach. Materion cyfoes neu feysydd sy'n cael eu diwygio yw'r rhain fel arfer; bydd gwybod amdanynt yn gwneud argraff dda iawn ar yr arholwr.

Gwella gradd

Mae'r nodwedd hon yn rhoi syniad i chi o feddwl yr arholwyr, ac yn rhoi cyngor ar bethau y dylech chi eu cynnwys er mwyn ennill marciau uwch.

UG Y Gyfraith: Canllaw Astudio ac Adolygu

Arfer a Thechneg Arholiad

Dyma **ail adran** y llyfr sy'n rhoi cyfle i chi i ymarfer ateb cwestiynau mewn arholiad. Mae hefyd yn cynnwys enghreifftiau o atebion gyda'r marciau a roddir.

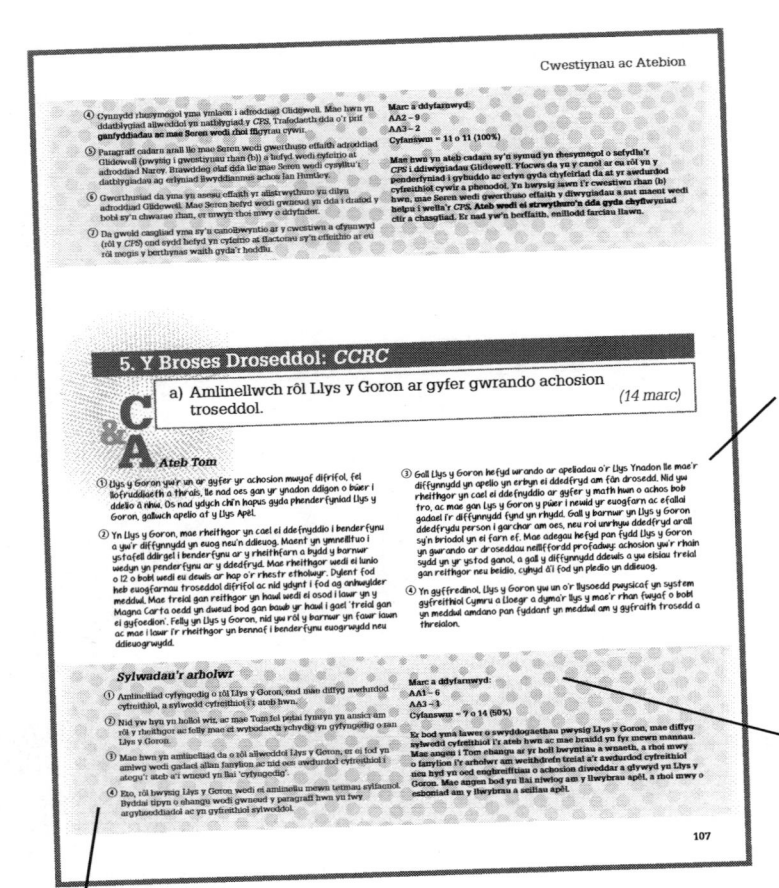

Ateb

Bydd yr adran hon yn amlinellu atebion sy'n sgorio marciau uwch a marciau is, gan ymdrin â'r cwestiynau arholiad mwyaf cyffredin.

Marciau

Mae'r marciau y byddai'r ymgeisydd hwn wedi'u hennill wedi eu rhannu i'r Amcanion Asesu, fel y gallwch chi weld sut cafodd yr ateb ei farcio.

Sylwadau'r arholwr

Mae hon yn adran ddefnyddiol iawn i gael syniad o sut mae arholiadau'n cael eu marcio – mae gwybodaeth fanwl yn cael ei rhoi am sut llwyddodd yr ymgeisydd i ennill y marciau, ac awgrymiadau allweddol am sut i wella'r atebion hyn.

Gwybodaeth a Dealltwriaeth

LA1: Deall Gwerthoedd, Strwythurau a Phrosesau Cyfreithiol

Mae LA1 yn canolbwyntio ar ddatblygu dealltwriaeth y myfyrwyr o Strwythurau a Phrosesau Cyfreithiol. Mae'r uned yn archwilio datblygiad hanesyddol System Gyfreithiol Cymru a Lloegr, ynghyd â deall sut y daeth ecwiti i ychwanegu at gyfraith gwlad er mwyn darparu mwy o ddewis o rwymedïau. Mae'n archwilio rhai o'r egwyddorion allweddol sy'n sail i'r system gyfreithiol, fel Rheolaeth Cyfraith A. V. Dicey, a'r gwrthdaro rhwng cyfraith a moesoldeb. Mae'n edrych ar bwysigrwydd yr UE i system gyfreithiol Cymru a Lloegr, gan ganolbwyntio ar y sefydliadau allweddol sy'n llywodraethu ac yn rhedeg yr Undeb Ewropeaidd. Mae LA1 hefyd yn ymdrin â phrosesau sifil a throseddol, gan edrych ar hierarchaeth y llysoedd, Gwasanaeth Erlyn y Goron, gweithdrefnau mechnïaeth ac apelio, ynghyd ag edrych yn fanylach ar ddiwygiadau pwysig fel diwygiadau Woolf. Yn olaf, bydd yn ystyried pwysigrwydd darparu cyllid cyfreithiol fel y gall unigolion gael amddiffyniad teg neu fynd â'u hawliad sifil i'r llys. Trwy gydol UG Y Gyfraith, mae pwysigrwydd hawliau dynol ac effaith Deddf Hawliau Dynol 1998 yn cael eu pwysleisio.

Rhestr wirio adolygu

Ticiwch golofn 1 pan fyddwch chi wedi gwneud nodiadau adolygu cryno.
Ticiwch golofn 2 pan fyddwch chi'n meddwl eich bod yn deall y testun yn dda.
Ticiwch golofn 3 yn ystod yr adolygu terfynol pan fyddwch chi'n teimlo eich bod wedi meistroli'r testun.

			1	2	3
Y Gyfraith a Moesoldeb	t9	Y gwahaniaeth rhwng y gyfraith a moesoldeb			
	t9	Rôl moesoldeb yn y gyfraith			
	t10	Dadl Hart–Devlin			
Rheolaeth Cyfraith	t11	Egwyddorion Rheolaeth Cyfraith			
	t12	Dadleuon o blaid ac yn erbyn cyfansoddiad ysgrifenedig i'r DU			
Rheithgorau	t13	Rôl rheithgorau			
	t14	Bod yn gymwys i fod yn rheithiwr, a dethol rheithwyr			
	t15	Manteision rheithgorau			
	t15	Anfanteision rheithgorau			
	t16	Ydy rheithgorau'n cynrychioli cymdeithas?			
Cyfraith Gwlad ac Ecwiti	t18	Hanes cyfraith gwlad ac ecwiti			
	t19	Gwirebau ecwiti			
	t20	Rhwymedïau ecwitïol			
Y Broses Droseddol	t21	Troseddau ynadol			
	t22	Troseddau neillffordd profadwy			
	t22	Troseddau ditiadwy			
Y Broses Droseddol: Mechnïaeth	t23	Mechnïaeth yr heddlu			
	t24	Mechnïaeth y llys			
	t24	Mechnïaeth amodol			

	t25	Cyfyngiadau ar fechnïaeth
	t26	Manteision ac anfanteision mechnïaeth
Y Broses Droseddol: Gwasanaeth Erlyn y Goron	t27	Hanes a rôl Gwasanaeth Erlyn y Goron (*CPS*)
	t28	Cod i Erlynwyr y Goron
	t29	Diwygio Gwasanaeth Erlyn y Goron
Y Broses Droseddol: Apeliadau/*CCRC*	t31	Hierarchaeth y Llysoedd Troseddol
	t32	Apeliadau o'r Llys Ynadon
	t32	Apeliadau o Lys y Goron
	t33	Y Comisiwn Adolygu Achosion Troseddol (*CCRC*)
	t34	Manteision ac anfanteision y Comisiwn
Y Broses Sifil	t35	Hierarchaeth y Llysoedd Sifil (gan gynnwys llwybrau apêl)
	t35	Y broses sifil cyn diwygiadau 1999
	t36	Diwygiadau Woolf
	t37	Beirniadaeth o'r diwygiadau
Dull Amgen o Ddatrys Anghydfod	t39	Rhesymau dros ddull amgen o ddatrys anghydfod
	t39	Ffurfiau ar ddull amgen o ddatrys anghydfod
Tribiwnlysoedd	t42	Hanes tribiwnlysoedd
	t43	Deddf Tribiwnlysoedd, Llysoedd a Gorfodaeth 2007
	t44	Manteision ac anfanteision tribiwnlysoedd
Cyngor Cyfreithiol a Chyllid	t45	Beth yw ystyr yr 'angen heb ei ateb' am wasanaethau cyfreithiol?
	t45	Hanes cymorth cyfreithiol
	t45	Deddf Mynediad at Gyfiawnder 1999
	t46	Manteision ac anfanteision diwygiadau Deddf Mynediad at Gyfiawnder 1999
	t46	Deddf Cymorth Cyfreithiol, Dedfrydu a Chosbi Troseddwyr 2012 (*LASPO*)
	t49	Cytundebau ffioedd amodol
	t50	Dyfodol Cyllid Cyfreithiol
Y Confensiwn Ewropeaidd ar Hawliau Dynol a Deddf Hawliau Dynol 1998	t51	Cefndir y Confensiwn Ewropeaidd ar Hawliau Dynol (*ECHR*)
	t52	Adrannau allweddol Deddf Hawliau Dynol (*HRA*) 1998
	t53	Manteision ac anfanteision Deddf Hawliau Dynol 1998
	t54	Crynodeb o amddiffyn Hawliau Dynol cyn ac ar ôl y Ddeddf Hawliau Dynol
	t54	Bil Hawliau
	t54	Manteision ac anfanteision Bil Hawliau
Yr Undeb Ewropeaidd: Sefydliadau	t55	Senedd Ewrop
	t55	Y Comisiwn Ewropeaidd
	t55	Cyngor yr Undeb Ewropeaidd
	t55	Cyngor Ewrop
	t56	Llys Cyfiawnder yr Undeb Ewropeaidd (*CJEU*)

Y Gyfraith a Moesoldeb

Y gwahaniaeth rhwng y gyfraith a moesoldeb

Mae cyfreithiau a moesoldeb yn normadol o ran eu natur; maent yn dweud beth ddylai gael ei wneud. Mae llawer o fathau o ymddygiad yn groes i reolau cyfreithiol a moesol, e.e. llofruddiaeth. Mae sawl maes cyfraith yn codi cwestiynau moesol – yn y Senedd, caiff aelodau seneddol bleidleisio yn ôl eu cydwybod, yn hytrach na'u plaid, e.e. erthylu, ymchwil ar embryonau.

Mae goblygiadau moesol amlwg i rai meysydd cyfraith:

- Cyfraith camwedd – **_Donoghue v Stevenson (1932)_** Yr Arglwydd Aitken, 'peidiwch â gwneud niwed i'ch cymydog' (Y Beibl, 'câr dy gymydog').
- Cyfraith contract – yn seiliedig ar yr egwyddor y dylech chi gadw addewidion.

Gall rhai pethau gael eu hystyried yn anfoesol ond nid ydynt yn anghyfreithlon, e.e. dweud celwydd. Ydy gwerthoedd moesol yn newid dros amser, e.e. agweddau tuag at gyfunrywioldeb? Mae cyfreithiau yn aml ar ei hôl hi o'u cymharu â newidiadau moesol, e.e. **_R v R (1991)_** – cymerodd hyd at 1991 i newid y gyfraith ar drais rhywiol (*rape*) o fewn priodas.

Mae cyswllt agos rhwng y gyfraith a moesoldeb, ond y mae gwahaniaethau. Mewn achos o wahanu gefeilliaid cydgysylltiedig, **_Re A (Children) (Conjoined Twins: Surgical Separation) (2001)_**, dywedodd y Llys Apêl nad oedd yn: 'llys moesau ond yn llys cyfraith a rhaid i'n penderfyniadau gael eu seilio ar sylfaen gadarn o egwyddor gyfreithiol'.

Rôl moesoldeb yn y gyfraith

Damcaniaethwyr cyfraith naturiol

Yn ôl damcaniaethwyr cyfraith naturiol mae cyfraith uwch yn bodoli. Dylai cyfreithiau fod yn seiliedig ar y cod moesol hwn, ac os nad ydynt, ni ellir eu galw'n gyfreithiau o gwbl mewn gwirionedd. Dywedodd yr Athro Fuller yn *The Morality of the Law* y dylai fod wyth gofyniad allweddol i system gyfreithiol, ac os oes unrhyw un o'r rhain yn absennol, yna nid yw'n system gyfreithiol:

1. Cyffredinolrwydd – rheolau, nid penderfyniadau *ad hoc*
2. Cyhoeddi (*promulgation*) – dylai pawb wybod am y rheolau
3. Dim ôl-weithredu (*non-retroactivity*) – ni ddylai'r rheolau weithio'n ôl o ran amser
4. Eglurder – dylai cyfreithiau fod yn glir
5. Cysondeb – ni ddylai cyfreithiau wrth-ddweud ei gilydd
6. Realaeth – ni ddylai fod yn amhosibl cadw at gyfreithiau
7. Sefydlogrwydd – ni ddylai cyfreithiau newid yn aml a pheri dryswch felly
8. Cyfathiant (*congruence*) – dylai gweinyddu'r rheolau gyd-fynd â'r wybodaeth sydd gan y cyhoedd am y rheolau.

Iwtilitariaeth – John Stuart Mill (1859)

Dylai unigolion fod yn rhydd i ddewis eu hymddygiad eu hunain (cyhyd â'u bod heb niweidio eraill) ac ni ddylai cymdeithas orfodi moesoldeb arnynt. Gwerthuso: nid yw'r ffaith nad yw gweithredoedd rhywun yn achosi niwed uniongyrchol yn golygu nad oes niwed o gwbl, e.e. pornograffi. Pwy yw rhywun arall? E.e. erthylu, ymchwil ar embryonau – niweidio plentyn yn y groth – ai niweidio person arall yw hyn?

Gwella gradd

Yn y testun hwn, gallwch chi wella'ch marciau os gallwch chi ddangos eich bod yn gwybod am achosion perthnasol. Mae atebion i gwestiynau arholiad sydd heb ddim, neu fawr ddim awdurdod cyfreithiol fel arfer yn ennill marciau is.

Dyma enghreifftiau diweddar sy'n cwestiynu'r berthynas rhwng y gyfraith a moesoldeb:

- *Penodi esgobion benywaidd* – ym mha 'fusnes' arall byddai merched yn cael eu hatal rhag bod yn Brif Weithredwr neu'n Rheolwr Gyfarwyddwr?
- *Terfynu beichiogrwydd oherwydd rhyw y baban* – ydy hyn yn gyfreithlon, yn anfoesol neu'r ddau beth?
- *Gwisgo niqab yn y llys* – a ddylai'r barnwr a'r rheithgor weld wyneb llawn y diffynnydd er lles cyfiawnder?

Ymestyn a herio

'Ni fyddai'n gywir dweud bod dyletswydd gyfreithiol ymhlyg mewn rhwymedigaeth foesol; ond seilir pob dyletswydd gyfreithiol ar rwymedigaeth foesol.'

LCJ Coleridge yn ***R v Instan (1893)***. Trafodwch rôl moesoldeb yng nghyfraith Cymru a Lloegr.

Gwella gradd

Mae unrhyw ateb ar y gyfraith a moesoldeb yn gofyn am drafodaeth drwyadl o ddadl Hart–Devlin, gydag awdurdod i ategu'r naill ddamcaniaethwr a'r llall.

Gall y testun hwn gael ei arholi gyda Rheolaeth Cyfraith, felly gwnewch yn siŵr eich bod yn deall y ddau destun yn drwyadl.

Dadl Hart–Devlin

Adroddiad Wolfenden 1957

Argymhellodd hwn gyfreithloni cyfunrywioldeb a phuteindra.
- **Devlin** – yn gwrthwynebu'r adroddiad ar y sail bod angen moesoldeb cyffredin i gadw cymdeithas yn gyfan. Mae gan y gyfraith ddyletswydd i gynnal moesoldeb cyffredin. Mae ymddygiad anfoesol yn cael ei farnu yn ôl safonau'r unigolyn cywir ei feddwl.
- **Hart** – yn cymeradwyo'r adroddiad ar y sail bod defnyddio'r gyfraith i orfodi moesau yn ddiangen, yn annymunol ac yn annerbyniol yn foesol.

Beirniadaeth
- Mae safon yr unigolyn cywir ei feddwl yn un anodd.
- Dylai unigolion fod yn rhydd i ddewis.

Gallwch weld cefnogaeth farnwrol i safbwynt Devlin yn yr achosion canlynol:
Shaw v DPP (1961), Knuller Ltd v DPP (1972), R v Gibson (1990), R v Brown (1992)

Pwyllgor Warnock

Bu'r Pwyllgor yn ystyried materion yn ymwneud â chenhedlu (IVF) a beichiogrwydd. Roedd argymhellion Adroddiad Pwyllgor Warnock yn 1984 yn cynnwys:
- Sefydlu corff statudol annibynnol i fonitro, rheoleiddio a thrwyddedu gwasanaethau anffrwythlondeb ac arbrofion ar embryonau – **Sefydlwyd yr Awdurdod Ffrwythloni Dynol ac Embryoleg yn 1990**.
- Dylai arbrofion ar embryonau hyd at 14 diwrnod fod yn gyfreithlon.
- Dylai trefniadau benthyg croth (*surrogacy*) fod yn anghyfreithlon.
- Daeth llawer o argymhellion yr Adroddiad yn gyfraith yn **Neddf Ffrwythloni Dynol ac Embryoleg 1990**.

Dyma rai achosion dadleuol ynghylch triniaeth am anffrwythlondeb a 'babanod dethol' (*designer babies*):
- ***R v Human Fertilisation and Embryology Authority, ex parte Blood (1997)***
- ***R (on the application of Quintavalle) v Human Fertilisation and Embryology Authority (2005) (designer babies)***
- ***Evans v UK (2007)***

Diwygio

2008 – ***Deddf Ffrwythloni Dynol ac Embryoleg*** – yn cymryd lle Deddf 1990, mae'n darparu ar gyfer:
- Sefydlu Awdurdod Rheoleiddio ar gyfer Meinweoedd ac Embryonau.
- Estyn cyfnod storio statudol embryonau o 5 i 10 mlynedd.
- Caniatáu creu embryonau hybrid (DNA dynol ac anifeiliaid) at ddibenion ymchwil a'u cadw am 14 diwrnod.
- Darpariaeth ar gyfer caniatáu 'brodyr a chwiorydd achubol' (*saviour siblings*).
- Gwahardd dewis rhyw embryonau am resymau nad ydynt yn rhai meddygol.
- 'Yr hawl i wybod' pwy yw'r rhieni biolegol i'r rheini sy'n cael eu geni o ganlyniad i driniaethau anffrwythlondeb.

Rheolaeth Cyfraith

Mae Rheolaeth Cyfraith yn un o egwyddorion sylfaenol ein cyfansoddiad. Ystyr syml Rheolaeth Cyfraith yw y dylai'r wladwriaeth lywodraethu ei dinasyddion yn unol â rheolau y cytunwyd arnynt.

Mae Prydain yn wahanol i ddemocratiaethau eraill y Gorllewin, gan nad oes ganddi gyfansoddiad ysgrifenedig. Nid yw cyfansoddiad Prydain i'w gael mewn dogfen benodol, ond mae ganddi gyfansoddiad o reolau ynghylch pwy sy'n ei llywodraethu, a'r pwerau sydd ganddynt a sut mae'r pŵer hwnnw yn cael ei drosglwyddo.

Dyma rai o ffynonellau cyfansoddiad Prydain:
- Deddfau Seneddol.
- Penderfyniadau barnwrol.
- Confensiynau – nid cyfreithiau yw'r rhain, ond traddodiadau a ddilynwyd dros amser.

Egwyddorion Rheolaeth Cyfraith

Mae tair prif egwyddor sy'n sail i Reolaeth Cyfraith ac mae'n rhaid i chi eu deall. Y rhain yw gwahaniad pwerau, goruchafiaeth y Senedd a Rheolaeth Cyfraith.

Gwahaniad pwerau

Mae modd rhannu pŵer y wladwriaeth yn dri math (yn ôl Montesquieu, athronydd Ffrengig o'r ddeunawfed ganrif):

1. Gweithredol – Llywodraeth.
2. Deddfwriaethol – y Senedd.
3. Barnwrol – Barnwyr.

Dylai pob un pŵer gael ei weithredu gan gyrff gwahanol er mwyn osgoi camddefnyddio grym a gwrthdaro buddiannau.

Ydy ein system ni yn gweithredu yn ôl egwyddor gwahaniad pwerau?

Goruchafiaeth y Senedd

- Sofraniaeth Seneddol – y Senedd yw ffynhonnell uchaf y gyfraith.
- Nid yw'r un Senedd yn rhwymo'r llall.
- Prydain – dim Bil Hawliau (*Bill of Rights*) i fynd y tu hwnt i'r Senedd. Nid oes gan Brydain unrhyw gyfraith sydd wedi ymwreiddio (*entrenched*).

Dicey – 'Dan Gyfansoddiad Lloegr, mae gan y Senedd yr hawl i wneud neu i ddadwneud unrhyw gyfraith o fath yn y byd, ac ymhellach, nid yw cyfraith Lloegr yn cydnabod bod gan unrhyw berson na chorff yr hawl i fynd y tu hwnt i ddeddfwriaeth y Senedd na'i gosod o'r neilltu.'

Fodd bynnag, mae goruchafiaeth y Senedd wedi ei erydu:
- Effaith aelodaeth o'r UE ar sofraniaeth seneddol.
- Newidiadau i'r cyfansoddiad – Senedd yr Alban, Cynulliad Gogledd Iwerddon, Cynulliad Cenedlaethol Cymru.
- **Deddf Hawliau Dynol 1998** – Nid yw'r Confensiwn Ewropeaidd ar Hawliau Dynol (*ECHR: European Convention on Human Rights*) yn uwch na'r Senedd, ond effeithiau **Adrannau 3 a 4 Deddf Hawliau Dynol 1998** ar sofraniaeth seneddol.

Dyfyniad allweddol

'*Dan Gyfansoddiad Lloegr, mae gan y Senedd yr hawl i wneud neu i ddadwneud unrhyw gyfraith o fath yn y byd, ac ymhellach, nid yw cyfraith Lloegr yn cydnabod bod gan unrhyw berson na chorff yr hawl i fynd y tu hwnt i ddeddfwriaeth y Senedd na'i gosod o'r neilltu.*'

Dicey

Gwella gradd

Byddai'n creu argraff dda ar yr arholwr os dangoswch eich bod yn gwybod am rai enghreifftiau proffil uchel honedig o dorri (*breach*) Rheolaeth Cyfraith. Ymchwiliwch i'r canlynol er mwyn eu cynnwys mewn ateb ar Reolaeth Cyfraith:

- John Hemming AS a ddefnyddiodd ei fraint seneddol i ddatgelu pwy oedd y pêl-droediwr enwog a fu'n destun gwaharddeb.
- Cynnig gan aelodau seneddol Ceidwadol i anwybyddu dyfarniad gan yr *ECHR* sy'n rhoi'r hawl i garcharorion y DU bleidleisio.
- Achos **Binyam Mohamed**.
- Alltudio Abu Qatada.

Ymestyn a herio

Cyhoeddodd y garfan bwyso JUSTICE faniffesto yn 2007 ar gyfer Rheolaeth Cyfraith. Ymchwiliwch i'w hargymhellion a'u crynhoi.

Gwella gradd

Wrth ateb cwestiwn ar Reolaeth Cyfraith, mae'n bwysig trafod tair egwyddor allweddol ein cyfansoddiad yn llawn, gan gynnwys Dicey, a rhoi enghreifftiau cyfredol o dorri Rheolaeth Cyfraith.

Dim ond mynnu bod barnwyr yn dehongli cyfreithiau i gyd-fynd â hawliau dynol i'r graddau y gallant wneud hynny y mae **adran 3**, felly nid oes llawer o effaith ar oruchafiaeth y Senedd. Yn yr un modd, nid yw **adran 4** yn caniatáu i farnwyr ddileu cyfreithiau nad ydynt yn cyd-fynd â hawliau dynol, ond yn caniatáu i farnwyr gyhoeddi datganiadau anghydnawsedd y gall y Senedd eu hanwybyddu. Fodd bynnag, mae yna rywfaint o effaith ar oruchafiaeth y Senedd oherwydd bod Gweinidog yn gallu diwygio cyfraith sy'n anghydnaws yn ôl y llysoedd, a hynny trwy orchymyn yn hytrach na Deddf Seneddol, o dan **adran 10 Deddf Hawliau Dynol 1998**.

Rheolaeth Cyfraith

Dicey – y bedwaredd ganrif ar bymtheg: *Tair elfen i Reolaeth Cyfraith*:
1. Ni ddylai neb gael ei gosbi oni bai ei fod wedi torri cyfraith.
2. Dylai un gyfraith lywodraethu pawb.
3. Sicrhau hawliau unigolion trwy benderfyniadau barnwyr.

Torri rheolaeth cyfraith

Dylech chi fod yn ymwybodol o un o'r enghreifftiau mwyaf arwyddocaol o dorri rheolaeth cyfraith, sef trosglwyddo eithriadol (*extraordinary rendition*). Ystyr hyn yw bod gwladwriaeth yn cipio pobl ac yn eu cadw'n gaeth, gan eu trosglwyddo i wlad arall i gael eu cwestiynu 'y tu allan i'r gyfraith' lle mae perygl y cânt eu harteithio.

Deddf Diwygio Cyfansoddiadol 2005

- A 1 – 'nid yw'r Ddeddf yn effeithio... ar egwyddor gyfansoddiadol bresennol rheolaeth cyfraith.'

Dadleuon o blaid ac yn erbyn cyfansoddiad ysgrifenedig i'r DU

Dadleuon o blaid:
- Gwneud pethau'n gliriach
- Hygyrch i ddinasyddion
- Amddiffyn hawliau a rhyddid yn fwy.

Dadleuon yn erbyn:
- Anodd ei newid
- Cyfansoddiad anysgrifenedig yn rhan o'n treftadaeth
- Cyfansoddiad anysgrifenedig yn caniatáu hyblygrwydd.

Rheithgorau

Rôl rheithgorau

- Mae rheithgorau yn dod i benderfyniad ar achosion, gan bwyso a mesur y dystiolaeth sy'n cael ei chyflwyno iddynt yn y llys.
- Bydd y barnwr yn datrys materion cyfraith ac yn cyfeirio'r rheithgor at y gyfraith berthnasol.
- Mae rheithgorau yn annibynnol ac yn rhydd o ddylanwad fel y cadarnhawyd yn **Achos Bushell (1670)**.
- Mae gofyn i bob aelod cymwys o'r cyhoedd gyflawni ei ddyletswydd rheithgor os caiff ei alw neu ei 'wysio' i wneud y gwaith.

Achosion troseddol

Yn Llys y Goron yn unig y bydd rheithgorau'n penderfynu ar achosion. O'r holl achosion troseddol, mae 95% yn cael eu rhoi ar brawf yn y Llys Ynadon, ac o'r 5% sy'n cael gwrandawiad yn Llys y Goron, bydd cyfran helaeth o'r diffynyddion yn pledio'n euog, sy'n golygu nad oes angen treial gan reithgor. O ganlyniad, dim ond tua 1% o achosion troseddol sy'n cael treial gan reithgor. Er hyn, mae rheithgorau yn dal i gael eu hystyried yn bwysig yn symbolaidd ac yn rhan hanfodol o'r system gyfreithiol yng Nghymru a Lloegr. Fel yr ysgrifennodd yr Arglwydd Devlin yn 1956, nhw yw'r 'lamp sy'n dangos bod rhyddid yn fyw'.

Rôl y rheithgor mewn treial troseddol yw penderfynu a yw'r diffynnydd yn euog neu'n ddieuog o'r drosedd y cyhuddwyd ef ohoni, ar sail y dystiolaeth a gyflwynir yn y llys. Mae'n rhaid i'r rheithgor fod yn sicr o euogrwydd y diffynnydd *y tu hwnt i amheuaeth resymol* (**safon y prawf**). Mae 12 rheithiwr fel arfer, a dylent yn gyntaf geisio dod i benderfyniad neu 'reithfarn' unfrydol. Dan **Ddeddf Rheithgorau 1974** gall y barnwr gyfarwyddo'r rheithgor i ddod i reithfarn fwyafrifol o naill ai 10:2 neu 11:1 os yw wedi methu â dod i reithfarn unfrydol ar ôl 'cyfnod rhesymol o amser'.

Achosion sifil

Mae llai nag 1% o achosion sifil yn cael eu rhoi ar brawf gan reithgor. Mae **Deddf y Goruchaf Lys 1981** yn rhoi hawl i dreial gan reithgor yn yr achosion sifil canlynol:

- Enllib ac athrod
- Erlyniad maleisus
- Camgarchariad
- Twyll.

Llys y Crwner

Mewn cwest yn Llys y Crwner, rôl y rheithgor yw penderfynu ar ddau beth ffeithiol: yn gyntaf – pwy oedd y person a fu farw, ac yn ail – sut, pryd a lle y bu farw'r person. Nid yw'r rheithgor yn dod i reithfarn 'euog' na 'dieuog' felly.

Ymestyn a herio

Meddyliwch pam mai dim ond rheithfarn fwyafrifol o 10:2 neu 11:1 sy'n foddhaol. Mae'n ategu'r egwyddor y dylai euogrwydd gael ei brofi y tu hwnt i amheuaeth resymol. Os na all rheithgor ddod i reithfarn leiafrifol dderbyniol, yr enw ar hyn yw rheithgor crog.

Termau allweddol

Rheithgor crog = lle na all rheithgor ddod i reithfarn unfrydol neu fwyafrifol ar ôl iddynt ystyried. Yn yr achosion hyn, mae ail dreial yn cael ei drefnu gyda rheithgor newydd.

Safon y prawf = y safon y mae'n rhaid i achos ei gyrraedd. Yng nghyfraith trosedd: *y tu hwnt i amheuaeth resymol*. Mewn achos sifil: *yn ôl pwysau tebygolrwydd*.

UG Y Gyfraith: Canllaw Astudio ac Adolygu

Ymestyn a herio

Cyn Deddf Cyfiawnder Troseddol 2003, roedd pum categori o bobl yn anghymwys i wasanaethu ar reithgor: y farnwriaeth, y rheini oedd yn ymwneud â gweinyddu cyfiawnder megis heddweision a chyfreithwyr, clerigwyr, pobl ag afiechyd meddwl a phobl ar fechnïaeth. Yn dilyn y Ddeddf honno, dim ond pobl ag afiechyd meddwl sy'n anghymwys. Ydy rheithgorau wedi dod yn fwy cynrychiadol (*representative*) yn dilyn y newidiadau hyn felly?

Cofiwch ystyried y gyfraith cyn Deddf Cyfiawnder Troseddol 2003. Pam cafodd y newidiadau eu gwneud? Ydy rheithgorau yn fwy cynrychiadol erbyn hyn?

Gwella gradd

Bod yn anghymwys

Bydd person yn anghymwys i wneud gwasanaeth rheithgor am weddill ei oes os:

- bu yn y carchar am 5 mlynedd neu fwy neu os derbyniodd ddedfryd estynedig erioed.

Bydd person yn anghymwys am 10 mlynedd os:

- bydd wedi treulio cyfnod yn y carchar yn ystod y 10 mlynedd diwethaf
- cafodd ddedfryd ohiriedig neu ddedfryd gymunedol yn ystod y 10 mlynedd diwethaf.

Hefyd, mae'r rheini sydd ar fechnïaeth yn anghymwys.

Bod yn gymwys i fod yn rheithiwr, a dethol rheithwyr

Mae'r gyfraith i'w gweld yn **Neddf Cyfiawnder Troseddol 2003**, a ddiwygiodd **Deddf Rheithgorau 1974**, o ganlyniad i argymhellion gan **Auld**.

Bod yn gymwys	Bod yn anghymwys
<ul><li>18–70 oed</li><li>Wedi cofrestru ar y gofrestr etholwyr</li><li>Yn byw yn y DU, Ynysoedd y Sianel, Ynys Manaw am o leiaf 5 mlynedd ers yn 13 oed</li><li>Heb fod yn **anghymwys**</li></ul>	<ul><li>Pobl ar fechnïaeth</li><li>Pobl ag euogfarnau troseddol difrifol</li><li>Pobl ag anhwylder meddwl</li></ul>

Gohirio	Esgusodi
Gall unrhyw un wneud cais i ohirio dyletswydd rheithgor. Mae rhesymau dros ohirio yn cynnwys arholiadau, bod wedi archebu gwyliau, priodas, llawdriniaeth, etc. Gellir gohirio dyletswydd rheithgor unwaith, ond rhaid ei ailgymryd o fewn cyfnod o 12 mis wedyn.	Gall y bobl ganlynol wneud cais am esgusodi dewisol:<ul><li>Pobl sydd dros 65 oed</li><li>Pobl sydd wedi gwasanaethu ar reithgor yn ystod y 2 flynedd ddiwethaf</li><li>Aelodau Seneddol (ASau/*MPs: Members of Parliament*)</li><li>Aelodau o Senedd Ewrop (ASEau/*MEPs: Members of the European Parliament*)</li><li>Rhai aelodau o'r proffesiwn meddygol</li><li>Y rheini sydd â chredoau crefyddol sy'n anghydnaws â gwasanaeth rheithgor</li><li>Aelodau llawn amser o'r lluoedd arfog</li></ul>

Gwysio'r rheithgor

Y Swyddfa Wysio Ganolog sy'n gwysio rheithwyr. Mae cyfrifiaduron yn dewis enwau rheithwyr ar hap oddi ar y gofrestr etholwyr, a'r gwysion yn cael eu hanfon allan. Mae rheithwyr yn cyrraedd y llys ar y dyddiad a nodwyd ac yn mynd i fan ymgynnull y rheithgor lle bydd rhywun yn cadarnhau pwy ydynt. Mae'r rheithgor ar gyfer achos yn cael ei ddewis trwy dynnu enwau ar hap yn y llys agored lle mae'r Clerc yn galw 12 enw allan. Bydd y 12 hyn wedyn yn tyngu llw, oni bai bod unrhyw heriau. Mae yna 12 rheithiwr fel arfer mewn achos troseddol, ac ni fydd byth llai na 9. Mewn achos sifil yn y Llys Sirol, mae 8 rheithiwr.

Heriau

Gall rheithiwr gael ei herio mewn un o ddwy ffordd:

Her am reswm

Cais i ddiswyddo aelod o'r rheithgor oherwydd bod rheswm i gredu na all fod yn deg, yn ddiduedd neu'n gymwys.

Er enghraifft:
- adnabod rhywun yn yr achos
- profiad blaenorol mewn achos tebyg
- rhagfarn amlwg
- yn anghymwys neu'n waharddedig.

Mae'r Goron yn eich hepgor

Ni ddefnyddir hyn yn aml, a dylid ond ei ddefnyddio mewn achosion sy'n ymwneud â diogelwch gwladol a therfysgaeth.

Manteision rheithgorau

- Mae pobl gyffredin, sydd i fod i gynrychioli cymdeithas, yn cael cyfle i gymryd rhan yn y system cyfiawnder troseddol, sy'n golygu bod ymdeimlad o gael eich barnu gan gymdeithas yn hytrach na'r system gyfreithiol. Mae hyn yn cynnal egwyddor **Magna Carta** o'r 'hawl i gael treial gan eich cymheiriaid'.
- Mae'r rheithgor yn hynafol ac yn ddemocrataidd:
  Yr Athro Blackstone – 'dyma amddiffyniad ein hawliau'.
  Yr Arglwydd Devlin – 'y lamp sy'n dangos bod rhyddid yn fyw'.
  Michael Mansfield CF – 'elfen fwyaf democrataidd ein system farnwrol'.
- Mae tegwch **rheithgor** yn golygu bod rheithgorau'n gwneud penderfyniadau ar sail **ffeithiau**, nad yw'n gofyn am unrhyw hyfforddiant cyfreithiol. Yn **Ponting (1985)**, gwrthododd y rheithgor ei gael yn euog, er i'r barnwr ddyfarnu nad oedd amddiffyniad.
- Mae deuddeg barn yn well nag un, ac oherwydd **a8 Deddf Dirmyg Llys 1981**, mae trafodaethau'r rheithgor yn cael eu cynnal yn gyfrinachol, sy'n golygu eu bod yn rhydd rhag dylanwad a phwysau gan y cyfryngau a'r cyhoedd.
- Bydd rheithgorau'n aml yn dod i benderfyniad sy'n deg a chyfiawn yn hytrach nag un sy'n gyfreithiol gywir. Yn **R v Owen (1992)**, roedd y rheithgor yn cydymdeimlo â'r diffynnydd am iddo weithredu mewn ffordd a gafodd ei weld fel cael cyfiawnder i'w fab marw, er ei fod wedi cyflawni trosedd yn gyfreithiol.
- Nid oes gan reithgorau ragfarn o blaid yr erlyniad ac nid ydynt wedi dod yn orgyfarwydd ag achosion trwy wrando ar lu ohonynt, fel mae rhai'n tybio sy'n digwydd i farnwr. I lawer o bobl, dyma'r tro cyntaf a'r unig dro iddynt wasanaethu ar reithgor a byddant felly'n awyddus i wneud y gwaith yn dda a chael y canlyniad tecaf.

Anfanteision rheithgorau

- Mae pobl yn aml yn ddig am iddynt orfod gwasanaethu ar reithgor ac yn edrych ymlaen at orffen er mwyn mynd yn ôl at eu gwaith a'u teuluoedd.
- Gall dylanwad y cyfryngau effeithio ar ganlyniad achos yn aml ac yn anfwriadol. Dyna beth a ddigwyddodd yn achos **R v Taylor and Taylor (1993)** lle roedd papur newydd wedi cyhoeddi lluniau o ffilm teledu cylch cyfyng (CCTV) gan roi argraff gamarweiniol o beth oedd wedi digwydd. Gallai hyn ymyrryd â hawl diffynyddion i dreial teg dan **Erthygl 6 yr ECHR**.
- Mae rheithgorau'n aml yn gorfod eistedd trwy dystiolaeth ac arddangosion annifyr a chythryblus, fel yn achos erchyll **R v West (1996)**.
- Gwelwyd bod rheithwyr yn aml yn camddeall yr achos sy'n cael ei gyflwyno iddynt. Mae ymchwil gan Brifysgol Middlesex yn dangos mai dim ond 43% o reithwyr oedd yn deall popeth oedd yn digwydd mewn treial. Mae hyn wedi cael ei gadarnhau ymhellach gan Robert Howe CF a eisteddodd ar reithgor ac a gafodd ei synnu o weld cyn lleied o baratoi y mae rheithwyr yn ei dderbyn. Yn **R v Pryce (2013)**, daeth treial Vicky Pryce i ben pan ofynnodd y barnwr ddeg cwestiwn i'r rheithgor a sylweddoli wedyn na ddeallai bethau sylfaenol am yr achos.
- Mae ystadegau'n dangos bod 43% o ddiffynyddion yn cael eu dyfarnu'n ddieuog yn Llys y Goron o'u cymharu â dim ond 26% yn y Llys Ynadon. Mae hyn yn ein harwain i gredu bod rheithgorau'n gallu bod yn anwadal gan roi rheithfarnau '**disynnwyr**' (*perverse*) yn aml. Enghraifft o hyn yw **R v Young (1995)** lle cafwyd gorchymyn i gynnal ail dreial pan welwyd bod y rheithgor wedi defnyddio bwrdd ouija i gysylltu â'r dioddefwr marw.
- Mae'n anodd iawn ymchwilio i reithgorau oherwydd yr elfen gyfrinachol a'r risg bod **a8 Deddf Dirmyg Llys 1981** yn atal rheithwyr rhag trafod y rhesymau y tu ôl i'w penderfyniadau. Roedd achosion **R v Mirza (2004)** ac **R v Connor and Rollock (2004)** yn cadarnhau bod yr arfer hwn yn gydnaws ag **Erthygl 6 yr ECHR**.

Termau allweddol

Dirmyg llys = trosedd, y gellir ei chosbi â charchar, lle mae person yn gwneud rhywbeth sy'n ymyrryd yn sylweddol â chwrs cyfiawnder neu â gweithdrefnau'r llys.

Rheithfarn ddisynnwyr = mae penderfyniad rheithgor yn annisgwyl ar sail y dystiolaeth sydd wedi ei chyflwyno neu mae'r rheithfarn yn mynd yn groes i gyfarwyddyd y barnwr.

Ymestyn a herio

Yn ôl yr ymchwil ddiweddar gan yr Athro Cheryl Thomas (2010), *Are Juries Fair?*, ydy rheithgorau'n effeithiol?

Gwella gradd

Am bob mantais neu anfantais rydych chi'n ei nodi, cofiwch ei hategu â darn perthnasol o awdurdod cyfreithiol.

UG Y Gyfraith: Canllaw Astudio ac Adolygu

Gwella gradd
Cofiwch fod Erthygl 6 Y Confensiwn Ewropeaidd ar Hawliau Dynol = yr hawl i dreial teg.

- Gall rheithgorau'n hawdd gael eu dylanwadu gan un neu ddau aelod o'r rheithgor, neu bersonoliaethau cryf. Mae hyn yn arbennig o wir os oes rhywun o broffesiwn y gyfraith yn gwasanaethu ar y rheithgor – mae'n bosibl y bydd pobl yn meddwl ei fod yn gwybod mwy, a'i fod felly'n cael gwneud y penderfyniad ar ran yr aelodau eraill.
- Gyda'r cynnydd mewn datblygiadau technolegol a bod gwybodaeth yn fwy hygyrch nag erioed o'r blaen, mae'n bosibl y bydd yn fwy anodd rheoli cyfrinachedd ystafell y rheithgor. Er enghraifft, yn achos **R v Karakaya (2005)** daeth yn amlwg bod rheithiwr wedi gwneud ymchwil ar y rhyngrwyd ac wedi dod â'r canlyniadau i ystafell y rheithgor.
- Gall rheithgorau gael eu dylanwadu gan ffactorau ar wahân i'r dystiolaeth a datganiadau tystion yn y llys. Er enghraifft, yn achos **R v Alexander and Steen (2004)** roedd rheithiwr wedi gwneud cynnig rhamantus i fargyfreithiwr yr erlyniad.

Ydy rheithgorau'n cynrychioli cymdeithas?

Ydynt

- Mae **Deddf Cyfiawnder Troseddol 2003** (a oedd yn dilyn **Adolygiad Auld yn 2001**) yn diwygio bod yn gymwys i fod yn rheithiwr, ac yn galluogi croestoriad ehangach o gymdeithas i wasanaethu. Fodd bynnag, er bod hyn yn golygu bod rheithgorau'n fwy cynrychiadol o gymdeithas, mae wedi creu problemau newydd, er enghraifft rhagfarn, yn enwedig lle bo aelod o reithgor yn heddwas – gweler **R v Abdroikov (2007)** ac **R v Khan (2008)**.
- Fodd bynnag, mae rhagfarn yn broblem nid yn unig gyda'r rheini sy'n gweithio yn y system cyfiawnder troseddol. Gallai aelod cyffredin o reithgor fod yn rhagfarnllyd, er enghraifft, petai wedi dioddef o ganlyniad i drosedd.
- Y Swyddfa Wysio Ganolog – yn sicrhau bod aelodau rheithgor yn cael eu dewis ar hap.
- Mae ymchwil gan yr **Athro Cheryl Thomas (2010)** yn dangos bod mwy wedi cymryd rhan ers cyflwyno'r diwygiadau a dileu'r opsiwn i'r 'dosbarth canol' optio allan.
- Mae defnyddio esgusodi dewisol yn golygu ei bod yn anoddach osgoi gwasanaeth rheithgor.
- Dangosodd **Diversity and Fairness in the Jury System (2007)** gan Cheryl Thomas a Nigel Balmer fod rheithwyr o leiafrifoedd ethnig yn gymesur â'r boblogaeth lleiafrifoedd ethnig. Yn ôl yr adroddiad, mae rheithwyr hefyd yn gymesur â'r boblogaeth o ran rhyw ac oed, ac felly'n cynrychioli cymdeithas.

Nac ydynt

- Bod yn gymwys – nid pawb sydd ar y gofrestr etholwyr.
- Cyfyngiadau'n cael eu gosod ar ddewis aelodau rheithgor ar hap gan reolau bod yn gymwys neu'n anghymwys.
- Mae fetio rheithgorau'n cael effaith ar ddewis aelodau rheithgor ar hap – mae fetio'n golygu gwirio nad oes gan ddarpar reithiwr safbwyntiau eithafol fyddai'n ei wneud yn anaddas i wrando ar achos. Er enghraifft, **R v Sheffield Crown Court, ex parte Brownlow (1980); R v Mason (1980); R v Obellim (1996)**.
- Deddfwriaeth yn lleihau rôl y rheithgor – mae **Deddf Cyfiawnder Troseddol 2003** yn darparu ar gyfer treial gan farnwr yn unig lle bydd yr achos yn cynnwys trefniadau masnachol neu ariannol cymhleth neu hirfaith (**adran 43**); neu le mae gwir berygl o ymyrryd â rheithgor yn bodoli (**adran 44**); er enghraifft, **R v Twomey (2009)**.
- Cynrychioli lleiafrifoedd ethnig – dim angen am reithgor cytbwys o ran hil – er enghraifft, **R v Ford (1989)** a **Sander v UK (2000)**.
- Cyfyngiadau ar ddewis ar hap yn cael eu gosod gan herio rheithgorau – Rheswm a Hepgor.
- Mae beirniadaeth wedi bod o'r ffaith bod gormod o ddefnydd yn cael ei wneud o esgusodi dewisol.

Achos allweddol

R v Abdroikov (2007) – Roedd yr achos hwn yn cwestiynu a oedd y ffaith bod heddweision a chyfreithwyr Gwasanaeth Erlyn y Goron yn eistedd ar reithgorau yn effeithio ar hawl y diffynnydd i dreial teg. Nid oedd casgliad clir yn yr achos, ond penderfynwyd archwilio, fesul achos, i weld a allai'r math o waith yr oedd rheithiwr yn ei wneud yn peryglu ei allu i farnu achos yn ddiduedd. Yn **R v Khan (2008)**, defnyddiodd y Llys Apêl **Abdroikov** fel sail i'w benderfyniad, ond nid oedd yn ei gael yn hawdd ei gymhwyso. Gwrthodon nhw roi canllawiau, ond dweud y dylid nodi unrhyw un y byddai ei waith yn gwrthdaro â diffyg tuedd, a phetaent yn teimlo y byddai'n rhagfarnllyd, y dylid gofyn iddo beidio â gwasanaethu ar y rheithgor.

Achos allweddol arall yn ddiweddar yw **Hanif and Khan v UK (2011)** pan roedd Llys Hawliau Dynol Ewrop o'r farn y gallai presenoldeb heddweision ar y rheithgor fod yn torri **Erthygl 6 yr ECHR – yr hawl i dreial teg**. Yn yr achos hwn, roedd yr heddwas yn adnabod tyst yr heddlu mewn rhinwedd proffesiynol. Ymchwiliwch i'r achos yn:

http://www.gcnchambers.co.uk/gcn/news/police_officer_on_jury_made_trial_unfair.

LA1: Rheithgorau

Diwygiadau i dreial gan reithgor

- **Adolygiad Auld 2001** – yn argymell y dylai'r erlyniad a'r amddiffyniad fel ei gilydd baratoi crynodeb ysgrifenedig o'u hachos fel cymorth i'r rheithgor yn ystafell y rheithgor. Nid yw hyn wedi'i weithredu.
- Deddfwriaeth i sicrhau na all rheithfarnau disynnwyr ddigwydd.
- Recordio trafodaethau aelodau'r rheithgor yn ystafell y rheithgor ar fideo.
- Caniatáu person cymwys ychwanegol i ymneilltuo gyda 12 aelod y rheithgor i helpu gyda'r rheithfarn.
- Rheithfarnau ysgrifenedig i helpu i bennu sut y cyrhaeddodd y rheithgor eu rheithfarn.
- Mae problemau gyda defnyddio rheithgorau mewn treialon twyll difrifol (er enghraifft, *R v Rayment and others (2005)*, wedi arwain at lawer o ddadlau ynghylch peidio â defnyddio rheithgorau mewn achosion o dwyll difrifol. Mae'r dewisiadau eraill yn cynnwys defnyddio un barnwr neu banel o dri neu bump o farnwyr, neu farnwr gydag arbenigwyr/aseswyr lleyg sydd ag arbenigedd mewn materion masnachol ac ariannol.

Dirmyg llys

Oherwydd cynnydd yn ein defnydd o dechnoleg, mae'r llysoedd yn mynd yn fwy llym o ran defnyddio'r rhyngrwyd, rhwydweithio cymdeithasol a thrafod yr achos y tu allan i ystafell y rheithgor.

Mae achosion diweddar yn cynnwys:

R v Fraill (2011)
R v Banks (2011)
Attorney General v Davey and Beard (2013)

Gwella gradd

- Wrth drafod a yw rheithgorau'n gynrychiadol o gymdeithas ai peidio, cofiwch ategu'ch dadleuon â darn perthnasol o awdurdod cyfreithiol.
- Mae'n arfer da mewn arholiadau i sôn am yr holl ffactorau a allai effeithio a yw rheithgor yn gynrychiadol ai peidio, gan gynnwys fetio, herio a bod yn gymwys.

Ymestyn a herio

Gwnewch ymchwil i achos diweddar (2013) yn cynnwys diffynnydd Mwslemaidd a oedd eisiau cyflwyno ei thystiolaeth i'r rheithgor gan wisgo niqab llawn. Beth oedd canlyniad yr achos hwn? Beth yw'r goblygiadau hawliau dynol?

Cyfraith Gwlad ac Ecwiti

Hanes cyfraith gwlad ac ecwiti

Mae llawer o ffynonellau cyfraith yn y Deyrnas Unedig, ac mae **cyfraith gwlad** ac **ecwiti** yn ddau ohonynt. Cyfraith gwlad yw un o'r ffynonellau cyfraith hynaf yn ein system gyfreithiol, ac fe ddatblygodd o **arferion**.

1066   Creodd **Gwilym Goncwerwr** y **Curia Regis**, neu Lys y Brenin lle gallai pobl wneud cais i'r Brenin iddo ef ddatrys anghydfod drostynt.

1154–1189   **Harri II** – rhannwyd y wlad yn **gylchdeithiau** a byddai'r barnwyr yn defnyddio'r arferion lleol i ddatrys anghydfod. Fodd bynnag, yn y pen draw, penderfynwyd cymryd yr arferion 'gorau' o bob cylchdaith i wneud cyfraith a oedd yn gyffredin i'r holl wlad – dyma'r arwydd cyntaf y byddai yna **gyfraith gwlad**.

1258   **Darpariaethau Rhydychen** – yr oedd yr achos hwn yn atal **gwritiau** newydd rhag cael eu creu. Cyn yr achos hwn, os oeddech am i achos gael ei ddatrys, roedd yn rhaid i chi gael gwrit wedi ei lunio, ond ataliodd yr achos hwn greu gwritiau newydd. Felly os oeddech am gael datrys eich achos, roedd yn rhaid i chi wneud i'ch achos ffitio i writ a oedd yn bodoli eisoes.

Hefyd, yr unig rwymedi ar gael dan gyfraith gwlad oedd **iawndal** ac nid oedd iawndal bob amser yn ateb addas, er enghraifft mewn achos o dresmasu.

GENEDIGAETH ECWITI

Oherwydd problemau gyda chyfraith gwlad, dechreuodd pobl syrffedu ar fynd at y Brenin gyda'u dadleuon, felly aethant â'u cwynion at y Canghellor, a oedd yn cael ei ystyried yn '*geidwad cydwybod y Brenin*'. Roedd y Canghellor yn dod i'w benderfyniad ar sail **tegwch**, yn hytrach nag ar gynsail neu ar beth oedd wedi digwydd o'r blaen.

1345   Dechreuodd y **Llys Siawnsri** weithredu, dan reolaeth y Canghellor, a llys **ecwiti** oedd hwn; hynny yw, llys yn seiliedig ar degwch a oedd yn mabwysiadu rheolau ecwiti.

Felly, am flynyddoedd lawer, roedd y llysoedd cyfraith gwlad a'r llysoedd ecwiti ar wahân, a byddent yn aml yn dod i benderfyniadau gwahanol ar rai materion. Gwnaeth yr **Arglwydd Ustus Cooke** y sylw fod '*ecwiti yn amrywio yn ôl hyd troed y Canghellor*' ac roedd hyn yn aml yn arwain at wrthdaro.

1615   Mae **Achos Iarll Rhydychen** yn penderfynu, lle bo cyfraith gwlad a chyfraith ecwiti yn gwrthdaro, mai **ecwiti fydd drechaf bob amser**.

1873   Cadarnhaodd **a25 Deddf Barnweiniaeth** gryfder ecwiti, gan ffurfioli'r egwyddor mai ecwiti ddylai fod drechaf lle mae yna wrthdaro.

ECWITI MODERN

1975   *Mareva Compania Naviera SA v International Bulkcarriers SA* a sefydlodd **Waharddeb Mareva**, sydd nawr yn cael ei alw'n **orchymyn rhewi**.

1976   *Anton Piller KG v Manufacturing Processes Limited* a sefydlodd **Orchymyn Anton Piller**, sydd nawr yn cael ei alw'n **orchymyn chwilio**.

Termau allweddol

Arfer = traddodiad neu ymddygiad sy'n digwydd mewn cymuned. Nid yw wedi ei ffurfioli mewn cyfraith, ond mae'n cael ei dderbyn am ei fod yn 'arferol' ac mai fel hyn y mae pethau wedi cael eu gwneud erioed yn y gymuned honno.

Cyfraith gwlad = (1) cyfraith barnwyr neu gyfraith achosion; (2) cysyniad hanesyddol sy'n gwneud y gyfraith yn 'gyffredin' drwy'r wlad; maes cyfraith gwahanol i ecwiti.

Ecwiti = egwyddorion cyfraith a phenderfyniadau wedi eu gwneud ar sail 'tegwch' yn hytrach na dilyn anhyblygedd cyfraith gwlad.

Gwella gradd

Cofiwch fod modd arholi'r testun hwn gyda thestunau eraill yn y fanyleb, hyd yn oed gyda thestunau mor amrywiol â'r Sefydliadau Ewropeaidd.

LA1: Cyfraith Gwlad ac Ecwiti

Gwirebau ecwiti

Er mwyn bod yn gymwys am rwymedi ecwitïol, rhaid argyhoeddi'r llys eich bod wedi bodloni'r **gwirebau**, sef set o reolau neu egwyddorion y mae'r llys yn eu defnyddio i benderfynu ar yr achos. Mae rhwymedïau ecwitïol yn **ddewisol** eu natur, felly does dim rhaid iddynt gael eu rhoi – mae'r penderfyniad yn dibynnu ar a yw'r partïon wedi cydymffurfio â'r gwirebau ai peidio.

Mae bron i ugain gwireb; dyma ond rai ohonynt:

> **'Rhaid i'r sawl sy'n dod at ecwiti ddod â dwylo glân'**
>
> Ystyr hyn yw na fydd rhwymedi ecwitïol yn cael ei roi i'r rheini sydd heb weithredu'n deg.
>
> **D&C Builders v Rees (1965)** – Cafodd Mr a Mrs Rees waith adeiladu wedi'i wneud am gost o £732. Roedd y pâr eisoes wedi talu £250 cyn i'r gwaith gychwyn, ac felly roedd arnynt £482 pan gafodd y gwaith ei gwblhau. Roedd Mr a Mrs Rees yn gwybod bod yr adeiladwyr mewn trafferthion ariannol, ond gwnaethant gŵyn am ansawdd y gwaith, a dweud mai dim ond £300 o'r cyfanswm dyledus roeddent yn barod i'w dalu. Roedd angen yr arian ar yr adeiladwyr, felly dyma nhw'n derbyn y £300 '*i gwblhau'r cyfrif*', ond yn ddiweddarach, aethant ag achos yn erbyn Mr a Mrs Rees am y gweddill.
>
> Nid oedd yr Arglwydd Denning yn y Llys Apêl yn barod i gynnig rhwymedi ecwitïol **estopel ecwitïol** oherwydd nad oedd Mr a Mrs Rees wedi gweithredu'n deg a'u bod wedi cymryd mantais o anawsterau ariannol yr adeiladwyr. Petai'r rhwymedi wedi ei gymhwyso, ni fyddai'n rhaid i'r pâr fod wedi talu'r arian oherwydd bod cytundeb gwirioneddol wedi ei wneud i dderbyn y £300.

> **'Mae oedi'n trechu ecwiti'**
>
> Ystyr hyn yw na ddylai hawliwr adael i gyfnod afresymol o amser fynd heibio cyn hawlio gan fod hyn yn annheg â'r ochr arall.
>
> **Leaf v International Galleries (1950)** – Roedd yr hawliwr wedi prynu'r hyn a gredai ef oedd yn ddarlun gan yr artist enwog Constable. Ar ôl pum mlynedd, sylweddolodd yr hawliwr nad oedd y darlun yn un dilys, ond barn y llys oedd bod gormod o amser wedi mynd heibio rhwng prynu'r darlun a darganfod hyn.

> **'Rhaid i'r sawl sy'n ceisio ecwiti wneud ecwiti'**
>
> Er mwyn i hawliwr gael rhwymedi ecwitïol, rhaid iddo fod yn barod i gyflawni ei ochr ef o'r fargen.
>
> **Chappel v Times Newspapers (1975)** – Roedd gweithwyr papur newydd ar streic ac eisiau cael gwaharddeb yn erbyn eu cyflogwyr a ddywedodd wrthynt y buasent yn cael eu diswyddo pe na baent yn rhoi'r gorau i'r streic. Mynnodd y llys fod yn rhaid i'r gweithwyr fodloni eu hochr hwy o'r cytundeb, sef rhoi'r gorau i'r streic, er mwyn i'r rhwymedi gael ei gymhwyso.

Termau allweddol

Dewisol = mae hyn yn golygu na all y llys gael ei ORFODI i roi'r rhwymedi. Mae dyfarnu'r rhwymedi yn dibynnu ar a yw'r hawliwr wedi bodloni'r gwirebau ecwitïol.

Gorfodeb (*Mandatory injunction*, t. 20) = gorchymyn sy'n gorfodi parti **i wneud** rhywbeth.

Gwaharddeb waharddiadol (*Prohibitory injunction*, t. 20) = gorchymyn sy'n gorfodi parti **i beidio â gwneud** rhywbeth.

Gwaharddeb yng nghwrs achos (*Interlocutory injunction*, t. 20) = gorchymyn sy'n cynnal y *status quo* hyd nes bod yr achos wedi ei benderfynu.

Gwireb = 'rheol' y mae'n rhaid ei bodloni cyn y bydd y llys yn ystyried dyfarnu rhwymedi ecwitïol.

Gwella gradd

Pan ydych yn sôn am wirebau ecwitïol, gwnewch yn siŵr eich bod chi'n egluro'r **rheol** ac yn trafod **achos i ategu**. Dylech chi anelu i gynnwys o leiaf tair gwireb er mwyn sicrhau marciau uchel.

Ymestyn a herio

Uwch-waharddebion (*Super Injunctions*) – Math o waharddeb lle na chaiff y wasg wybod am fodolaeth y waharddeb, na manylion amdani, yw uwch-waharddeb. Ni chaiff y wasg gyhoeddi unrhyw ffeithiau na honiadau am yr achos chwaith.

Defnyddiwyd uwch-waharddebion yn ddiweddar yn erbyn papurau poblogaidd ym Mhrydain yn achos pobl enwog er mwyn rhwystro'r wasg rhag cyhoeddi manylion eu bywyd preifat. Ymchwiliwch i achosion o uwch-waharddebion yn cynnwys y bobl enwog ganlynol:

- Andrew Marr
- Ryan Giggs – *CTB v News Group Newspapers (2011)*
- Jeremy Clarkson – *AMM v HXW (2010)*
- Rio Ferdinand – *Ferdinand v Mirror Group Newspapers (2010)*

Trafodwch y canlynol:

1. Oherwydd eu natur, ni chaiff y wasg, ac felly'r cyhoedd, wybod am fodolaeth uwch-waharddebion, felly sut mae'r cyhoedd a'r wasg yn dod i wybod amdanynt?
2. Ydych chi'n meddwl bod uwch-waharddebion yn ateb effeithiol o ran cydbwyso'r hawl i breifatrwydd ac angen y cyhoedd i wybod rhywbeth?

Rhwymedïau ecwitïol

Mae rhwymedïau ecwitïol yn ddewisol ac felly nid ydynt yn cael eu rhoi yn awtomatig; yr unig rwymedi sydd ar gael fel hawl i hawliwr llwyddiannus yw iawndal mewn cyfraith gwlad.

Rhwymedi	Diffiniad	Achos
Cyflawniad llythrennol	Gorchymyn yw hwn sy'n gorfodi'r partïon i gyflawni eu rhan nhw o'r cytundeb. Mae hwn ar gael ar gyfer: - Contractau i brynu eitem unigryw - Contractau i brynu tir.	*Sky Petroleum v VIP Petroleum (1974)* lle ystyriwyd bod petrol yn eitem unigryw am ei fod yn brin ar y pryd. *Wolverhampton Corporation v Emmons (1902)* lle gorfodwyd adeiladwr i gydymffurfio â'i gontract i adeiladu ar safle ddymchwel.
Dadwneuthuriad contract	Gorchymyn llys yw hwn sy'n gorchymyn i'r partïon gael eu hadfer i'r sefyllfa yr oeddent ynddi cyn y contract, fel pe na bai'r contract wedi digwydd. Mae ar gael ar gyfer contractau lle mae **ffactor dirymu** (*vitiating factor*) megis camliwio neu orfodaeth wedi golygu y gall y contract gael ei wneud yn ddi-rym.	*Grist v Bailey (1967)* lle gosodwyd contract o'r neilltu oherwydd bod y naill ochr a'r llall wedi gwneud y camgymeriad bod eiddo a oedd ar werth yn dod o dan y **Deddfau Rhent**.
Cywiro	Rhwymedi yw hwn lle mae contract ysgrifenedig yn cael ei gywiro oherwydd bod camgymeriad wedi'i wneud ac nad yw'r telerau'n rhai yr oedd y partïon eu heisiau neu'n eu bwriadu.	*Craddock v Hunt (1923)* – roedd contract ar gyfer gwerthu tŷ yn cynnwys iard gyfagos, er nad oedd y naill ochr na'r llall yn bwriadu nac yn disgwyl i'r iard gael ei chynnwys.
Gwaharddebion	Gall gwaharddebion fod yn **orfodol**, sef gorfodeb, yn **waharddiadol** neu fod **yng nghwrs achos**.	*Warner Brothers v Nelson (1937)* – caniatawyd gwaharddeb yn erbyn yr actores Bette Davis, yn ei hatal rhag gwneud ffilmiau gyda chwmni arall.
Gwaharddeb Mareva (gorchymyn rhewi)	Rhwymedi cymharol newydd yw hwn, a'i effaith yw rhewi asedau rhywun hyd nes bod yr achos wedi ei ddatrys er mwyn atal unrhyw ymyrraeth gan y diffynnydd tra bod yr achos yn cael ei benderfynu.	*Mareva Compania Naviera SA v International Bulkcarriers SA* – oedd yr achos cyntaf a gofnodwyd lle cafodd y gorchymyn hwn ei ganiatáu.
Gorchymyn Anton Piller (gorchymyn chwilio)	Mae hwn hefyd yn rhwymedi cymharol newydd, a chaiff ei ddefnyddio'n aml mewn achosion yn ymwneud ag eiddo deallusol – mae'n rhoi'r grym i'r llys chwilio eiddo a chipio tystiolaeth sy'n berthnasol i'r achos.	*Anton Piller KG v Manufacturing Processes Limited* – oedd yr achos cyntaf a gofnodwyd i ganiatáu'r gorchymyn hwn.
Estopel addewidiol (ecwitïol)	Os oes addewid wedi'i wneud i berson arall, does dim modd tynnu'r addewid hwnnw yn ôl os yw'r person arall wedi dibynnu arno er anfantais iddo.	*Central London Property Trust Ltd v High Trees House Ltd (1947)* – lle penderfynodd y llys y dylid cynnal addewid i osod fflatiau am bris is yn ystod y rhyfel, oherwydd bod y tenantiaid wedi dibynnu ar yr addewid hwnnw cyn symud i mewn.

LA1: Y Broses Droseddol

Y Broses Droseddol

Mae'r gyfraith yn cynnwys llawer o droseddau, ac mewn achos gall person a ddrwgdybir (*suspect*) bledio'n euog neu'n ddieuog iddynt. Fodd bynnag, mae'r broses sy'n dilyn arestiad yn amrywio yn ôl **dosbarthiad y drosedd** sydd wedi'i chyflawni. Mae'n bwysig cofio, trwy gydol yr holl broses, fod y person a ddrwgdybir yn **ddieuog nes y caiff ei brofi'n euog**. Dylai ei *hawl i dreial teg dan Erthygl 6 yr ECHR* gael ei gynnal trwy'r amser, ac mae gan y llysoedd ddyletswydd dan *Ddeddf Hawliau Dynol 1998* i sicrhau bod hyn yn digwydd.

O ran y broses droseddol, cofiwch fod gan bob achos wrandawiad cyntaf yn y Llys Ynadon. Bydd pob achos troseddol yn mynd at y Llys Ynadon i ddechrau, hyd yn oed os mai dim ond er mwyn ei basio'n swyddogol ymlaen i Lys y Goron y mae hyn.

Mae tri chategori o drosedd:

1. **Troseddau ynadol** (*Summary*): y categori **lleiaf difrifol** o drosedd, sy'n cael gwrandawiad yn y **Llys Ynadon** yn unig. Maent yn trin mân droseddau fel troseddau gyrru a rhai achosion o ymosod.
2. **Troseddau neillffordd profadwy** (*Triable either way*): mae'r rhain yn droseddau y gellir cael gwrandawiad iddynt **NAILL AI** yn y **Llys Ynadon** neu yn **Llys y Goron**. Lle bo diffynnydd yn pledio'n ddieuog, mae dewis yn aml iddynt fynd i'r Llys Ynadon a chael treial ynadol, neu fynd i Lys y Goron am dreial ditiadwy gan reithgor. Mae'r enghreifftiau o droseddau yn y categori hwn yn cynnwys Dwyn a Niwed Corfforol Gwirioneddol.
3. **Troseddau ditiadwy** (*Indictable*): rhain yw'r troseddau mwyaf difrifol ac fe'u gwrandewir yn **Llys y Goron**. Mae enghreifftiau o droseddau yn y categori hwn yn cynnwys llofruddiaeth, dynladdiad, trais a lladrata.

> **Termau allweddol**
> **Adroddiad cyn-dedfrydu** = yn helpu'r llys i benderfynu a oes unrhyw ffactorau yn hanes y diffynnydd a all effeithio ar y ddedfryd.

Troseddau ynadol

GWRANDAWIAD GWEINYDDOL CYNNAR

Mae'r gwrandawiad hwn yn ymdrin â materion gweinyddol megis:
A ddylai'r diffynnydd gael mechnïaeth neu ei gadw yn y ddalfa
Pa ddarpariaethau cyllid cyfreithiol sydd ar gael
Adroddiadau cyn-dedfrydu

↓ ↓

PLEDIO'N EUOG	PLEDIO'N DDIEUOG
DEDFRYDU YN Y LLYS YNADON	**TREIAL YNADOL** YN Y LLYS YNADON

UG Y Gyfraith: Canllaw Astudio ac Adolygu

Termau allweddol

Bargeinio ple = lle mae'r diffynnydd yn pledio'n euog i drosedd llai difrifol yn gyfnewid am ddedfryd is i arbed amser y llys a'i wneud yn haws rhagweld canlyniad y treial.

Croesholi = holi tyst yn y llys gan gwnsler yr ochr arall.

Datgeliad = y rheidrwydd ar y naill ochr a'r llall i ddatgelu pob tystiolaeth a all fod yn berthnasol i'r achos i'r ochr arall.

Prifholi = holi tyst yn y llys gan ei gwnsler ei hun.

Ymestyn a herio

Mewn troseddau neillffordd profadwy, mae gan y diffynnydd yr opsiwn i ddewis os yw'n dymuno cael treial gan reithgor ai peidio. Ymchwiliwch i oblygiadau dewis treial gan reithgor, a'r dadleuon o blaid ac yn erbyn dileu'r hawl i ddewis treial gan reithgor.

Gwella gradd

Cofiwch mai pwerau dedfrydu cyfyngedig sydd gan ynadon; gallant ddedfrydu rhywun i garchar am hyd at chwe mis a rhoi dirwy o hyd at £5,000.

Troseddau neillffordd profadwy

PLE CYN LLEOLIAD
Gwrandawiad yw hwn sy'n cael ei gynnal yn y **Llys Ynadon**, ac mae'n ddull gweithredu lle mae'r diffynnydd yn rhoi ple, sydd yn ei dro yn pennu cam nesaf y broses.

- **PLEDIO'N EUOG**
  - **TREIAL YNADOL** YN Y LLYS YNADON
    - **DEDFRYDU** YN Y LLYS YNADON
    - GALL YR YNADON BASIO'R ACHOS I LYS Y GORON I'W DDEDFRYDU

- **PLEDIO'N DDIEUOG**
  - GWRANDAWIAD I BENNU DULL Y TREIAL
  Dyma lle penderfynir ymhle y bydd achos yn cael ei roi ar brawf.

  Mae'r diffynnydd ond yn gallu dewis ar yr adeg hon, lle mae'r achos yn un y bydd yr ynadon yn derbyn awdurdodaeth amdano.

  - Y LLYS YNADON → **TREIAL YNADOL** YN Y LLYS YNADON
  - LLYS Y GORON → **TREIAL DITIADWY** YN LLYS Y GORON GYDA RHEITHGOR

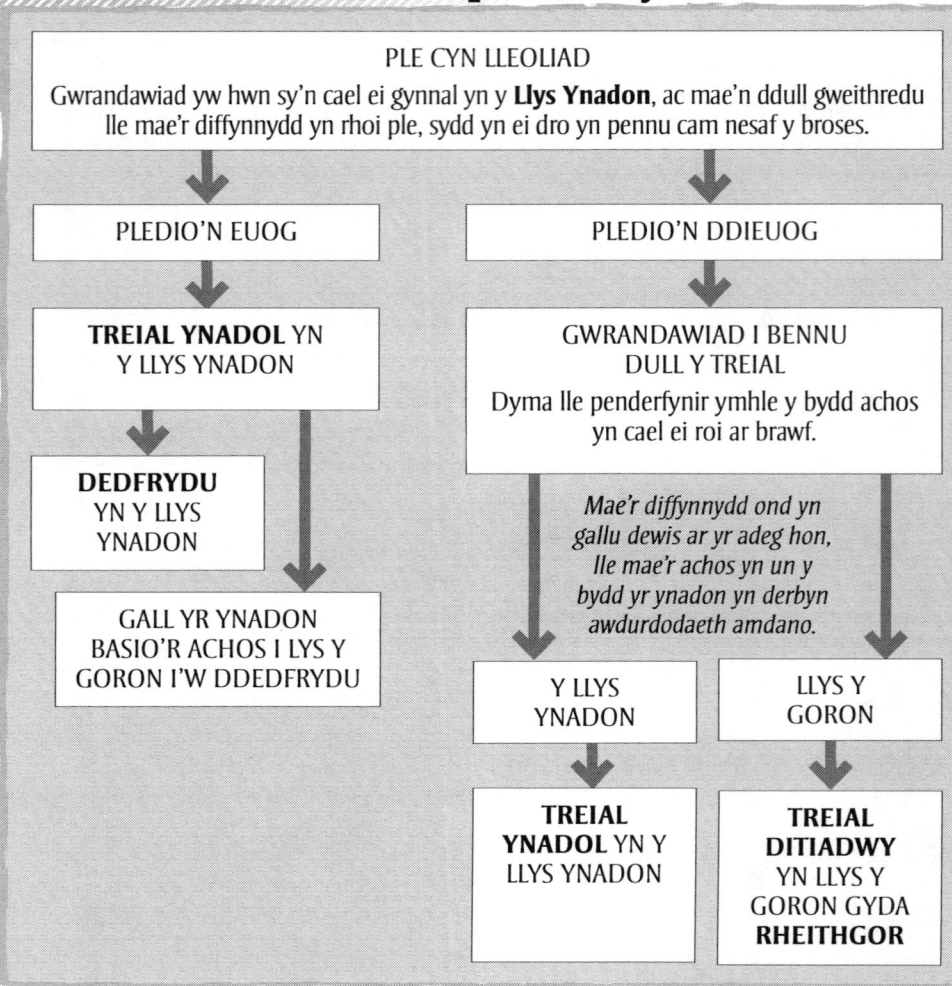

Troseddau ditiadwy

GWRANDAWIAD GWEINYDDOL CYNNAR

Yn ôl **a51 Deddf Trosedd ac Anhrefn 1998** mae'n rhaid i ynadon anfon yr achos yn syth i Lys y Goron gan ddefnyddio **achosion traddodi** (*committal proceedings*).

- **PLEDIO'N EUOG** → **DEDFRYDU** YN LLYS Y GORON
- **PLEDIO'N DDIEUOG** → **TREIAL RHEITHGOR** YN LLYS Y GORON

Y Broses Droseddol: Mechnïaeth

Mae mechnïaeth yn cael ei chaniatáu gan yr heddlu neu'r llysoedd ar unrhyw adeg ar ôl i berson gael ei arestio ac mae'n caniatáu iddo fod yn rhydd tan gam nesaf yr achos. Mae hyn yn gwarantu hawl y person a ddrwgdybir i ryddid yn ôl **Erthygl 5 yr ECHR**, ac yn cynnal yr egwyddor sylfaenol ei fod yn ddieuog nes y caiff ei brofi'n euog.

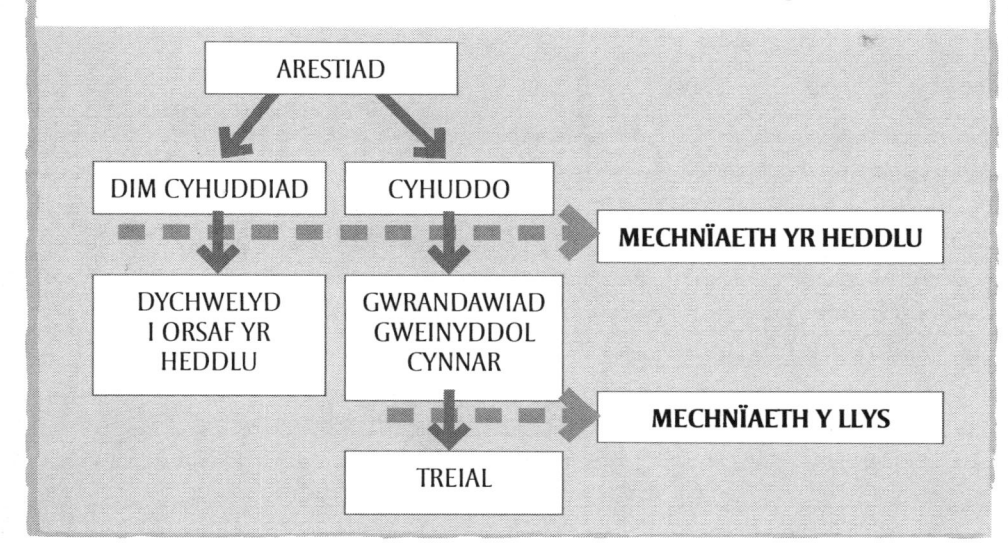

```
                    ARESTIAD
                   /        \
                  ↓          ↓
         DIM CYHUDDIAD    CYHUDDO
              |              |
              |              |─ ─ ─ → MECHNÏAETH YR HEDDLU
              ↓              ↓
         DYCHWELYD      GWRANDAWIAD
         I ORSAF YR     GWEINYDDOL
         HEDDLU         CYNNAR
                           |
                           |─ ─ ─ → MECHNÏAETH Y LLYS
                           ↓
                        TREIAL
```

Mechnïaeth yr heddlu

Mae'r penderfyniad i ganiatáu mechnïaeth yn cael ei chymryd gan **swyddog y ddalfa** gyda'r pwerau a roddwyd iddo dan **a38 Deddf yr Heddlu a Thystiolaeth Droseddol 1984**. Gall yr heddlu ond gwrthod mechnïaeth:

- os oes amheuaeth ynghylch enw neu gyfeiriad y person a ddrwgdybir; neu
- os oes angen cadw'r person a ddrwgdybir yn y ddalfa er mwyn ei amddiffyn ef neu rywun arall; neu
- os oes lle rhesymol i gredu na fydd y person a ddrwgdybir yn mynychu'r llys neu y bydd yn ymyrryd â thystion neu weinyddiaeth cyfiawnder; neu
- os yw'r person a ddrwgdybir wedi'i gyhuddo o lofruddiaeth.

Felly, mae mechnïaeth yn cael ei chaniatáu yn y rhan fwyaf o achosion ac mae modd ei roi i'r person a ddrwgdybir hyd yn oed os nad yw wedi ei gyhuddo, os yw'n cytuno y bydd yn dychwelyd i orsaf yr heddlu ar ddyddiad penodol – digwyddodd hyn i **Chris Jeffries**, y person cyntaf i gael ei arestio yn achos llofruddiaeth **Joanna Yeates** yn 2011.

Os yw'r heddlu'n teimlo na all ganiatáu mechnïaeth, rhaid i'r person a ddrwgdybir fynd gerbron yr ynadon cyn gynted â phosibl, er mwyn iddyn nhw allu gwneud penderfyniad am fechnïaeth.

Mae cysyniad newydd o **fechnïaeth stryd** wedi ei gyflwyno'n ddiweddar dan **a4 Deddf Cyfiawnder Troseddol 2003** lle gall heddweision ganiatáu mechnïaeth ar y stryd am fân droseddau. Effaith hyn yw sicrhau presenoldeb heddweision ar y stryd.

Termau allweddol

Gwrandawiad gweinyddol cynnar = yr ymddangosiad cyntaf yn y Llys Ynadon i bob diffynnydd sy'n cael ei amau o drosedd ynadol neu dditiadwy. Mae'r gwrandawiad hwn yn ystyried cyllid cyfreithiol, mechnïaeth a chynrychiolaeth gyfreithiol.

Ymestyn a herio

Edrychwch ar yr achosion diweddar isod. Ydych chi'n cytuno â'r penderfyniad a wnaed o ran mechnïaeth?

Julian Assange (2011)
Gary Weddell (2008)
Michael Donovan (2008)

Gwella gradd

Dylech chi ddangos eich bod chi'n ymwybodol o fechnïaeth y llys YN OGYSTAL Â mechnïaeth yr heddlu. Mae'n gamgymeriad cyffredin mewn arholiadau i ymgeiswyr adael mechnïaeth yr heddlu allan a chanolbwyntio'n unig ar fechnïaeth y llys.

Termau allweddol

Hostel fechnïaeth = lle i bobl sydd ar fechnïaeth i fyw os na allant roi cyfeiriad sefydlog. Mae'n fath o 'garchar agored' sy'n cael ei redeg gan y gwasanaeth prawf i roi cyfle i gymaint o bobl â phosibl dderbyn mechnïaeth.

Meichiau = swm o arian a gynigir i'r llys gan rywun y mae'r person a ddrwgdybir yn ei adnabod, sy'n gwarantu y bydd y person a ddrwgdybir yn dod i'r llys pan fydd angen.

Ymestyn a herio

Ymchwiliwch a chynhaliwch werthusiad i effeithiolrwydd gosod amodau ar fechnïaeth, yn enwedig yng ngoleuni achos **Weddell**.

Mechnïaeth y llys

Mae pwerau'r llys i ganiatáu mechnïaeth yn cael eu llywodraethu gan **Ddeddf Mechnïaeth 1976**, ac mae **a4** y Ddeddf honno'n cynnwys rhagdybiaeth o blaid mechnïaeth. Fodd bynnag, mae yna ystyriaethau eraill a all atal person a ddrwgdybir rhag cael mechnïaeth.

> **a4 Deddf Mechnïaeth 1976** – rhagdybiaeth o blaid mechnïaeth
> (*cofiwch*: **Erthygl 5 yr ECHR**, yr hawl i ryddid)

> Nid oes rhaid caniatáu mechnïaeth, os oes **seiliau sylweddol** dros gredu y byddai'r person a ddrwgdybir yn gwneud y canlynol:
> - cyflawni trosedd arall tra ei fod ar fechnïaeth
> - methu ag ildio i fechnïaeth
> - ymyrryd â thystion neu rwystro cwrs cyfiawnder mewn ffordd arall
> - bod angen cadw'r person a ddrwgdybir yn y ddalfa er mwyn ei amddiffyn.
> - Mae **Deddf Cymorth Cyfreithiol, Dedfrydu a Chosbi Troseddwyr 2012** yn ychwanegu eithriad pellach, lle gall mechnïaeth gael ei gwrthod os yw'r troseddwr yn debygol o gyflawni trosedd sy'n cynnwys trais yn y cartref.

> Mae **Atodlen 1, para 9 Deddf Mechnïaeth 1976** yn amlinellu ffactorau y mae'n rhaid eu hystyried wrth benderfynu a ddylid caniatáu mechnïaeth ai peidio:
> - natur a difrifoldeb y drosedd
> - cymeriad, record flaenorol, a chysylltiadau cymunedol y diffynnydd
> - record flaenorol y diffynnydd o ildio i fechnïaeth
> - cryfder y dystiolaeth yn ei erbyn.

Mechnïaeth amodol

Gall yr heddlu neu'r llysoedd ganiatáu mechnïaeth amodol dan bwerau a roddwyd iddynt gan **Ddeddf Cyfiawnder Troseddol a Threfn Gyhoeddus 1994**. Mae'r amodau hyn yn cael eu gosod i leihau'r perygl y bydd y diffynnydd yn cyflawni trosedd arall tra bydd ar fechnïaeth neu'n ymyrryd gyda'r ymchwiliad mewn ffordd arall, ac mewn rhai amgylchiadau, i'w amddiffyn.

Mae'r amodau y gellir eu gosod yn cynnwys:
- cyrffiw
- tag electronig
- ildio pasbort
- adrodd i orsaf heddlu'n rheolaidd
- byw mewn **hostel fechnïaeth**
- cael rhywun i fod yn **feichiau** drosoch.

Cyfyngiadau ar fechnïaeth

Cafwyd llawer o newidiadau dros y blynyddoedd i **Ddeddf Mechnïaeth 1976**, oherwydd pryderon bod mechnïaeth yn cael ei rhoi'n rhy rwydd, a bod y rheini a oedd yn cael mechnïaeth yn mynd ymlaen i gyflawni mwy o droseddau.

a14 Deddf Cyfiawnder Troseddol 2003

Os oedd y diffynydd ar fechnïaeth am drosedd arall ar ddyddiad y drosedd, dylai mechnïaeth gael ei gwrthod oni bai bod y llys yn fodlon **nad oes risg sylweddol** y bydd yn cyflawni trosedd arall.

a18 Deddf Cyfiawnder Troseddol 2003

Gall yr erlyniad apelio yn erbyn caniatáu mechnïaeth am **unrhyw drosedd y gellid mynd i'r carchar am ei chyflawni**.

a19 Deddf Cyfiawnder Troseddol 2003

Ni fydd mechnïaeth yn cael ei chaniatáu am **drosedd y gellid mynd i'r carchar am ei chyflawni** lle bo'r diffynydd wedi rhoi prawf positif am **gyffur Dosbarth A** a lle mae'r drosedd yn un sy'n gysylltiedig â chyffuriau Dosbarth A.

a25 Deddf Cyfiawnder Troseddol a Threfn Gyhoeddus 1994
a56 Deddf Trosedd ac Anhrefn 1998

Mae'r llysoedd wedi'u gwahardd rhag caniatáu mechnïaeth mewn achosion o lofruddiaeth, dynladdiad a thrais lle mae'r diffynydd eisoes wedi treulio cyfnod yng ngharchar am drosedd o'r fath o'r blaen.

Cadarnhawyd bod hyn yn torri **Erthygl 5 yr ECHR** yn achos **Caballero v UK (2000)**, felly...

Gall diffynydd ond gael mechnïaeth mewn achosion o'r fath os yw'r llys yn fodlon bod **amgylchiadau eithriadol**.

a24 Deddf Gwrthderfysgaeth, Trosedd a Diogelwch 2001

Dylai pob cais am fechnïaeth gan y rheini sy'n cael eu hamau o fod yn derfysgwyr rhyngwladol gael eu gwneud i'r **Comisiwn Arbennig Apeliadau Mewnfudo**.

Yn ôl **a.115 Deddf Crwneriaid a Chyfiawnder 2009** barnwr Llys y Goron yn unig sy'n gallu caniatáu mechnïaeth yn achos person sydd wedi'i gyhuddo o lofruddiaeth. Mae pŵer y Llys Ynadon i ystyried mechnïaeth mewn achosion llofruddiaeth, p'un ai yn y gwrandawiad cyntaf neu ar ôl torri amod mechnïaeth sydd gan y diffynydd eisoes, wedi'i ddileu bellach. Mae'r adran hefyd yn dweud y dylai'r diffynydd ymddangos o flaen barnwr Llys y Goron o fewn 48 awr, yn dechrau gyda'r diwrnod ar ôl ymddangos yn y Llys Ynadon.

Mae **Deddf yr Heddlu (Caethineb a Mechnïaeth) 2011** yn ddarn brys o ddeddfwriaeth a basiwyd trwy'r Senedd o ganlyniad i **R (ex p Chief Constable of Greater Manchester Police) and Salford Magistrates Court v Hookway (2011)**. Mae'r gyfraith yn diwygio **a38 Deddf yr Heddlu a Thystiolaeth Droseddol 1984** ac yn mynnu na all person a ddrwgdybir gael ei ryddhau ar fechnïaeth am fwy na 96 awr heb gael ei gyhuddo.

Gwella gradd

Lle bynnag y bo modd, mae angen i chi ddangos gwybodaeth am y newidiadau i **Ddeddf Mechnïaeth 1976** gan fod y rhain yn rhan o'r ffactorau sy'n cael eu hystyried wrth benderfynu ar gais am fechnïaeth.

Ymestyn a herio

Trafodwch y ffordd mae'r llysoedd yn ceisio cadw cydbwysedd rhwng diogelu hawliau dynol person a ddrwgdybir, ac amddiffyn y cyhoedd rhag troseddwr a allai fod yn beryglus.

Manteision ac anfanteision mechnïaeth

Mae'n bwysig iawn cadw cydbwysedd o ran cynnal hawliau dynol person a ddrwgdybir, ac amddiffyn y cyhoedd. Mae hyn yn arbennig o bwysig oherwydd ar yr adeg hon, mae'r person a ddrwgdybir yn ddieuog hyd nes y caiff ei brofi'n euog, felly ni ddylai gael ei drin fel troseddwr a gafwyd yn euog.

Manteision

- Mae gostyngiad yn nifer y diffynyddion ar remand, sy'n costio llai i'r llywodraeth. Mae'r **Swyddfa Gartref** yn awgrymu bod hyd at **20%** o'r bobl yn ein carchardai yn aros am dreial, ac y byddant efallai yn ddieuog neu'n derbyn dedfryd ddigarchar.

- Gall y diffynydd gadw ei swydd a threulio amser gyda'r teulu yn ystod cyfnod ei fechnïaeth.

- Gall y diffynydd ddefnyddio'r amser i baratoi am ei dreial trwy beidio â chael ei gyfyngu o ran gallu cyfarfod â'i gynrychiolwyr cyfreithiol.

Anfanteision

- Mae yna risg y bydd y diffynydd yn ymyrryd â thystion neu'n atal cwrs cyfiawnder mewn ffordd arall. Yn achos **Shannon Matthews**, petai'r rhai a ddrwgdybwyd wedi cael mechnïaeth, byddai wedi bod yn gyfle iddynt guddio tystiolaeth ymhellach a rhwystro'r ymchwiliad.

- Mae'n ymddangos fel bod yna wahaniaeth yn y ffordd y mae llysoedd gwahanol yn dehongli **Deddf Mechnïaeth 1976**.

- Mae ystadegau syfrdanol am nifer y troseddau sy'n cael eu cyflawni gan bobl ar fechnïaeth. Mae'n debyg bod **traean o'r bwrgleriaethau** yn cael eu cyflawni gan bobl sydd eisoes ar fechnïaeth am drosedd arall.

- Mae ystadegau'r **Swyddfa Gartref** yn dweud bod **12%** o droseddwyr ar fechnïaeth yn peidio ag ymddangos yn eu treial; felly mae perygl iddynt ddianc neu beidio ag ildio i fechnïaeth.

Y Broses Droseddol: Gwasanaeth Erlyn y Goron

Hanes a rôl Gwasanaeth Erlyn y Goron (*CPS*)

Sefydlwyd Gwasanaeth Erlyn y Goron (*CPS: Crown Prosecution Service*) yn 1986 i fod yn gyfrifol am wneud penderfyniadau ynghylch erlyn neu **gyhuddo** person a ddrwgdybir ai peidio. Cyn sefydlu'r Gwasanaeth, yr heddlu oedd yn cymryd y penderfyniad hwn.

1970 **Adroddiad JUSTICE** – gwelwyd problemau gyda'r heddlu'n cymryd y penderfyniad i erlyn, sef:
- Rhagfarn o blaid yr erlyniad.
- Y posibilrwydd o dorri ar yr hawl i dreial teg ar ôl achosion o gamweinyddu cyfiawnder lle bu'r heddlu'n ymyrryd â thystiolaeth.
- Gwrthdaro buddiannau – roedd yn amhriodol i'r un corff ymchwilio i'r achos ac erlyn.

1978 **Comisiwn Brenhinol Phillips** – yn argymell sefydlu asiantaeth annibynnol i fod yn gyfrifol am gyhuddo pobl a ddrwgdybir.

1985 **Deddf Erlyniad Troseddau** – a sefydlodd Wasanaeth Erlyn y Goron.

Y **Cyfarwyddwr Erlyniadau Cyhoeddus** yw pennaeth y *CPS*, sef Alison Saunders ers 1 Tachwedd 2013, ac mae'n atebol i'r Twrnai Cyffredinol. Yn gyffredinol, bydd y CPS yn ymgymryd â rheoli'r achos cyn gynted ag y bydd yr heddlu wedi gorffen casglu tystiolaeth a chynnal yr ymchwiliad. Mae iddo bum prif rôl:

1. **Cynghori**'r heddlu am y cyhuddiad a ddylai gael ei ddwyn yn erbyn y person a ddrwgdybir, gan ddefnyddio **Safonau Cyhuddo'r *CPS***.
2. **Adolygu** achosion y mae'r heddlu'n eu cyflwyno iddynt.
3. **Paratoi** achosion ar gyfer y llys.
4. **Cyflwyno** achosion yn y llys, gan fod hawliau ymddangos yn y llys gan gyfreithwyr y *CPS* erbyn hyn.

A phrif rôl y CPS yw:

5. **Penderfynu** a ddylid erlyn person a ddrwgdybir.

Mae 13 ardal yn y DU, ac yn ben ar bob ardal y mae **Prif Erlynydd y Goron**. Cyfeirir hefyd weithiau at 14ydd 'rhith-ardal', sef **CPS Direct**, sy'n darparu gwasanaeth y tu allan i oriau i'r heddlu gyda chyngor ar gyhuddo.

Yn 2011–12, arweiniodd 87% o achosion yr oedd y Llys Ynadon wedi ymdrin â nhw at **euogfarn**, ac 81% yn Llys y Goron.

Termau allweddol

Cyhuddo = y penderfyniad y dylai person a ddrwgdybir gael treial am drosedd honedig.

Euogfarn = mae barnwr neu reithgor wedi dod i'r farn bod person yn euog o'r drosedd honedig.

Gwella gradd

Mae hanes a rôl y *CPS* yma yn gyflwyniad defnyddiol iawn i draethawd ar y testun hwn.

Ymestyn a herio

Sut mae cael Cyfarwyddwr Erlyniadau Cyhoeddus sy'n fenyw yn cael effaith ar amrywiaeth yn y proffesiwn cyfreithiol?

Gwella gradd

Mae'r cyfraddau euogfarn y cyfeirir atynt yma yn cynnwys pledion euog, ac mae'n bosibl dadlau bod hyn yn cuddio gwir berfformiad y *CPS*. Gwnewch ymchwil i'r adroddiad *In the Public Interest: Reforming the CPS* gan Karen Sosa a thrafodwch ddiffygion posibl y CPS. I ba raddau mae'r rhain wedi'u datrys?

UG Y Gyfraith: Canllaw Astudio ac Adolygu

Termau allweddol

Tystiolaeth Achlust (*hearsay*) = tystiolaeth ail-law, sef nid beth mae'r tyst yn ei wybod yn bersonol, ond rhywbeth a ddywedwyd wrtho.

Tystiolaeth Dderbyniol (*admissable*) = tystiolaeth ddefnyddiol nad oes modd ei gwahardd ar y sail ei bod yn ddibwys, yn amherthnasol neu ei bod yn torri rheolau tystiolaeth.

Gwella gradd

Pan ydych chi'n sôn am y profion, dylech chi wneud yn siŵr eich bod yn rhoi **enghreifftiau**:

Prawf tystiolaethol – enghreifftiau o dystiolaeth ddibynadwy ac annibynadwy.

Prawf budd y cyhoedd – o leiaf **tri neu bedwar** cwestiwn, gan roi esboniad byr o'r math o ffactorau sy'n dylanwadu ar y cwestiwn hwnnw.

Dylech chi sôn am y **Prawf Trothwy** pryd bynnag y gallwch; mae dangos gwybodaeth am y ddau brawf a phryd y dylid eu cymhwyso yn hollbwysig.

Ymestyn a herio

Cyhoeddodd y Cyfarwyddwr Erlyniadau Cyhoeddus ganllawiau ar achosion ysgwyd babi ym mis Chwefror 2011 oherwydd gwahaniaeth barn o ran arbenigwyr meddygol. Ydych chi'n meddwl y bydd bob amser er budd y cyhoedd i erlyn yn yr achosion hyn oherwydd y ddadl?

Cod i Erlynwyr y Goron

Dyma'r Cod Ymarfer y mae Erlynwyr y Goron yn ei ddefnyddio i bennu a ddylid cyhuddo rhywun o drosedd ai peidio. Mae'r Cod yn **a10 Deddf Erlyniad Troseddau 1985**.

Y Prawf Cod Llawn

Mae wedi ei seilio ar ddwy agwedd:

Prawf tystiolaethol	**Prawf budd y cyhoedd**
Oes gobaith realistig o euogfarn?	Ydy er budd y cyhoedd i erlyn?

Mae'n rhaid i achos basio'r prawf tystiolaethol cyn symud ymlaen i brawf budd y cyhoedd. Os yw'n methu'r prawf tystiolaethol, yna ni fydd yr achos yn mynd ddim pellach.

Prawf tystiolaethol

Er mwyn pasio'r prawf tystiolaethol, rhaid i'r *CPS* fod yn fodlon bod gobaith realistig o euogfarn. Prawf **gwrthrychol** ydyw, ac nid yw'r ffaith bod llawer o dystiolaeth yn ddigon; rhaid i'r dystiolaeth fod yn **ddigonol**, yn **ddibynadwy** ac yn **dderbyniol**.

Tystiolaeth annibynadwy	Tystiolaeth ddibynadwy
▪ Teledu cylch cyfyng (*CCTV*) aneglur	▪ DNA
▪ Cyfaddefiad a gafwyd trwy ormes	▪ Cyfaddefiad gwirfoddol
▪ **Tystiolaeth Achlust**	▪ Llygad-dyst o leoliad y drosedd
▪ Tystiolaeth llygad-dyst gan blentyn	
▪ **Damilola Taylor** – gwnaeth tystion annibynadwy a thystiolaeth annerbyniol yr achos yn destun ymchwiliad.	

Prawf budd y cyhoedd

Mae'r **Cod i Erlynwyr y Goron** yn gosod allan cwestiynau a fydd yn nodi'r ffactorau o blaid ac yn erbyn erlyn, ac yn penderfynu a yw erlyn er budd y cyhoedd ai peidio:

Para. 4.12

(a) Pa mor ddifrifol yw'r drosedd a gyflawnir?
(b) I ba raddau mae'r person a ddrwgdybir ar fai?
(c) Beth yw amgylchiadau'r dioddefwr a'r niwed a achosir iddo?
(d) Oedd y person a ddrwgdybir o dan 18 oed adeg cyflawni'r drosedd?
(e) Beth yw'r effaith ar y gymuned?
(f) Ydy erlyn yn ymateb cymesur?
(g) Oes angen diogelu ffynonellau gwybodaeth?

Yn ôl Keir Starmer, y cyn Gyfarwyddwr Erlyniadau Cyhoeddus, bydd bron bob tro er budd y cyhoedd i erlyn mewn achosion o gynorthwyo hunanladdiad. Cafodd hyn ei amlygu yn dilyn achosion **Kay Gilderdale** a **Francis Inglis**, dwy fam a erlyniwyd am helpu eu plant i farw dan amgylchiadau gwahanol iawn. Yn ddiweddarach, cyhoeddwyd canllawiau yn rhoi ffactorau o blaid ac yn erbyn erlyn yn yr achosion hyn.

Y Prawf Trothwy

Mae yna adegau pan fydd y *CPS* yn penderfynu bod y Prawf Cod Llawn wedi methu, ac nad oes digon o dystiolaeth i gyhuddo, ond ei fod yn dal i gredu bod y person a ddrwgdybir yn ormod o risg i gael ei ryddhau. Yn yr achosion hyn, bydd y *CPS* yn defnyddio'r Prawf Trothwy.

> A fydd y person a ddrwgdybir yn cael ei gyhuddo?

> Oes amheuaeth resymol bod y person a arestiwyd wedi cyflawni'r drosedd dan sylw?

> Oes gobaith realistig o euogfarn?

Os yw'r ddwy ran o'r prawf hwn yn cael eu bodloni, yna bydd y *CPS* yn mynd ymlaen i gymhwyso prawf budd y cyhoedd a gynhwysir yn y Prawf Cod Llawn. Dylid parhau i adolygu hyn.

Diwygio Gwasanaeth Erlyn y Goron

Bu'r *CPS* yn destun llawer o feirniadaeth a diwygio ers ei sefydlu, ac mae rhai wedi awgrymu nad yw'n cyflawni'r hyn a fwriadodd.

1997	**Adolygiad Narey –**	
	Beirniadaeth	**Diwygio**
	Diffyg paratoi ac oedi cyn dwyn achosion i'r llys.	Hyfforddwyd **gweithwyr achos** i adolygu ffeiliau a chyflwyno pledion euog syml yn y llys, a oedd wedyn yn rhyddhau cyfreithwyr y *CPS* i ddelio ag achosion mwy cymhleth.
1998	**Adroddiad Glidewell –**	
	Beirniadaeth	**Diwygio**
	Roedd 12% o achosion lle roedd yr heddlu wedi cyhuddo, yn cael eu **gollwng** gan y *CPS*.	Rhannwyd yr 13 ardal yn 42 ardal, i gyfateb i'r heddluoedd, a phob un gyda Phrif Erlynydd y Goron a phob un â'r cyfrifoldeb dros wneud y penderfyniad i erlyn.
	Roedd cyhuddiadau'n cael eu **hisraddio** mewn nifer aruthrol o achosion.	
	Roedd perthynas waith wael rhwng yr heddlu a'r *CPS*, gyda 'diwylliant o feio' gelyniaethus yn arwain at aneffeithiolrwydd a pharatoi gwael.	Mae'r *CPS* nawr wedi'i leoli mewn gorsafoedd heddlu, ac mae 'gweithio cyfun' (*joined up working*) yn cael ei annog gyda phwyslais ar yr heddlu a'r *CPS* yn cydweithio ar faterion a rennir sy'n lleihau oedi. Mae cyflwyno **Unedau Cyfiawnder Troseddol** yn ymgais i wneud y berthynas waith yn fwy cyfeillgar.
	Cafwyd adroddiadau am oedi hir rhwng arestiad a dedfrydu, a diffyg pendant o ran paratoi.	
	Roedd tystion a oedd yn annibynadwy yn ymddangos yn y llys, ac mewn rhai achosion, nid oeddent yn troi i fyny o gwbl.	Cyhoeddwyd Cod Diwygiedig i Erlynwyr y Goron, gyda chanllawiau manwl ar sut i gymhwyso'r prawf tystiolaethol.

Gwella gradd

Ewch i dudalennau newyddion y *CPS* ar www.cps.gov.uk/news/ i weld gwybodaeth ar ddiwygiadau diweddar a chyhoeddiadau diweddar i'r wasg. Caiff yr holl faterion presennol sy'n wynebu'r *CPS* eu cofnodi yma, ac mae'n lle defnyddiol i gael gwybod am ddatblygiadau newydd. Er enghraifft, byddwch chi'n cael gwybod am:

- Y datblygiadau sydd wedi galluogi tystion i gael cyfweliadau 'ymarfer' cyn y treial er mwyn eu gwneud yn fwy credadwy a lleihau'r risg o beidio â throi lan yn y llys oherwydd bod y tyst yn poeni neu'n teimlo o dan fygythiad.
- Ystyriwch safbwynt y *CPS* ar droseddu mewn chwaraeon. Mae hyn yn arbennig o ddefnyddiol i'w gysylltu â defnyddio caniatâd fel amddiffyniad mewn llawer o droseddau. Ydyn ni'n gweld ymagwedd mwy llym at droseddu mewn chwaraeon?

Edrychwch ar yr adran Newyddion ar www.cps.gov.uk a darganfod sut mae'r *CPS* wedi'i ddatblygu mewn perthynas â'r canlynol:

- Trais domestig
- Stelcian ac aflonyddu
- Troseddau gyrru – achosion perthnasau agos a cherbydau argyfwng
- Y cyfryngau a'r *CPS*
- Rôl *CPS Direct*.

UG Y Gyfraith: Canllaw Astudio ac Adolygu

Ymestyn a herio

Yn 2010, derbyniodd *CPS* Gwent ymweliad gan Arolygwyr y *CPS* – ydych chi'n meddwl bod eu canfyddiadau'n adlewyrchu gwasanaeth gwell, neu ydym ni'n dal i weld y problemau a nodwyd gan Glidewell?

Nid y *CPS* yn unig a all gyhuddo person a ddrwgdybir; gall unigolion ddwyn erlyniad preifat. Ymchwiliwch i'r cyfyngiadau ar erlyniadau preifat, gan roi sylw arbennig i achos *Whitehouse v Lemon (1976)*.

≽ Gwella gradd

Os cewch gwestiwn yn gofyn i chi 'werthuso' neu 'ystyried effeithiolrwydd' y CPS, sicrhewch eich bod yn cynnwys cymaint ag y medrwch o'r amrywiol adroddiadau a chofiwch greu dadl **gytbwys**.

1999	**Adroddiad MacPherson** – a ysgrifennwyd ar ôl llofruddiaeth Stephen Lawrence. Ymchwiliwyd i'r heddlu oherwydd y posibilrwydd eu bod yn hiliol.

Beirniadaeth	Diwygio
Roedd yr heddlu yn **sefydliadol hiliol**, a chafodd yr ymchwiliad ei feirniadu'n ddifrifol oherwydd bod y dioddefwr yn ddu.	Mae rheidrwydd cyfreithiol ar bob heddlu nawr i gyhoeddi Polisi Cydraddoldeb Hiliol er mwyn amddiffyn dioddefwyr a diffynyddion. Bydd archwiliadau rheolaidd yn cael eu cynnal er mwyn sicrhau bod y rheolau hyn yn cael eu dilyn.

2001	**Adolygiad Auld** – roedd yr adolygiad hwn yn argymell cyflwyno **cyhuddo statudol** – y *CPS* sydd nawr yn pennu pa gyhuddiad sydd i'w ddwyn ym mhob achos heblaw am y rhai mân. Mae hyn yn sicrhau bod y cyhuddiad cywir yn cael ei ddwyn, ac mai dim ond y rhai sy'n ddigon cryf i fynd am dreial sy'n cyrraedd y llys. Bydd hyn yn lleihau'r nifer o achosion sy'n cael eu gollwng, yn unol ag argymhellion **Glidewell**. Cafodd hyn ei weithredu yn nes ymlaen yn *Neddf Cyfiawnder Troseddol 2003*.
2006	**Abu Hamza** – roedd yr achos hwn yn ymwneud â chlerigwr Mwslemaidd a gafodd ei garcharu am annog llofruddiaeth a chasineb hiliol. Cwynodd yr heddlu ar sawl achlysur eu bod wedi rhoi tystiolaeth gerbron y *CPS*, a bod y *CPS* wastad wedi gwrthod erlyn. Mae hyn yn awgrymu bod y berthynas waith rhwng yr heddlu a'r *CPS* dal yn anghyfeillgar.
2009	**The Public Prosecution Service – Setting the Standard** – adroddiad yw hwn a gafodd ei gyhoeddi gan y cyn Gyfarwyddwr Erlyniadau Cyhoeddus, Keir Starmer, ar ei 'weledigaeth' ar gyfer y *CPS* i'r unfed ganrif ar hugain. Roedd yn sôn am rôl well i erlynwyr cyhoeddus wrth ymwneud â'u cymunedau er mwyn rhoi sail o wybodaeth i'w gwaith ac ymdrin â'u pryderon.

Yn fras, gosododd dri phrif nod:
1. Amddiffyn y cyhoedd
2. Cefnogi dioddefwyr a thystion
3. Cyflwyno cyfiawnder.

Mae'n gweld y gall Gwasanaeth Erlyn y Goron gyrraedd y nodau hyn drwy:
- Mynd i'r afael â throseddu, a defnyddio gwarediadau tu allan i'r llys (*out-of-court disposals*) lle bo hynny'n briodol
- Penderfynu ar y cyhuddiad ym mhob achos heblaw am y rhai mwyaf arferol
- Cymryd barn y dioddefwyr i ystyriaeth
- Cymryd penderfyniadau yn annibynnol ar unrhyw ddylanwad amhriodol
- Adennill asedau oddi wrth droseddwyr
- Sicrhau bod tystion yn gallu rhoi eu tystiolaeth orau.
- Cyflwyno eu hachosion eu hunain yn y llys a
- Helpu'r llys i basio dedfryd briodol.

O ganlyniad i hyn, roedd rhaid i'r *CPS* ddilyn 'Safonau Ansawdd Craidd' sy'n rhoi gwybod i'r cyhoedd beth fydd y *CPS* yn ei wneud pan fydd yn erlyn pobl yn y llys. Fodd bynnag, yn ôl erthygl yn y *Guardian* ym mis Gorffennaf 2013, bydd gostyngiad 25% yn nifer cyfreithwyr y *CPS* yn gwneud hyn yn fwy anodd i'w gyflawni nag erioed.

Y Broses Droseddol: Apeliadau/*CCRC*

Mae'r system cyfiawnder troseddol wedi ei gosod er mwyn cosbi ar ran y Goron y rheini sy'n cyflawni troseddau, ac i roi hyder yn y pen draw ym meddyliau'r cyhoedd bod cyfraith a threfn yn cael eu cynnal. Mae hefyd yn gweithredu i atal y rheini a fydd efallai'n cyflawni troseddau.

Pan ddaw'r achos i'r llys, rhaid i'r barnwr neu'r rheithgor fod yn fodlon bod yr achos wedi'i brofi **y tu hwnt i amheuaeth resymol**, ac mae'r cyfrifoldeb am argyhoeddi barnwr neu reithgor o hyn, sef **baich y prawf**, yn gorwedd gyda'r erlyniad yn y rhan fwyaf o achosion. Y rheswm am hyn yw bod cyfraith trosedd yn **rhagdybio dieuogrwydd**, ac mae pob person a ddrwgdybir yn ddieuog hyd nes y caiff ei brofi'n euog. O dan **Erthygl 6 yr ECHR**, mae gan bawb yr **hawl i dreial teg** ac mae'n bwysig cadw at holl reolau'r weithdrefn er mwyn osgoi **camweinyddu cyfiawnder**.

Termau allweddol

Achos datganedig = apeliadau ar **bwynt o gyfraith** yw'r rhain, a gall yr erlyniad a'r amddiffyniad eu defnyddio.

Gwella gradd

Dylech chi gyfeirio at yr *ECHR* ym MHOB cwestiwn ar y broses droseddol. Mae'r erthyglau hyn yn berthnasol ar gyfer y broses droseddol:

Erthygl 5 yr ECHR – yr hawl i ryddid.
Erthygl 6 yr ECHR – yr hawl i dreial teg.

Hierarchaeth y Llysoedd Troseddol

Mae'r diagram isod yn dangos hierarchaeth y Llysoedd Troseddol, gan gynnwys llwybrau apêl. Mae achosion troseddol yn cael gwrandawiad yn y lle cyntaf naill ai yn y **Llys Ynadon** neu yn **Llys y Goron**.

- Y Goruchaf Lys
- Y Llys Apêl (Yr Adran Droseddol)
- Llys y Goron
- Y Llys Ynadon
- Yr Uchel Lys (Adran Mainc y Frenhines)

Amddiffyniad yn unig

Apêl trwy achos datganedig

UG Y Gyfraith: Canllaw Astudio ac Adolygu

Termau allweddol

Caniatâd i Apelio = caniatâd i apelio gan farnwr y Llys Apêl yw hwn; mae'r rheolau ynghylch rhoi caniatâd i apelio wedi eu cynnwys yn **Neddf Apeliadau Troseddol 1995** lle dywedir y gall y Llys Apêl:

(a) Ganiatáu apêl yn erbyn euogfarn os yw'n tybio bod yr euogfarn yn anniogel; a

(b) Gwrthod apêl o'r fath mewn unrhyw achos arall.

Ymestyn a herio

Weithiau, daw tystiolaeth newydd i'r amlwg a bydd hynny'n sbarduno rhoi caniatâd i apelio ar sail y ffaith bod yr euogfarn yn *anniogel*. Mae hyn yn bwysig ar sail **Erthygl 6 yr ECHR**; fodd bynnag, mae'r llysoedd weithiau'n dehongli *anniogel* mewn ffordd wahanol. Edrychwch ar achos **Simon Hall** y gwrthodwyd ei apêl yn erbyn euogfarn am lofruddiaeth yn ddiweddar – ydych chi'n meddwl bod ei **hawl i dreial teg dan Erthygl 6** wedi'i thorri gan ei fod e'n honni bod tystiolaeth newydd a allai brofi ei fod yn ddieuog?

▲ Gwella gradd

Pan roddir caniatâd i apelio, mae gan y Llys Apêl y pwerau canlynol:

- caniatáu'r apêl, fel bod yr euogfarn yn cael ei dileu (*quashed*)
- gwrthod yr apêl, fel bod yr euogfarn yn sefyll
- lleihau'r ddedfryd a roddwyd
- gostwng yr euogfarn i drosedd llai difrifol (fel llofruddiaeth i ddynladdiad)
- gorchymyn ail dreial gerbron rheithgor newydd.

Apeliadau o'r Llys Ynadon

Yn dilyn treial yn y Llys Ynadon, mae dau lwybr apêl yn agored i ddiffynnydd, yn dibynnu ar ba sail y mae'n dymuno apelio.

1 Os yw am apelio yn erbyn **euogfarn** neu **ddedfryd**, rhaid iddo apelio i **Lys y Goron**. Mae'r hawl awtomatig hwn i apelio yn agored i'r **amddiffyniad** yn unig.

2 Os yw'n dymuno apelio trwy **achos datganedig**, rhaid iddo apelio i **Lys Adrannol Adran Mainc y Frenhines yn yr Uchel Lys**. Gall y dull hwn gael ei ddefnyddio gan yr **amddiffyniad** i apelio yn erbyn euogfarn, **neu** gan yr **erlyniad** os cafwyd y diffynnydd yn ddieuog. Mae'r llwybr apêl hwn yn seiliedig ar y ffaith bod camgymeriad wedi'i wneud wrth gymhwyso'r gyfraith. Nid yw'r llwybr apêl hwn yn cael ei ddefnyddio'n aml iawn.

3 Mae apêl bellach o'r Uchel Lys ar gael i'r **Goruchaf Lys**. Bydd hyn ond yn digwydd os yw'r mater yn un o **bwysigrwydd cyhoeddus**.

Digwyddodd hyn yn achos ***C v DPP (1994)***, lle ystyriwyd mater cyfrifoldeb troseddol plant. Penderfynwyd yn yr achos hwn na ddylid rhagdybio bod plant rhwng 10 a 14 oed yn gwybod y gwahaniaeth rhwng da a drwg, ac felly ni fydd gweithgaredd troseddol bob amser yn arwain at erlyniad. Roedd Llys Adrannol Adran Mainc y Frenhines eisiau newid y gyfraith fel bod rhagdyb bob tro bod plentyn rhwng 10 a 14 oed yn gwybod y gwahaniaeth rhwng da a drwg, ond mynnodd y Goruchaf Lys ei fod wedi'i rwymo gan gynsail ac nad oedd yn rhydd i newid y gyfraith.

Apeliadau o Lys y Goron

Gan yr amddiffyniad

1 Apeliadau o **Lys y Goron** at y **Llys Apêl (Yr Adran Droseddol)** yw'r llwybr apêl mwyaf cyffredin gan yr **amddiffyniad** yn erbyn euogfarn a/neu ddedfryd.

Fodd bynnag, rhaid i'r diffynnydd gael **caniatâd i apelio**; a rhaid gwneud cais o fewn 28 diwrnod i gael y diffynnydd yn euog.

Gan yr erlyniad

Mae apeliadau gan yr erlyniad yn erbyn **rhyddfarn** (*acquittal*) yn brin, a dim ond gyda chaniatâd y **Twrnai Cyffredinol** y gellir gwneud hynny, ac mae'r Twrnai Cyffredinol yn gallu:

a) cyfeirio pwynt o gyfraith at y Llys Apêl

b) gwneud cais i apelio yn erbyn dedfryd **amhriodol o drugarog**

Yn 2009, cynyddwyd dedfrydau 71 o 369 o achosion ar ôl i'r Llys Apêl ddyfarnu bod y dedfrydau yn amhriodol o drugarog.

2 Mae'r llwybr apêl hwn o **Lys y Goron** i'r **Goruchaf Lys** yn eithriadol o brin ac mae ar gael i'r erlyniad a'r amddiffyniad. Anaml y rhoddir caniatâd i apelio, ac mae ond yn cael ei roi ar bwyntiau cyfreithiol o '**bwysigrwydd cyhoeddus cyffredinol**'.

Y Comisiwn Adolygu Achosion Troseddol (*CCRC*)

Adroddodd **Comisiwn Runciman** yn 1993 ac roedd yn argymell sefydlu corff annibynnol i ystyried achosion posibl o gamweinyddu cyfiawnder o ganlyniad i nifer o achosion nodedig, gan gynnwys **Chwech Birmingham**, **Pedwar Guildford**, a **Judith Ward**. Cafodd yr argymhellion eu gweithredu a sefydlwyd y Comisiwn Adolygu Achosion Troseddol (*CCRC: Criminal Cases Review Commission*) o dan **Ddeddf Apeliadau Troseddol 1995**, a daeth i fodolaeth ym mis Ionawr 1997. Mae 14 aelod o'r Comisiwn, oll wedi'u penodi gan y Frenhines ac mae'r aelodau'n weithwyr proffesiynol gyda chymwysterau cyfreithiol yn ogystal ag eraill sydd â phrofiad tebyg yn y system cyfiawnder troseddol.

Mae gan y Comisiwn y pŵer i wneud y canlynol:

- ymchwilio i achosion posibl o gamweinyddu cyfiawnder a chyfeirio achosion yn ôl at y llysoedd
- gall y Llys Apêl roi cyfarwyddyd i'r Comisiwn ymchwilio a rhoi adroddiad i'r llys ar unrhyw fater os bydd ymchwiliad yn debyg o helpu'r llys i benderfynu ar apêl.

Ystadegau achosion

Ffigyrau hyd at 30 Mehefin 2013

Cyfanswm apeliadau:	16458
Achosion yn aros:	608
Achosion yn cael eu hadolygu:	545
Cwblhawyd:	15305 (gan gynnwys heb fod yn gymwys), 530 wedi eu cyfeirio
Gwrandawyd gan y Llys Apêl:	498 (341 wedi eu dileu, 145 wedi eu cadarnhau, 2 wedi'i gadw'n ôl)

Ffynhonnell: www.ccrc.gov.uk

Un o lwyddiannau cynharaf y Comisiwn oedd achos **Derek Bentley**, a grogwyd yn 1953 am lofruddiaeth. Cymerodd y Comisiwn yr achos drosodd tua 1998 a chyfeirio'r achos yn ôl i'r Llys Apêl. Penderfynodd y Llys Apêl fod y barnwr wedi crynhoi'r treial yn annheg, a chafodd yr euogfarn ei dileu gan y Llys Apêl. Roedd hwn yn achos enwog iawn, ac yn enghraifft o effaith y Comisiwn.

Achos enwog arall oedd un **Ryan James**, a gafwyd yn euog o lofruddio ei wraig. Pan ymchwiliodd y Comisiwn i'r achos, penderfynwyd anfon yr achos yn ôl i'r Llys Apêl ar y sail bod nodyn hunanladdiad wedi ei ddarganfod, ac mai ei wraig oedd wedi ei ysgrifennu. Cafodd ei euogfarn ei dileu.

Gwella gradd

Wrth roi enghreifftiau o waith y Comisiwn, ceisiwch ymgorffori achosion **diweddar** a fu'n destun ymchwiliad ganddo, fel:

Sally Clark (2003)
Jeremy Bamber (2010)
George Davis (2011)
Sam Hallam (2011)
R v Wilkinson (2011)/R v Robert C (2011)

Ymestyn a herio

Ymchwiliwch i achos **Alan Traynor** a gafwyd yn euog o lofruddio ei gariad yn 1993. Cyfeiriodd y Comisiwn yr achos yn ôl i'r Llys Apêl, ar y sail bod tystiolaeth a oedd yn annerbyniol o'r blaen bellach yn dderbyniol. Cafwyd ail dreial ym mis Mawrth 2012 a phenderfynwyd cynnal yr euogfarn. Fodd bynnag, cafodd y Comisiwn ei feirniadu am ei ran flaenorol.

Ymchwiliwch i'r feirniadaeth a thrafodwch a ydych chi'n meddwl bod y Comisiwn yn ennyn hyder y cyhoedd, gan ddefnyddio erthygl ddefnyddiol Bob Woffindon yn y *Guardian*, "The Criminal Cases Review Commission has failed".

Manteision ac anfanteision y Comisiwn

Manteision

- Ym **mis Mehefin 2013**, dangosodd ystadegau a gyhoeddwyd gan y Comisiwn ei fod wedi cychwyn **341 o euogfarnau a gafodd eu dileu**.

- Mae'r Comisiwn yn rhoi cyfle 'ychwanegol' i ddiffynnydd herio'r system cyfiawnder troseddol.

- Mae'r Comisiwn yn **hygyrch** iawn – gall diffynnydd, ei deulu a hyd yn oed y Llys ei hun oll wneud cais i'r Comisiwn ystyried yr achos.

- Gwelwyd bod y Comisiwn wedi amlygu achosion pwysig nodedig o gamweinyddu cyfiawnder, fel **Derek Bentley**.

Anfanteision

- Nid llys apêl yw'r Comisiwn ac nid oes ganddo'r pŵer felly i wrthdroi apêl, na dileu euogfarn.

- Bydd y Comisiwn yn aml yn anfon yr achos yn ôl at yr heddlu i ymchwilio iddo. Mae hyn yn codi cwestiwn am annibyniaeth y Comisiwn, gan mai'r heddlu yn aml yw achos y camweinyddu cyfiawnder sydd wedi digwydd.

- Gall y Comisiwn ond ystyried achosion sydd wedi bod trwy'r llwybrau apêl arferol ac wedi methu.

- Nid yw sefydlu'r Comisiwn wedi cael gwared ar y rhesymau pam mae camweinyddu cyfiawnder yn digwydd. Mae angen mwy o reolaeth dros weithgareddau a thystiolaeth gorsafoedd yr heddlu.

- Cafwyd tystiolaeth i awgrymu bod gan y Comisiwn lwyth trwm o achosion wedi cronni – yn wir, ym mis Mehefin 2013, yr oedd 608 o achosion yn dal i ddisgwyl cael eu hystyried.
  Cymerodd y Comisiwn bum mlynedd i ymdrin ag achos **Patrick Nolan**, sef achos o gyfaddefiad a gafwyd dan orfodaeth.

- Gallai'r hyn y mae'r Comisiwn yn ei alw'n achos 'llwyddiannus' gynnwys yr achosion hynny lle gostyngwyd dedfrydau, neu rai lle rhoddwyd euogfarn o drosedd llai difrifol.

Y Broses Sifil

Mae'r system cyfiawnder Sifil yn cael ei defnyddio i setlo anghydfod rhwng unigolion preifat neu sefydliadau. Yr **hawliwr** yw'r enw ar y person sy'n dwyn yr achos, a'r person sy'n amddiffyn yr achos yw'r **diffynnydd**. Rhaid profi'r achos **yn ôl pwysau tebygolrwydd** (**safon y prawf**). Mae baich profi'r achos ar yr hawliwr sydd fel arfer yn ceisio rhyw fath o **rwymedi**, a allai fod ar ffurf iawndal neu waharddeb (*injunction*).

Termau allweddol

Safon y prawf = y safon y mae'n rhaid i achos ei chyrraedd. Mewn cyfraith sifil, yn ôl pwysau tebygolrwydd y mae hyn, sy'n safon is nag achos troseddol – rhaid profi hwnnw y tu hwnt i amheuaeth resymol.

Hierarchaeth y Llysoedd Sifil (gan gynnwys llwybrau apêl)

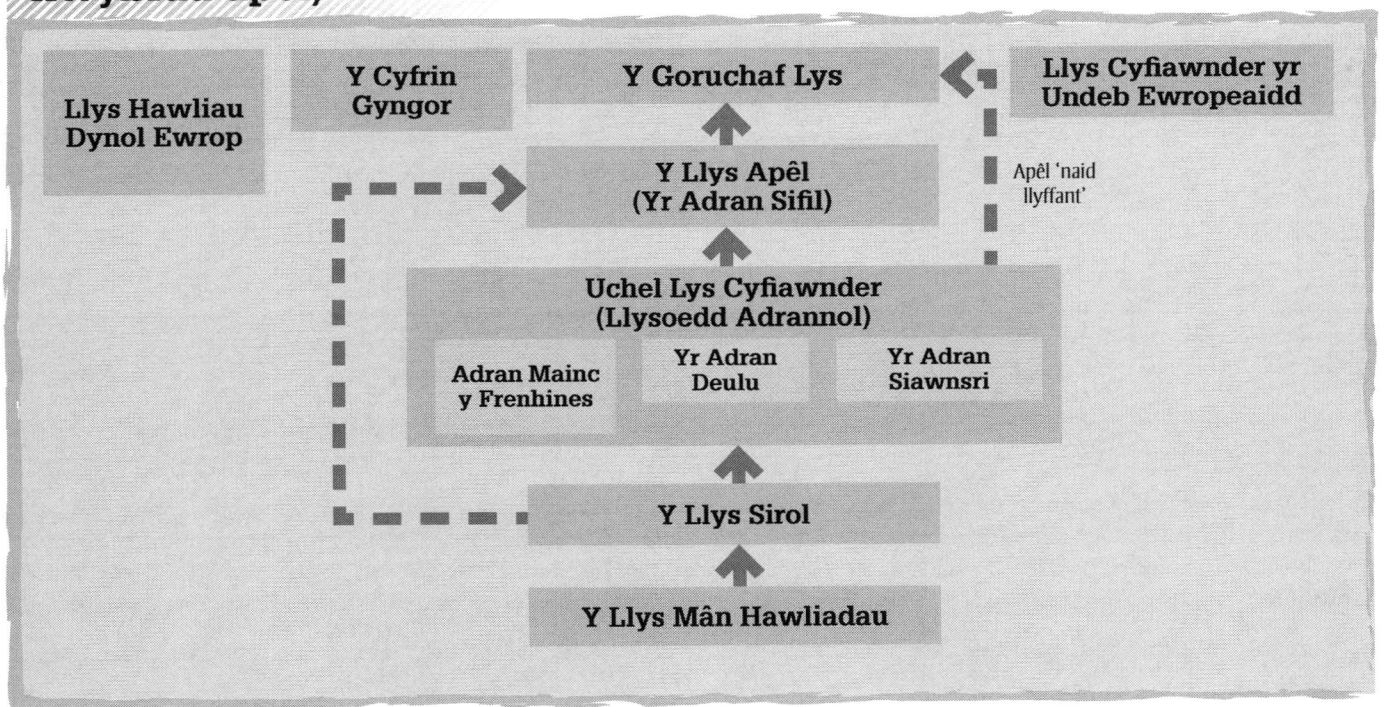

- Llys Hawliau Dynol Ewrop
- Y Cyfrin Gyngor
- Y Goruchaf Lys
- Llys Cyfiawnder yr Undeb Ewropeaidd
- Y Llys Apêl (Yr Adran Sifil)
- Apêl 'naid llyffant'
- Uchel Lys Cyfiawnder (Llysoedd Adrannol)
  - Adran Mainc y Frenhines
  - Yr Adran Deulu
  - Yr Adran Siawnsri
- Y Llys Sirol
- Y Llys Mân Hawliadau

Y broses sifil cyn diwygiadau 1999

Cyn diwygiadau Woolf ym mis Ebrill 1999, roedd dwy set o brosesau sifil ar wahân, yn dibynnu ar le roedd yr achos yn cychwyn. Ar gyfer achosion yn yr Uchel Lys a'r Llys Apêl, roedd yna'r 'Llyfr Gwyn' ac ar gyfer achosion yn y Llys Sirol, roedd yna'r 'Llyfr Gwyrdd'. Roedd gweithdrefnau gwahanol hefyd ar gyfer cychwyn achos. Byddai achos yn y Llys Sirol yn cael ei gychwyn gyda **Gwŷs** (*Summons*), ond byddai achos yn yr Uchel Lys yn cychwyn gyda **Gwrit** (*Writ*). Roedd tueddiad i'r system fod braidd yn ddryslyd i bleintyddion (*plaintiffs*), gyda gwahanol reolau am y weithdrefn a thystiolaeth.

Tasg yr Arglwydd Woolf oedd diwygio'r system cyfiawnder sifil ac ymgymerodd â'i adolygiad yn 1996. Canlyniad hyn oedd yr adroddiad: **Access to Justice: Final Report** a gyhoeddwyd yn 1996. Daeth i'r casgliad bod gan y system cyfiawnder sifil rai beiau allweddol:

Termau allweddol

Gwrthwynebus = mae partïon yn wrthwynebwyr mewn achos ac yn cyflwyno eu safbwynt i'r llys fel y gall barnwr (neu reithgor) diduedd ddod i benderfyniad. Mae hyn yn groes i'r system holgar lle mae barnwr neu grŵp o farnwyr yn ymholi ynghylch achos gan wneud ymchwiliadau er mwyn dod i gasgliad.

Gwella gradd

Dewch i wybod am y broses apeliadau sifil. Dyma faes arall a all godi yn yr arholiad, ac mae'n bwysig i chi ddeall y llwybrau apêl a beth all ddigwydd o ganlyniad i apêl.

Gwella gradd

Efallai bydd cwestiwn sy'n holi ynglŷn â llwyddiant/methiant diwygiadau Woolf. Sicrhewch eich bod yn cysylltu eich gwerthusiad yn ôl i'r prif broblemau a welodd ef yn yr hen system, ac i ba raddau y mae'r rhain wedi eu goresgyn.

Ymestyn a herio

Cafodd argymhellion yr Arglwydd Jackson, yn dilyn ei *Review of Civil Litigation* eu gweithredu yn **Neddf Cymorth Cyfreithiol, Dedfrydu a Chosbi Troseddwyr 2012** a ddaeth i rym yn Ebrill 2013. Mae'r prif amcan wedi'i ddiwygio ac erbyn hyn mae'n rhaid delio ag achosion 'yn gyfiawn a bod costau'n gymesur'.

- **Drud** – yn ôl ei adroddiad roedd y costau'n aml yn uwch na'r swm oedd yn destun dadl.
- **Oedi** – byddai achosion yn cymryd 3–5 mlynedd ar gyfartaledd i ddod i dreial.
- **Cymhleth** – roedd gweithdrefnau gwahanol i'r Llysoedd Sirol a'r Uchel Lys, ac felly roedd ymgyfreithwyr (*litigants*) yn gweld y system yn gymhleth iawn. O ganlyniad, byddent yn llogi cyfreithwyr, gan gynyddu costau i'r pleintyddion.
- **Gwrthwynebus** – roedd pwyslais ar ecsploetio'r system yn hytrach na chydweithredu rhwng partïon.
- **Anghyfiawn** – roedd yna hefyd anghydbwysedd grym rhwng parti cyfoethog oedd yn cael ei gynrychioli, a pharti oedd heb gynrychiolaeth. Roedd hyn yn broblem benodol gyda setlo y tu allan i'r llys, gydag un parti dan fwy o bwysau na'r llall i setlo.
- **Pwyslais ar dystiolaeth lafar** – a oedd yn arwain at wneud treialon yn araf ac aneffeithlon. Nid oedd angen cyflwyno'r rhan fwyaf o'r dystiolaeth ar lafar, a gallai'r barnwr fod wedi ei hasesu o flaen llaw. Roedd hyn hefyd yn arwain at fwy o gost, gyda ffïoedd uchel yn cael eu talu i dystion arbenigol.

O ganlyniad i ganfyddiadau '**Adroddiad Woolf**', rhoddwyd y prif argymhellion ar waith yn **Rheolau Trefniadaeth Sifil 1998**, a ddaeth i rym ym mis Ebrill 1999. Dyma rai o'r diwygiadau mwyaf erioed i'r system cyfiawnder sifil, ac roedd rhai'n amau a oedd angen diwygiadau mor eang.

Yn ôl **rh.1.1(2)**: Mae trin achos yn gyfiawn yn cynnwys y canlynol, hyd y bo modd:

(a) gofalu bod y partïon yn gyfartal
(b) arbed arian
(c) trin yr achos mewn ffyrdd sy'n gymesur: (i) i'r swm o arian dan sylw; (ii) i bwysigrwydd yr achos; (iii) i gymhlethdod y materion; a (iv) i safle ariannol y naill ochr a'r llall
(d) gofalu ei fod yn cael ei drin yn fuan ac yn deg a
(e) rhoi iddo gyfran briodol o adnoddau'r llys, gan gadw mewn cof yr angen i roi adnoddau i achosion eraill.

Diwygiadau Woolf

Dyma'r prif newidiadau a wnaed o ganlyniad i **Reolau Trefniadaeth Sifil 1998**:

Y Rheolau Trefniadaeth Sifil – Proses Symlach

Prif nod y diwygiad hwn yw rhoi cod gweithdrefnol cyffredin i'r Llys Sirol a'r Uchel Lys. Mae rhai termau wedi eu newid hefyd i'w gwneud yn haws i hawlwyr (a oedd gynt yn cael eu galw'n bleintyddion).

Protocolau Cyn-Cyfreitha

Un o themâu mwyaf y diwygiadau yw annog partïon i gydweithredu â'i gilydd. Bwriad Protocolau Cyn-Cyfreitha yw annog partïon i gyfnewid cymaint o wybodaeth mor gynnar â phosibl, bod mewn cysylltiad â'i gilydd a chydweithredu dros gyfnewid gwybodaeth. Y nod cyffredinol yw cael y partïon i setlo y tu allan i'r llys, gan leihau costau ac oedi.

Rheoli Achosion

Un o'r diwygiadau pwysicaf a fu yw cael barnwyr i ddod yn rheolwyr achos, gyda phwerau rhagweithiol i osod amserlenni a chosbi partïon nad ydynt yn cydweithredu. Nod cyffredinol y diwygiad hwn yw pasio rheolaeth achos i'r llys ac nid i'r partïon. Eto, dylai hyn wella effeithlonrwydd a lleihau costau.

Dull Amgen o Ddatrys Anghydfod (ADR)

Gall partïon ohirio gweithrediadau cyfreithiol am gyfnod o fis i geisio setlo'r achos trwy ddefnyddio ADR (ADR: Alternative Dispute Resolution). Dylai llysoedd hefyd fynd ati i hyrwyddo defnyddio'r dull hwn. Fodd bynnag, yn **Halsey v Milton Keynes General NHS Trust (2004)**, dywedodd y Llys Apêl na all y llysoedd orfodi partïon i ddefnyddio ADR gan y gall fod yn groes i Erthygl 6 y Confensiwn Ewropeaidd ar Hawliau Dynol – yr hawl i dreial teg.

Y Tri Llwybr

1. **Llwybr Mân Hawliadau** – achosion gyda gwerth o lai na £10,000 (neu £1000 am anaf personol) – gwrandewir ar yr achosion hyn yn y llys mân hawliadau.
2. **Llwybr Cyflym** – achosion gyda gwerth o rhwng £5000 a £25000 – gwrandewir ar yr achosion hyn yn y Llys Sirol.
3. **Aml-Lwybr** – achosion gyda gwerth dros £25000 – gwrandewir ar yr achosion hyn naill ai yn y Llys Sirol neu'r Uchel Lys.

Sancsiynau

Prif nod y diwygiadau yw sicrhau bod achosion mor effeithlon a chost-effeithiol â phosibl. Gyda barnwyr yn ymgymryd â gwaith rheolwyr achos, maent wedi cael pwerau i roi sancsiynau pan nad yw partïon yn dilyn yr amserlenni y maent yn eu gosod, neu'n oedi heb angen. Dyma'r ddau brif sancsiwn:

- Dyfarnu costau yn eu herbyn
- Gorchymyn dileu achos (yn rhannol neu'n llawn).

Yn **Biguzzi v Rank Leisure plc (1999)** cadarnhawyd y buasai achos ond yn cael ei ddileu os oedd yn gymesur ac mae yna ffyrdd eraill ar gael i drin oedi.

Yn **UCB Halifax (SW) Ltd (1999)**, fodd bynnag, pwysleisiwyd na ddylid cymryd ymagwedd lac tuag at achosion difrifol ac y dylai'r llysoedd ddefnyddio'r pwerau newydd oedd ar gael iddynt.

Beirniadaeth o'r diwygiadau

Dau adroddiad allweddol:

'**Zander on Woolf**' gan Michael Zander, *New Law Journal* 13 Mawrth 2009

'**A Few Home Truths**' gan Tony Allen, *New Law Journal* 3 Ebrill 2009

Mae'r **Athro Michael Zander** a **Tony Allen** yn rhai o'r bobl allanol sydd wedi gwneud sylwadau ar basio **Rheolau Trefniadaeth Sifil 1998**. Bu ymateb cymysg, ond ar y cyfan, nid yw pobl yn meddwl llawer ohonynt.

Costau

- Mae cyfnewid gwybodaeth yn gynnar yn golygu bod costau'n hysbys ar y cychwyn.
- Mae llawer o achosion yn cael eu setlo cyn dod i dreial, felly mae costau diangen i gleientiaid.
- OND yn ôl diwygiadau Woolf mae gwerthfawrogi'r ffeithiau yn *gynharach* yn golygu eu gwerthfawrogi'n *llawnach*, sy'n arwain at well canlyniad.
- Sefydlwyd y **Pwyllgor Ymgynghorol ar Gostau Sifil** i fonitro costau cyfreitha.

Oedi

- Mae oedi wedi aros yr un fath, er gwaethaf cyflwyno treialon gyda dyddiadau penodedig. Mae Zander yn dadlau bod dyddiadau treial penodedig yn golygu nad oes amser gan weithwyr proffesiynol y gyfraith i baratoi'n drylwyr.

Ymestyn a herio

Mae ADR wedi cael ei hybu'n gryf ers diwygiadau Woolf. Casglwch rai ystadegau i ddangos sut mae hyn wedi arwain at setlo mwy o achosion y tu allan i'r llys. Ystyriwch fanteision hyn i'r partïon dan sylw a hefyd i'r llysoedd. Efallai y byddwch chi am edrych ar yr adran ar ADR hefyd.

Gwella gradd

Dewch i wybod am rai o nodweddion pob un o'r tri llwybr. Sut maent yn ceisio ateb y tair prif broblem a welodd Woolf sef cost, oedi a chymhlethdod?

Dewch i wybod am **Money Claim Online**.

Gwella gradd

Cofiwch mai dim ond rhan o'r **Rheolau Trefniadaeth Sifil** yw ADR; felly pan fydd cwestiwn arholiad yn eich holi am y Rheolau Trefniadaeth Sifil, cofiwch sôn am HOLL ddiwygiadau Woolf. Mae'n gamgymeriad cyffredin gan fyfyrwyr i sôn am ADR yn unig mewn cwestiwn am Drefniadaeth Sifil.

Wrth baratoi ar gyfer yr arholiad, mae'n werth sôn am unrhyw achosion diweddar y buoch chi'n ymchwilio iddynt lle mae **ACAS** yn chwarae rhan. Mae bob amser yn creu argraff ar arholwyr os ydych chi'n dangos eich bod yn ymwybodol o faterion cyfoes, a gwnewch yn siŵr hefyd eich bod yn sôn am holl adrannau perthnasol **Deddf Cyflafareddu 1996**.

Ond...
- Mae Allen yn credu bod rhagrybudd a chyfnewid gwybodaeth yn GORFOD bod yn beth da – pam annog sefyllfa annisgwyl?
- Mae Allen yn credu bod rhestrau aros wedi lleihau a bod achosion yn dod i dreial yn gynt.

Barnwr yn goruchwylio trefn achos
Ni fu hyn yn llwyddiannus. Mae Zander yn credu nad cyfreithwyr yn unig sy'n achosi oedi – mae partïon yn achosi oedi, ac mae yna anhawster i gael adroddiadau gan arbenigwyr a gweinyddiaeth y llys. Barn Zander yw bod diwygiadau Woolf wedi anwybyddu hyn a rhoi'r bai i gyd ar gyfreithwyr.

Cymhlethdod
- Roedd yr Arglwydd Woolf am i'r system cyfiawnder sifil fod yn symlach – **Peter Thompson CF** – o dan yr hen reolau, roedd 391 tudalen o weithdrefn, ac o dan y rheolau newydd mae 2,301 tudalen gyda 49 diweddariad.

Diwylliant gwrthwynebus
- Mae Zander yn credu bod y maes hwn wedi gweithio gan fod mwy o achosion yn cael eu setlo y tu allan i'r llys.
- Fodd bynnag, mae'n mynnu nad oedd Woolf yn iawn pan ddywedodd mai'r broses wrthwynebus oedd prif achos oedi.

Annog *ADR*
- Mae Allen yn dadlau nad yw'r gofyniad i drio *ADR* yn cael ei orfodi yn y cyfnod dyrannu.
- Mae Allen yn gefnogwr cryf o gyfryngu, ac yn cwestiynu'r sancsiynau a roir am YMDDYGIAD CYFREITHA AFRESYMOL. Beth fyddech chi'n tybio sy'n afresymol?

Ymestyn a herio
Mae bob amser yn rhoi argraff dda i'r arholwr os gallwch chi ddangos eich bod yn gwybod beth yw'r weithdrefn mewn achos sifil.

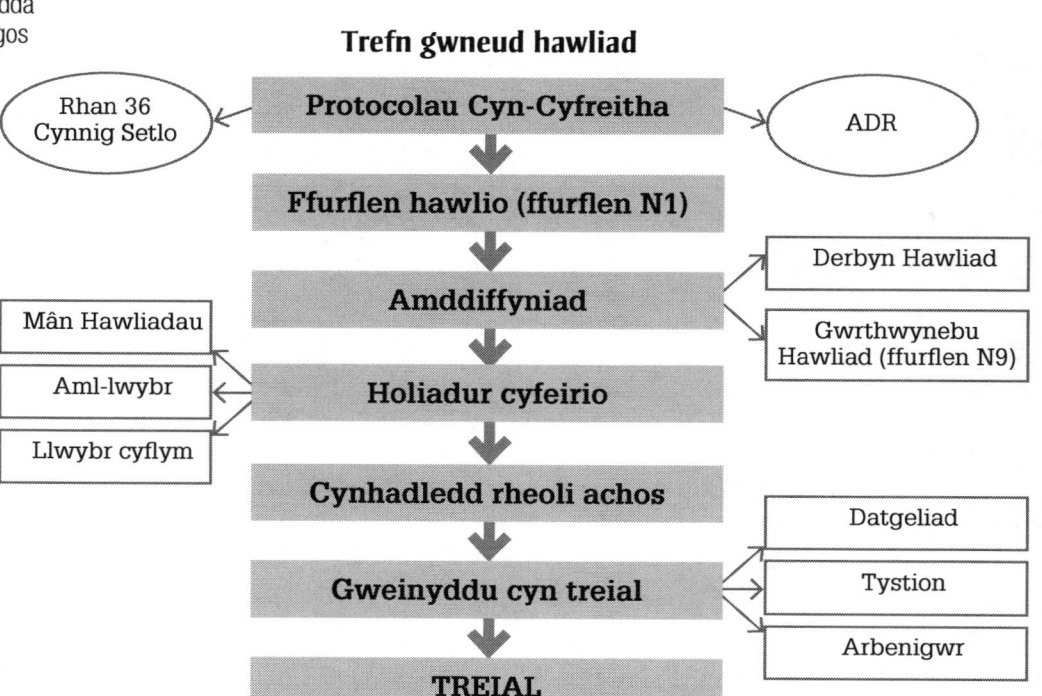

Trefn gwneud hawliad

Protocolau Cyn-Cyfreitha
- Rhan 36 Cynnig Setlo
- ADR

↓

Ffurflen hawlio (ffurflen N1)

↓

Amddiffyniad
- Derbyn Hawliad
- Gwrthwynebu Hawliad (ffurflen N9)

↓

Holiadur cyfeirio
- Mân Hawliadau
- Aml-lwybr
- Llwybr cyflym

↓

Cynhadledd rheoli achos

↓

Gweinyddu cyn treial
- Datgeliad
- Tystion
- Arbenigwr

↓

TREIAL

Dull Amgen o Ddatrys Anghydfod

Rhesymau dros ddull amgen o ddatrys anghydfod

Nid achos llys yw'r ffordd orau o ddatrys anghydfod bob amser, am y rhesymau canlynol:
- Cymhlethdod gweithdrefnau cyfreithiol.
- Oedi cyn cael penderfyniad.
- Cost achos llys.
- Awyrgylch fygythiol y llysoedd.
- Natur gyhoeddus achosion llys.
- Natur wrthwynebus achosion llys a fydd yn arwain at ddirywiad yn y berthynas rhwng y partïon.

Mae *ADR* yn cael ei annog gan **Ran 1 Rheolau Trefniadaeth Sifil 1998**, lle mae'n rhan o rôl barnwr wrth **reoli achos yn weithredol** i annog *ADR* lle bo hynny'n briodol. Cofiwch mai dim ond mewn achosion sifil y mae *ADR* yn cael ei ddefnyddio, oherwydd bod gormod yn y fantol mewn achosion troseddol i gyfiawnhau dewis arall yn lle'r system cyfiawnder troseddol. Mae *ADR* wedi tyfu dros y 50 mlynedd diwethaf, ac mae'n cael ei weld yn gynyddol bellach fel cam gorfodol yn y broses, yn hytrach na dewis. Yn wir, cafwyd enghreifftiau lle mae partïon wedi cael eu 'cosbi' gyda **gorchymyn costau yn eu herbyn** am wrthod cydweithredu mewn modd *ADR*.

Ffurfiau ar ddull amgen o ddatrys anghydfod

Diffiniad	Awdurdod cyfreithiol	Manteision	Anfanteision
Cyflafareddu			
Yn cael ei ddefnyddio'n aml mewn achosion masnachol a chontract, ac yn fwyaf amlwg mewn achosion chwaraeon proffil uchel.			
Mae'r partïon yn cytuno i adael i gyflafareddwr annibynnol wneud penderfyniad **sy'n rhwymo**. Mae nifer o gontractau'n cynnwys cymal *Scott v Avery* i gytuno cyn y contract i gyflafareddu os bydd anghydfod.	• **a1 Deddf Cyflafareddu 1996** • **a5 Deddf Cyflafareddu 1996** • **Sefydliad y Cyflafareddwyr**	• Gall y partïon ddewis cyflafareddwr o blith **Sefydliad y Cyflafareddwyr**. • Mae trefniadaeth y gwrandawiad yn cael ei adael i ddewis y partïon. Gallant ddewis y lle, dyddiad, nifer y tystion, etc. • Anaml y bydd unrhyw gyhoeddusrwydd. • Mae'r dyfarniad yn rhwymol a gall y llysoedd ei orfodi. • Mae'r cyflafareddwr yn arbenigwr yn y maes.	• Nid oes arian cyhoeddus ar gael, felly gall un ochr fod â mantais o'r cychwyn. • Mae apeliadau wedi eu cyfyngu yn y broses gyflafareddu. • Gall partïon deimlo nad ydynt yn cael eu 'diwrnod yn y llys'. • Os oes pwynt cyfreithiol yn codi, nid oes bob amser gweithiwr cyfreithiol proffesiynol yn y gwrandawiad.

yn parhau dros y dudalen

Diffiniad	Awdurdod cyfreithiol	Manteision	Anfanteision
Cyfryngu			
Yn cael ei ddefnyddio'n aml mewn anghydfodau teuluol neu unrhyw faes lle mae angen cynnal perthynas.			
Anogir y partïon i setlo ar eu pen eu hunain gyda help cyfryngwr niwtral fel trydydd parti.	<ul><li>**Dunnett v Railtrack**</li><li>**Halsey v Milton Keynes NHS Trust**</li><li>**a13 Deddf Cyfraith Teulu 1996**</li><li>cynigion newydd gan y llywodraeth.</li></ul>	<ul><li>Mae'n broses breifat a chyfrinachol.</li><li>Mae'r partïon yn mynd i gyfryngu *o wirfodd*.</li><li>Mae'n gyflym, yn gost-effeithiol ac yn hygyrch.</li><li>Mae yna siawns dda y gall y partïon gynnal perthynas.</li></ul>	<ul><li>Gall yr anghydfod fynd i lys beth bynnag yn y pen draw os yw cyfryngu'n methu, gan arwain at fwy o gostau.</li><li>Mae'n cael ei weld yn gynyddol fel cam gorfodol yn y broses.</li><li>Lle mae partïon wedi'u gorfodi i gyfryngu, mae yna ymrwymiad diawydd; sy'n lleihau'r siawns o lwyddiant.</li></ul>
Cymodi			
Yn cael ei ddefnyddio'n aml mewn anghydfodau diwydiannol.			
Mae'r trydydd parti'n chwarae rhan fwy GWEITHREDOL yn y broses er mwyn annog setlo.	<ul><li>**ACAS**</li><li>**Enghreifftiau o achosion cyfredol lle mae gan ACAS ran – (gweler y wefan)**</li></ul>	<ul><li>Mae'n opsiwn rhatach na chyfreitha.</li><li>Mae'n broses breifat a chyfrinachol.</li><li>Atal yn hytrach na gwella yw ymagwedd ACAS at ddatrys anghydfod.</li><li>Mae'n nodi ac yn egluro prif bwyntiau'r anghydfod.</li></ul>	<ul><li>Mae'n dibynnu'n fawr ar sgiliau'r cymodwr.</li><li>Gall yr anghydfod fynd i lys beth bynnag yn y pen draw os yw cymodi'n methu, gan arwain at fwy o gostau.</li></ul>
Trafod			
Yn cael ei ddefnyddio yn y rhan fwyaf o achosion ar gychwyn yr anghydfod.			
Datrys yr anghydfod rhwng y partïon eu hunain yw nod trafod. Ar y lefel fwyaf sylfaenol, mae'n golygu mynd â nwyddau diffygiol yn ôl i'r siop, ond ar y lefel fwyaf cymhleth, mae cyfreithwyr yn chwarae rhan yn y broses, a chaiff cynigion i setlo'n eu cyfnewid.	Amherthnasol	<ul><li>Hollol breifat.</li><li>Datrys cyflym, cynnal perthynas.</li><li>Dull gweddol anffurfiol o ddatrys.</li></ul>	<ul><li>Gall gael cyfreithwyr wneud y broses yn ddrud.</li><li>Mae cynigion yn aml yn cael eu cyfnewid, ond heb eu cytuno tan ddiwrnod y llys, gan wastraffu amser ac arian.</li><li>Mae pobl yn ei weld fel cyfaddawd, ac yn meddwl nad ydynt yn derbyn cymaint â phetaent wedi mynd i'r llys.</li></ul>

Ymestyn a herio

O Ebrill 2011, mae disgwyl i gyplau sy'n ysgaru fynychu **cyfarfod cyfryngu ac asesu** yng nghwmni cyfryngwr fel rhan o'u cais, i ystyried a oes modd datrys yr anghydfod trwy ddefnyddio cyfryngu. Ydych chi'n meddwl y bydd hyn yn troi pobl yn erbyn y system, neu'n annog pobl i fod yn fwy cyfeillgar wrth ddatrys anghydfod, ac a fydd yn cymryd lle cyfreithwyr yn y diwedd?

Tribiwnlysoedd

Mae tribiwnlysoedd yn rhan bwysig o'r system gyfreithiol, ac yn gweithredu fel 'llysoedd arbenigol' ar gyfer anghydfod mewn maes arbenigol, ym maes lles a hawliau cymdeithasol yn bennaf. Er enghraifft, mae anghydfodau am gyflogaeth yn aml yn cael eu datrys mewn tribiwnlys, fel y mae anghydfodau am fewnfudo a nawdd cymdeithasol hefyd.

Mae tri math gwahanol o dribiwnlys:

Gweinyddol: mae'r math hwn o dribiwnlys yn trin anghydfod rhwng unigolion a'r Wladwriaeth ynghylch hawliau mewn deddfwriaeth lles cymdeithasol, fel nawdd cymdeithasol, mewnfudo a thir.

Domestig: tribiwnlysoedd mewnol yw'r rhain ar gyfer anghydfod o fewn cyrff preifat, fel Cymdeithas y Gyfraith a'r Cyngor Meddygol Cyffredinol.

Cyflogaeth: rhain yw'r defnydd mwyaf o dribiwnlysoedd, ac maent yn trin anghydfod rhwng gweithwyr a chyflogwyr dros hawliau dan ddeddfwriaeth cyflogaeth.

Mae tribiwnlys yn cynnwys tri pherson fel arfer: un cadeirydd niwtral ac un cynrychiolydd o bob ochr, sydd fel arfer yn gynrychiolydd undeb neu'n arbenigwr yn y maes.

Mae tribiwnlysoedd yn dyddio'n ôl i eni'r wladwriaeth les, ac fe'u sefydlwyd i roi ffordd i bobl wneud yn siŵr bod eu hawliau'n cael eu gorfodi. Pan gawsant eu cyflwyno'n gyntaf, roedd dros 70 o dribiwnlysoedd gwahanol, oll gyda threfniadaeth a gweinyddiaeth wahanol. Roedd hyn yn rhy gymhleth ac roedd y system yn peri ofn a dryswch i ddefnyddwyr.

Mae tribiwnlysoedd yn aml yn cael eu gweld fel dewis arall yn lle'r llysoedd, ond y gwahaniaeth mwyaf yw nad oes modd mynd i'r llys os metha'r achos mewn tribiwnlys. Os yw unrhyw ffurf arall ar *ADR* yn methu, mae gan y partïon y dewis o hyd i fynd i'r llys i ddatrys yr anghydfod.

Gwella gradd

Pan fyddwch chi'n ysgrifennu traethawd ar dribiwnlysoedd, gwnewch yn siŵr eich bod chi'n cynnwys peth o **hanes** system y tribiwnlysoedd, ond yn fwy pwysig, mae angen i chi ddangos gwybodaeth am y system bresennol, a bod yn gallu dyfynnu **Deddf Tribiwnlysoedd, Llysoedd a Gorfodaeth 2007** a'i darpariaethau.

Enghraifft o Dribiwnlys Cyflogaeth

Mae tribiwnlys yn cynnwys tri pherson fel arfer: un cadeirydd niwtral ac un cynrychiolydd o bob ochr, sydd fel arfer yn gynrychiolydd undeb neu'n arbenigwr yn y maes.

Cadeirydd Cyfreithiol Gymwys

Cynrychiolydd y Cyflogwr

Cynrychiolydd yr Undeb Llafur

Hanes tribiwnlysoedd

1957 Argymhellodd **Pwyllgor Franks** y dylai gweithdrefnau tribiwnlysoedd fod yn **'agored, teg** a **diduedd'**. Cafodd yr argymhellion eu gweithredu yn **Neddf Tribiwnlysoedd ac Ymchwiliadau 1958**.

1958 Sefydlwyd y **Cyngor ar Dribiwnlysoedd** i oruchwylio ac adolygu gweithdrefnau tribiwnlysoedd. Roedd y Cyngor yn gorff a fyddai'n trin cwynion ac yn cyflwyno argymhellion ar gyfer gwella. Fodd bynnag, yr oedd pobl yn meddwl amdano fel *'ci gwarchod heb ddannedd'* a oedd yn golygu nad oedd ganddo fawr o rym i newid pethau.

2000 **Syr Andrew Leggatt**: *'Tribunals for Users – One System, One Service'* – roedd yr adroddiad hwn yn ysgogi diwygiadau radical yn y system tribiwnlysoedd, gan i Leggatt ddweud nad oedd tribiwnlysoedd yn annibynnol, yn ddealladwy, nac yn hawdd eu defnyddio (*user friendly*).

Argymhelliad	Manylion
Un gwasanaeth tribiwnlys i fod yn gyfrifol am weinyddiaeth yr holl dribiwnlysoedd	• Mae hyn yn gwneud y gwasanaeth tribiwnlysoedd yn annibynnol o'i adran berthnasol yn y llywodraeth. • Uno'r gefnogaeth y mae'r gwasanaeth yn ei rhoi i dribiwnlysoedd o ran trefniadaeth a gweinyddiaeth.
Dylai tribiwnlysoedd gael eu trefnu'n adrannau, gan grwpio tribiwnlysoedd tebyg gyda'i gilydd	• Yr Adrannau a grëwyd yw: Addysg, Cyllid, Iechyd a Gwasanaethau Cymdeithasol, Mewnfudo, Tir a Phrisio, Nawdd Cymdeithasol a Phensiynau, Trafnidiaeth, Rheoleiddio a Chyflogaeth. • Mae **Cofrestrydd** yn ben ar bob adran, sy'n ymgymryd â **dyletswyddau rheoli achos** yn unol â'r **Rheolau Trefniadaeth Sifil**.
Dylai'r system fod yn hawdd ei defnyddio	• Anogir defnyddwyr i ddwyn eu hachosion eu hunain heb gynrychiolaeth gyfreithiol. • Dylai dyfarniadau ysgrifenedig gael eu rhoi mewn iaith glir. • Dylai gwybodaeth am y weithdrefn, lleoliadau, etc. fod ar gael yn rhwydd. • Un llwybr apêl sydd.
Un llwybr apêl	• Un llwybr apêl sydd, gyda phob Adran yn meddu ar dribiwnlys apêl cyfatebol, a dim ond wedyn y bydd modd mynd at y Llys Apêl.

2007 **Deddf Tribiwnlysoedd, Llysoedd a Gorfodaeth** – y Ddeddf hon a ffurfiolodd ac a weithredodd y rhan fwyaf o ddiwygiadau **Leggatt** ac a gyfrannodd at y newid mwyaf radical yn y system dribiwnlysoedd a welwyd ers blynyddoedd.

Deddf Tribiwnlysoedd, Llysoedd a Gorfodaeth 2007

Gweithredodd y Ddeddf hon lawer o ddiwygiadau Leggatt. Mae **Rhan 1** yn arbennig o bwysig, gan mai dyma sefydlodd y **Gwasanaeth Tribiwnlysoedd** a unodd yr holl weithdrefnau ac a greodd strwythur newydd a oedd yn ymdrin â llawer o bryderon Leggatt. Dim ond dau dribiwnlys sydd nawr, sef y Tribiwnlys Haen Gyntaf a'r Uwch-Dribiwnlys. Y tu mewn i'r rhain mae **siambrau**, neu grwpiau o dribiwnlysoedd gydag awdurdodaethau tebyg. Am y tro cyntaf erioed, bydd gan yr Uwch-Dribiwnlys y pŵer i gynnal **adolygiad barnwrol** o achos a glywyd yn y Tribiwnlys Haen Gyntaf, a fydd yn lleihau'r angen i lysoedd ymwneud â'r achos. Bydd y *Comisiwn Penodiadau Barnwrol* yn penodi aelodau i weithio yn y system newydd a fydd yn cael eu cydnabod fel barnwyr, sy'n codi statws tribiwnlysoedd. Mae'n bosibl apelio o'r **Uwch-Dribiwnlys** at y **Llys Apêl** hefyd, ond anaml y mae hyn yn cael ei ddefnyddio oherwydd strwythur cadarn y system.

Pen yr holl system yw **Uwch-lywydd y Tribiwnlysoedd** sy'n gyfrifol am neilltuo barnwyr i'r siambrau ac am ofalu am eu lles yn gyffredinol a helpu gydag unrhyw fater sy'n codi. Mae gan y Llywydd y grym i gyhoeddi **cyfarwyddiadau ymarfer** i helpu barnwyr mewn tribiwnlysoedd i gynnal yr un weithdrefn ar draws yr holl siambrau.

Mae'r **Cyngor Tribiwnlysoedd** wedi cael ei ddisodli gan y **Cyngor Cyfiawnder Gweinyddol a Thribiwnlysoedd** ac mae gan y corff hwn fwy o rym o lawer na'r hen system o ran adolygu'r system, ei chadw dan reolaeth a chynghori'r llywodraeth ar ddiwygio'r **Gwasanaeth Tribiwnlysoedd** yn y dyfodol.

Termau allweddol

Adolygiad barnwrol = y weithdrefn o herio penderfyniad, gweithred neu fethiant i weithredu ar ran corff cyhoeddus fel adran llywodraeth neu lys.

Tribiwnlys Haen Gyntaf = yn gwrando ar achosion yng nghyfnod y 'cam cyntaf' yn y maes arbenigol.

Uwch-Dribiwnlys = yn gwrando ar apeliadau o'r Tribiwnlys Haen Gyntaf, ac mewn rhai achosion cymhleth, yn gweithredu awdurdodaeth cam cyntaf.

Y Llys Apêl

Uwch-Dribiwnlys

Siambr Apeliadau Gweinyddol	Siambr Treth a Siawnsri	Siambr Tiroedd	Siambr Lloches a Mewnfudo

Siambr Hawl Cymdeithasol	Siambr Iechyd, Addysg a Gofal Cymdeithasol	Siambr Pensiynau Rhyfel ac Iawndal y Lluoedd Arfog	Siambr Reoleiddio Gyffredinol	Siambr Trethiant	Siambr Tir, Eiddo a Thai	Siambr Lloches a Mewnfudo

Tribiwnlys Haen Gyntaf

Tribiwnlysoedd cyflogaeth

Nid yw tribiwnlysoedd cyflogaeth wedi'u cynnwys yn y strwythur newydd am eu bod yn ymdrin ag anghydfodau gwahanol iawn i'r tribiwnlysoedd eraill, ac felly mae'r **Tribiwnlys Cyflogaeth** a'r **Tribiwnlys Apeliadau Cyflogaeth** yn aros ar wahân i'r strwythur.

O 29 Gorffennaf 2013, mae'n rhaid talu ffi ar gyfer hawliadau ac apeliadau tribiwnlysoedd cyflogaeth am mai dyna'r tribiwnlysoedd mwyaf cyffredin, gan gostio tua £74 miliwn y flwyddyn.

Gwella gradd

Byddwch yn barod i siarad am dribiwnlysoedd fel pwnc ar wahân, ac fel ffurf ar ddull amgen o ddatrys anghydfod.

Manteision ac anfanteision tribiwnlysoedd

Manteision

Cost
Anogir partïon i ddwyn eu hachos eu hunain heb fod angen cynrychiolaeth. Mae argaeledd ffurflenni cais ar-lein a **gwasanaeth tribiwnlysoedd** mwy tryloyw ers y diwygiadau wedi gwneud hyn yn haws.

Cyflymder
Mae dyletswydd ar farnwyr tribiwnlysoedd i ymgymryd â dyletswyddau rheoli achos, felly gallant osod terfynau amser caeth er mwyn gwrando ar y rhan fwyaf o achosion o fewn un diwrnod.

Arbenigedd
Bydd o leiaf un aelod o'r tribiwnlys yn arbenigwr yn y maes perthnasol, felly bydd hyn yn arbed amser egluro materion technegol cymhleth i farnwr yn y llys.

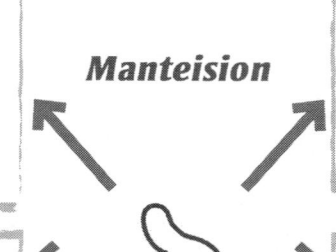

Anffurfioldeb
Mae tribiwnlysoedd yn llai ffurfiol o lawer na gwrandawiad llys, er eu bod yn fwy ffurfiol na mathau eraill o *ADR*. Mae'r partïon yn elwa ar gael gwrandawiad preifat, ac mae ganddynt gyfle i gynnal perthynas ar ôl i'r achos ddod i ben.

Annibyniaeth
Oherwydd ymwneud y **Comisiwn Penodiadau Barnwrol** wrth benodi barnwyr tribiwnlysoedd, mae'r system dribiwnlysoedd yn fwy tryloyw, annibynnol ac felly'n deg. Ymhellach, mae'r set unedig o weithdrefnau a rheolau'n lleihau'r perygl o anghysonderau rhwng tribiwnlysoedd.

Anfanteision

Diffyg cyllid
Mae cyllid cyfreithiol ar gael i rai anghydfodau. Er enghraifft, os ydych chi'n aelod o undeb, efallai y bydd yn talu costau eich achos. Fodd bynnag, ni ddigwydd hyn bob tro, sy'n gallu bod yn anfanteisiol i rywun sy'n dwyn achos yn erbyn cwmni mawr, sy'n gallu elwa ar y gynrychiolaeth fwyaf costus.

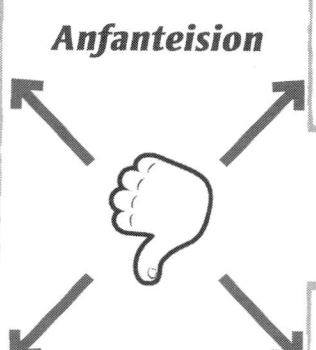

Oedi
Os yw'r achos yn un cymhleth, gall oedi ddigwydd cyn gwrando ar yr achos.

Partïon sy'n ofnus
Mae problem o hyd bod partïon yn teimlo'n ofnus wrth ystyried mynd ag achos i'r 'llys', yn enwedig heb y cysur o gael cynrychiolydd cyfreithiol.

Diffyg cynsail
Nid yw tribiwnlysoedd yn rhedeg system gaeth o gynsail, felly ceir weithiau elfen o ansicrwydd i ganlyniad achosion.

Cyngor Cyfreithiol a Chyllid

Beth yw ystyr yr 'angen heb ei ateb' am wasanaethau cyfreithiol?

Mae ar lawer o bobl angen am wasanaethau cyfreithiol nad yw'n cael ei ateb. Ystyr syml hyn yw bod gan rywun broblem y gellid ei datrys trwy fynd i gyfraith, ond na all y person hwnnw gael help gan y system.

Mae nifer o resymau pam na all pobl gael help:

- Nid yw pobl yn gweld bod goblygiadau cyfreithiol i'w problem.
- Mae pobl yn dewis peidio â dilyn yr achos oherwydd goblygiadau fel cost, neu'n gweld cyfreithwyr fel pobl mae'n anodd mynd atynt.
- Nid yw pobl yn gwybod am fodolaeth gwasanaeth cyfreithiol neu'n methu â dod o hyd i un a allai eu helpu.

▲ Gwella gradd

Rhaid i chi fod yn gallu egluro'n llawn y rhesymau pam mae angen cyfreithiol heb ei ateb ar bobl, ac a yw diwygiadau diweddar wedi datrys yr angen cyfreithiol hwn.

Ymchwiliwch i'r achosion canlynol a fydd yn dangos pam mae angen cyfreithiol heb ei ateb, a pham mae angen system cymorth cyfreithiol:

- ***Bevan Ashford v Geoff Yeandle (1998)***
- ***Thai Trading Co v Taylor (1998).***

Hanes cymorth cyfreithiol

- **1949** – y cynllun cymorth cyfreithiol cyntaf a gyllidwyd gan y wladwriaeth
- **1980au** – y system wedi datblygu'n chwe chynllun gwahanol:
  1. Cynllun cyngor a chymorth cyfreithiol (cynllun y 'ffurflen werdd')
  2. Cymorth trwy gynrychiolaeth (ABWOR)
  3. Cymorth cyfreithiol sifil
  4. Cymorth cyfreithiol troseddol
  5. Cyfreithiwr ar ddyletswydd – gorsafoedd heddlu
  6. Cyfreithiwr ar ddyletswydd – Llysoedd Ynadon.
- **Bwrdd Cymorth Cyfreithiol** – yn gweinyddu'r cynlluniau
- **Cost** y system yn cynyddu
- **1999** – *Deddf Mynediad at Gyfiawnder* – Y **Comisiwn Gwasanaethau Cyfreithiol** (*LSC: Legal Services Commission*) yn cymryd lle'r **Bwrdd Cymorth Cyfreithiol**.
- **2012** – *Deddf Cymorth Cyfreithiol, Dedfrydu a Chosbi Troseddwyr* – newidiadau mawr i'r system. Asiantaeth Cymorth Cyfreithiol yn cymryd lle'r Comisiwn Gwasanaethau Cyfreithiol.

▲ Gwella gradd

Cofiwch y dylech chi hefyd ystyried y ffynonellau cyngor eraill sydd ar gael:

- Canolfannau cyfraith
- Canolfannau Cyngor Cyfreithiol Cymunedol
- Cyngor ar Bopeth
- Awdurdodau Lleol
- Undebau Llafur
- Cymdeithasau moduro
- Clinigau Pro Bono
- Yswiriant

Deddf Mynediad at Gyfiawnder 1999

- Y **Comisiwn Gwasanaethau Cyfreithiol** yn cymryd lle'r Bwrdd Cymorth Cyfreithiol
- Datblygu Partneriaethau Gwasanaethau Cyfreithiol Cymunedol
- Cyflwyno marc ansawdd
- Dau gynllun newydd yn cymryd lle'r chwe chynllun:
  - **Y Gwasanaeth Cyfreithiol Cymunedol**
  - **Y Gwasanaeth Amddiffyn Troseddol**.

Manteision ac anfanteision diwygiadau Deddf Mynediad at Gyfiawnder 1999

Manteision	Anfanteision
• Gwell rheolaeth dros gostau – cyllideb benodol ar gyfer achosion sifil. Mae cymorth cyfreithiol yn costio tua £2 biliwn y flwyddyn i'r llywodraeth; dylai'r Cod Ariannu newydd helpu i leihau hyn. • Safonau uwch o waith – dim ond y cwmnïau hynny sydd â chontract all ddarparu gwasanaethau cyfreithiol. • Nod ansawdd – yn atgyfnerthu safonau uchel. • Mae cyllideb benodol ar gyfer achosion sifil yn caniatáu dyrannu adnoddau'n well. Hefyd mae achosion yn cael eu tynnu allan o'r gyllideb cymorth cyfreithiol sifil.	• Mynediad cyfyngedig at gyfiawnder – dim ond y darparwyr hynny sydd â chontract all gynnig gwasanaethau cyfreithiol y mae'r wladwriaeth yn eu hariannu. • Torri costau – gall cyllideb benodol ar gyfer achosion sifil olygu y bydd yr achosion hyn yn dioddef oherwydd bod achosion troseddol yn cael blaenoriaeth. • Dim cymorth cyfreithiol i achosion difenwi – **McLibel Two (Steel v UK (2005))**. • Rhai achosion bellach ddim yn gymwys ar gyfer cymorth cyfreithiol sifil. • Problemau gyda chytundebau ffioedd amodol. • Pryderon am amddiffynwyr cyhoeddus. Ydynt yn wirioneddol annibynnol? Ydynt yn cynnig gwasanaeth cystal â chyfreithwyr amddiffyn preifat? • Safonau gwaith yn dirywio – dibynnu ar gwmnïau sydd ar gontract yn unig. • Costau enfawr achosion troseddol – gydag achosion troseddol yn cymryd blaenoriaeth dros achosion sifil yn y gyllideb.

Ymestyn a herio

Edrychwch ar y diwygiadau i gymorth cyfreithiol ar ôl *LASPO*. Lluniwch dabl o fanteision ac anfanteision yn debyg i'r tabl Manteision ac anfanteision diwygiadau Deddf Mynediad at Gyfiawnder 1999 uchod.

Gwella gradd

Nid yw rhai mathau o achosion yn gymwys i dderbyn cyllid cyhoeddus yn dilyn y newidiadau. Mae'r rhain yn cynnwys ysgariad, cyswllt â phlentyn, budd-daliadau lles, cyflogaeth, esgeulustod clinigol a deddfwriaeth tai, ac eithrio mewn amgylchiadau cyfyngedig arbennig. Gwerthuswch effaith bosibl hyn.

Ymestyn a herio

Efallai byddai'r toriadau i gymorth cyfreithiol yn dilyn *LASPO* yn fwy sylweddol pe na bai'r DU yn aelod o'r *ECHR*. Beth yw'r rhesymau am hynny yn eich barn chi? Sut byddai toriadau pellach yn groes i'r *ECHR* o bosibl?

Deddf Cymorth Cyfreithiol, Dedfrydu a Chosbi Troseddwyr 2012 (*LASPO*)

Y Comisiwn Gwasanaethau Cyfreithiol

- O dan *LASPO*, mae asiantaeth weithredol y Weinyddiaeth Gyfiawnder, yr **Asiantaeth Cymorth Cyfreithiol**, wedi cymryd lle'r Comisiwn Gwasanaethau Cyfreithiol.
- **Cymorth Cyfreithiol Sifil** yw'r enw newydd (ers 1 Ebrill 2013) ar y **Gwasanaeth Cyfreithiol Cymunedol** (*CLS: Community Legal Service*) ond ni ddefnyddir logo newydd.
- **Cymorth Cyfreithiol Troseddol** yw'r enw newydd ar y **Gwasanaeth Amddiffyn Troseddol** (ers 1 Ebrill 2013).
- **Amddiffyn Troseddol Uniongyrchol** yw'r enw newydd ar y **Gwasanaeth Amddiffyn Troseddol Uniongyrchol** (ers 1 Ebrill 2013).

Daeth newidiadau sylweddol i gymorth cyfreithiol sifil i rym yng Nghymru a Lloegr ar 1 Ebrill 2013, fel rhan o gynllun i ddiwygio'r system cymorth cyfreithiol ac arbed £350 miliwn y flwyddyn. Mae toriadau eraill ar y gweill.

Cymorth Cyfreithiol ac Achosion Sifil

Mae'r sefyllfa lle mae cymorth cyfreithiol wedi bod ar gael ar gyfer pob achos sifil ar wahân i'r rhain sydd wedi'u heithrio gan **Ddeddf Mynediad at Gyfiawnder 1999** wedi'i newid yn llwyr bellach. Mae *LASPO* yn gwneud rhai mathau o achosion yn anghymwys ar gyfer cyllid cymorth cyfreithiol, ac mae achosion eraill ond yn gymwys os ydynt yn bodloni meini prawf penodol.

Mae'r diwygiadau hyn yn berthnasol i gyfreitha sifil ond yn cael effaith arbennig ar achosion anaf personol, lle defnyddir cytundebau ffioedd amodol, 'dim ennill dim ffi' yn helaeth. Cyfeirir at hyn fel Cymorth Cyfreithiol Sifil bellach.

Pa achosion na fydd yn gymwys bellach?

Mae *LASPO* wedi tynnu cyllid o rai meysydd cyfraith sifil yn llwyr. Mae'r rhain yn cynnwys:
- Cyfraith teulu breifat, e.e. achosion ysgariad a chystodaeth plant
- Achosion anaf personol a rhai achosion esgeulustod clinigol
- Rhai deddfwriaeth cyflogaeth ac addysg
- Mewnfudo lle na chaiff yr unigolyn ei gadw'n gaeth
- Rhai materion dyledion, tai a budd-daliadau.

Bydd LASPO yn dal i ariannu rhai achosion

Mae'r rhain yn cynnwys:
- Achosion cyfraith teulu sy'n cynnwys trais domestig, priodas wedi'i gorfodi, neu gipio plant
- Achosion iechyd meddwl
- Pob achos lloches
- Materion dyledion a thai pan fo cartref rhywun mewn perygl uniongyrchol.

Cynllun Ariannu Achosion Eithriadol

Mae *LASPO* wedi cyflwyno Cynllun Ariannu Achosion Eithriadol sy'n caniatáu i achosion gael eu hariannu pan fo amgylchiadau eithriadol, hynny yw pan fyddai peidio â rhoi cymorth cyfreithiol yn torri hawliau cleient o dan y **Confensiwn Ewropeaidd ar Hawliau Dynol**.

Gwasanaeth Porth Ffôn

Gwasanaeth porth ffôn gorfodol newydd ar gyfer cleientiaid sydd eisiau cyngor ar ddyledion, addysg (anghenion addysgol arbennig) a gwahaniaethu.

Cyllid arall

Mae'n bosibl na fydd cymorth cyfreithiol sifil yn cael ei roi mewn unrhyw achos unigol sy'n gymwys am gyllid arall, fel Cytundeb Ffïoedd Amodol, ar wahân i dribiwnlysoedd teulu neu iechyd cyhoeddus.

Newidiadau i fod yn gymwys am gymorth cyfreithiol sifil

- Mae'n rhaid i bob ymgeisydd gael asesiad cyfalaf os ydynt yn derbyn budd-daliadau penodol ai peidio.
- Mae cyfraniadau incwm misol cleientiaid wedi cynyddu gan hyd at 30% o'u hincwm gwario.
- Mae prawf preswylio wedi'i gyflwyno fel y gall y rhai â chysylltiad cryf â'r DU dderbyn cymorth cyfreithiol sifil yn unig.
- Mae'n rhaid ei fod yn 50% neu'n fwy tebygol y bydd achos yn llwyddo er mwyn ennill cymorth cyfreithiol sifil, felly mae'n fwy anodd i hawlwyr gyflwyno achosion tybiannol.

Cymorth Cyfreithiol ac Achosion Troseddol

Ers *LASPO*, yr **Asiantaeth Cymorth Cyfreithiol** sy'n gyfrifol am hyn, sef **Cymorth Cyfreithiol Troseddol**. Mae amddiffyn troseddwyr yn cyfrif am fwy na hanner y gwariant ar gymorth cyfreithiol.

Ym mis Medi 2013, cytunodd Cymdeithas y Gyfraith a'r Weinyddiaeth Gyfiawnder ar gynigion newydd ar gyfer cymorth cyfreithiol troseddol. Bydd y cynigion hyn yn sicrhau y gall cyfreithwyr sy'n gwneud gwaith cymorth cyfreithiol troseddol i gleientiaid barhau i wneud hynny, ar yr amod eu bod yn bodloni anghenion ansawdd. Mae'r cynigion hefyd yn ystyried model tendro wedi'i ddiweddaru ar gyfer gwaith ar ddyletswydd, fel gwaith mewn gorsafoedd yr heddlu.

Mae'r prif ddiwygiadau yn cynnwys:

- Peidio â rhoi cymorth cyfreithiol troseddol i garcharorion lle gellir datrys yr anghydfod trwy'r system cwynion carcharorion heb ddefnyddio cyfreithiwr. Bydd hyn yn arbed 11,000 o achosion y flwyddyn rhag cael eu hariannu'n ddiangen gan gymorth cyfreithiol troseddol.
- Cyflwyno trothwy ar gymorth cyfreithiol Llys y Goron er mwyn rhwystro'r diffynyddion mwyaf cyfoethog (sydd ag incwm gwario blynyddol o £37,500 neu fwy yn eu cartrefi) rhag ennill cymorth cyfreithiol yn awtomatig.
- Lleihau cost achosion troseddol hir, sy'n rhoi gormod o faich ar drethdalwyr, gan 30%.
- Cyflwyno uchafswm ar gontractau am waith cyfreithwyr ar ddyletswydd mewn gorsafoedd yr heddlu.
- Y galw sy'n arwain y cyllid o hyd, ac nid oes cyllideb benodol. Mae cyllid ar gyfer materion troseddol wedi'i rannu'n dri math o wasanaeth: **Cyngor a Chymorth**, sy'n rhoi cyngor cyffredinol, e.e. cael barn bargyfreithiwr. Nid yw'n rhoi cynrychiolaeth mewn llys, ac mae prawf modd. **Cymorth Eiriolaeth**, sy'n talu am gyfreithiwr i baratoi'r achos a'r camau cyntaf yn y llys, ac mae prawf haeddiant. **Cynrychiolaeth**, sy'n talu cost cyfreithiwr i baratoi'r amddiffyniad a chynrychiolaeth yn y llys.
- **Amddiffynwyr cyhoeddus** – a sefydlwyd yn 2001. Mae'r Asiantaeth Cymorth Cyfreithiol yn cyflogi cyfreithwyr amddiffyn troseddol y cyfeirir atynt fel amddiffynwyr cyhoeddus. Bu gwrthwynebiad i amddiffynwyr cyhoeddus, gyda rhai'n cwestiynu a oes gwrthdaro buddiannau yn y ffaith bod y llywodraeth yn cyflogi cyfreithwyr yr erlyniad a'r amddiffyniad.
- **Cyfreithwyr ar ddyletswydd** – am ddim, ar gael mewn gorsafoedd heddlu a Llysoedd Ynadon.
- Mae angen cael **contract** gan yr Asiantaeth Cymorth Cyfreithiol cyn y gall cwmni gynnig gwaith amddiffyn troseddol sy'n cael ei ariannu gan y wladwriaeth. Gall cyfreithwyr sydd â chontract ddarparu'r holl ystod o wasanaethau, o arestiad tan ddiwedd yr achos. Nid yw diffynyddion bob tro yn rhydd i ddewis eu cyfreithiwr/bargyfreithiwr eu hunain, e.e. mewn achosion o dwyll difrifol. Mewn achosion fel hyn, bydd y person a ddrwgdybir yn gorfod dewis o blith panel o arbenigwyr.
- Cafodd y prawf modd ei ddileu gan ***Ddeddf Mynediad at Gyfiawnder 1999***. Yn lle hynny, ar ddiwedd treial Llys y Goron, byddai'r rhai a gafwyd yn euog ac a oedd â digon o incwm yn cael eu gorchymyn i ad-dalu costau'r amddiffyniad.
- Ailgyflwynodd ***Deddf Gwasanaeth Amddiffyn Troseddol 2006*** y prawf modd ar gyfer achosion yn y Llysoedd Ynadon. Yn 2010 ailgyflwynwyd y prawf modd ar gyfer achosion yn Llys y Goron hefyd. Ar hyn o bryd, os yw diffynydd yn ddieuog bydd unrhyw gyfraniad a wnaeth tuag at ei achos yn cael ei ad-dalu gyda llog.
- Y Gwasanaeth Amddiffyn Troseddol Uniongyrchol (Amddiffyn Troseddol Uniongyrchol bellach) – a sefydlwyd yn 2005. Gwasanaeth cynghori am ddim dros y ffôn, yn arbennig i'r rheini sy'n cael eu cadw gan yr heddlu am drosedd lle nad yw carchar yn gosb.

Mae'n rhaid pasio dau brawf er mwyn ennill cymorth cyfreithiol troseddol:

- **Prawf er Cyfiawnder** – mae'r prawf hwn yn ystyried 'rhinweddau' yr achos, e.e. collfarnau blaenorol yr unigolyn, natur y drosedd, a pherygl mynd i'r carchar.

LA1: Cyngor Cyfreithiol a Chyllid

- **Prawf modd** – mae'r prawf hwn yn ystyried safle ariannol yr unigolyn, e.e. incwm y cartref, cyfalaf a gwariant. Mae'r prawf hwn yn penderfynu a fydd cleient yn atebol am unrhyw gostau amddiffyn.
- Ni fydd unigolyn yn derbyn cymorth cyfreithiol a bydd rhaid talu'n breifat os bydd yn methu'r prawf modd ac mae'r achos yn cael ei wrando yn y Llys Ynadon.
- Os bydd achos yn cael ei wrando yn Llys y Goron, y prawf modd fydd yn penderfynu faint bydd eisiau ei gyfrannu at gostau amddiffyn, o incwm neu gyfalaf yr unigolyn, neu'r ddau.

Ceisiadau awtomatig

Pwy sy'n pasio'r prawf yn awtomatig?

Mae rhai ceisiadau am gymorth cyfreithiol yn pasio'r prawf modd yn awtomatig (*passported*). Bydd hyn yn gymwys os yw unigolyn o dan 18 oed, neu'n derbyn unrhyw un o'r budd-daliadau canlynol:

- Cymhorthdal Incwm
- Lwfans Ceisio Gwaith yn Seiliedig ar Incwm
- Credyd Cynhwysol
- Credyd Pensiwn y Wladwriaeth wedi'i warantu
- Lwfans Cyflogaeth a Chymorth yn Seiliedig ar Incwm.

Termau allweddol

Cytundebau ffioedd amodol = enw arall arnynt yw cytundebau 'dim ennill, dim ffi', hynny yw, rhannu'r risg gyda'r cleient. Maent yn cael eu defnyddio ar gyfer cyfreitha ac eiriolaeth. Mae'r cyfreithiwr yn rhannu'r risg: ni fydd yn cael ei dalu os bydd yn colli, ond os bydd yn ennill bydd yn codi ffi llwyddiant.

Cytundebau ffioedd amodol

Cyflwynwyd gan *Ddeddf Llysoedd a Gwasanaethau Cyfreithiol 1990* a *Deddf Mynediad at Gyfiawnder 1999*.

Sut maent yn gweithio?

- Gall cyfreithiwr gytuno i beidio â derbyn ffi neu i gael llai o ffi os bydd yn colli, ac i godi ei ffi yn ôl canran a gytunwyd os bydd yn ennill (uchafswm o ddwbl y ffi arferol).
- Yr enw ar y ffi ychwanegol yw'r **'ymgodiad'** neu'r **'ffi llwyddiant'**.
- Mae'r collwr yn talu costau'r enillydd a'r ymgodiad, ac os bydd y llys yn gorchymyn hynny, y premiwm yswiriant hefyd os cymerwyd yswiriant.
- *Deddf Mynediad at Gyfiawnder 1999* – ffi amodol ar gael i bob math o achos ac eithrio esgeulustod meddygol.

Daeth rheolau newydd ar gytundebau ffioedd amodol i rym ar 1 Ebrill 2013, yn sgil adrannau 44 a 46 *Deddf Cymorth Cyfreithiol, Dedfrydu a Chosbi Troseddwyr 2012* a *Gorchymyn Cytundeb Ffïoedd Amodol 2013*.

Crynodeb o'r prif newidiadau i Gytundebau Ffïoedd Amodol ar ôl *LASPO*

- Mae cytundebau ffioedd amodol 'dim ennill dim ffi' yn dal ar gael mewn achosion sifil, ond nid oes rhaid i bwy bynnag sy'n colli dalu'r costau ychwanegol (ffi llwyddiant a chostau yswiriant).
- Mae ffioedd cyfeirio wedi'u gwahardd mewn achosion anaf personol.
- Mae iawndal hawlwyr wedi'u diogelu, sef y ffi mae'n rhaid i hawlwyr llwyddiannus ei thalu i'r cyfreithiwr – mae 'ffi llwyddiant' y cyfreithiwr wedi'i gapio ar 25% o'r iawndal a geir.
- Mae hawlwyr sy'n colli, ond a gyflwynodd hawliad yn unol â'r rheolau, yn cael eu diogelu rhag gorfod talu costau'r diffynnydd.

Ymestyn a herio

Adroddiad yr Arglwydd Jackson 2010 – *Review of Civil Litigation*. Cafodd yr adolygiad hwn ei gynnal oherwydd pryderon am y cynnydd mawr mewn costau cyfreitha sifil, ac anghydfod am y rheol lle mae'r rhai sy'n colli yn talu costau'r rhai sy'n ennill. Gwnewch ymchwil i gynigion adroddiad yr Arglwydd Jackson. Pa effaith bydd y cynigion yn ei chael ar gytundebau ffïoedd amodol, os cânt eu gweithredu?

Manteision ac anfanteision cytundebau ffïoedd amodol

Manteision	Anfanteision
- Ehangu mynediad at gyfiawnder – gadael i'r rhai nad ydynt yn gymwys ar gyfer help y wladwriaeth ddwyn achos. - Costio dim i'r wladwriaeth. - Cymhelliad ariannol i ennill – gallai annog gwell perfformiad gan gyfreithwyr. - Ehangu cwmpas – e.e. achosion difenwi a thribiwnlysoedd. - Gofyniad yswiriant – lliniaru rhag colli. - Poblogaidd iawn gyda'r cyhoedd.	- Risg uchel: efallai na fydd achosion ansicr yn cael eu derbyn oherwydd ofn colli. - Camarwain hawlwyr – llawer yn credu na fyddant yn talu unrhyw gostau, ond nid yw hyn yn wir bob tro. - Gall yswiriant fod yn ddrud. - Pwysau gan gwmnïau yswiriant i setlo'n gynnar. Gallai hawlwyr dderbyn llai o iawndal na mynd â'r achos ymhellach neu i'r llys felly. - A ddylai cyfreithwyr ymwneud cymaint â chanlyniad ariannol achos?

Dyfodol Cyllid Cyfreithiol

Adolygiad yr Arglwydd Carter

- Adolygiad yr Arglwydd Carter, **Legal aid: a market-based approach to reform (2006)**
- Papur y llywodraeth, **Legal aid: a sustainable future (2006)**
- Papur y llywodraeth, **Best Value Tendering for Criminal Defence Services (2007)**

Nod y diwygiadau yw rheoli costau ac ansawdd.

Mae argymhellion Carter yn cynnwys:

Argymhelliad	Diwygiadau
Contractau caffael a thendro cystadleuol – mae'n rhaid i ddarparwyr dendro i ddarparu gwasanaethau cyfreithiol penodol mewn ardal.	Mae hyn yn dod i rym yn 2013 am waith troseddol a 2015 am waith sifil.
Cyflwyno ffïoedd penodol am achosion. Ni ddylid talu cyfreithwyr fesul awr ond fesul achos.	Bydd ffïoedd penodol yn cael eu cyflwyno am bob achos troseddol.
Lleihau nifer y contractau trwy roi contractau mwy.	Yn ôl Adolygiad yr Arglwydd Carter, mae cwmnïau mwy yn fwy effeithlon na chwmnïau llai. Felly, mae'r Comisiwn Gwasanaethau Cyfreithiol yn bwriadu rhoi contractau cymorth cyfreithiol mwy naill ai i gwmni unigol neu i nifer o gwmnïau sy'n cydweithio. Bydd hyn yn cael effaith yng Nghymru lle mae nifer uchel o ymarferwyr unigol, ac mae'n bosibl y bydd llawer yn mynd allan o fusnes gan na allant gystadlu â chwmnïau mwy.

Y Confensiwn Ewropeaidd ar Hawliau Dynol a Deddf Hawliau Dynol 1998

Cefndir y Confensiwn Ewropeaidd ar Hawliau Dynol (*ECHR*)

Cyngor Ewrop a luniodd y Confensiwn Ewropeaidd ar Hawliau Dynol. Cafodd Cyngor Ewrop ei sefydlu wedi'r Ail Ryfel Byd i greu undod mewn gwledydd ar faterion fel amddiffyn hawliau dynol sylfaenol. Mae gan y Cyngor 45 aelod erbyn hyn.

Cafodd y **Confensiwn Ewropeaidd ar Hawliau Dynol a Rhyddid Sylfaenol** ei ddrafftio a'i lofnodi yn 1950 a'i gadarnhau gan y DU yn 1951 a daeth i rym yn 1953.

Mae'r Confensiwn yn cynnwys hawliau o'r enw 'Erthyglau'.

Erthyglau	Hawliau
Erthygl 1	Yn gosod rheidrwydd ar wladwriaeth i sicrhau'r hawliau yn ei wlad ei hun
Erthygl 2	Yr hawl i fywyd
Erthygl 3	Yr hawl i bobl beidio â dioddef artaith neu driniaeth annynol neu ddiraddiol
Erthygl 4	Rhyddid rhag caethwasiaeth a llafur gorfodol
Erthygl 5	Yr hawl i ryddid a diogelwch yr unigolyn, e.e. i holi dilysrwydd cael eich cadw'n gaeth
Erthygl 6	Yr hawl i dreial teg (yn cynnwys yr hawl i gyfreithiwr a'r treial ei hun)
Erthygl 7	Ni ddylai cyn-gyfreithiau fod yn ôl-weithredol (h.y. pan gaiff deddfau eu pasio maent yn dod i rym ar y diwrnod hwnnw neu yn y dyfodol, nid ydynt yn gweithio'n ôl mewn amser)
Erthygl 8	Yr hawl i breifatrwydd
Erthygl 9	Rhyddid meddwl, cydwybod a chrefydd
Erthygl 10	Yr hawl i ryddid mynegiant
Erthygl 11	Yr hawl i brotestio ac ymgynnull yn heddychlon (gan gynnwys yr hawl i berthyn i undeb llafur)
Erthygl 12	Yr hawl i briodi a chael teulu
Erthygl 13	Rhaid i'r wlad (y DU yn ein hachos ni) feddu ar system llysoedd lle gall rhywun sy'n cwyno am dorri hawliau gael gwrandawiad
Erthygl 14	Mae'r hawliau yn y Confensiwn ar gael i bawb heb wahaniaethu

Ychwanegwyd hawliau newydd yn 1952 ym Mhrotocol 1, sy'n cynnwys:

- Erthygl 1 – Yr hawl i fwynhau eich eiddo mewn llonydd
- Erthygl 2 – Yr hawl i addysg
- Erthygl 3 – Yr hawl i etholiadau rhydd trwy bleidlais gudd.

Nid hawliau absoliwt yw'r hawliau yn y Confensiwn; mae'r Erthyglau yn cynnwys eithriadau sy'n dweud pryd y gall yr hawliau gael eu dal yn ôl. Un hawl yn unig yn y Confensiwn sy'n absoliwt, sef Erthygl 3.

DIM OND YN ERBYN CYRFF CYHOEDDUS y gallwch orfodi'r hawliau yn y Confensiwn. Mae'n bwysig iawn nodi eich bod yn SIWIO (Cyfraith sifil) am dorri hawliau dynol.

Termau allweddol

Bil Hawliau (*Bill of Rights*, tt. 53–4) = datganiad o hawliau a breintiau sylfaenol; rhestr o hawliau pwysicaf dinasyddion gwlad. Diben Bil Hawliau yw amddiffyn yr hawliau hyn rhag ymyrraeth gan y llywodraeth.

Wedi ymwreiddio (tt. 53–4) = cyfreithiau sydd wedi bodoli yn yr un ffordd am amser maith ac mae'n anodd iawn eu newid.

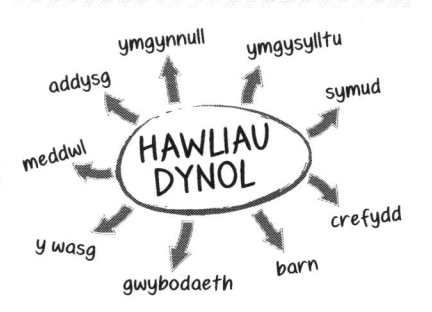

HAWLIAU DYNOL: ymgynnull, ymgysylltu, symud, crefydd, barn, gwybodaeth, y wasg, meddwl, addysg

Gwella gradd

Rhaid i chi drafod ystyr 'awdurdod cyhoeddus' yn adran 6 Deddf Hawliau Dynol 1998, gan gyfeirio at achosion. Ystyriwyd y diffiniad yn ***Donoghue v Poplar Housing and Regeneration Community Association Ltd (2001)*** – gallai awdurdod cyhoeddus gynnwys cymdeithas dai gan fod honno'n cyflawni rheidrwydd statudol yr Awdurdod Lleol trwy ddarparu llety. Hefyd, gall corff preifat gael ei gynnwys dan adran 6 os yw'n cyflawni swyddogaethau o natur gyhoeddus. Fodd bynnag, penderfynir ar hyn fesul achos – ***YL v Birmingham City Council (2007)***.

UG Y Gyfraith: Canllaw Astudio ac Adolygu

⬆ Gwella gradd

Hefyd, mae **Andrews v Reading BC (2005)** yn dangos y ddyletswydd sydd ar gyrff cyhoeddus i weithredu mewn ffyrdd sy'n cyd-fynd â hawliau dynol. Rhaid i Gyngor Bwrdeistref Reading dalu iawndal am fethu ag ystyried hawl Andrews dan y Confensiwn i fwynhau ei eiddo mewn llonydd, wrth weithredu polisi trafnidiaeth yn Reading a olygodd fod mwy o draffig yn mynd heibio ei gartref.

Mecanwaith i orfodi hawliau dynol

Comisiwn Hawliau Dynol Ewrop a arferai ystyried a allai cais gael ei dderbyn. Mae **Pwyllgor y Gweinidogion**, sy'n cynnwys gwleidyddion, yn goruchwylio gweithredu dyfarniadau'r Llys. Mae **Llys Hawliau Dynol Ewrop a'r Siambr Fawr, a sefydlwyd yn 1951,** yn trin hawliadau a wneir gan un wladwriaeth yn erbyn y llall a gan unigolion yn erbyn gwladwriaeth. Yn Strasbourg y mae'r Llys, ac ni ddylech chi ddrysu rhyngddo a Llys Cyfiawnder yr Undeb Ewropeaidd, sy'n llys ar wahân.

Gall Llys Hawliau Dynol Ewrop wrando ar hawliadau unigol os yw'r wladwriaeth wedi cydnabod hawl unigolion i ddwyn achos iddo yn unig. **Hawl deiseb unigol** yw'r enw ar hwn, a chytunodd y DU i'r hawl hon yn 1966.

Roedd dwyn achos i Ewrop yn araf ac yn ddrud yn aml iawn, a'r rhwymedïau yn annigonol. Er mwyn dwyn achos, rhaid i chi:

- fod wedi dod i ben draw pob rhwymedi domestig yn gyntaf; a
- ffeilio'r achos ymhen chwe mis o'r penderfyniad domestig terfynol.

Nodwch: ers pasio **Deddf Hawliau Dynol 1998** rydych yn dal i allu mynd ag achos i'r Llys Ewropeaidd fel y llys apêl terfynol.

Adrannau allweddol Deddf Hawliau Dynol (*HRA*) 1998

Sut mae **Deddf Hawliau Dynol (HRA: Human Rights Act) 1998** wedi effeithio ar sut mae ein hawliau'n cael eu hamddiffyn?

Roedd Deddf Hawliau Dynol 1998, a ddaeth i rym ym mis Hydref 2000, yn ymgorffori'r Confensiwn Ewropeaidd (a'r protocol 1af) i gyfraith ddomestig.

Adran 7 Deddf Hawliau Dynol — Mae'r Confensiwn yn awr yn uniongyrchol gymwys yn llysoedd y DU – does dim angen mynd i Lys Hawliau Dynol Ewrop (er bod hyn yn bosibl fel cam olaf).

Cyn y *Ddeddf Hawliau Dynol* gallai cymryd achos i Strasbourg gymryd hyd at 6 blynedd.

Adran 2 — rhaid i'r *farnwriaeth ddomestig 'gymryd i ystyriaeth'* unrhyw gyfreitheg berthnasol. Mae hyn yn mynnu bod y llysoedd yn ystyried unrhyw ddyfarniadau perthnasol o Lys Hawliau Dynol Ewrop, ond nid ydynt yn eu rhwymo. Mae Adran 2 yn gosod rhwymedigaeth wan ar farnwyr.

Adran 3 — yn mynnu: 'Hyd y gellir gwneud hynny, rhaid i ddeddfwriaeth gael ei darllen a'i rhoi mewn grym mewn modd sy'n cyd-fynd â hawliau'r Confensiwn'.

Adran 6 — mae'n anghyfreithlon i awdurdodau cyhoeddus weithredu mewn modd nad yw'n cyd-fynd â hawliau'r Confensiwn. Ystyriwyd ystyr 'awdurdod cyhoeddus' yn **Donoghue v Poplar Housing and Regeneration Community Association Ltd (2001)**. Penderfynwyd y gallai awdurdod cyhoeddus gynnwys cymdeithas dai gan ei bod yn cyflawni rheidrwydd statudol yr Awdurdod Lleol trwy ddarparu llety. Hefyd, gall corff preifat gael ei gynnwys dan adran 6 os yw'n cyflawni swyddogaethau o natur gyhoeddus. Fodd bynnag, bydd hyn yn cael ei benderfynu fesul achos — **YL v Birmingham City Council (2007)**.

Andrews v Reading BC (2005) — Roedd yn rhaid i Gyngor Bwrdeistref Reading dalu iawndal am fethu ag ystyried hawl Andrews dan y Confensiwn i fwynhau ei eiddo mewn llonydd, wrth weithredu polisi trafnidiaeth yn Reading a olygodd fod mwy o draffig yn mynd heibio ei gartref.

Adran 19 — Rhaid i bob Bil gynnwys datganiad ysgrifenedig yn dweud a yw'r Bil yn cyd-fynd â'r Confensiwn ai peidio.

Adran 4 — Mae cyfyngiadau ar *HRA* 1998 — mae cyfreithiau nad ydynt yn cyd-fynd â hawliau'r Confensiwn yn ddilys er hynny — NI ALL barnwyr eu dileu (er mwyn cynnal egwyddor sofraniaeth seneddol). Fodd bynnag, os bydd y Llysoedd yn gweld nad yw deddfwriaeth yn cyd-fynd, gallant gyhoeddi **datganiad anghydnawsedd dan adran 4**, lle gall Gweinidog newid y gyfraith trwy broses llwybr cyflym.

Adran 4 – datganiadau anghydnawsedd – Wilson v First County Trust (2003)
– cyhoeddodd Tŷ'r Arglwyddi ddatganiad yn dweud bod un o ddarpariaethau Deddf Credyd Defnyddwyr 1974 yn anghydnaws â'r Confensiwn. Dyma achosion eraill pwysig i'w nodi ar **adran 4**:

- *Procurator Fiscal v Brown (2000)*
- *Bellenger v Bellenger (2003)*
- *A and others v Secretary of State for the Home Department (2004)*

Am bynciau a thrafodaethau cyfredol, gweler:

- *Re JJ (control orders) (2006)*
- *Re MB (2006)*
- *R (on the application of Shabina Begum) v Head Teacher and Governors of Denbigh School (2006)*
- *Ali v Head Teacher and Governors of Lord Grey School (2006)*

Manteision ac anfanteision Deddf Hawliau Dynol 1998

Manteision	Anfanteision
- Gwell mynediad - Annog cydymffurfio â chyfraith ddomestig a'r Confensiwn Ewropeaidd - Osgoi gwrthdaro rhwng cyfraith ddomestig y DU a chyfraith ryngwladol - Dinasyddion yn fwy ymwybodol o hawliau - Rhoddwyd prawf ar y Confensiwn Ewropeaidd ar Hawliau Dynol dros 30 mlynedd.	- Y brif broblem gyda'r Ddeddf Hawliau Dynol yw NAD yw wedi YMWREIDDIO. Mae hyn yn golygu nad yw'n barhaol, ac y gallai unrhyw lywodraeth newydd ei dileu. Un gyfraith yn unig sydd wedi ymwreiddio yng nghyfansoddiad y DU, sef na chaiff y brenin neu'r frenhines berthyn i'r Eglwys Gatholig. Does dim cyfreithiau eraill sydd wedi ymwreiddio, yn wahanol i America sydd â Bil Hawliau. - Gormod o bŵer barnwrol? - Dim digon o bŵer barnwrol? – ni all barnwyr ddileu cyfreithiau. - Hawliau yn y Confensiwn yn gallu cael eu gorfodi yn erbyn y wladwriaeth yn unig, ac nid yn erbyn unigolion preifat. - Mae'r Confensiwn Ewropeaidd ar Hawliau Dynol yn hen, wedi dyddio, ac nid yw'n cynnwys hawliau cymdeithasol nac economaidd.

Gwella gradd

Dylech chi fod yn gyfarwydd â'r trafodaethau presennol ar y Ddeddf Hawliau Dynol. Bwriad y Prif Weinidog, David Cameron, yw rhoi 'Bil Hawliau Prydeinig' yn lle Deddf Hawliau Dynol y DU. Ydych chi'n meddwl y dylem ni gael gwared ar y Ddeddf Hawliau Dynol? Gwnewch ymchwil i'r trafodaethau ar y pwnc hwn, ac edrych ar Gomisiwn Bil Hawliau'r DU a sefydlwyd ym mis Mawrth 2012. Awgrym rhai yw byddai pwerau'r Goruchaf Lys i wneud y weithrediaeth (*executive*) yn atebol iddo yn wannach yn sgil y diwygiadau. Ydych chi'n cytuno? Ydych chi'n meddwl y bydd y diwygiadau'n cael eu gweithredu?

Ymestyn a herio

A ddylai'r DU beidio â rhoi'r hawl i garcharorion bleidleisio, er gwaethaf dyfarniad Llys Hawliau Dynol Ewrop? Ydych chi'n meddwl dylai carcharorion gael yr hawl i bleidleisio?

Ymestyn a herio

Gwnewch ymchwil i achosion Abu Hamza ac Abu Qatada. Ydych chi'n meddwl y dylen nhw gael eu halltudio? Beth yw'r materion hawliau dynol yn erbyn alltudio yn yr achosion hyn?

Gwella gradd

Mae'n bwysig iawn gallu trafod adrannau 2, 3, 4 a 6 yr *HRA* yn fanwl, gan gyfeirio at yr awdurdodau perthnasol. Pan fyddwch yn trafod datganiadau anghydnawsedd adran 4, rhaid i chi gynnwys achosion lle cawsant eu cyhoeddi neu eu hystyried.

Gwella gradd

Mae hawliau dynol hefyd yn cysylltu â dehongliadau statudol, yn enwedig adrannau 3 a 4 y Ddeddf Hawliau Dynol a'r goblygiadau i ddehongli statudau. Gofalwch eich bod yn gwybod am y testunau hyn yn drylwyr ar gyfer yr arholiad.

Gwella gradd

Mae'n bwysig hefyd gallu cynnwys enghreifftiau o hawliau yn y Confensiwn Ewropeaidd.

Mae'n gamgymeriad cyffredin mewn arholiad i fyfyrwyr ddrysu rhwng Llys Cyfiawnder yr Undeb Ewropeaidd a Chonfensiwn Hawliau Dynol Ewrop. Sefydliadau ar wahân ydynt.

Ymestyn a herio

Daeth Erthygl 6 Cytuniad Lisbon i rym yn 2009, gan ddod â'r Undeb Ewropeaidd gam yn agosach at amddiffyn hawliau dynol, gan fod Erthygl 6 yn cydnabod yr hawliau sydd yn Siartr Hawliau Sylfaenol Ewrop. Mae hyn yn cynnwys hawliau helaethach na'r Confensiwn Ewropeaidd, gan gynnwys hawliau cymdeithasol ac economaidd. Fodd bynnag, ni fydd y Siartr yn creu hawliau newydd yn y DU. Pam? Ydych chi'n meddwl y dylem ni gael hawliau cymdeithasol ac economaidd hefyd?

Crynodeb o amddiffyn Hawliau Dynol cyn ac ar ôl y Ddeddf Hawliau Dynol

	Cyn y Ddeddf	**Ar ôl y Ddeddf**
Cymhwyso'r *ECHR*	Dim effaith uniongyrchol – dylanwad perswadiol oedd gan y Confensiwn	Hawliau'r Confensiwn yn awr yn uniongyrchol gymwys
Cyfraith achosion Llys Hawliau Dynol Ewrop	Llysoedd yn gyndyn i gymhwyso cyfraith achosion y Confensiwn	Dan a.2 dyletswydd i ystyried cyfraith achosion Llys Hawliau Dynol Ewrop
Dehongli statudau	Rhagdyb yn erbyn ymyrryd â hawliau sylfaenol	Rhaid dehongli cyfreithiau yng ngoleuni hawliau'r Confensiwn lle bo modd – A.3
Dilysrwydd y ddeddfwriaeth gynradd	Dim pŵer i gwestiynu na dileu Deddf Seneddol	Pŵer llys uwch i gyhoeddi datganiadau anghydnawsedd – A.4

Dyfodol hawliau dynol

Sefydlwyd y Comisiwn Cydraddoldeb a Hawliau Dynol yn 2007, a daeth i rym yn llawn yn 2009. Dyma rai o'i swyddogaethau:

- Rhoi cyngor a chanllawiau
- Cynnal ymchwiliadau
- Dwyn achosion
- Monitro'r *ECHR* mewn cyfraith ddomestig
- Craffu ar gyfreithiau newydd
- Cyhoeddi adroddiadau.

Bil Hawliau

- O ystyried gwledydd democrataidd y Gorllewin, dim ond y DU ac Israel sydd heb Fil Hawliau. Ydy hyn yn gwneud gwahaniaeth?
- Mae Bil Hawliau gan America, China, Irac, De Affrica a'r rhan fwyaf o Ewrop. Nid yw Bil Hawliau ond mor effeithiol â'r wladwriaeth sy'n ei orfodi.
- Ydych chi'n meddwl bod y Ddeddf Hawliau Dynol wedi rhoi mwy o amddiffyniad i bobl rhag torri hawliau dynol, neu oes angen Bil Hawliau arnom?

Manteision ac anfanteision Bil Hawliau

Manteision	Anfanteision
- Rheolaeth ar y weithrediaeth – bydd Bil Hawliau yn atal peth o rym enfawr y weithrediaeth (y llywodraeth a'i hasiantaethau, e.e. yr heddlu, etc.). Gallai llysoedd wrthod cymhwyso deddfwriaeth nad yw'n cyd-fynd â Bil Hawliau. - Y farnwriaeth – dan adran 3 yr *HRA*, rhaid i farnwyr ddehongli pob cyfraith i gyd-fynd â hawliau dynol OND dim ond i'r graddau bod modd gwneud hyn. Golyga hyn fod Deddf sy'n torri hawliau yn y Confensiwn mewn grym er hynny. Ni fyddai hyn yn wir am Fil Hawliau. - Nid yw'r *HRA* wedi ymwreiddio, felly mae modd ei dileu. Byddai Bil Hawliau yn cael ei ymwreiddio. - Ni chyflwynodd yr *HRA* unrhyw hawliau newydd; byddai Bil Hawliau yn cyflwyno hawliau newydd.	- Di-angen – mae ein hawliau yn cael eu hamddiffyn yn iawn. - Anhyblyg – anodd newid. - Anodd drafftio – beth i'w gynnwys? - Gallai arwain at ansicrwydd – mae arddull drafftio Bil Hawliau yn llac. - Nid yw Bil Hawliau ond mor effeithiol â'r llywodraeth sy'n sail iddo. - Mwy o rym i'r farnwriaeth – nid yw barnwyr yn cael eu hethol a byddai'r grym yn mynd o'r Senedd.

Yr Undeb Ewropeaidd: Sefydliadau

Ymunodd y DU â'r Undeb Ewropeaidd ar 1 Ionawr 1973 trwy basio **Deddf y Cymunedau Ewropeaidd 1972**. Mae pob un o'r 28 **Aelod-wladwriaeth** gyfredol yn wladwriaethau sofran annibynnol o hyd, ond maent wedi cytuno i gydnabod **goruchafiaeth** cyfraith yr UE a grëir gan **sefydliadau'r** UE. Maent hefyd wedi dirprwyo rhai o'u pwerau gwneud penderfyniadau i Sefydliadau'r UE. Croatia yw'r ychwanegiad diweddaraf, a'r 28fed Aelod-wladwriaeth, gan ymuno ym mis Gorffennaf 2013.

Senedd Ewrop

Ar hyn o bryd, mae gan y Senedd 766 **ASE** o'r 28 gwlad. Maent yn cael eu hethol bob pum mlynedd gan ddinasyddion yr Aelod-wladwriaethau. Nid yw ASE yn eistedd gydag eraill o'u gwledydd, ond mewn saith bloc gwleidyddol ar hyd Ewrop, yn cynrychioli pleidiau gwleidyddol yn fras. Mae nifer yr ASE yn dibynnu ar boblogaeth yr Aelod-wladwriaeth, gyda'r Gwladwriaethau llai â mwy o gynrychiolaeth. Er enghraifft, mae gan y DU 73, yr Almaen 99 a Malta 6 ASE. Mae seddi yn cael eu dosbarthu i wledydd yn ôl '**cymesuredd disgynnol**' (*degressive proportionality*), h.y. bydd ASE o wledydd mwy poblog yn cynrychioli mwy o bobl na'r rhai o wledydd llai. Prif swyddogaeth y Senedd yw trafod cynigion sy'n cael eu rhoi ger bron gan y Comisiwn, a gweithredu ar y cyd â'r Cyngor i basio cyfraith UE trwy'r **weithdrefn ddeddfwriaethol arferol** (cydbenderfynu cynt). Mae'r Senedd hefyd yn goruchwylio'n ddemocrataidd Sefydliadau eraill yr UE, yn enwedig y Comisiwn, ac yn rhannu rheolaeth dros gyllideb yr UE.

Y Comisiwn Ewropeaidd

Gweithrediaeth yr UE yw hwn, ac mae'n rheoli rhedeg yr UE o ddydd i ddydd, gan weithredu polisïau a chyllideb yr UE. Corff gwleidyddol yw'r Comisiwn sydd â'r gwaith o gynnig syniadau am ddeddfwriaeth i'r Senedd a'r Cyngor. Mae'n gweithredu fel 'Ceidwad y Cytuniadau' ac yn sicrhau bod Aelod-wladwriaethau yn cydymffurfio â'u rhwymedigaethau yn yr UE. Os na fyddant, gall y Comisiwn weithredu yn eu herbyn yn Llys Cyfiawnder yr Undeb Ewropeaidd. Mae'r 28 Comisiynydd yn annibynnol ar eu llywodraethau cenedlaethol ac yn cynnal buddiannau'r UE cyfan. Maent hefyd yn cynrychioli'r UE yn rhyngwladol, gan drafod cytundebau rhwng yr UE a gwledydd eraill.

Cyngor yr Undeb Ewropeaidd

Cyngor yr Undeb Ewropeaidd yw'r prif gorff gwneud penderfyniadau yn yr UE. Dyma gangen **ddeddfwriaethol** yr UE. Mae ei aelodaeth yn amrywio ôl y pwnc dan sylw. Er enghraifft, os mai mater amgylcheddol sy'n cael ei drafod, bydd Gweinidog yr Amgylchedd o bob Aelod-wladwriaeth yn bresennol y tro hwnnw. Mae Gweinidogion y Cyngor yn cynrychioli buddiannau cenedlaethol, a thrwy hynny'n cydbwyso rôl y Comisiwn. Maent yn cymeradwyo'r gyllideb ar y cyd â Senedd Ewrop.

Cyngor Ewrop

Daeth Cyngor Ewrop yn sefydliad swyddogol ar ôl **Cytuniad Lisbon** yn 2009. Mae'n cynnwys penaethiaid gwladwriaethau neu lywodraethau'r Aelod-wladwriaethau, ynghyd â'i Lywydd. Mae Cyngor Ewrop yn cyfarfod bob chwe mis, neu'n fwy aml os yw'r Llywydd yn gofyn am hynny. **Uwchgynadleddau** yw'r cyfarfodydd hyn, ac fe'u defnyddir i osod polisi cyffredinol yr UE.

Termau allweddol

Cymesuredd disgynnol (*Degressive proportionality*) = Yn y cyd-destun hwn, bydd ASE o wledydd mwy poblog yn cynrychioli mwy o bobl na'r rhai o wledydd llai. Mewn gwirionedd, mae gwledydd llai yn cael eu gorgynrychioli.

Deddfwriaethol = Senedd.

Gweithrediaeth (*Executive*) = llywodraeth.

Ymestyn a herio

I ddod i wybod mwy am yr UE, ewch i wefan swyddogol yr Undeb Ewropeaidd: www.europa.eu

Mae Cyngor yr Undeb Ewropeaidd yn chwarae rhan bwysig mewn pasio deddfwriaeth yr UE. Mae sawl system o bleidleisio ar waith yn y Cyngor:

- **Unfrydedd**, lle caiff cynigion eu pasio os yw'r holl aelodau yn pleidleisio drostynt, yn achos pynciau sensitif fel diogelwch, materion allanol a threthu. Gall un wlad rwystro penderfyniad felly.
- **Mwyafrif dwbl** – system newydd o 2014 ymlaen, lle bydd angen mwyafrif o wledydd a mwyafrif o **gyfanswm poblogaeth** yr UE.
- **Mwyafrif wedi cymhwyso** – sy'n caniatáu nifer o bleidleisiau i bob gwladwriaeth (po fwyaf yw'r wladwriaeth, mwyaf oll y mae nifer ei phleidleisiau). Mae hyn yn darparu ar gyfer cytuno ar gynnig os oes nifer penodol o bleidleisiau a nifer penodol o wledydd yn pleidleisio o'i blaid.

Termau allweddol

Barnwrol = barnwyr.

Sofraniaeth (sofraniaeth seneddol) = Y Senedd yw'r awdurdod cyfreithiol goruchaf. Mae ganddi'r grym i wneud cyfreithiau neu i'w dileu. Ni all y llysoedd ddirymu (*overrule*) ei deddfwriaeth ac ni all yr un Senedd basio deddfau na allant gael eu newid yn y dyfodol. Collodd y Senedd beth o'i sofraniaeth ers ymuno â'r UE.

Gwella gradd

Dengys achos **Marshall v Southampton Area Health Authority (1986)** sut mae llysoedd y DU wedi defnyddio gweithdrefn y dyfarniad rhagarweiniol. Dysgwch am yr achos hwn a pham y bu'n rhaid i lysoedd y DU ofyn am gyfarwyddyd gan *CJEU*.

Defnyddiwch yr uned hon a'r uned ar Yr Undeb Ewropeaidd: Ffynonellau Cyfraith (t. 85) i archwilio i weld sut y collodd y Senedd beth o'i sofraniaeth ers iddi ymuno â'r UE.

Llys Cyfiawnder yr Undeb Ewropeaidd (*CJEU*)

Mae Llys Cyfiawnder yr Undeb Ewropeaidd (*CJEU: Court of Justice of the European Union*) yn Luxembourg. Ei rôl yw sicrhau bod deddfwriaeth yr UE yn cael ei chymhwyso a'i dehongli yn gyson trwy'r Aelod-wladwriaethau a'u bod yn cynnal eu rhwymedigaethau yn yr UE. Mae un barnwr o bob Aelod-wladwriaeth, gyda chymorth wyth **Eiriolwr Cyffredinol**. Gall achosion gael eu dwyn i *CJEU* gan fusnesau, unigolion a Sefydliadau'r UE. Mae ganddo'r pŵer i gychwyn sancsiynau ac i setlo anghydfod, ond nid yw'n dilyn system o gynsail, gan benderfynu ar achosion trwy fwyafrif. Er mwyn effeithiolrwydd, yn anaml mae'r Llys yn eistedd fel llys llawn gyda'r holl 28 barnwr. Yn gyffredinol, mae'n eistedd fel 'Siambr Fawr' o 13 barnwr yn unig neu mewn siambrau o bump neu dri o farnwyr. Ers 1988, cafodd *CJEU* gymorth **Llys Gwrandawiad Cyntaf** i'w helpu i ymdopi â'r nifer mawr o achosion sy'n cael ei ddwyn ger ei fron.

Mae iddo ddwy brif swyddogaeth – **Barnwrol** a **Goruchwyliol**.

Swyddogaeth farnwrol

Mae'n gwrando ar achosion i benderfynu a yw Aelod-wladwriaethau wedi methu â chyflawni eu rhwymedigaethau dan y Cytuniadau. Mae'r achosion hyn fel arfer yn cael eu cychwyn gan y Comisiwn Ewropeaidd, er y gallant gael eu cychwyn hefyd gan Aelod-wladwriaeth arall. Os gwelir ei bod ar fai, rhaid i'r Aelod-wladwriaeth a gyhuddwyd newid ei harfer ar unwaith, ac os na fydd yn cydymffurfio, gall y llys roi dirwy iddi.

ACHOS – *Re Tachographs: The Commission v United Kingdom (1979)*
Nid oedd y DU yn gorfodi Rheoliad yr UE y dylid gosod tacograff mewn cerbyd sy'n cael ei ddefnyddio i gludo nwyddau ar y ffyrdd. **Mynnwyd**: Bod yn rhaid i'r Deyrnas Unedig gyflawni ei rhwymedigaethau i'r UE a'i gwneud yn orfodol i'r defnyddwyr ffyrdd hyn ffitio tacograffau.

Swyddogaeth oruchwyliol

Enw arall ar y swyddogaeth hon yw **gweithdrefn y dyfarniad rhagarweiniol**. Mae'n helpu i wneud yn siŵr bod cyfraith yr UE yn cael ei chymhwyso yn gyson yn yr holl Aelod-wladwriaethau. Rhoddir y pŵer yn **erth. 267 y Cytuniad ar Weithrediad yr Undeb Ewropeaidd**. Os oes gan lys cenedlaethol amheuaeth am ddehongliad neu ddilysrwydd un o gyfreithiau'r UE, gall ofyn i *CJEU* am gyngor sy'n cael ei roi ar ffurf 'dyfarniad rhagarweiniol'. Mae'r llys yn defnyddio'r dyfarniad hwn os oes angen, er mwyn ei helpu i ddod i benderfyniad yn yr achos cenedlaethol. Oherwydd nifer posibl yr achosion a allai gael eu cyfeirio, gosododd achos *Bulmer v Bollinger (1974)* ganllawiau ynghylch pryd y dylai llysoedd cenedlaethol gyfeirio cwestiwn at *CJEU*. Yn gyffredinol, dim ond y llys uchaf mewn Gwladwriaeth a ddylai gyfeirio cwestiynau at *CJEU* dan yr egwyddor y dylai Aelod-wladwriaethau yn gyntaf gyrraedd pen draw eu prosesau apêl cenedlaethol eu hunain i weld a allant ddod i gasgliad yn yr achos.

Mae'r canllawiau'n datgan y dylid cyfeirio achosion pan **fo dyfarniad gan *CJEU* yn angenrheidiol er mwyn galluogi'r llys i benderfynu ar yr achos, h.y. pan fyddai'r dyfarniad yn bendant**. Dylai'r llysoedd hefyd ystyried:

- a yw *CJEU* wedi gwneud penderfyniad ar ystyr y cwestiwn yn barod.
- a yw'r pwynt yn eglur.
- amgylchiadau'r achos, e.e. hyd yr amser a allai fynd heibio cyn rhoi dyfarniad, gorlwytho posibl *CJEU*, costau, dymuniadau'r partïon.

LA2: Deall Ymresymu, Personél a Dulliau Cyfreithiol

Mae LA2 yn canolbwyntio ar ddatblygu dealltwriaeth y myfyrwyr o Ymresymu, Personél a Dulliau Cyfreithiol. Nod LA2 yw datblygu sgiliau cymhwyso'r gyfraith i ffeithiau, a sgiliau ateb cwestiynau ymateb i symbyliad. Bydd y myfyrwyr yn edrych ar hynt pasio Deddf Seneddol a phwysigrwydd deddfwriaeth ddirprwyedig a bod yn ymwybodol o'r diwygiadau diweddaraf yn y gyfraith. Byddwn ni'n edrych ar ddwy athrawiaeth gyfreithiol bwysig yn yr uned hon: dehongli statudau a chynsail barnwrol. Bydd y myfyrwyr yn edrych ar y rheolau dehongli gwahanol a ddefnyddir gan farnwyr wrth ymdrin â Deddfau Seneddol, ac yn archwilio'r ffordd y mae corff cyson o gyfraith achosion yn cael ei weithredu y tu fewn i hierarchaeth y llysoedd. Bydd myfyrwyr yn dyfnhau eu gwybodaeth o'r UE trwy edrych ar wahanol ffynonellau cyfraith yr UE, a hefyd yn gwerthuso effaith cyfraith yr UE ar ddeddfwriaeth ddomestig. Yn olaf, bydd y myfyrwyr yn edrych ar bersonél cyfreithiol allweddol, eu gwaith, eu hyfforddiant a diwygiadau posibl. Fel gyda LA1, mae hawliau dynol yn destun allweddol sy'n treiddio trwy'r lefel UG i gyd.

Rhestr wirio adolygu

Ticiwch golofn 1 pan fyddwch chi wedi gwneud nodiadau adolygu cryno.
Ticiwch golofn 2 pan fyddwch chi'n meddwl eich bod yn deall y testun yn dda.
Ticiwch golofn 3 yn ystod yr adolygu terfynol pan fyddwch chi'n teimlo eich bod wedi meistroli'r testun.

			1	2	3
Ynadon	t59	Penodi Ynadon			
	t60	Rôl Ynadon			
	t61	Cefndir Ynadon			
	t61	Manteision ac anfanteision Ynadon			
Y Farnwriaeth	t62	Rôl Barnwyr			
	t62	Yr Arglwydd Ganghellor			
	t63	Proses penodiadau barnwrol			
	t64	Hyfforddi, diswyddo, dyrchafu a therfynu			
	t64	Annibyniaeth farnwrol			
	t65	Beirniadaeth o'r farnwriaeth/Diwygio'r farnwriaeth			
	t65	Rôl y Goruchaf Lys a'r rhesymau dros ei sefydlu			
Proffesiwn y Gyfraith	t66	Rôl cyfreithwyr			
	t67	Cwynion yn erbyn cyfreithwyr			
	t67	Rôl bargyfreithwyr			
	t68	Cwynion yn erbyn bargyfreithwyr			
	t68	Materion cynrychioli yn ymwneud â bargyfreithwyr a chyfreithwyr			
	t69	Diwygiadau a dyfodol proffesiwn y gyfraith			
Diwygio'r Gyfraith	t70	Pwyllgorau ymgynghorol			
	t71	Comisiwn y Gyfraith			
	t72	Carfanau pwyso			

			1	2	3
Cynsail Barnwrol	t73	Elfennau cynsail			
	t75	Datganiad Ymarfer Tŷ'r Arglwyddi 1966			
	t75	Y Llys Apêl			
	t75	Y Cyfrin Gyngor			
	t76	Barnwyr yn gwneud cyfreithiau?			
	t77	Manteision ac anfanteision cynsail barnwrol			
	t77	Y Goruchaf Lys a chynsail			
Dehongli Statudau	t78	Sut mae statudau yn cael eu ffurfio?			
	t78	Ymagweddau at ddehongli statudau			
	t80	Cymhorthion dehongli – mewnol (cynhenid)			
	t81	Cymhorthion dehongli – allanol (anghynhenid)			
Deddfwriaeth Ddirprwyedig	t82	Beth yw deddfwriaeth ddirprwyedig?			
	t82	Ffurfiau ar ddeddfwriaeth ddirprwyedig			
	t83	Rheoli deddfwriaeth ddirprwyedig			
	t84	Manteision ac anfanteision deddfwriaeth ddirprwyedig			
Yr Undeb Ewropeaidd: Ffynonellau Cyfraith	t85	Ffynonellau cyfraith yr Undeb Ewropeaidd (UE)			
	t86	Effaith uniongyrchol ac anuniongyrchol			
	t88	Rôl oruchwyliol *CJEU*			
	t89	Effaith cyfraith yr Undeb Ewropeaidd ar sofraniaeth seneddol			

Ynadon

Cafodd rôl **Ynad** (neu **Ynad Heddwch**) ei sefydlu gyda **Deddf Ynadon Heddwch 1361**. **Lleygwyr** ydynt, sy'n gwirfoddoli i wrando ar achosion yn y Llys Ynadon. Mae barnwyr proffesiynol hefyd, **Barnwyr Rhanbarth**, sy'n eistedd ar eu pennau eu hunain mewn Llysoedd Ynadon ac sy'n cael ystyriaeth yn yr uned ar y farnwriaeth (tt. 62–5). Mae rhai yn gweld gwirfoddoli fel ynad yn ffordd o roi rhywbeth yn ôl i'r gymuned ac ennill sgiliau gwerthfawr. Heddiw, mae pwerau a swyddogaethau ynadon yn dod o dan **_Ddeddf Ynadon Heddwch 1997_** a **_Deddf y Llysoedd 2003_**.

Rhaid i ynadon allu eistedd yn y llys am o leiaf 26 hanner diwrnod y flwyddyn. Mae'r gyfraith yn mynnu bod cyflogwyr yn caniatáu amser rhesymol o'r gwaith i weithwyr wneud gwasanaeth fel ynad. Nid oes rhaid talu am yr amser i ffwrdd, er y bydd llawer o gyflogwyr yn talu. Os bydd ynad yn colli enillion, gall hawlio cyfradd benodedig am y golled. Mae treuliau teithio a chynhaliaeth yn cael eu talu hefyd. Mae tua 30,000 o ynadon lleyg.

Mae achosion yn y Llysoedd Ynadon fel arfer yn cael eu gwrando gan banel o dri ynad o'r **Fainc**, gyda chefnogaeth **Clerc yr Ynadon** ac **ymgynghorydd cyfreithiol** sydd â chymwysterau cyfreithiol.

Penodi Ynadon

- Yn cael eu penodi o 18 oed ymlaen.
- Rhaid ymddeol yn 70 oed, er na fydd rhywun yn cael ei benodi fel arfer os yw dros 65 oed.
- Penodir gan yr Arglwydd Ganghellor ar ran y Goron gyda chymorth pwyllgorau ymgynghorol lleol sy'n fetio ac yn argymell ymgeiswyr addas.
- Gall unigolion wneud cais yn awr i ddod yn ynadon, yn ogystal â chael cais gan y pwyllgor ymgynghorol lleol. Mae hysbysebion yn cael eu cyhoeddi yn gwahodd ceisiadau.
- Mae darpar ynadon yn llenwi ffurflen gais.
- I'r rheini sydd ar y rhestr fer, fel arfer mae yna gyfweliad dwy ran.
- Mae'n bosibl y bydd angen i ymgeiswyr gymryd rhan mewn profion addasrwydd barnwrol ac astudiaethau achos.
- Gwneir y dewis ar sail haeddiant.
- Bydd y pwyllgor ymgynghorol lleol yn sicrhau y gall yr ynad ddangos chwe nodwedd allweddol: cymeriad da, dealltwriaeth a chyfathrebu, ymwybyddiaeth gymdeithasol, tymer aeddfed a chadarn, barn gadarn, ymrwymiad a bod yn ddibynadwy.
- Mae pwyllgorau ymgynghorol lleol yn ceisio bodloni anghenion y fainc leol o ran y niferoedd gofynnol, gyda'r nod o gadw cydbwysedd rhwng y rhywiau, tarddiad ethnig, lleoliad daearyddol, swyddi, oedran a chefndir cymdeithasol.
- Mae'n rhaid i ynadon allu ymrwymo i eistedd am 26 hanner diwrnod y flwyddyn.
- Ni chaiff ynadon eu talu ond gallan nhw hawlio treuliau a chael lwfans am golli enillion.
- Mae croeso i geisiadau o bob rhan o gymdeithas waeth beth fo'u rhyw, ethnigrwydd, crefydd neu gyfeiriadedd rhywiol.
- Dylai ynadon fyw o fewn 15 milltir i ardal y Fainc.
- Nid oes angen cymwysterau cyfreithiol nac academaidd i fod yn ynad a rhoddir hyfforddiant llawn.
- Mae rhai unigolion wedi eu heithrio o benodiadau, megis heddweision a wardeiniaid traffig.

Termau allweddol

Lleygwyr = heb gymwysterau cyfreithiol – pobl gyffredin sy'n cymryd rhan yn y system gyfreithiol.

Troseddau ditiadwy = y troseddau mwyaf difrifol, e.e. llofruddiaeth, trais, dynladdiad. Yn Llys y Goron yn unig y bydd y treial, ond bydd y gwrandawiad cyntaf yn y Llys Ynadon. Bydd yr ynad yn penderfynu a ddylai'r diffynnydd gael mechnïaeth. Mae'r achos wedyn yn cael ei drosglwyddo i Lys y Goron.

Gwella gradd

Rheithgorau yw'r ffordd arall i leygwyr ymwneud â'r system cyfiawnder troseddol. Efallai y cewch gwestiwn am '**gyfranogiad lleygwyr**' yn y gyfraith. Byddai hyn yn gofyn i chi drafod ynadon a rheithgorau. Cofiwch gynnwys y ddau.

Dysgwch am y **Llys Ieuenctid**. Sut mae hwn yn wahanol i Lys Ynadon cyffredin a Llys y Goron?

Termau allweddol

Diannod (ynadol) = y troseddau lleiaf difrifol sy'n mynd i'r Llys Ynadon, e.e. troseddau gyrru.

Llys Ieuenctid = adran o'r Llys Ynadon sy'n ymdrin â throseddwyr ifanc. Llys caeedig yw, sy'n golygu mai dim ond pobl sy'n cael eu gwahodd a'r wasg all fod yn bresennol. Mae'n llai ffurfiol na'r Llys Ynadon ac yn cael ei wasanaethu gan ynadon y panel ieuenctid a barnwyr rhanbarth.

Troseddau neillffordd profadwy = troseddau lefel ganol all gael treial naill ai yn y Llys Ynadon neu Lys y Goron. Yn cynnwys amrywiaeth helaeth o droseddau, e.e. dwyn, ymosod gan achosi niwed corfforol gwirioneddol.

Gwella gradd

Mae **Clerc yr Ynadon** yn helpu'r ynadon gyda'r gyfraith. Bydd yn gyfreithiwr cymwysedig sydd hefyd yn meddu ar gymhwyster y Llys Ynadon. Maent yn gorfod rhoi eu cyngor mewn llys agored, ac ni allant ddylanwadu ar benderfyniad yr ynadon. Mae hon yn rôl bwysig ac mae rhai wedi argymell cynyddu rôl y Clerc i wneud yr ynadon yn fwy effeithiol.

Ymestyn a herio

Ystyriwch sut y gall rôl ynadon gael ei diwygio, yn enwedig yng ngoleuni adroddiadau sy'n galw am ddileu'r elfen leyg.

Rôl Ynadon

Awdurdodaeth droseddol

Mae gan ynadon ran bwysig yn y system cyfiawnder troseddol, gan eu bod yn ymdrin â tua 95% o achosion. Maent yn gwrando ar achosion **diannod** a rhai **neillffordd profadwy**. Eu rôl yw penderfynu a yw'r diffynydd yn euog neu'n ddieuog, a dedfrydu. Maent hefyd yn cyhoeddi gwarantau i arestio ac yn penderfynu ar geisiadau mechnïaeth. Mae ganddynt hawl gyfyngedig i ddedfrydu. Ni allant roi dedfrydau o garchar sy'n fwy na 6 mis (neu 12 am ddedfrydau olynol), na dirwyon dros £5000. Mewn achosion troseddau neillffordd profadwy, gall yr ynadon anfon y troseddwr i Lys y Goron i'w ddedfrydu os ydynt yn meddwl bod angen dedfryd fwy llym. Maent hefyd yn gwrando ar achosion yn y **Llys Ieuenctid** lle mae diffynyddion rhwng 10 a 17 oed.

Awdurdodaeth sifil

Rôl gyfyngedig sydd gan ynadon mewn achosion sifil. Roeddent yn arfer delio â rhoi trwyddedau alcohol, betio a chwarae, ond yr awdurdodau lleol sy'n gwneud hyn yn awr. Gallant roi camau dyledion ar waith, e.e. gorfodi taliadau Treth y Cyngor a rhoi gwarantau hawl mynediad i awdurdodau nwy a thrydan.

Mae gan y Llys Achosion Teulu awdurdodaeth dros amrywiol faterion cyfraith teulu megis gorchmynion gwarchod rhag trais, gorchmynion cynhaliaeth ac achosion yn ymwneud â lles plant.

Hyfforddi

Gan mai anaml y daw ynadon lleyg o gefndir cyfreithiol, maent yn cael hyfforddiant gorfodol. Byddant hefyd yn cael help **Clerc yr Ynadon** ac **ymgynghorydd cyfreithiol**. Mae hyfforddiant ynadon yn seiliedig ar **fedrau** neu'r hyn y mae angen i ynad wybod a gallu ei wneud er mwyn gwneud ei waith. Y **Bwrdd Astudiaethau Barnwrol** sy'n gyfrifol am hyfforddi ledled Prydain, ac ar lefel leol Cymdeithas yr Ynadon a Chymdeithas y Clercod Ynadon sy'n gyfrifol.

Hyfforddiant yn y flwyddyn gyntaf

- Hyfforddiant cychwynnol – bydd yr ynad newydd yn dysgu pethau elfennol am y rôl. Yna, bydd yn eistedd yn y llys gyda dau ynad profiadol.
- Mentora – bydd ynad sydd wedi derbyn hyfforddiant arbennig i fod yn fentor yn helpu'r ynad newydd yn ystod y misoedd cyntaf. Bydd chwe achlysur yn y 12–18 mis cyntaf pan fydd yr ynad newydd yn eistedd yn y llys ym mhresenoldeb mentor. Bydd yr ynad newydd yn adolygu ei gynnydd ac yn trafod unrhyw anghenion hyfforddi gyda'r mentor. Bydd yn cadw cofnod datblygu personol hefyd.
- Hyfforddiant sylfaenol – bydd yr ynad newydd yn cael mwy o hyfforddiant yn ystod y flwyddyn gyntaf, yn ymweld â sefydliadau cosbi a/neu'n cael sylwadau ar ei waith er mwyn derbyn gwybodaeth allweddol angenrheidiol. Caiff pob ynad lyfr gwaith craidd er mwyn gwneud mwy o astudio ar ei ben ei hun, os yw'n dymuno gwneud.
- Cryfhau sgiliau – hyfforddiant ar ddiwedd y flwyddyn gyntaf sy'n cryfhau'r hyn y mae'r ynad newydd wedi'i ddysgu wrth eistedd yn y llys a gwneud yr hyfforddiant sylfaenol. Mae wedi'i gynllunio i helpu ynadon i gynllunio ar gyfer datblygiad parhaus a pharatoi ar gyfer y gwerthusiad cyntaf.
- Y gwerthusiad cyntaf – bydd yr ynad newydd yn cael gwerthusiad tua 12–18 mis ar ôl cael ei benodi, ar adeg pan fydd y mentor a'r ynad newydd yn cytuno ei fod yn barod. Bydd ynad arall, sydd wedi cael hyfforddiant gwerthuso arbennig, yn eistedd fel rhan o'r fainc. Bydd yr ynad hwn yn arsylwi a yw'r ynad newydd yn dangos ei fod yn gymwys yn y rôl, yn unol â'r medrau mae'r hyfforddiant yn seiliedig arnynt. Pan fydd yr ynad newydd yn llwyddo i ddangos hynny, bydd wedi cymhwyso'n llawn.

Hyfforddi a datblygu cyson
- Bydd ynadon yn parhau i gael hyfforddiant trwy gydol eu gyrfa fel ynad
- Gwerthusiadau
- Hyfforddiant parhaus bob tair blynedd cyn cael gwerthusiad
- Hyfforddiant trothwy
- Maent yn derbyn hyfforddiant ychwanegol am waith y Llys Ieuenctid.

Cefndir Ynadon

Mae yna ddadl nad yw ynadon yn cynrychioli'r bobl y maent yn eu gwasanaethu. Mae beirniadaeth debyg yn cael ei gwneud am y farnwriaeth, sef ei bod yn 'ddosbarth canol, canol oed, a chanolig ei meddwl'. Mae rhesymau pam mae ynadon yn tueddu i ddod o gefndir proffesiynol neu ddosbarth canol, megis y gallu i fod ar gael i eistedd fel ynad. Hefyd, maent yn dueddol o fod yn ganol oed neu'n hŷn am fod cymryd amser i fod yn ynad yn dueddol o effeithio ar eich gobaith i symud ymlaen yn eich gyrfa. Fodd bynnag, mae cydbwysedd gweddol o ran rhyw ynadon, gyda 50.6% o fenywod a 49.4% o ddynion, ac maent hefyd yn cynrychioli cyfran y lleiafrifoedd ethnig yn y boblogaeth, gyda thua 8% o ynadon o leiafrif ethnig – bron yn union y gyfran a geir yn y boblogaeth yn gyfan gwbl.

Manteision ac anfanteision Ynadon

Manteision	Anfanteision
Lleygwyr yn cymryd rhan – mae'r cyhoedd yn chwarae rhan yn y system cyfiawnder	**Ddim yn gynrychiadol** – yn debyg i'r feirniadaeth am y farnwriaeth, sef bod ynadon hefyd yn dod o gefndir dosbarth canol a phroffesiynol
Gwybodaeth leol – cynrychioli pryderon a budd y gymuned	**Anghyson** – Llysoedd Ynadon yn tueddu i ddod i benderfyniadau a dedfrydau gwahanol am yr un drosedd
Barn gytbwys – mainc o dri ynad yn rhoi golwg gytbwys	**Aneffeithiol** – Gall ynadon fod yn araf yn dod i benderfyniad, gan oedi a thrafod er mwyn ystyried dyfarniad lle byddai barnwr proffesiynol yn penderfynu yn y fan a'r lle
Cost – gwirfoddolwyr ydynt, felly'n weddol rad, er eu bod yn cymryd mwy o amser na barnwyr proffesiynol i ddod i benderfyniad.	**Tuedd o blaid yr heddlu** – o eistedd yn yr ardal leol, mae ynadon yn dod i adnabod yr heddweision sy'n rhoi tystiolaeth ac yn tueddu i gydymdeimlo mwy â nhw.

Ynadon Heddwch a Benodwyd yn ôl Rhyw 2006/7–2010/11

Blwyddyn	Dynion	Menywod	Cyfanswm
2006/7	1,225	1,187	2,412
2007/8	927	972	1,189
2008/9	814	959	1,773
2009/10	759	873	1,632
2010/11	464	548	1,012

[Ffynhonnell: Y Weinyddiaeth Gyfiawnder – Mainc Penodi Ynadon a Gwneud Apwyntiadau]

LA2: Ynadon

Ymestyn a herio

Gwnaeth yr Arglwydd Ganghellor argymhellion yn 1998 y dylai ynad fod: 'o gymeriad da, yn meddu ar ymwybyddiaeth gymdeithasol, bod â thymer aeddfed a chadarn, barn gadarn, ymrwymiad a bod yn ddibynadwy, yn llawn dealltwriaeth ac yn meddu ar sgiliau cyfathrebu da'. Ydych chi'n meddwl bod y rhain yn nodweddion addas? Allwch chi feddwl am fwy?

Ymestyn a herio

Diwygio Ynadon

Cafwyd galwadau i wneud i ffwrdd â rôl lleygwyr yn y system gyfreithiol. Ymchwiliwch i'r prif gynigion ar gyfer diwygiadau, a'u trafod:
- Cynyddu rôl Clerc yr Ynadon.
- Rhoi barnwyr proffesiynol yn lle ynadon lleyg.
- Sefydlu Adran Ranbarth.
- Gwneud ynadon yn fwy cynrychiadol.

Ymestyn a herio

Dadansoddwch y data yn y tabl. Beth mae'n ei ddweud wrthych am benodi ynadon?

Termau allweddol

Adolygiad barnwrol = y weithdrefn o herio penderfyniad, gweithred neu fethiant i weithredu ar ran corff cyhoeddus fel adran llywodraeth neu lys.

Cyfrin Gyngor = y llys apêl terfynol i wledydd y Gymanwlad.

Datganiadau anghydnawsedd = cyhoeddir o dan Adran 4 *Deddf Hawliau Dynol 1998*. Mae hyn yn rhoi grym i uwch-farnwyr gwestiynu a yw deddfwriaeth yn cyd-fynd â hawliau dynol. Mae'r datganiad yn cael ei anfon i'r Senedd. Nid yw'n caniatáu i farnwyr ddileu cyfreithiau.

Gwahaniad pwerau = rhannu pŵer y wladwriaeth yn dri math: gweithredol, barnwrol a deddfwriaethol. Dylai pobl/corff gwahanol weithredu pob un o'r mathau.

Rheolaeth Cyfraith = y cyfan mae hyn yn ei olygu yw y dylai'r wladwriaeth lywodraethu ei dinasyddion yn unol â rheolau y cytunwyd arnynt.

Y Farnwriaeth

Rôl Barnwyr

Mae annibyniaeth y farnwriaeth yn egwyddor sylfaenol **Rheolaeth Cyfraith**. Mae gan farnwyr rôl allweddol o ran rheoli'r defnydd o rym gan y wladwriaeth. Maent yn gwneud hyn trwy **adolygiad barnwrol** a *Deddf Hawliau Dynol 1998*, gyda'r pwerau i gyhoeddi **datganiadau anghydnawsedd** adran 4 – *A and others v Secretary of State for the Home Department (2004)*.

Hierarchaeth

Pennaeth y Farnwriaeth – Llywydd Llysoedd Cymru a Lloegr (yn ymarferol, yr Arglwydd Brif Ustus)
(*Deddf Diwygio Cyfansoddiadol 2005*)
⬇
Y barnwyr uchaf – Barnwr y Goruchaf Lys – 12 barnwr; Llywydd ac Is Lywydd a 10 Barnwr *puisne* y Goruchaf Lys – Y Goruchaf Lys a'r **Cyfrin Gyngor** (yn sgil *Deddf Diwygio Cyfansoddiadol 2005*, cymerodd y Goruchaf Lys le Tŷ'r Arglwyddi yn 2009)
⬇
Y Llys Apêl – 38 barnwr o'r enw Arglwyddi ac Arglwyddesau Apêl;
Pennaeth yr Adran Droseddol – Yr Arglwydd Brif Ustus; Pennaeth yr Adran Sifil – Meistr y Rholiau
⬇
Yr Uchel Lys – 110 barnwr llawn amser
⬇
Barnwyr Cylchdaith – Llys y Goron a'r Llys Sirol
⬇
Barnwyr Rhanbarth – Llys y Goron
⬇
Barnwr Rhanbarth (Llys Ynadon) – Llys Ynadon
⬇
Cofiadur – (rhan amser) Y Llys Sirol a Llys y Goron

Yr Arglwydd Ganghellor

Mae rôl yr Arglwydd Ganghellor wedi bodoli ers dros 1,400 mlynedd; yn ddiweddar, gwelwyd bod rôl yr Arglwydd Ganghellor yn gwrthdaro ag athrawiaeth **gwahaniad pwerau**. Yn 2003 cyhoeddodd y llywodraeth ei bod am ddileu'r rôl; fodd bynnag, nid yw hyn wedi digwydd. Mae *Deddf Diwygio Cyfansoddiadol 2005* wedi cadw'r rôl, ond mae pwerau'r Arglwydd Ganghellor wedi eu cwtogi'n llym o ganlyniad i'r Ddeddf.

LA2: Y Farnwriaeth

Newidiadau i rôl yr Arglwydd Ganghellor yn sgil Deddf Diwygio Cyfansoddiadol 2005

Nid yw'r Arglwydd Ganghellor yn awr	Mae'r Arglwydd Ganghellor yn awr
Yn eistedd fel barnwr (roedd yr Arglwydd Ganghellor yn arfer eistedd fel Barnwr yn Nhŷ'r Arglwyddi)	Yn bennaeth y Weinyddiaeth Gyfiawnder newydd
Yn bennaeth y farnwriaeth	Yn gyfrifol am gymorth cyfreithiol, Comisiwn y Gyfraith a system y llysoedd
Yn chwarae **rôl yn y broses penodiadau barnwrol**	Ddim yn gorfod bod yn aelod o **Dŷ'r Arglwyddi**
Yn awtomatig yn dod yn Llefarydd **Tŷ'r Arglwyddi** (siambr deddfu'r Senedd)	Ddim yn gorfod bod yn gyfreithiwr – adran 2 ***Deddf Diwygio Cyfansoddiadol 2005***

Proses penodiadau barnwrol

Yr hen weithdrefn	Y weithdrefn newydd
Rôl ganolog gan yr Arglwydd Ganghellor mewn penodiadau	***Deddf Diwygio Cyfansoddiadol 2005*** – Sefydlu'r ***Comisiwn Penodiadau Barnwrol***
Ymholi dirgel	Y Comisiwn Penodiadau Barnwrol – 14 aelod, (5 **lleyg**, 5 barnwr, 2 weithiwr cyfreithiol proffesiynol, ynad **lleyg** ac aelod o dribiwnlys) a benodir gan y Frenhines ar argymhelliad yr Arglwydd Ganghellor.
Tan yn ddiweddar, dim hysbysebion am benodiadau barnwrol	Mae'r weithdrefn ar gyfer dewis barnwyr i'r Goruchaf Lys wedi'i gosod allan yn adrannau 23–31 o ***Ddeddf Diwygio Cyfansoddiadol 2005***. Mae gan y Comisiwn Penodiadau Barnwrol rôl mewn penodi barnwyr i'r Goruchaf Lys.
Dirgel	***Deddf Tribiwnlysoedd, Llysoedd a Gorfodaeth 2007*** – nid yw bod yn gymwys i fod yn farnwr bellach yn seiliedig ar nifer o flynyddoedd o hawliau ymddangos, ond yn awr ar nifer blynyddoedd o brofiad wedi cymhwyso.

Mae gan wledydd eraill systemau gwahanol ar gyfer penodi barnwyr. Yn Ffrainc, mae rhywun yn dewis bod yn farnwr ar ddechrau ei yrfa, yn hytrach na bod yn gyfreithiwr yn gyntaf, ac yn dilyn llwybr gyrfa'r farnwriaeth. Yn yr Unol Daleithiau, mae barnwyr yn cael eu penodi trwy ddau ddull: penodiad ac etholiad.

Termau allweddol

Lleyg = rhywun heb gymwysterau cyfreithiol.

Ymholi dirgel = yr hen broses o benodi lle byddai gwybodaeth am ddarpar farnwr yn cael ei chasglu'n anffurfiol dros amser gan fargyfreithwyr a barnwyr blaenllaw.

Tŷ'r Arglwyddi = enw Tŷ Uchaf y Senedd = y siambr ddeddfu. Roedd dryswch yn codi cyn sefydlu'r Goruchaf Lys, gan mai Tŷ'r Arglwyddi hefyd oedd yr enw ar y llys apêl uchaf.

▲ Gwella gradd

Mae'n bwysig eich bod chi'n gwybod sut mae barnwyr yn cael eu penodi i'r Goruchaf Lys. Pan fydd swydd wag yn codi, bydd yr Arglwydd Ganghellor yn trefnu pwyllgor dewis, fel arfer trwy anfon llythyr. Mae aelodau'r Comisiwn yn cynnwys aelod o bob un o'r canlynol: Comisiwn Penodiadau Barnwrol Cymru a Lloegr, Bwrdd Penodiadau Barnwrol yr Alban, a Chomisiwn Penodiadau Barnwrol Gogledd Iwerddon, ac mae'n rhaid i o leiaf un ohonyn nhw fod yn berson lleyg. Mae'r Comisiwn yn hysbysu'r Arglwydd Ganghellor am ei ddewis. Yna mae'r Arglwydd Ganghellor yn ymgynghori ymhellach ac yn gwneud un o'r pethau canlynol: rhoi gwybod i'r Prif Weinidog pwy sydd wedi cael ei ddewis, gwrthod y cynnig, neu ofyn i'r Comisiwn ailystyried.

Hyfforddi, diswyddo, dyrchafu a therfynu

Gwella gradd
Gall barnwyr yr Uchel Lys ac uwch gael eu symud o'u swyddi gan y Frenhines yn unig wedi deisebu llwyddiannus gan Dŷ'r Cyffredin a Thŷ'r Arglwyddi. Un sydd wedi ei ddiswyddo erioed ers y Ddeddf Sefydlogi. Yn 1830 cafodd Syr Jonah Barrington ei ddiswyddo o'r Uchel Lys am gymryd £922 at ei ddefnydd personol ei hun.

Gwella gradd
Wrth drafod penodiadau barnwrol, mae'n bwysig cofio y gall cyfreithwyr ymuno â'r farnwriaeth ers Deddf Llysoedd a Gwasanaethau Cyfreithiol 1990.

Ymestyn a herio
Roedd sefyllfa'r Arglwydd Ganghellor, cyn 2005, fel petai yn torri athrawiaeth gwahaniad pwerau. Ydych chi'n meddwl bod y diwygiadau i rôl yr Arglwydd Ganghellor, yn Neddf Diwygio Cyfansoddiadol 2005, wedi llwyddo i ymdrin â'r toriad hwn?

Termau allweddol
Gweithrediaeth = y llywodraeth.

Rhydgrawnt = Prifysgolion Rhydychen a Chaergrawnt.

Hyfforddi
Ychydig o hyfforddiant ffurfiol a gaiff barnwyr; mae'r hyfforddiant y maent yn ei dderbyn yn cael ei drefnu gan y Bwrdd Astudiaethau Barnwrol ac yn cynnwys:
- cwrs preswyl wythnos o hyd
- wythnos o eistedd gyda barnwr profiadol
- cyrsiau gloywi a seminarau, a hyfforddi arbenigol pan fo angen, e.e. pasio **Deddf Hawliau Dynol 1998**

Diswyddo
Mae pum ffordd i farnwr adael ei swydd:
1. Diswyddo – Barnwyr yr Uchel Lys ac uwch – **Deddf Sefydlogi 1701; Deddf y Llysoedd 1971 a Deddf Diwygio Cyfansoddiadol 2005**
2. Atal o swydd (**Deddf Diwygio Cyfansoddiadol 2005** – sefydlodd gweithdrefnau disgyblu)
3. Ymddiswyddo
4. Ymddeol – yn 70 oed fel rheol
5. Gorffen gweithio oherwydd salwch.

Dyrchafu
Does dim system ffurfiol o ddyrchafu barnwyr, am fod pobl yn credu y gall awydd i gael eu dyrchafu effeithio ar eu gallu i wneud penderfyniadau. Mae unrhyw ddyrchafiad yn cael ei drin yn yr un modd â'r broses benodi gychwynnol trwy'r Comisiwn Penodiadau Barnwrol.

Annibyniaeth farnwrol

Mae annibyniaeth farnwrol yn hollbwysig. Mae'n amod bod yn ddiduedd, ac felly o dreial teg. Dylai barnwyr:
- bod yn annibynnol ar y **Weithrediaeth**, grwpiau diddordeb a'r sawl sy'n mynd i gyfraith
- cael adolygiad cyflog annibynnol
- peidio â chael eu cyflogi mewn unrhyw broffesiwn na busnes arall
- peidio ag eistedd mewn achos lle mae diddordeb/rhagfarn personol, neu lle y gall hynny ddigwydd, e.e. yr Arglwydd Hoffmann yn **Re Pinochet Urgarte (1999)**.

Bygythiadau i annibyniaeth farnwrol oddi wrth:
- Goruchafiaeth y Senedd – barnwyr yn ddarostyngedig i ewyllys y Senedd.
- Gwelwyd barnwyr yn dangos rhagfarn wleidyddol, gweler **McIlkenny v Chief Constable of the West Midlands (1980); R v Ponting (1985)**.
- Yn ogystal â thuedd wleidyddol, mae'r achosion hyn yn tueddu i ddangos tuedd at adain dde'r spectrwm gwleidyddol, gweler – **Bromley London Borough Council v Greater London Council (1982); Council of Civil Service Union v Minister for the Civil Service (1984); Thomas v NUM (1985)**.

- Rhagfarn yn erbyn menywod – mae agweddau tuag at fenywod gan rai barnwyr yn hen ffasiwn a stereoteipaidd. Mae hyn yn peri pryder arbennig mewn achosion o droseddau rhywiol megis trais.

Beirniadaeth o'r farnwriaeth

- Yn bennaf yn wyn, yn ddynion, wedi bod mewn ysgol fonedd/**Rhydgrawnt**
- Hyfforddiant cyfyngedig
- Diffyg arbenigo.

Diwygio'r farnwriaeth

- Mwy o ddiwygio ar y broses benodi – symud y llywodraeth o'r broses benodi
- Mwy o hyfforddiant
- Gwella trefniadaeth oriau'r llysoedd.

Rôl y Goruchaf Lys a'r rhesymau dros ei sefydlu

Sefydlodd **Deddf Diwygio Cyfansoddiadol 2005** y Goruchaf Lys. Mae wedi cymryd lle Tŷ'r Arglwyddi er mwyn cael gwahaniad llwyr rhwng uwch-farnwyr y Deyrnas Unedig a Thŷ Uwch y Senedd, sef Tŷ'r Arglwyddi. Mae hyn yn pwysleisio annibyniaeth Arglwyddi'r Gyfraith ac yn eu tynnu ymaith oddi wrth y corff deddfwriaethol.

Ym mis Awst 2009 symudodd y Barnwyr o Dŷ'r Arglwyddi (lle roeddent yn eistedd fel Pwyllgor Apeliadau Tŷ'r Arglwyddi) i'w hadeilad eu hunain. Y tro cyntaf iddynt eistedd fel y Goruchaf Lys oedd mis Hydref 2009. Y Goruchaf Lys yw'r llys apêl uchaf yn y wlad.

Bydd effaith penderfyniadau'r Goruchaf Lys yn mynd ymhell y tu hwnt i'r rhaniad mewn unrhyw achos. Bydd yn llunio cymdeithas ac yn effeithio ar ein bywydau bob dydd.

A.23 Deddf Diwygio Cyfansoddiadol 2005 – 12 barnwr wedi eu penodi gan y Frenhines ar argymhelliad y Prif Weinidog. Cafodd y Prif Weinidog ei hysbysu gan yr Arglwydd Ganghellor yn dilyn dewis gan gomisiwn a sefydlwyd gan yr Arglwydd Ganghellor, ac mae modd cynyddu nifer y barnwyr. Yr Uwch-arglwydd Apêl yw Llywydd y Llys. I fod yn gymwys am benodiad i'r Goruchaf Lys, rhaid i farnwr fod wedi dal swydd farnwrol uchel am o leiaf dwy flynedd – yn unol ag **A.25 Deddf Diwygio Cyfansoddiadol 2005** neu fod wedi bod yn ymarferwr cymwys am o leiaf 15 mlynedd, e.e. yn y Llys Apêl neu Dŷ'r Arglwyddi.

LA2: Y Farnwriaeth

Gwella gradd

Mae'n gamgymeriad cyffredin mewn arholiad wrth drafod y broses benodi i drafod yr hen weithdrefn yn unig. Mae'n hanfodol i chi allu trafod yn llawn yr hen weithdrefn a'r weithdrefn newydd, ac y gallwch werthuso'r weithdrefn newydd. Rhaid i chi hefyd allu trafod a yw barnwyr yn cynrychioli cymdeithas. Mae nifer o ffactorau yn effeithio ar hyn, megis dosbarth, cefndir ac ethnigrwydd.

Gallai cwestiwn ar y farnwriaeth hefyd ofyn i chi drafod rôl y Goruchaf Lys a'r rhesymau dros ei sefydlu.

Ymestyn a herio

Ymchwiliwch i ffyrdd y gall barnwyr gynrychioli cymdeithas yn well. Ymchwiliwch i Strategaeth Amrywiaeth 2006 yr Arglwydd Ganghellor.

Ystyriwch fwy o ddiwygiadau i'r broses benodi. Ymchwiliwch i ganfyddiadau Papur Ymgynghori'r Llywodraeth yn 2007 – 'Constitutional reform: a new way of appointing judges'.

Gwella gradd

Mae'n bwysig eich bod chi'n gwybod beth yw'r cysylltiad rhwng Rheolaeth Cyfraith a'r Goruchaf Lys. Mae **Deddf Diwygio Cyfansoddiadol 2005** yn cydnabod Rheolaeth Cyfraith a phwysigrwydd annibyniaeth y farnwriaeth. Mae pwysigrwydd canolog i swydd barnwyr o safbwynt Rheolaeth Cyfraith. Ymchwiliwch i benderfyniadau cyfredol y Goruchaf Lys ac ystyried sut cânt effaith ar Reolaeth Cyfraith.

Termau allweddol

Hawliau ymddangos = yr hawl i ymddangos fel eiriolwr yn y llys.

Ymestyn a herio

Ewch at wefan Cymdeithas y Gyfraith www.lawsociety.org.uk, ac ymchwilio i'r materion presennol am y proffesiwn.

Proffesiwn y Gyfraith

Mae proffesiwn y gyfraith yng Nghymru a Lloegr wedi ei rannu yn ddwy gangen ar wahân: bargyfreithwyr a chyfreithwyr. Mae'r naill gangen a'r llall yn gwneud gwaith tebyg, maent ill dau yn gwneud gwaith eiriol a gwaith papur cyfreithiol. Fodd bynnag, mae faint o amser maent yn ei roi i'r gwaith hwn yn wahanol – mae bargyfreithwyr yn treulio mwy o'u hamser yn y llys. Cymhariaeth syml yw'r proffesiwn meddygol, gyda'r bargyfreithiwr fel ymgynghorydd (yr arbenigwr) a'r cyfreithiwr fel meddyg teulu. Mae proffesiwn y gyfraith hefyd yn cynnwys gweithwyr paragyfreithiol, e.e. gweithredwyr cyfreithiol.

Rôl cyfreithwyr

Mae tua 100,000 o gyfreithwyr, gyda 80% yn gweithio'n breifat. Corff llywodraethol y cyfreithwyr yw Cymdeithas y Gyfraith. Yn 2005 daeth aelodaeth o Gymdeithas y Gyfraith yn wirfoddol. Mae'r Awdurdod Rheoleiddio Cyfreithwyr yn rheoleiddio cyfreithwyr.

Pa fath o waith mae cyfreithwyr yn ei wneud?

Daw'r rhan fwyaf o waith ac incwm cyfreithwyr o waith masnachol, trawsgludo, gwaith teulu/priodasol a phrofiant. Yn 1985 collodd cyfreithwyr eu monopoli ar waith trawsgludo.

Mae cyfreithwyr yn gwneud bron y cyfan o'r gwaith eiriol hwn yn y Llys Ynadon. Tan yn ddiweddar, doedd gan gyfreithwyr ddim hawliau ymddangos llawn wedi iddynt gymhwyso – hawl a fu gan fargyfreithwyr erioed. Mae **hawliau ymddangos llawn** yn golygu y gallwch ymddangos mewn unrhyw lys. Fodd bynnag, newidiodd *Deddf Llysoedd a Gwasanaethau Cyfreithiol 1990 a Deddf Mynediad at Gyfiawnder 1999* hyn. Gall cyfreithwyr yn awr gael hawliau ymddangos llawn pan dderbynnir hwy i'r rhôl, a gall cyfreithwyr arfer yr hawl hon wedi cwblhau mwy o hyfforddiant.

Gall cyfreithwyr ffurfio partneriaethau, ac ers 2001 gallant ffurfio Partneriaethau Atebolrwydd Cyfyngedig. Mae swyddfeydd cyfreithwyr yn amrywio o gwmnïau mawr i gyfreithwyr unigol. Fodd bynnag, bychan yw'r rhan fwyaf o gwmnïau, gydag 85% â phedwar partner neu lai, a 50% ag un partner yn unig. £51,000 yw'r cyflog blynyddol ar gyfartaledd.

Cymwysterau

Wedi cymhwyso: Datblygu proffesiynol parhaus

⬆

Cyfreithiwr

⬆

Contract hyfforddi 2 flynedd

⬆

Cwrs ymarfer cyfreithiol (blwyddyn)

⬆

Gradd yn y gyfraith neu i raddedigion heb radd yn y gyfraith, yr Arholiad Proffesiynol Cyffredin

⬆

Gall gweithredwyr cyfreithiol symud ymlaen i ddod yn gyfreithwyr, ond mae'n broses faith.

LA2: Proffesiwn y Gyfraith

Dyrchafu i'r farnwriaeth

Cyn 1990 yr oedd cyfreithwyr yn gymwys i wneud cais am benodiadau barnwrol iau yn unig, e.e. fel barnwyr cylchdaith. Ers **Deddf Llysoedd a Gwasanaethau Cyfreithiol 1990** maent yn gymwys i'w penodi i'r llysoedd uwch.

Cwynion yn erbyn cyfreithwyr

Gall pobl wneud cwynion fel a ganlyn:

- Gwasanaeth Cwynion Cyfreithiol – gwasanaeth cwynion annibynnol a sefydlwyd yn 2007 (yn lle'r Gwasanaeth Cwynion Defnyddwyr).
- Sefydlwyd **Yr Ombwdsmon Cyfreithiol a'r Swyddfa Cwynion Cyfreithiol** ar ôl **Deddf Gwasanaethau Cyfreithiol 2007** a dyna'r apêl derfynol am gwynion yn erbyn gweithwyr proffesiynol ym maes y gyfraith yng Nghymru a Lloegr. Mae'n cymryd lle'r Ombwdsmon Gwasanaethau Cyfreithiol a dechreuodd dderbyn cwynion ar 6 Hydref 2010.
- Mynd i gyfraith am esgeulustod trwy'r llysoedd – **Arthur JS Hall and Co v Simons (2000)**.

Rôl bargyfreithwyr

- Mae tua 14,000 o fargyfreithwyr, a'r Bar yw'r enw amdanynt.
- Corff llywodraethol bargyfreithwyr yw Cyngor y Bar.
- Mae Bwrdd Safonau'r Bar yn gyfrifol am reoleiddio'r Bar.

Pa fath o waith mae bargyfreithwyr yn ei wneud?

Eu prif rôl yw eiriol (cyflwyno achosion yn y llys). Mae llawer o'u gwaith yn cael ei wneud cyn y treial, yn rhoi 'barn' (asesiad cytbwys o achosion), a chyfarfodydd gyda chyfreithwyr a chleientiaid.

Gwahaniaeth allweddol rhyngddynt hwy a chyfreithwyr yw bod yn rhaid i fargyfreithwyr fod yn hunangyflogedig. Ni allant ffurfio partneriaethau; maent yn rhannu swyddfeydd o'r enw **Siambrau** gyda bargyfreithwyr eraill, ac mae'r setiau o Siambrau yn cael eu rheoli gan y clerc sy'n trefnu cyfarfodydd gyda chyfreithwyr ac yn trafod ffioedd bargyfreithwyr. Nid pob bargyfreithiwr sy'n gweithio fel eiriolwr: mae rhai yn gweithio i ganolfannau cyfraith, y llywodraeth a diwydiant preifat.

Ers 2004, gall aelodau'r cyhoedd gysylltu â bargyfreithiwr yn uniongyrchol, ond cyn hynny roedd rhaid i fargyfreithiwr gael ei benodi gan gyfreithiwr.

Mae bargyfreithiwr yn gweithio yn ôl **rheol y 'rhes cabiau'**. Ystyr hyn yw bod yn rhaid i fargyfreithwyr dderbyn unrhyw waith mewn maes lle maent yn fedrus i weithio, mewn llys lle byddant yn ymddangos fel arfer, ac ar eu cyfraddau arferol.

Termau allweddol

Rheol y rhes cabiau = mae'n rhaid i fargyfreithiwr dderbyn gwaith mewn unrhyw faes lle mae'n fedrus i ymarfer, mewn llys lle bydd yn ymddangos fel arfer, ac ar ei gyfradd arferol.

Siambrau = swyddfeydd lle mae grwpiau o fargyfreithwyr yn rhannu clercod (gweinyddwyr) a threuliau rhedeg.

UG Y Gyfraith: Canllaw Astudio ac Adolygu

Cymwysterau

Datblygu proffesiynol parhaus
⬆
Tenantiaeth mewn siambrau
⬆
Disgybledd (blwyddyn)
⬆
Galw i'r Bar
⬆
Cwrs Galwedigaethol y Bar (blwyddyn) a ailenwyd yn Gwrs Hyfforddi Proffesiynol y Bar yn 2010
⬆
Ymuno ag un o **Ysbytai'r Brawdlys** (ciniawa yn eu Lletty 12 gwaith)
⬆
Gradd yn y gyfraith neu i raddedigion mewn pwnc heb fod yn y gyfraith, yr Arholiad Proffesiynol Cyffredin

Mae bargyfreithwyr yn 'iau' (*junior*) oni fyddant yn cael eu gwneud yn '**CF**', sef **Cwnsler y Frenhines** (CF/QC: *Queen's Counsel*). Gall bargyfreithwyr ddod yn CF wedi 10 mlynedd yn ymarfer. Mae Cyngor y Bar a Chymdeithas y Gyfraith yn penodi CF, a phan gânt eu penodi, maent yn '**cymryd sidan**'. Ar gyfartaledd, mae CF yn ennill tua £300,000 y flwyddyn.

Dyrchafiad i'r farnwriaeth

Mae bargyfreithwyr yn gymwys i'w penodi i bob swydd farnwriaethol, os oes ganddynt y profiad angenrheidiol.

Cwynion yn erbyn bargyfreithwyr

Mae modd gwneud cwynion fel a ganlyn:
- Nid yw bargyfreithwyr yn awr yn rhydd o fod yn atebol am waith esgeulus yn y llys – ***Rondel v Worsley (1969)*** a gafodd ei ddirymu gan ***Arthur JS Hall v Simons (2000)***. Fodd bynnag, gweler – ***Moy v Pettman Smith (2005)*** triniaeth drugarog i fargyfreithiwr gan Dŷ'r Arglwyddi o'i gymharu â gweithwyr proffesiynol eraill.
- Bwrdd Safonau'r Bar a'r Comisiynydd Cwynion Annibynnol, yn gyfrifol am gwynion yn erbyn bargyfreithwyr.
- Pwyllgor Ymddygiad Proffesiynol a Chwynion.
- Yr Ombwdsmon Cyfreithiol a'r Swyddfa Cwynion Cyfreithiol

Materion cynrychioli yn ymwneud â bargyfreithwyr a chyfreithwyr

Cyfreithwyr

Ers 2012, mae'r **Awdurdod Rheoleiddio Cyfreithwyr** wedi mynnu bod cwmnïau'n casglu ac yn cyhoeddi data er mwyn rhoi gwybodaeth ar broffil amrywiaeth y proffesiwn cyfreithiol.

Yn ôl **Adroddiad Blynyddol y Siarter Amrywiaeth a Chynhwysiant** yn 2012:
- Mae 59.6% o gyfreithwyr yn fenywod
- Mae 70% o bartneriaid yn ddynion
- Mae 10% o gyfreithwyr yn dod o gefndiroedd du, Asiaidd a lleiafrifoedd ethnig, sy'n gymesur â'r canran cenedlaethol.

Gellir gweld yr adroddiad llawn ar www.lawsociety.org.uk

Termau allweddol

Cwnsler y Frenhines (cymryd sidan) = uwch-fargyfreithiwr sydd wedi ymarfer am o leiaf 10 mlynedd cyn cael ei benodi. Gall wisgo gynau sidan, ac oddi yma y daw'r ymadrodd 'cymryd sidan'.

Disgybledd = prentisiaeth blwyddyn lle mae disgybl yn gweithio ochr yn ochr â bargyfreithiwr cymwys, o enw'r disgybl-feistr.

Tenantiaeth = lle parhaol mewn siambrau.

Ysbytai'r Brawdlys = Rhaid i fargyfreithiwr ymuno ag un o bedwar Ysbyty'r Brawdlys sef y Deml Fewnol, y Deml Ganol, Ysbyty Gray ac Ysbyty Lincoln. Mae'r Ysbytai yn dyddio i'r drydedd ganrif ar ddeg, ac maent yn darparu lletty, addysg ac yn hybu gweithgareddau.

LA2: Proffesiwn y Gyfraith

Bargyfreithwyr
Yn ôl Cyngor y Bar yn 2010:
- Mae 35% o'r bargyfreithwyr sy'n ymarfer yn fenywod
- Mae 10% o fargyfreithwyr yn dod o gefndiroedd du a lleiafrifoedd ethnig
- Mae 12% o Gwnselwyr y Frenhines yn fenywod.

Diwygiadau a dyfodol proffesiwn y gyfraith
A ddylai'r ddau broffesiwn uno a dod yn un? Dyma gwestiwn a fu'n bwnc llosg ers blynyddoedd.

Symudiadau diweddar at uno

1990	*Deddf Llysoedd a Gwasanaethau Cyfreithiol*
1992	Cyflwyno cyfreithwyr-eiriolwyr
1999	*Deddf Mynediad at Gyfiawnder* – pob bargyfreithiwr a chyfreithiwr yn cael hawliau ymddangos llawn
2004	Adroddiad Clementi – rheoleiddio'r proffesiwn
2007	*Deddf Gwasanaethau Cyfreithiol* – caniatáu strwythurau busnes gwahanol

Adroddiad Clementi
Dilynwyd adroddiad Syr David Clementi (2004) *Review of the Regulatory Framework for Legal Services in England and Wales* gan Bapur Gwyn – The Future of Legal Services – Putting Consumers First.

Diwygiadau allweddol yn Neddf Gwasanaethau Cyfreithiol 2007
- Sefydlu'r Bwrdd Gwasanaethau Cyfreithiol yn 2009 i fod yn gyfrifol am gynnal safonau mewn rheoleiddio, hyfforddi ac addysg.
- **Practis disgyblaethau cyfreithiol** – gall uchafswm o 25% o bartneriaid fod yn bobl nad ydynt yn gyfreithwyr.
- **Partneriaethau amlddisgyblaethol** – byddai'r strwythur hwn yn caniatáu i weithwyr proffesiynol eraill, e.e. syrfewyr, gwerthwyr tai, i weithio mewn partneriaeth â chyfreithwyr.
- Strwythurau busnes eraill sy'n cael eu caniatáu dan *Ddeddf Gwasanaethau Cyfreithiol 2007*, e.e. **Cyfraith Tesco** – gall cwmnïau mawr brynu cwmnïau cyfreithiol.
- Swyddfa Cwynion Cyfreithiol – i wrando ar gwynion yn erbyn holl broffesiwn y gyfraith.

Personél cyfreithiol eraill

Gweithredwyr cyfreithiol
- Gwneud gwaith proffesiynol o dan gyfreithwyr – yn tueddu i arbenigo, e.e. trawsgludo.
- Yn cael mynd ymlaen i gymhwyso fel cyfreithwyr.
- Corff llywodraethol – Sefydliad Gweithredwyr Cyfreithiol.
- *Deddf Tribiwnlysoedd, Llysoedd a Gorfodaeth 2007* – gweithredwyr cyfreithiol i gael hawl i wneud cais am benodiadau barnwrol iau.

Trawsgludwyr trwyddedig
- *Deddf Llysoedd a Gwasanaethau Cyfreithiol 1990* – yn cael gwared ar fonopoli cyfreithwyr ar drawsgludo.

Ymestyn a herio
- Ymchwiliwch i weld a yw statws CF yn arwydd dibynadwy o ragoriaeth ac arbenigedd.
- Mae'r Awdurdod Rheoleiddio Cyfreithwyr eisiau ehangu mynediad i'r proffesiwn. Yn 2005, cyhoeddasant bapur, 'Qualifying as a solicitor – a framework for the future' a phapur yn 2006, 'A new framework for work-based learning'. Ymchwiliwch i'w cynigion am ehangu mynediad i'r proffesiwn, gan gynnwys newid y rheolau cymhwyso.
- Andy Howells, erthygl ar wefan tutor2u ar: 'Inequality in the Profession – "more needs to be done"' Mawrth 2011 – ymchwiliwch i'w ganfyddiadau ar gynyddu mynediad at broffesiwn y gyfraith.

Gwella gradd
Ar gyfer yr arholiad, mae'n bwysig eich bod chi'n gallu dangos i'r arholwr eich bod yn llawn ymwybodol o'r holl gynigion/diwygiadau cyfredol i broffesiwn y gyfraith, e.e. Clementi, *Deddf Gwasanaethau Cyfreithiol 2007*, Practis Disgyblaethau Cyfreithiol, a Phractis Amlddisgyblaethol.

Mae cwestiynau arholiad weithiau yn canolbwyntio ar yr angen heb ei ateb am wasanaethau cyfreithiol, felly gwnewch yn siŵr y gallwch drafod hyn yn llawn.

Termau allweddol
Cyfraith Tesco = diwygiadau yn *Neddf Gwasanaethau Cyfreithiol 2007* i wneud gwaith cyfreithiol megis ysgrifennu ewyllys neu drawsgludo yr un mor rhwydd i gwsmeriaid fynd atynt â phrynu tun o ffa o'r archfarchnad. Bydd yn caniatáu i gwmnïau mawr brynu cwmnïau cyfraith, a dyna pam y galwodd rhai y diwygiadau yn 'gyfraith Tesco'.

Termau allweddol

Codeiddio (*Codification*) = y broses o gasglu pob Ddeddf a chyfraith achosion mewn maes arbennig ynghyd, a'u gwneud yn un Ddeddf.

Diddymu (*Repeal*) = y broses o foderneiddio statudau, a disodli'r statudau hynny nad ydynt o unrhyw ddefnydd mewn cymdeithas fodern, neu nad oes mo'u hangen.

Diwygio'r Gyfraith

Mae'r gyfraith yn cael ei gwneud a'i diwygio yn bennaf gan y Senedd. Gwneir hyn trwy'r broses ddeddfwriaethol arferol, ond weithiau, mae cyrff diwygio eraill yn chwarae rhan mewn diwygio'r gyfraith. Mae llawer o fanteision i hyn, gan gynnwys arbed amser y Senedd, a gadael i gyrff arbenigol awgrymu argymhellion ym maes eu harbenigedd. Weithiau, mae'r gyfraith yn cael ei diwygio mewn ymateb i ddigwyddiad mawr, neu weithiau bydd y llywodraeth yn comisiynu corff i ymchwilio i faes arbennig. Neu mae Comisiwn y Gyfraith, corff parhaol diwygio'r gyfraith, yn cymryd gofal o newid y gyfraith. Dewis arall yw i'r cyhoedd achosi newid yn y gyfraith trwy ymuno â charfan bwyso neu drwy lobïo eu AS.

Mae llawer rheswm pam mae angen diwygio'r gyfraith:

- Nid oes cyfraith wedi ei **chodeiddio** yn y Deyrnas Unedig; hynny yw, nid yw'r holl gyfraith wedi ei hysgrifennu i lawr mewn un man.
- Mae rôl y Senedd yn llawer mwy na dim ond gwneud cyfreithiau; ni fydd diwygio'r gyfraith wastad yn denu pleidleisiau, felly nid yw o hyd yn flaenoriaeth.
- Mae newid mewn cymdeithas a thechnoleg yn golygu y gall cyfreithiau ddyddio, a bod angen felly eu **diddymu**.

Pwyllgorau ymgynghorol

Mae tri math o bwyllgor neu ymchwiliad y dylech wybod amdanynt: pwyllgorau, ymchwiliadau cyhoeddus a Chomisiynau Brenhinol. Cyrff *ad hoc* yw'r rhain sy'n cael eu sefydlu i ymchwilio i faes cyfraith arbennig mae angen ei ddiwygio. Unwaith i'w hadroddiad gael ei gyhoeddi, maent yn peidio â bod. Mae Comisiwn fel arfer yn para rhwng dwy a phedair blynedd. Sefydlwyd llai o asiantaethau *ad hoc* dros y 50 mlynedd diwethaf, ond maent wedi arwain at newid sylweddol yn y gyfraith:

Math o bwyllgor ymgynghorol	Enw'r pwyllgor	Canlyniad
Comisiynau Brenhinol	Comisiwn Phillips	**Deddf yr Heddlu a Thystiolaeth Droseddol 1984**
	Comisiwn Runciman	Sefydlu'r **Comisiwn Adolygu Achosion Troseddol** (*CCRC*)
Pwyllgorau *ad hoc*	Adolygiad Auld	**Deddf Cyfiawnder Troseddol 2003**
	Adroddiad Woolf	**Deddf Mynediad at Gyfiawnder 1999**
Ymchwiliadau cyhoeddus (fel ymateb i ddigwyddiadau mawr)	Ymchwiliad Stephen Lawrence (Adroddiad Macpherson)	Gweithredwyd rhai argymhellion gan **Ddeddf Cysylltiadau Hiliol (Diwygio) 2000**
	Ymchwiliad Bloody Sunday	Cafwyd bod milwyr Prydeinig wedi saethu sifiliaid diamddiffyn yn farw yn Iwerddon.

Mae'r asiantaethau *ad hoc* hyn yn aml yn cael eu beirniadu am fod yn ddrud iawn a chymryd amser maith, gan arwain at fân newidiadau yn y gyfraith yn unig.

Comisiwn y Gyfraith

Corff annibynnol i ddiwygio'r gyfraith yw **Comisiwn y Gyfraith**. Cafodd ei sefydlu gan y Senedd o dan **Ddeddf Comisiwn y Gyfraith 1965**, ac yn ôl **a3(1)** y Ddeddf, ei rôl yw '...*cymryd ac adolygu'r holl gyfraith...*'. Ar unrhyw un adeg, mae'r Comisiwn yn ymdrin â llawer o ymgynghoriadau'r llywodraeth. Mae gwaith Comisiwn y Gyfraith yn y bôn wedi ei rannu yn bedair agwedd.

Diwygio

Er bod y Senedd yn aml yn gyndyn i roi'r amser i ystyried cynigion Comisiwn y Gyfraith, mae wedi llwyddo i ddiwygio rhai darnau allweddol o ddeddfwriaeth, gan gynnwys **Deddf Telerau Contract Annheg 1977, Deddf Plant 1989**, **Deddf Camddefnyddio Cyfrifiaduron 1990**.

Diddymu

Dyma lle mae Comisiwn y Gyfraith yn dod i'r casgliad bod y gyfraith mewn maes arbennig wedi dyddio neu nad oes ei hangen mwyach, ac felly mae'n penderfynu ei ddiddymu. Mae **Deddf Cyfraith Statud (Diddymiadau)** yn gweithredu fel 'bin sbwriel' fel bod modd rhoi Deddfau diangen mewn un lle.

Codeiddio

Dyma lle mae'r holl statudau a'r achosion sy'n ymwneud ag un maes yn cael eu dwyn ynghyd mewn un Ddeddf, ac yr oedd Comisiwn y Gyfraith yn gyfrifol am hyn o dan **Ddeddf Gwerthiant Nwyddau 1994**.

Cydgyfnerthu

Dyma lle mae'r statudau sy'n ymwneud ag un maes yn cael eu dwyn at ei gilydd dan un Ddeddf. Bu Comisiwn y Gyfraith yn gweithio'n galed iawn i gynhyrchu Un Cod Troseddol, fel yr hyn sy'n bodoli ym mhob gwlad yn y byd, bron. Yn y cod hwn, bydd yr holl gyfraith trosedd mewn un lle ac yn hawdd ei deall gan bawb sy'n ei defnyddio. Mae'n brosiect sy'n dal ar y gweill, a hyd yma, nid yw'r Senedd wedi gweithredu unrhyw rai o'r argymhellion.

Mae Comisiwn y Gyfraith yn argymell newidiadau trwy ymchwilio, ymgynghori ac adrodd, a dod o hyd i ffyrdd y gall y gyfraith gael ei moderneiddio, ei gwella a'i symleiddio. Bydd yr Arglwydd Ganghellor a'r Ysgrifennydd Gwladol dros Gyfiawnder wedyn yn ystyried yr adroddiadau, ac yn cyflwyno'r cynigion i'r Senedd ar ffurf Bil drafft. Bydd y Senedd yn penderfynu a ddylid eu gwneud yn ddeddf trwy'r broses ddeddfu arferol.

Mae pump o Gomisiynwyr llawn amser yng Nghomisiwn y Gyfraith, sy'n weithwyr cyfreithiol proffesiynol profiadol. Mae cadeirydd y Comisiwn yn farnwr yr Uchel Lys a phenodir yr holl Gomisiwn gan yr Arglwydd Ganghellor am bum mlynedd ar y tro.

Gwella gradd

Wrth siarad am Ddiwygio'r Gyfraith, cofiwch ddarllen y cwestiwn am y bydd yn aml yn gofyn i chi edrych yn benodol ar un maes Diwygio'r Gyfraith, megis Comisiwn y Gyfraith neu garfanau pwyso.

Ymestyn a herio

Ewch at wefan Comisiwn y Gyfraith yn www.lawcom.gov.uk ac ymchwilio i faterion cyfredol sy'n destun ymchwiliad gan y Comisiwn.

Termau allweddol

Cydgyfnerthu (*Consolidation*) = proses debyg i godeiddio (gw. t70), ond yn hytrach na chymryd yr holl Ddeddfau a chyfraith achosion, y cyfan mae'r broses hon yn ei wneud yw dwyn yr holl Ddeddfau ynghyd yn yr un lle, heb unrhyw ddarpariaethau newydd.

Ymgynghori (*Consultation*) = rhan o'r broses lle mae cynigion Comisiwn y Gyfraith yn cael eu cylchredeg i weithwyr cyfreithiol proffesiynol, academyddion, y cyfryngau a grwpiau diddordeb fel y gall y Comisiwn gasglu eu sylwadau a'u barn i roi'r ateb gorau oll.

Gwella gradd

Yn aml iawn, bydd cwestiwn arholiad yn holi am Gomisiwn y Gyfraith yn unig. Mae'n bwysig felly eich bod yn deall nid yn unig ei rôl, ond hefyd eich bod yn gwybod am ymgynghori diweddar, a manteision ac anfanteision cael Comisiwn y Gyfraith.

Mae bob amser yn arfer da trafod proses Comisiwn y Gyfraith wrth amlinellu ei argymhellion am ddiwygio.

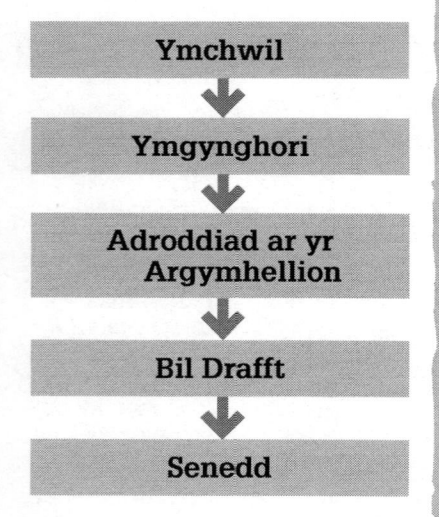

```
Ymchwil
   ↓
Ymgynghori
   ↓
Adroddiad ar yr
Argymhellion
   ↓
Bil Drafft
   ↓
Senedd
```

Carfanau pwyso

Mae carfanau pwyso yn cynrychioli barn eu haelodau ac yn treulio eu hamser yn ymgyrchu dros newid yn y gyfraith a gwneud pobl yn ymwybodol o'u hachos. Dyma rai enghreifftiau:

- **Fathers 4 Justice** – carfan bwyso yw hon sy'n ymgyrchu dros gydraddoldeb yn y gyfraith i dadau gael mynediad at eu plant pan fo perthynas yn chwalu. Mae'r garfan o'r farn nad yw tadau yn cael eu trin yn gyfartal â mamau, ac mae am ddiwygio'r gyfraith. Er nad yw eto wedi llwyddo i newid y gyfraith, mae'r garfan wedi cael effaith enfawr o ran codi ymwybyddiaeth trwy gampau cyhoeddusrwydd anhygoel, er enghraifft, achos yr aelod a ddringodd i fyny Palas Buckingham wedi'i wisgo fel Batman.

- **Cyfeillion y Ddaear** – carfan bwyso amgylcheddol yw hon, gyda'r prif nod o annog pobl i fod yn fwy 'gwyrdd', a gwella'r amgylchedd. Mae'r garfan wedi llwyddo yn ei hymgyrchoedd – Cyfeillion y Ddaear oedd yn bennaf gyfrifol am **Ddeddf Ailgylchu Gwastraff Cartrefi 2003** a ddaeth ag ailgylchu ar stepen y drws i rym. Yn ddiweddar mae wedi gorfodi'r llywodraeth i ystyried ei **Bil Newid Hinsawdd** yn 2008, a ddaeth wedyn yn ddeddf oedd yn ymrwymo'r llywodraeth i weithredu camau i leihau allyriadau carbon a thorri nwyon tŷ gwydr o 80%.

- **Liberty** – carfan bwyso ar hawliau dynol yw hon sy'n hybu rhyddid pobl ac yn helpu'r sawl y mae eu hawliau dynol wedi cael eu torri. Mae Liberty wedi ymgyrchu mewn achosion proffil uchel o gamweinyddu cyfiawnder megis **Chwech Birmingham**, lle bu'n gyson yn argymell newid i'r system cyfiawnder troseddol. Mae Liberty wedi ymyrryd hefyd yn achos **A and others v Secretary of State for the Home Department (2004)**, lle dywedwyd bod cadw carcharorion heb gyhuddiad am gyfnod amhenodol yn torri eu hawliau dynol. Yn wir, bu Liberty'n ymgyrchu i gael **Deddf Hawliau Dynol 1998** wedi ei phasio yn y lle cyntaf, ac yn ymwneud llawer ag achosion amlwg, yn enwedig achos **Diane Pretty**, gan ymgyrchu am newid y gyfraith ar helpu hunanladdiad.

- **Cymdeithas yr Iaith Gymraeg** – carfan bwyso sy'n ymgyrchu yw hon: un o'i hymgyrchoedd amlycaf fu cyflwyno **Deddf yr Iaith Gymraeg 1993**, sy'n annog dwyieithrwydd ym mhob sector trwy Gymru, ac yn fwy diweddar yr ymgyrch i gael y Gymraeg a'r Saesneg yn ieithoedd swyddogol Cynulliad Cenedlaethol Cymru yn dilyn **Mesur y Gymraeg (Cymru) 2011**.

Cynsail Barnwrol

System cyfraith gwlad yw System Gyfreithiol Cymru a Lloegr. Ystyr hyn yw bod llawer o'r gyfraith wedi ei datblygu dros amser gan y llysoedd, trwy achosion. Sylfaen y system hon o gynsail yw egwyddor *stare decisis*; mae hyn yn mynnu bod llys diweddarach yn defnyddio'r un rhesymeg â llys cynharach lle bo'r ddau achos yn codi'r un materion cyfreithiol. Mae hyn yn ei dro yn sicrhau proses deg.

Elfennau cynsail
Hierarchaeth y Llysoedd

Mae hyn yn sefydlu pa benderfyniadau sy'n rhwymo pa lysoedd. Mae penderfyniadau llysoedd uwch yn rhwymo llysoedd is.

Llys Cyfiawnder yr Undeb Ewropeaidd (*CJEU*)
Mae penderfyniadau'r llys hwn ar faterion Ewropeaidd yn rhwymo holl lysoedd Cymru a Lloegr.
Nid yw *CJEU* wedi ei rwymo gan ei benderfyniadau ei hun.

⬇

Y Goruchaf Lys
(Tŷ'r Arglwyddi gynt)
Y llys apêl uchaf ar faterion sifil a throseddol, mae'r Goruchaf Lys yn rhwymo holl lysoedd eraill Cymru a Lloegr. Wedi ei rwymo gan ei benderfyniadau ei hun tan 1966 – gweler Datganiad Ymarfer 1966 isod.

⬇

Y Llys Apêl
Adrannau troseddol a sifil, nid yw'r naill yn rhwymo'r llall. Mae'r Goruchaf Lys a hen Dŷ'r Arglwyddi yn rhwymo'r naill adran a'r llall. Nid yw'r Adran Droseddol fel arfer wedi ei rhwymo gan ei phenderfyniadau blaenorol.

⬇

Yr Uchel Lys
Mae'r Uchel Lys yn cynnwys y Llysoedd Adrannol (**Adran Mainc y Frenhines** – apeliadau troseddol ac **adolygiad barnwrol**; adran y Siawnsri a'r adran deulu) a'r Uchel Lys cyffredin. Mae'r Llys Apêl, y Goruchaf Lys a hen Dŷ'r Arglwyddi yn rhwymo'r Uchel Lys.

⬇

Llys y Goron
Mae'r holl lysoedd uwch yn rhwymo'r llys hwn. Nid yw penderfyniadau o Lys y Goron yn gynsail sy'n rhwymo, ond gallant fod yn **gynsail perswadiol**. Nid ydynt wedi eu rhwymo gan eu penderfyniadau blaenorol.

⬇

Llysoedd Ynadon a Sirol
Wedi'u rhwymo gan yr Uchel Lys, y Llys Apêl, hen Dŷ'r Arglwyddi a'r Goruchaf Lys. Nid ydynt yn cynhyrchu cynseiliau; nac wedi eu rhwymo gan eu penderfyniadau blaenorol.

⬇

Llys Hawliau Dynol Ewrop
Dan adran 2 **Deddf Hawliau Dynol 1998** rhaid i lysoedd Cymru a Lloegr ystyried penderfyniadau o Lys Hawliau Dynol Ewrop ond nid ydynt wedi eu rhwymo ganddynt.

▲ Gwella gradd

Er y dylech chi fod yn ymwybodol o ddefnyddio cynsail, bydd eisiau i chi **gymhwyso** rheolau cynsail yn LA2. Er enghraifft, LA2 Mai 2009:

b) Darllenwch yr achosion canlynol ac ystyriwch a allai Tŷ'r Arglwyddi fynd yn groes i'r cynsail ac, os felly, ar ba sail y gallent wneud hynny.

Yn 1884 datganwyd nad oedd modd derbyn amddiffyniad o ladd oherwydd rheidrwydd gan aelodau o griw llong a suddodd ger Penrhyn Good Hope. Roeddynt wedi dianc o'r llong mewn cwch bach, a phan nad oedd dim ar ôl i'w fwyta penderfynwyd lladd y gwas caban a bwyta ei gorff. Derbyniwyd y ffaith na fyddent wedi goroesi heb wneud hyn.

Yn 2007, ganwyd efeilliaid i Liwsi. Roedd y ddau faban wedi'u cysylltu wrth y pen ac roedd yn amhosibl eu gwahanu heb iddi fod yn anorfod y byddai un o'r efeilliaid yn marw. Mae'r ysbyty yn awr yn ceisio cael datganiad gan Dŷ'r Arglwyddi a fyddai gweithred o'r fath yn gyfreithlon. *[11 marc]*

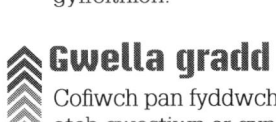

▲ Gwella gradd

Cofiwch pan fyddwch chi'n ateb cwestiwn ar gynsail, ei bod yn arfer da gwneud y cysylltiad â hawliau dynol. O dan adran 2 yr *HRA* rhaid i farnwyr ystyried achosion o Lys Hawliau Dynol Ewrop ond nid oes rhaid iddynt eu dilyn. Mae hyn yn creu rheidrwydd gwan ar farnwyr. Ydych chi'n meddwl y dylai barnwyr gael eu rhwymo gan benderfyniadau o'r Llys Ewropeaidd?

Ymestyn a herio

Ymchwiliwch i achos **SW v United Kingdom (1995)** ar fater trais mewn priodas a thorri Erthygl 7 y Confensiwn Ewropeaidd, sy'n dweud na ddylai cyfreithiau troseddol fod yn ôl-weithredol. Pam ydych chi'n meddwl bod y Llys Ewropeaidd wedi gwneud y penderfyniad a wnaeth?

Ymestyn a herio

Ceisiadau Brys

Mewn rhai achosion bydd angen i'r barnwr wneud dyfarniad yn gyflym iawn. Does dim amser aros am ddyddiad yn y llys, paratoi ffeil achos neu hyd yn oed roi rhybudd i'r partïon perthnasol. Yn aml bydd y partïon yn ceisio gwaharddeb i orfodi rhywun i wneud rhywbeth (gorfodeb) neu i atal rhywun rhag gwneud rhywbeth (gwaharddeb waharddiadol). Er mwyn gwneud dyfarniad cyflym, gall y barnwr ddefnyddio **rhesymu trwy gydweddiad**.

Dyma rai enghreifftiau:

- Gwaharddebion i orfodi genedigaeth Gesaraidd er bod y fam yn gwrthod rhoi caniatâd hyd yn oed pan fo perygl i'r ffoetws.
- Gwaharddebion i rwystro mynd â phlentyn o'r wlad ar ôl iddo gael ei gipio gan riant sydd wedi ymddieithrio.
- Gwaharddebion i wneud yn siŵr nad yw unigolyn yn mynd yn ddigartref, e.e. oherwydd gweithrediadau Awdurdodau Lleol neu Gymdeithasau Tai.

Adrodd yn fanwl gywir am y gyfraith

Mae hyn yn caniatáu i egwyddorion cyfreithiol gael eu casglu ynghyd, eu hadnabod a'u cyrchu. Y ffurf gynharaf o adrodd am y gyfraith oedd y Blwyddlyfrau sy'n dyddio i tua 1272. Mae adrodd modern yn dyddio o'r Cyngor ar Adrodd am y Gyfraith a gafodd ei sefydlu yn 1865; hefyd cyfresi preifat o adnoddau. Mae'r rhain yn cynnwys yr All England Law Reports (ALL ER); cyfnodolion (e.e. *New Law Journal*) a phapurau newydd (e.e. *The Times*). Mae systemau ar-lein (e.e. LEXIS), a'r Rhyngrwyd yn rhai o'r datblygiadau mwy diweddar.

Yr elfen rwymol

Mae pedair elfen i'r dyfarniad:

- datganiad o ffeithiau materol (perthnasol)
- datganiad o egwyddor(ion) cyfreithiol sy'n berthnasol i'r penderfyniad – y **ratio decidendi (y rheswm am y penderfyniad)**
- trafodaeth o egwyddorion cyfreithiol a godwyd yn y ddadl ond heb fod yn berthnasol i'r penderfyniad – **obiter dicta (pethau a ddywedwyd gyda llaw)**
- y penderfyniad neu'r dyfarniad.

Yr elfen rwymol mewn achosion yn y dyfodol yw'r **ratio decidendi**; sef y rhan o'r dyfarniad y mae'n rhaid i farnwyr yn y dyfodol ei ddilyn, yn dibynnu ar eu safle yn hierarchaeth y llysoedd. Er nad yw'r **obiter dicta** yn rhwymo, fe all fod â grym perswadiol cryf – cynsail perswadiol – ac mae cryfder hyn yn dibynnu ar o ba lys mae'n dod. Bydd iddo rym perswadiol cryf os daw o lysoedd uwch fel y Llys Apêl, y Goruchaf Lys a hen Dŷ'r Arglwyddi.

Mae ffurfiau eraill o awdurdod perswadiol yn cynnwys:

- penderfyniadau awdurdodaethau cyfraith gwlad eraill (yn enwedig Awstralia, Canada a Seland Newydd)
- penderfyniadau'r Cyfrin Gyngor – *gweler* **Attorney General for Jersey v Holley (2005)**
- yr hyn a ysgrifennwyd gan academyddion cyfreithiol.

Hyblygrwydd a sicrwydd

Mae system cynsail rhwymol, sy'n cael ei galw weithiau yn athrawiaeth cynsail barnwrol, yn creu sicrwydd. Mae angen hyn i adael i bobl gynllunio, a chyfreithwyr i gynghori. Mae hefyd yn creu hyblygrwydd, gan fod cynsail yn caniatáu i gyfraith gwlad ddatblygu.

Sut mae cynsail barnwrol yn gweithio

- Dirymu – gall llysoedd uwch ddirymu dyfarniad llysoedd is.
- Dilyn – gyda ffeithiau tebyg, mae cynsail a osodir gan y llys cynharach yn cael ei ddilyn.
- Gwahaniaethu – lle mae llys is yn pwyntio at wahaniaethau sylweddol sy'n cyfiawnhau cymhwyso egwyddorion gwahanol.
- Amrywio – dan rai amgylchiadau, gall llys amrywio oddi wrth ei benderfyniad blaenorol ei hun.
- Gwrthdroi – ar apêl, gall llys uwch newid penderfyniad llys is.

Datganiad Ymarfer Tŷ'r Arglwyddi 1966

Tan 1966, yr oedd Tŷ'r Arglwyddi wedi'i rwymo gan ei benderfyniadau blaenorol ei hun (**London Tramways v LCC (1898)**) oni bai bod y penderfyniad wedi'i wneud *per incuriam* – trwy gamgymeriad. Yn 1966 cyhoeddodd Tŷ'r Arglwyddi y *Datganiad Ymarfer*. Roedd hwn yn dweud y bydd Tŷ'r Arglwyddi fel rheol yn cael ei rwymo gan ei benderfyniadau blaenorol, ond y gall amrywio oddi wrth hynny, yn ogystal ag ar sail *per incuriam*, pan fo'n iawn gwneud hynny.

Mae'r achosion isod yn dangos lle mae Tŷ'r Arglwyddi wedi amrywio o'i benderfyniadau blaenorol:

- ***Anderton v Ryan (1985)*** cynsail wedi'i ddirymu yn ***R v Shivpuri (1987)***
- ***Rondel v Worsley (1969)*** cynsail wedi'i ddirymu yn ***Hall v Simons (2000)***
- ***R v Caldwell (1981)*** cynsail wedi'i ddirymu yn ***R v G and another (2003)***
- ***R v R (1991)*** yn gosod cynsail newydd i'r gyfraith ar drais mewn priodas, yn dirymu cynsail a osodwyd gannoedd o flynyddoedd ynghynt.

Y Llys Apêl

Fel arfer mae'r Llys Apêl (Yr Adran Sifil) wedi ei rwymo gan ei benderfyniadau blaenorol ei hun. Fodd bynnag, gall amrywio o'r rhain os yw unrhyw rai o'r eithriadau a sefydlwyd yn ***Young v Bristol Aeroplane Co (1944)*** ac ***R (on the application of Kadhim) v Brent London Borough Housing Benefit Review Board (2001)*** yn gymwys. Gall amrywio pan fydd:

- y penderfyniad blaenorol *per incuriam*
- dau benderfyniad blaenorol sy'n gwrthdaro
- penderfyniad diweddarach gan Dŷ'r Arglwyddi sy'n gwrthdaro
- gosodiad cyfraith wedi ei ragdybio yn bodoli gan lys cynharach ac na fu'n destun dadl nac ystyriaeth gan y llys hwnnw.

Nid yw'r Llys Apêl chwaith yn rhwym o ddilyn ei benderfyniadau blaenorol, lle mae'r gyfraith wedi ei chamgymhwyso neu ei chamddeall yn yr achos blaenorol, a hynny wedi arwain at euogfarn (***R v Taylor (1950)***). Rhoddir mwy o hyblygrwydd i'r Adran Droseddol am ei bod yn trin rhyddid y dinesydd.

Y Cyfrin Gyngor

Y Cyfrin Gyngor yw'r llys apêl terfynol i wledydd y Gymanwlad. Y rheol gyffredinol yw nad yw penderfyniadau'r Cyfrin Gyngor yn rhwymo llysoedd Cymru a Lloegr. Fodd bynnag, mae gan ei benderfyniadau awdurdod perswadiol cryf, gweler: ***R v James and Karimi (2006)***. Cymhwysodd y Llys Apêl ddyfarniad y Cyfrin Gyngor yn ***Attorney General for Jersey v Holley (2005)*** yn hytrach na dyfarniad Tŷ'r Arglwyddi yn ***R v Smith (Morgan) (2001)***.

Ymestyn a herio

Ymchwiliwch i achosion ***R v Smith (Morgan) (2001)***, ***Attorney General for Jersey v Holley (2005)*** ac ***R v James and Karimi (2006)***. Trafodwch beth oedd y cyfiawnhad i'r Llys Apêl gefnu ar reolau traddodiadol cynsail wrth gymhwyso penderfyniad y Cyfrin Gyngor yn ***Holley*** yn hytrach na phenderfyniad Tŷ'r Arglwyddi yn ***Smith (Morgan)***.

Gwella gradd

Mae llawer o gamgymeriadau cyffredin i'w gweld mewn atebion i gwestiynau arholiad ar gynsail, gan gynnwys diffyg deall a chymhwyso cynsail a hierarchaeth y llysoedd, a diffyg cyfraith achosion. Gwnewch yn siŵr eich bod yn gwybod holl elfennau athrawiaeth cynsail a'ch bod yn ategu'ch ateb gyda chyfraith achosion berthnasol.

Ymestyn a herio

Ydy barnwyr yn datgan y gyfraith a fu erioed, fel y dywedwyd gan William Blackstone yn y ddeunawfed ganrif, neu ydy barnwyr yn gwneud cyfreithiau? Sut mae barnwyr wir yn penderfynu ar achosion? Ymchwiliwch i farn a damcaniaethau Dworkin, Griffiths, Kairys a Waldron.

Gwella gradd

Os yw cwestiwn mewn arholiad yn gofyn i chi drafod manteision ac anfanteision cynsail, gwnewch yn siŵr eich bod yn trafod y rhain yn llawn. Gwnewch fwy na dim ond rhestru'r manteision a'r anfanteision – gwahanwch bob pwynt yn baragraff ar wahân, a thrafod pob un yn llawn gydag achosion i ategu os yn berthnasol.

Barnwyr yn gwneud cyfreithiau?

Ydy barnwyr yn gwneud cyfreithiau, neu ydynt ond yn dehongli cyfreithiau sy'n bod eisoes? A ddylai barnwyr wneud cyfreithiau, neu ddylem ni adael hyn i'r Senedd? Mae'r achosion isod yn dangos yn glir bod barnwyr yn gwneud y gyfraith:

- *Airedale NHS Trust v Bland (1993)* – dywedodd Tŷ'r Arglwyddi fod yr achos hwn yn codi pynciau cymdeithasol a moesol llwyr y dylid adael i'r Senedd ddeddfu yn eu cylch; serch hynny, nid oedd ganddynt ddewis ond rhoi penderfyniad.
- *R v Dica (2004)* – roedd penderfyniad blaenorol wedi'i ddirymu gan y Llys Apêl, gan fynnu y gallai diffynnydd fod yn droseddol atebol am heintio rhywun arall yn ddihid gydag HIV. Rhoddodd y llys y penderfyniad hwn er i'r Senedd wrthod cyflwyno deddfwriaeth i osod atebolrwydd o'r fath.
- *Kleinwort Benson Ltd v Lincoln City Council (1998)* – yn yr achos hwn, newidiodd Tŷ'r Arglwyddi reol fu'n bodoli ers amser ynghylch cyfraith contract, er gwaethaf argymhellion Comisiwn y Gyfraith y dylai'r Senedd newid y rheol hon.
- *DPP v Jones (1999)* – daeth Tŷ'r Arglwyddi i'r casgliad bod cyfreithiau statudol y priffyrdd yn gosod cyfyngiadau afrealistig ar y cyhoedd.
- *Fitzpatrick v Sterling Housing Association Ltd (2000)* Sefydlodd Tŷ'r Arglwyddi y gallai partneriaid o'r un rhyw sefydlu cyswllt teuluol at ddibenion **Deddf Rhent 1977**, gan ddirymu penderfyniad y Llys Apêl y dylid gadael hyn i'r Senedd benderfynu.
- *Gillick v West Norfolk and Wisbech Area Health Authority (1985)* dywedodd Tŷ'r Arglwyddi, heb gael arweiniad gan y Senedd ar y pwnc, y gallai merch dan 16 oed gael gwasanaethau atal cenhedlu heb ganiatâd ei rhieni, os oedd yn ddigon aeddfed i benderfynu drosti'i hun.
- *Donoghue v Stevenson (1932)* Yn yr achos enwog hwn, datblygodd yr Arglwydd Aitken gyfraith esgeulustod, sef yr egwyddor y dylai'r sawl sy'n niweidio eraill wneud iawn am ddifrod a *wnaed*.
- *R v R (1991)* Dywedodd Tŷ'r Arglwyddi fod trais mewn priodas yn drosedd, gan ddirymu cynsail a osodwyd gannoedd o flynyddoedd yn ôl, ac wedi i Dŷ'r Arglwyddi erfyn ar y Senedd am flynyddoedd i newid y gyfraith yn y maes hwn.

Manteision ac anfanteision cynsail barnwrol

Manteision	Anfanteision
System ddiduedd – eto, caiff achosion tebyg eu trin mewn ffordd debyg, sy'n ddiduedd	Mae datblygiadau'n dibynnu ar ddamweiniau cyfreitha – bydd cyfraith achosion ond yn newid os yw rhywun yn ddigon penderfynol i fynd ag achos trwy'r llysoedd
Rheolau ymarferol – mae cyfraith achosion bob amser yn ymateb i sefyllfaoedd go iawn, ac o ganlyniad, mae corff helaeth o reolau manwl sy'n rhoi mwy o wybodaeth na statudau	**Effaith ôl-weithredol** – yn wahanol i ddeddfwriaeth, mae cyfraith achosion yn gymwys i bethau a ddigwyddodd cyn i'r achos ddod i lys, gweler *SW v UK (1996); R v C (2004)*
Sicrwydd – mae modd dweud wrth hawlwyr y bydd achosion yn cael eu trin mewn ffordd debyg, ac nid trwy benderfyniadau ar hap gan farnwyr	Cymhleth – tra bo cyfraith achosion yn rhoi rheolau ymarferol a manwl, mae hefyd yn golygu bod miloedd o achosion, a gall nodi'r egwyddorion a'r *ratio decidendi* perthnasol fod yn anodd a chymryd amser
Hyblygrwydd – gall cyfraith achosion newid yn sydyn i ymateb i newid mewn cymdeithas	Haearnaidd – yn dibynnu ar le'r llys yn yr hierarchaeth, gall cynsail fod yn haearnaidd iawn am fod rheidrwydd ar lysoedd is i ddilyn penderfyniadau llysoedd uwch, hyd yn oed lle tybiant fod y penderfyniad yn ddrwg neu'n anghywir
System gyfiawn – caiff achosion tebyg eu trin yr un fath	Annemocrataidd – nid yw barnwyr yn cael eu hethol ac ni ddylent felly fod yn newid nac yn creu cyfreithiau, yn wahanol i'r Senedd sydd wedi cael ei ethol i wneud hynny

Gwella gradd

Mae'n gwestiwn cyffredin mewn arholiad i ofyn am gymhwyso egwyddorion cynsail i gwestiwn yn ymwneud â senario. Felly, rhaid i chi ddeall yn llawn sut mae egwyddorion cynsail yn gweithio, a gallu cymhwyso'r rhain â'r awdurdod cyfreithiol i'w ategu.

Mae'n bwysig hefyd eich bod yn gwybod y diweddaraf am y Goruchaf Lys newydd ac achosion diweddar a benderfynwyd yno.

Wrth gymhwyso pob un o'r technegau osgoi, cofiwch gynnwys achos i ddangos awdurdod ar gyfer pob dewis:

- Dilyn – *Re Pinochet (1999)*
- Gwahaniaethu – *Merritt v Merritt (1971)* wedi'i wahaniaethu wrth *Balfour v Balfour (1919)*
- Gwrthdroi
- Dirymu – *R v R (1991)* (achos o drais priodasol); *R v Shivpuri (1986)* yn dirymu *Anderton v Ryan (1985)*

Y Goruchaf Lys a chynsail

Sefydlodd **Deddf Diwygio Cyfansoddiadol 2005** y Goruchaf Lys. Mae wedi cymryd lle Tŷ'r Arglwyddi er mwyn cael gwahaniad llwyr rhwng uwch-farnwyr y Deyrnas Unedig a Thŷ Uwch y Senedd, sef Tŷ'r Arglwyddi. Mae hyn yn pwysleisio annibyniaeth Arglwyddi'r Gyfraith, gan eu symud oddi wrth y corff deddfwriaethol.

Ym mis Awst 2009 symudodd y Barnwyr o Dŷ'r Arglwyddi (lle roeddent yn eistedd fel Pwyllgor Apeliadau Tŷ'r Arglwyddi) i'w hadeilad eu hunain. Eisteddodd y llys am y tro cyntaf fel y Goruchaf Lys ym mis Hydref 2009. Y Goruchaf Lys yw'r llys apêl uchaf yn y wlad, ac mae'n gwrando ar apeliadau o'r Deyrnas Unedig gyfan. Mae hefyd wedi cymryd drosodd rôl y Cyfrin Gyngor o wrando ar achosion sy'n ymwneud â datganoli Cymru, yr Alban a Gogledd Iwerddon. Fodd bynnag, nid oes gan y Goruchaf Lys y pŵer i ddileu deddfwriaeth. Mae gan y Goruchaf Lys 12 o farnwyr llawn amser er mai pump fel arfer sy'n eistedd i wrando ar achos. Mewn achosion eithriadol, gall y 12 eistedd.

Bydd effaith penderfyniadau'r Goruchaf Lys yn effeithio nid yn unig ar y partïon mewn achos, ond yn ymestyn ymhell y tu hwnt i hynny, gan ffurfio cymdeithas ac effeithio ar ein bywydau bob dydd.

Ymestyn a herio

Ymchwiliwch i achosion diweddar o'r Goruchaf Lys www.supremecourt.gov.uk, a cheisiwch wahaniaethu rhwng y *ratio decidendi* a'r *obiter dicta* yn y dyfarniadau.

Ymestyn a herio

Mae'n rhaid i Dŷ'r Cyffredin gytuno i unrhyw newidiadau mae Tŷ'r Arglwyddi yn eu gwneud i'r Bil. Yn y gorffennol, nid oedd modd pasio unrhyw gyfraith oni bai bod y ddau Dŷ yn cytuno. Fodd bynnag, mae **Deddfau'r Senedd 1911 a 1949** yn caniatáu i Dŷ'r Cyffredin osgoi Tŷ'r Arglwyddi a mynd yn syth am Gydsyniad Brenhinol. Gall hyn ddigwydd ar ôl cyfnod penodol o anghytuno yn unig, ac yn anaml mae'n cael ei ddefnyddio er mwyn peidio â thanseilio awdurdod Tŷ'r Arglwyddi. Enghreifftiau o ddefnyddio'r pŵer hwn yw **Deddf Hela 2004 a Deddf (Diwygio) Troseddau Rhyw 2000**.

Gwella gradd

Meddyliwch am rai rhesymau pam y gall geiriad Deddf fod yn aneglur i farnwyr ac mae angen ei dehongli felly: e.e. geiriau'n cael eu gadael allan, geiriau yn newid ystyr dros amser, camgymeriadau, digwyddiadau nad oedd wedi eu rhagweld neu nad oedd yn bod pan wnaed y Ddeddf. Byddwch yn barod i egluro'r rhain mewn arholiad a rhoi enghraifft os bydd angen.

Dehongli Statudau

Sut mae statudau yn cael eu ffurfio?

Mae pob statud yn cychwyn fel **Biliau**. Mae biliau yn cynnig y syniad am y ddeddfwriaeth ac mae'n rhaid iddynt basio trwy wahanol gamau yn **Nhŷ'r Cyffredin** a **Thŷ'r Arglwyddi** cyn derbyn **Cydsyniad Brenhinol** a dod yn **Ddeddf Seneddol**. Y tri math o Fil yw: **Biliau Cyhoeddus, Biliau Aelodau Preifat**, a **Biliau Preifat**. Cyn creu Biliau daw **Papur Gwyrdd** fel arfer, sef dogfen ymgynghorol yn rhoi gwybodaeth am y syniad am y gyfraith newydd. Yna daw **Papur Gwyn**, sy'n rhoi mwy o fanylion am ganlyniad yr ymgynghori a manylion am y diwygiadau penodol a gynigir. Dyma'r camau y bydd Bil yn mynd trwyddynt i ddod yn Ddeddf:

Y Darlleniad Cyntaf
Darllen Teitl y Bil i Dŷ'r Cyffredin

⬇

Yr Ail Ddarlleniad
Trafod y cynigion, gwneud gwelliannau, aelodau'n pleidleisio

⬇

Cyfnod Pwyllgor
Pwyllgor Tŷ'r Cyffredin yn archwilio'r Bil ac yn gallu ei newid

⬇

Cyfnod Adrodd
Y Pwyllgor yn adrodd yn ôl, trafod, a phleidleisio ar unrhyw welliannau

⬇

Y Trydydd Darlleniad
Ailgyflwyno'r Bil gyda gwelliannau i Dŷ'r Cyffredin sy'n pleidleisio i dderbyn/gwrthod

⬇

Tŷ'r Arglwyddi
Tri Darlleniad. Os gwneir unrhyw newidiadau, mae'r Bil yn dychwelyd i Dŷ'r Cyffredin, sy'n cytuno, anghytuno neu'n cynnig dewis arall

⬇

Cydsyniad Brenhinol
Y Frenhines yn rhoi ei chydsyniad i'r ddeddfwriaeth sydd wedyn yn dod yn gyfraith

Ymagweddau at ddehongli statudau

Mae barnwyr yn defnyddio pedair rheol neu 'ymagwedd' wahanol wrth drin statud mae angen ei dehongli. Maent yn rhydd i ddefnyddio unrhyw un o'r pedair ymagwedd ar y cyd â'r cymhorthion eraill i ddehongli a drafodir yn yr adran hon.

Y rheol lythrennol

Bydd y barnwr yn rhoi i'r geiriau sydd yn y statud eu hystyr plaen a chyffredin, hyd yn oed os gall hyn arwain at ganlyniad absŵrd. Mae llawer yn teimlo mai dyma'r rheol gyntaf y dylai barnwyr ei chymhwyso wrth ddehongli statud aneglur.

LA2: Dehongli Statudau

Achos – <u>Whiteley v Chappel (1968)</u>: yn yr achos hwn, roedd yn drosedd 'ffugio bod yn rhywun sydd â'r hawl i bleidleisio' mewn etholiad. Roedd y diffynnydd dan sylw wedi cymryd arno ei fod yn berson marw ac wedi cymryd ei bleidlais. Fe'i cafwyd yn ddieuog o'r drosedd am i'r barnwr ddehongli'r gair 'hawl' yn llythrennol. Gan nad oes gan berson marw yr 'hawl' i bleidleisio, doedd y diffynnydd ddim wedi gwneud dim o'i le.

Y rheol euraidd

Os bydd y rheol lythrennol yn arwain at ganlyniad absẃrd, gall y barnwr gymryd ymagwedd fwy hyblyg i unioni hyn. Gall llysoedd ddehongli mewn ystyr cul neu eang, gan ystyried y statud yn ei gyfanrwydd. Gyda'r rheolau euraidd a llythrennol, mae barnwyr yn *defnyddio cymhorthion mewnol (cynhenid)*.

Achos – <u>Adler v George (1964)</u>: Mae A.3 Deddf Cyfrinachau Swyddogol 1920 yn dweud ei bod yn drosedd rhwystro aelod o'r lluoedd arfog 'yng nghyffiniau' 'lle gwaharddedig'. Roedd y diffynnydd yn yr achos wedi rhwystro swyddog *yn* un o ganolfannau'r fyddin ('lle gwaharddedig'). Dadleuodd mai ystyr naturiol 'yng nghyffiniau' yw'r ardal o gwmpas neu 'gerllaw' ac nid yn uniongyrchol yn rhywle. Petai'r barnwr wedi cymhwyso'r rheol lythrennol, gallai fod wedi osgoi cael ei erlyn, ond defnyddiodd y barnwr y rheol euraidd i dybio'n rhesymol fod y statud yn golygu y tu mewn i ac o gwmpas y lle gwaharddedig.

Y rheol drygioni

Gosodwyd hyn i lawr yn achos **Haydon** ac mae'n gadael i'r barnwr chwilio am y 'drygioni' neu'r broblem y pasiwyd y statud dan sylw i'w unioni. Mae'n cyfarwyddo'r barnwr i ddefnyddio *cymhorthion allanol (anghynhenid)* a chwilio am fwriad y Senedd wrth basio'r Ddeddf.

Achos – <u>Elliot v Grey (1960)</u>: mae'n drosedd o dan Ddeddf Trafnidiaeth y Ffyrdd 1930 i 'ddefnyddio' car heb ei yswirio ar y ffordd. Yn yr achos hwn, roedd car oedd wedi torri i lawr wedi ei barcio ar y ffordd, ond doedd dim modd ei 'ddefnyddio' am fod ei olwynion oddi ar y ddaear a bod y batri wedi ei dynnu ymaith. Penderfynodd y barnwr fod Deddf Trafnidiaeth y Ffyrdd 1930 wedi ei phasio i unioni'r math hwn o berygl, ac er nad oedd modd 'defnyddio'r car ar y ffordd, yr oedd yn wir berygl i ddefnyddwyr eraill y ffordd.

Ymagwedd fwriadus

Tebyg i'r rheol drygioni gan fod yr ymagwedd hon yn ceisio bwriad neu nod y Ddeddf. Daeth yr ymagwedd hon yn fwy poblogaidd ers ymuno â'r Undeb Ewropeaidd, yn rhannol oherwydd y ffordd wahanol y mae cyfreithiau Ewropeaidd yn cael eu drafftio. Mae ein cyfreithiau ni yn cwmpasu mwy o eiriau ac yn addas i'w dehongli'n llythrennol, ond mae cyfreithiau Ewropeaidd wedi eu hysgrifennu'n fwy niwlog, ac yn mynnu bod y barnwr yn dehongli ystyr. Roedd yr Arglwydd Denning yn cefnogi defnyddio'r ymagwedd fwriadus a rhoi mwy o ryddid i farnwyr wrth ddehongli Deddfau. Fel mae teitl yr ymagwedd yn awgrymu, gyda'r rheol hon mae barnwyr yn chwilio am 'bwrpas' y Ddeddf, neu fel y dywedodd yr Arglwydd Denning, 'ysbryd y ddeddfwriaeth'.

Achos – <u>Magor and St. Mellons Rural District Council v Newport Corporation (1950)</u>: Dywedodd yr Arglwydd Denning wrth eistedd yn y Llys Apêl, '*rydym yn eistedd yma i ganfod bwriad y Senedd a gweinidogion a'i weithredu, ac fe wnawn ni hyn yn well trwy lenwi'r bylchau a gwneud synnwyr o'r deddfu trwy ei agor allan i ddadansoddi dinistriol*'.

Beirniadodd yr Arglwydd Simonds yr ymagwedd hon pan aeth yr achos ar apêl i Dŷ'r Arglwyddi, gan ddweud ei bod yn '*trawsfeddiannu'r swyddogaeth ddeddfwriaethol yn llwyr trwy ddehongli*'. Awgrymodd ef '*os datgelir bwlch, mae'r ateb yn gorwedd mewn Deddf i wella hynny*'.

Ymestyn a herio

Ceisiwch feddwl am fantais ac anfantais i bob un o'r pedair rheol i roi rhyfaint o werthuso.

Y rheol lythrennol:

Mantais – yn parchu sofraniaeth seneddol.

Anfantais – gall achosi canlyniadau absẃrd.

Y rheol euraidd:

Mantais – yn rhoi rhyddid i farnwyr ac yn unioni pethau absẃrd a grëir gan y rheol lythrennol.

Anfantais – barnwyr yn cael pŵer i ddehongli'r hyn sy'n gyfansoddiadol yn rhan o rôl y corff deddfu.

Y rheol drygioni:

Mantais – y mwyaf hyblyg o'r rheolau, ac un sy'n caniatáu hyblygrwydd i farnwyr wrth drin statudau.

Anfantais – datblygwyd yr ymagwedd hon pan nad oedd goruchafiaeth y Senedd wedi'i sefydlu'n llawn a phan mai cyfraith gwlad oedd ffynhonnell gynradd y gyfraith. Y teimlad yw bod y rheol drygioni yn rhoi gormod o bŵer i'r farnwriaeth anetholedig i ddehongli 'ewyllys y Senedd'.

Ymagwedd fwriadus:

Mantais – yn hyblyg ac yn chwilio am y pwrpas neu'r rheswm dros basio'r Ddeddf.

Anfantais – disgrifiwyd gan yr Arglwydd Simonds fel '*trawsfeddiannu'r swyddogaeth ddeddfwriaethol yn llwyr trwy ddehongli*'.

UG Y Gyfraith: Canllaw Astudio ac Adolygu

Gwella gradd

Edrychwch yn ofalus i weld beth mae'r cwestiwn yn ei ofyn. Mae rhai cwestiynau arholiad yn gofyn am yr *holl* gymhorthion sydd ar gael i farnwyr, ond mae rhai eraill yn canolbwyntio ar un neu ddau o fathau o gymorth yn unig, megis Hansard. Cofiwch gynnwys cymaint o enghreifftiau ag y gallwch, nid yn unig o reolau dehongli ond y cymhorthion eraill hefyd.

Byddwch yn barod i drafod adrannau 3 a 4 Deddf Hawliau Dynol 1998 mewn cwestiwn ar ddehongli statudau a goblygiadau'r adrannau hynny i ddehongli statudau.

Gwella gradd

Wrth ateb cwestiwn ar ddehongli statudau, mae'n bwysig cymhwyso'r pedair rheol a rhoi enghraifft o achos am bob un. Efallai y bydd angen cymhorthion dehongli eraill i roi ateb cyflawn i gwestiwn problem senario.

Ymestyn a herio

Ceisiwch feddwl am enghraifft ddamcaniaethol o bob un o'r rheolau iaith.

Cymhorthion dehongli – mewnol (cynhenid)

Rhagdybiaethau

Bydd y llys yn cychwyn gyda'r **rhagdyb** bod rhai pwyntiau yn gymwys ym mhob statud, oni bai y dywedir yn benodol i'r gwrthwyneb. Dyma rai o'r prif ragdybiaethau:

- Nid yw statudau yn newid cyfraith gwlad.
- Mae angen ***mens rea*** ('meddwl euog') mewn achosion troseddol.
- Nid yw'r Goron wedi ei rhwymo gan unrhyw statud.
- Nid yw statudau yn gymwys yn ôl-weithredol.

Cymhorthion mewnol

Mae cymhorthion mewnol yn y Ddeddf ei hun. Dyma enghreifftiau:

- **Teitl Llawn y Ddeddf**
- **Rhagarweiniad** – fel arfer yn datgan nod y Ddeddf a'i chwmpas arfaethedig
- **Penawdau**
- **Atodlenni**
- **Adrannau dehongli.**

Rheolau iaith

Gall barnwyr ddefnyddio geiriau eraill yn y statud i'w helpu i roi ystyr i eiriau penodol mae angen eu dehongli:

Ejusdem generis ('o'r un math')

Lle mae geiriau cyffredinol sy'n dilyn rhestr o rai penodol, mae'r geiriau cyffredinol wedi eu cyfyngu i'r un math/dosbarth/natur â'r geiriau penodol.

Achos – *Powell v Kempton (1899)*: roedd statud yn dweud ei bod yn drosedd defnyddio 'tŷ, swyddfa, ystafell neu le arall ar gyfer betio'. Roedd y diffynnydd yn defnyddio'r cylch mewn cae rasio. Mynnodd y llys fod yn rhaid i'r term cyffredinol 'lle arall' gynnwys mannau eraill dan do oherwydd mai mannau dan do oedd y geiriau penodol yn y rhestr, felly fe'i cafwyd yn ddieuog.

Expressio unius est exclusio alterius ('mae crybwyll un peth yn benodol yn eithrio popeth arall')

Achos – *R v Inhabitants of Sedgley (1831)*: yn yr achos hwn, mynnwyd nad oedd modd cymhwyso'r statud i fathau eraill o fwyngloddiau am fod y statud yn sôn yn benodol yn y Ddeddf am 'diroedd, tai a glofeydd'.

Noscitur a sociis (gair yn cael ei ddeall yng nghyd-destun y geiriau o'i gwmpas)

Rhaid darllen geiriau mewn statud yng nghyd-destun y geiriau eraill o'u cwmpas.

Achos – *Muir v Keay (1875)*: statud oedd yn mynnu trwyddedu pob lleoliad oedd yn darparu 'lluniaeth, cyrchfan ac adloniant i'r cyhoedd'. Dadleuodd y diffynnydd nad oedd ei gaffi yn dod o dan y Ddeddf am nad oedd yn darparu adloniant. Mynnodd y llys fod y gair 'adloniant' yn y Ddeddf yn cyfeirio at luniaeth, derbyniadau a lletty i'r cyhoedd, nid adloniant cerddorol ac felly roedd yn cynnwys caffi'r diffynnydd.

Cymhorthion dehongli – allanol (anghynhenid)

Gyda'r rheol drygioni a'r ymagwedd fwriadus, mae'r barnwr yn cael cyfarwyddyd i ddefnyddio **cymhorthion allanol** neu **anghynhenid**. Ceir y rhain y tu allan i'r Ddeddf ac maent yn cynnwys:

- Geiriaduron a gwerslyfrau
- Adroddiadau, e.e. Comisiwn y Gyfraith
- Cyd-destun hanesyddol
- Cytuniadau
- Cyfraith achosion flaenorol.

Hansard

Efallai mai'r cymorth allanol a achosodd y problemau mwyaf yw **Hansard**. Dyna'r enw ar y cofnod dyddiol o drafodaethau seneddol yn ystod y broses o basio deddfwriaeth. Yn ôl rhai mae'n dangos bwriad y Senedd yn glir, ond mae wedi bod yn destun cyfyngiadau dros y blynyddoedd. Yn draddodiadol, nid oedd barnwyr yn cael ymgynghori â Hansard i'w helpu i ddehongli statudau. Roedd yr Arglwydd Denning yn anghytuno â'r ymagwedd hon a dywedodd yn achos **Davis v Johnson (1979)**: '*Gall rhai ddweud, ac yn wir maent wedi dweud, na ddylai barnwyr dalu unrhyw sylw i'r hyn a ddywedir yn y Senedd. Dylent chwilio yn y tywyllwch am ystyr Deddf heb droi'r golau ymlaen. Nid wyf yn cytuno â'r farn hon....*' Anghytunodd Tŷ'r Arglwyddi ag ef, a mynnu y dylai'r gwaharddiad ar ddefnyddio Hansard aros. Fodd bynnag, caniataodd achos allweddol **Pepper v Hart (1993)** ddefnyddio Hansard o'r diwedd, er bod hynny o dan amgylchiadau cyfyngedig. Cafodd hyn ei gadarnhau yn **Three Rivers District Council v Bank of England (No. 2) (1996)**.

Mae achos diweddar **Wilson v Secretary of State for Trade and Industry (2003)** unwaith eto wedi cyfyngu ar ddefnyddio Hansard. Ar hyn o bryd, gall y llys edrych ar ddatganiadau a wnaed gan Weinidog neu rywun arall sy'n hyrwyddo deddfwriaeth yn unig. Rhaid anwybyddu pob datganiad arall sydd wedi'i gofnodi yn Hansard.

Deddf Hawliau Dynol 1998

Mae'r Ddeddf Hawliau Dynol yn ymgorffori'r Confensiwn Ewropeaidd ar Hawliau Dynol i gyfraith y DU. Dan **a.3** y Ddeddf, mae gofyn i'r llysoedd: 'Cyhyd ag y mae'n bosibl gwneud hynny, rhaid darllen deddfwriaeth gynradd ac is-ddeddfau a rhoi grym iddynt mewn modd sy'n cyd-fynd â hawliau'r confensiwn.' Os na ellir dehongli'r statud fel un sy'n cyd-fynd fel hyn, yna gall y llys gyhoeddi **datganiad anghydnawsedd** dan **a.4**. Mae hyn yn gofyn i'r llywodraeth newid y gyfraith a'i gwneud yn unol â'r confensiwn. Mae **a.2** hefyd yn gofyn i farnwyr ystyried unrhyw benderfyniad blaenorol gan yr *ECHR*, er nad ydynt wedi eu rhwymo ganddo.

Gwella gradd

Cofiwch y cyswllt â hawliau dynol ar gyfer y testun hwn. Gwnewch yn siŵr eich bod yn dyfynnu adrannau 3 a 4 ac yn deall sut maent yn berthnasol i'r testun. Yn aml, mae'r arholiadau yn defnyddio cymysgedd o destunau, ac mae hawliau dynol a dehongli statudau yn gyfuniad poblogaidd.

Hefyd, gwnewch yn siŵr eich bod yn gyfarwydd â rhai achosion o ran defnyddio Hansard, fel y trafodwyd uchod. Mae arholwyr yn chwilio am amrywiaeth o gyfraith achosion a dealltwriaeth am sut yr esblygodd y gyfraith.

Ymestyn a herio

Ymchwiliwch i achos **Ghaidan v Godin-Mendoza (2004)** ar fater hawliau dynol wrth ddehongli statudau. Beth ddigwyddodd yn yr achos a sut roedd hawliau dynol yn gymwys i'r achos hwn?

Termau allweddol

Datganoli = trosglwyddo grym o'r llywodraeth ganolog i'r llywodraeth ranbarthol/leol (e.e. Cynulliad Cenedlaethol Cymru, Cynulliad Gogledd Iwerddon, Senedd yr Alban).

Di-rym (t. 83) = mae'r ddeddfwriaeth ddirprwyedig yn ddi-rym a heb rym cyfreithiol nac effaith sy'n rhwymo.

Intra vires = o fewn y pwerau.

Ultra vires = tu hwnt i'r pwerau.

Ymestyn a herio

Mae'n bwysig bod yn gyfarwydd â rôl datganoli wrth ateb cwestiwn ar ddeddfwriaeth ddirprwyedig, fel y trefniadau newidiol yng Nghymru yn dilyn gweithredu Rhan 4 *Deddf Llywodraeth Cymru 2006* er enghraifft. Ymchwiliwch i rai Biliau sydd wedi cael eu rhoi ger bron Llywodraeth Cymru, er enghraifft y Bil dadleuol yn ymwneud â newid y drefn rhoi organau, a Bil Is-ddeddfau Llywodraeth Leol (Cymru) a gafodd ei herio gan Lywodraeth y DU.

Deddfwriaeth Ddirprwyedig

Beth yw deddfwriaeth ddirprwyedig?

Deddfwriaeth ddirprwyedig (o'r enw deddfwriaeth eilaidd weithiau) yw cyfraith a wneir gan gorff ar wahân i'r Senedd ond gydag awdurdod y Senedd. Mae'r Senedd fel arfer yn pasio **Deddf alluogi (neu riant-ddeddf)** sy'n dirprwyo'r awdurdod i wneud cyfreithiau i'r corff arall ac yn gosod telerau ac amodau mae'n rhaid iddo eu dilyn. Fel arall, gellir datgan bod unrhyw gyfraith a wneir yn ***ultra vires***. Mae deddfwriaeth ddirprwyedig yn aml yn cael ei defnyddio i 'roi cnawd ar esgyrn' darn o ddeddfwriaeth neu wneud newidiadau i Ddeddf lle nad yw'n ymarferol pasio Deddf newydd. Mae modd ei defnyddio hefyd am resymau technegol megis newid swm dirwy.

Ffurfiau ar ddeddfwriaeth ddirprwyedig

Mae pedwar prif fath o ddeddfwriaeth ddirprwyedig.

Offerynnau Statudol

Mae'r rhain yn cael eu gwneud gan adrannau'r llywodraeth a dyma fwyafrif y ddeddfwriaeth ddirprwyedig sy'n cael ei phasio bob blwyddyn (tua 3000). Maent fel arfer yn cael eu drafftio gan swyddfa gyfreithiol adran berthnasol y llywodraeth a fydd yn ymgynghori â chyrff a phartïon sydd â diddordeb. Maent yn cael eu gwneud trwy naill ai **benderfyniad cadarnhaol** neu **benderfyniad negyddol**, sy'n rhan o gamau rheoli'r Senedd dros ddeddfwriaeth ddirprwyedig.

Is-ddeddfau

Mae is-ddeddfau yn cael eu gwneud gan awdurdodau lleol, corfforaethau cyhoeddus a chwmnïau, ac maent yn ymwneud â materion lleol neu faterion yn ymwneud â maes eu cyfrifoldeb fel arfer. Er enghraifft, mae Cynghorau Sir yn gwneud is-ddeddfau sy'n effeithio ar y sir gyfan, ond mae cynghorau dosbarth neu dref yn gwneud is-ddeddfau i'r dosbarth neu'r dref yn unig. Mae'r cyfreithiau yn cael eu gwneud gydag ymwybyddiaeth o anghenion yr ardal.

Rhaid i'r gyfraith arfaethedig gael ei hysbysebu er mwyn caniatáu i bobl leol ei gweld a gwneud sylwadau. Rhaid i'r gyfraith gael ei chymeradwyo wedyn gan y llywodraeth ganolog cyn iddi ddod yn gyfraith. Maent yn ymwneud fel arfer â materion megis parcio neu reoli traffig mewn ardal, neu ddarpariaeth llyfrgelloedd.

Gorchmynion y Cyfrin Gyngor

Mae'r rhain fel arfer yn cael eu gwneud ar adeg o argyfwng a rhaid eu cymeradwyo gan y Cyfrin Gyngor a'u llofnodi gan y Frenhines. Mae modd eu defnyddio hefyd i newid cyfraith a rhoi grym i gyfraith yr UE, e.e. yr oedd *Gorchymyn (Addasu) Deddf Camddefnyddio Cyffuriau 1971 (Rhif 2) 2003* wedi israddio canabis o Gyffur Dosbarth B i Gyffur Dosbarth C.

Llywodraeth Cymru

Yn dilyn datganoli a refferendwm 2011, mae gan Lywodraeth Cymru bwerau deddfu llawn o dan Ran 4 *Deddf Llywodraeth Cymru 2006*. O dan yr hen drefn ddatganoli cyn mis Mai 2011, roedd rhaid i Lywodraeth y DU roi caniatâd i geisiadau Cynulliad Cymru am bwerau deddfu. O dan y drefn newydd, gall Llywodraeth Cymru basio deddfwriaeth ar yr holl feysydd datganoledig, heb ofyn i Lywodraeth y DU. Fodd bynnag, mae **Deddf Llywodraeth Cymru 2006** yn rhoi hawl i'r Twrnai Cyffredinol fynegi gwrthwynebiad am gyfnod o bedair wythnos o'r dyddiad mae Llywodraeth Cymru yn pasio Bil, a'i gyfeirio at y Goruchaf Lys.

Rheoli deddfwriaeth ddirprwyedig

Mae swm enfawr o ddeddfwriaeth ddirprwyedig yn cael ei basio bob blwyddyn gan unigolion a chyrff sydd heb eu hethol. Oherwydd hynny, mae'n bwysig arfer rheolaeth dros basio'r ddeddfwriaeth hon. Mae dau fath o reolaeth – **Seneddol** a **Barnwrol**.

Camau rheoli'r Senedd

- **Penderfyniad cadarnhaol** – mae'n rhaid gosod yr offeryn statudol gerbron dau Dŷ'r Senedd a rhaid iddynt gymeradwyo'r mesur yn gadarnhaol. Lle mae'n cael ei ddefnyddio, mae hyn yn ffordd effeithiol o reoli.
- **Penderfyniad negyddol** – mae'r offeryn statudol yn cael ei gyhoeddi ond nid oes trafodaeth na phleidlais. Gall gael ei ddirymu trwy benderfyniad gan un o ddau Dŷ'r Senedd.
- Mae rhyw ddwy ran o dair o offerynnau statudol yn cael eu pasio trwy benderfyniad negyddol ac felly nid ydynt wir yn cael eu hystyried gan y Senedd. Y cyfan sy'n digwydd yw eu bod yn dod yn gyfraith ar ddyddiad penodol yn y dyfodol ac oherwydd hynny, ychydig o reolaeth sydd ganddynt dros yr awdurdod dirprwyedig.
- **Ymgynghori** – mae llawer yn gofyn am gynnal ymgynghoriad gyda'r partïon â diddordeb neu'r sawl y bydd y ddeddfwriaeth ddirprwyedig yn effeithio arnynt. Lle bo angen ymgynghori, mae'n effeithiol, ond nid oes angen ymgynghori ar bob Deddf alluogi, felly cyfyng yw ei ddefnyddioldeb.
- **Cydbwyllgor ar Offerynnau Statudol** – mae pob offeryn statudol yn cael ei adolygu gan y Cyd-bwyllgor hwn. Maent yn adrodd i Dŷ'r Cyffredin neu Dŷ'r Arglwyddi ar unrhyw offeryn statudol sydd angen ystyriaeth arbennig ac a allai achosi problemau yn eu barn nhw. Cyfyngir ar eu rheolaeth oherwydd mai dim ond argymhellion y gallant eu gwneud i'r ddau Dŷ.

Camau rheoli barnwrol

- Gall offeryn statudol gael ei herio gan rywun yr effeithiodd y gyfraith yn uniongyrchol arno. **Adolygiad Barnwrol** yw'r enw ar y broses hon, ac mae'n digwydd yn **Adran Mainc y Frenhines yr Uchel Lys**. Bydd y person sy'n herio yn gofyn i'r barnwr adolygu'r ddeddfwriaeth a phenderfynu a yw *ultra vires* ('y tu hwnt i bwerau'). Os datgenir ei fod *ultra vires*, bydd y ddeddfwriaeth ddirprwyedig yn cael ei datgan yn **ddirym**.
- *Ultra vires* **gweithdrefnol** – dyma lle na ddilynwyd y gweithdrefnau a osodwyd i lawr yn y Ddeddf alluogi i wneud yr offeryn statudol (e.e. roedd angen ymgynghori ond ni ddigwyddodd hyn).
- *Ultra vires* **sylweddol** – dyma lle mae'r ddeddfwriaeth ddirprwyedig yn mynd y tu hwnt i'r hyn a fwriadodd y Senedd.
- **Afresymoldeb** – mae'r ddeddfwriaeth ddirprwyedig yn cael ei herio am ei fod yn afresymol. I fod yn afresymol, rhaid i'r person oedd yn gwneud y ddeddfwriaeth fod wedi ystyried materion na ddylai fod wedi eu hystyried, neu heb fod wedi ystyried materion y dylai fod wedi eu hystyried. Hyd yn oed os yw hyn yn wir, mae angen profi ei fod yn benderfyniad na fyddai unrhyw gorff rhesymol wedi ei wneud.

LA2: Deddfwriaeth Ddirprwyedig

▲ Gwella gradd

Rhowch achos fel enghraifft o bob un o'r heriau barnwrol:

***Ultra vires* gweithdrefnol – *Agricultural Horticultural and Forestry Industry Training Board v Aylesbury Mushrooms Ltd* (1972)** – roedd y Ddeddf alluogi yn mynnu bod ymgynghori yn digwydd gyda'r partïon â diddordeb cyn gwneud y gyfraith. Ni ddigwyddodd hyn ac felly nid oedd y *weithdrefn* gywir wedi ei dilyn. Datganwyd felly fod y ddeddfwriaeth ddirprwyedig yn *drefniadol ultra vires*.

***Ultra vires* sylweddol – *Customs and Excise v Cure and Deeley Ltd* (1962)** – yn yr achos hwn, ceisiwyd gosod treth a phennu faint oedd i'w gasglu, ond roedd hyn yn mynd y tu hwnt i'r pŵer a roddwyd gan y Senedd.

Afresymoldeb – *Associated Provincial Picture Houses Ltd v Wednesbury Corporation* (1947) – caniatawyd i sinema agor ar y Sul ond roedd eu trwydded yn gwahardd plant dan 15 oed rhag mynd. Cafodd hyn ei herio ar y sail ei fod yn afresymol ond anghytunodd y llysoedd.

▲ Gwella gradd

O safbwynt camau rheoli'r Senedd dros ddeddfwriaeth ddirprwyedig, dylech chi wybod am **Ddeddf Diwygio Deddfwriaethol a Rheoleiddiol 2006**. Mae'r Ddeddf hon yn rhoi pwerau eang iawn i'r Llywodraeth lunio deddfwriaeth ddirprwyedig. Mae'n caniatáu Gweinidogion i gyhoeddi offerynnau statudol er mwyn diwygio deddfwriaeth. Mae'r Ddeddf yn ddadleuol iawn, am ei bod yn cael ei gweld fel Deddf Alluogi sy'n dileu'r cyfyngiad cyfansoddiadol ar y Weithrediaeth, gan gyflwyno a newid cyfreithiau heb i'r Senedd roi cydsyniad nac eu harchwilio.

Manteision ac anfanteision deddfwriaeth ddirprwyedig

Manteision

Hyblygrwydd
Mae deddfwriaeth ddirprwyedig yn aml yn cael ei defnyddio i ddiwygio deddfwriaeth sy'n bod eisoes. Mae'n haws defnyddio deddfwriaeth ddirprwyedig na phasio Deddf Seneddol hollol newydd.

Cyflymder
Mae'n gynt o lawer cyflwyno darn o ddeddfwriaeth ddirprwyedig na Deddf Seneddol lawn. Mae modd defnyddio Gorchmynion y Cyfrin Gyngor adeg argyfwng pan fo angen y gyfraith ar frys.

Amser
Does dim amser gan y Senedd i drafod a phasio'r holl gyfreithiau mae eu hangen i redeg y wlad yn effeithiol. Prin fod ganddi amser i basio rhyw 70 Deddf Seneddol y flwyddyn, heb sôn am y 3000 offeryn statudol mae eu hangen.

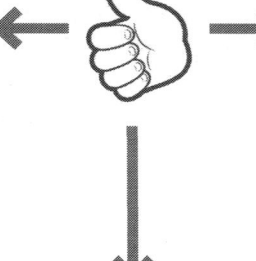

Arbenigedd
Gwneir deddfwriaeth ddirprwyedig gan adrannau arbenigol y llywodraeth gydag arbenigwyr ym maes y ddeddfwriaeth berthnasol. Ni fyddai gan ASau cyffredin yr un lefel o arbenigedd technegol.

Gwybodaeth leol
Mae is-ddeddfau yn cael eu gwneud gan awdurdodau lleol sy'n gwybod am anghenion yr ardal leol a'i phobl. Ni fyddai gan y Senedd yr un ymwybyddiaeth leol.

Anfanteision

Diffyg rheolaeth
Fel yr amlygwyd uchod, mae'r rhan fwyaf o offerynnau statudol yn cael eu pasio gan ddefnyddio'r weithdrefn o benderfyniad negyddol. Rheolaeth lac yw hyn ar ddeddfwriaeth ddirprwyedig. Hefyd, os nad oes angen ymgynghori, nid yw'n digwydd, ac y mae hyn hefyd yn rheolaeth gyfyngedig.

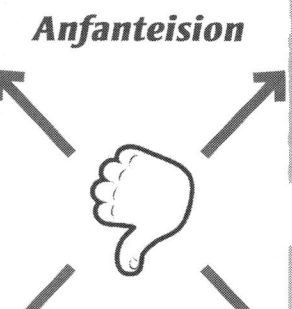

Annemocrataidd
Dylai'r gyfraith gael ei gwneud gan y sawl sydd wedi'u hethol i'w gwneud. Mae deddfwriaeth ddirprwyedig yn cael ei gwneud gan gyrff/unigolion sydd heb eu hethol.

Is-ddirprwyo
Mae'r grym i wneud y ddeddfwriaeth ddirprwyedig yn aml yn cael ei is-ddirprwyo i'r rhai sydd heb yr awdurdod gwreiddiol i basio cyfreithiau. Er enghraifft, bydd y grym yn mynd o Weinidog yn y llywodraeth i adran ac yna i grŵp o arbenigwyr, gan symud ymhellach i ffwrdd o'r broses ddemocrataidd.

Swm
Mae swm enfawr o ddeddfwriaeth ddirprwyedig yn cael ei wneud bob blwyddyn (tua 3000 offeryn statudol). O ganlyniad, mae'n anodd dod o hyd i'r gyfraith gywir a chadw'n gyfoes â hi.

Ymestyn a herio

Ewch o gwmpas eich ardal leol ac edrych i weld a oes unrhyw is-ddeddfau. Gwnewch restr ohonynt, er enghraifft, 'dim chwarae pêl yn y parc'. Pam mae'r is-ddeddfau hyn yn cael eu gwneud ar lefel leol?

Yr Undeb Ewropeaidd: Ffynonellau Cyfraith

Ymunodd y DU â'r Gymuned Ewropeaidd (sef yr Undeb Ewropeaidd erbyn hyn) ar 1 Ionawr 1973. Sefydlwyd y Gymuned Ewropeaidd yn 1957, pan gafodd Cytuniad Rhufain ei lofnodi gan chwe Aelod-wladwriaeth (Ffrainc, yr Almaen, yr Eidal, Gwlad Belg, yr Iseldiroedd a Luxembourg). Mae 28 Aelod-wladwriaeth ar hyn o bryd. Cafodd cyfraith Ewrop ei hymgorffori i gyfraith y DU gan **Ddeddf y Cymunedau Ewropeaidd 1972**.

Ffynonellau cyfraith yr Undeb Ewropeaidd (UE)

Dyma brif ffynonellau cyfraith yr Undeb Ewropeaidd:
- **Deddfwriaeth gynradd** yr Undeb Ewropeaidd – y Cytuniadau
- **Deddfwriaeth eilaidd** yr Undeb Ewropeaidd – Rheoliadau, Cyfarwyddebau, Penderfyniadau, Argymhellion a Barn
- **Dyfarniadau** ar achosion sydd wedi'u dwyn gerbron Llys Cyfiawnder yr Undeb Ewropeaidd.
- Mae cyfraith yr UE yn cael ei chreu gan sefydliadau'r UE, ac mae'n rhwymo holl Aelod-wladwriaethau'r UE sy'n gorfod: *'cymryd pob cam priodol, cyffredinol neu benodol, i sicrhau cyflawni'r rhwymedigaethau sy'n codi o'r Cytuniad hwn…'*

Cytuniadau

Mae Cytuniadau rhwng y 28 Aelod-wladwriaeth, a'r rhain yw'r ffurf uchaf ar gyfraith yr UE. Mae'r Cytuniadau yn sail i'r gyfraith sy'n cael ei phasio gan sefydliadau'r UE ac yn gosod allan nodau'r UE yn gyffredinol. Mae'r Cytuniadau yn cynnwys: Cytuniad Rhufain, Cytuniad Maastricht, Cytuniad Amsterdam, Cytuniad Lisbon a'r Cytuniad ar Weithrediad yr Undeb Ewropeaidd. Mae i'r Cytuniadau hyn **effaith uniongyrchol fertigol** ac **effaith uniongyrchol llorweddol** (gw. t. 86 hefyd).

Rheoliadau

Mae Rheoliadau yn **uniongyrchol gymwys** – maent yn rhwymo yn awtomatig ac yn rhan o gyfraith ddomestig cyn gynted ag y maent yn cael eu pasio gan yr UE ac yn dod i rym. Does dim angen ymyriad gan y Senedd i roi grym i'r gyfraith. Maent yn debyg i Ddeddf Seneddol ac yn rhwymo pob Aelod-wladwriaeth yn eu cyfanrwydd. Y Rheoliad sy'n cael blaenoriaeth, os oes gwrthdaro rhwng Rheoliad a chyfraith bresennol y genedl. Mae hyn yn cyfyngu ar sofraniaeth yr Aelod-wladwriaeth ym meysydd cyfraith yr UE ac yn creu unffurfiaeth ddeddfwriaethol yn yr UE. Mae i Reoliadau **effaith uniongyrchol fertigol a llorweddol**.

Cyfarwyddebau

Cyfarwyddiadau ffurfiol yw Cyfarwyddebau sy'n mynnu bod Aelod-wladwriaethau yn newid eu cyfreithiau cenedlaethol o fewn cyfnod penodol o amser er mwyn rhoi grym i Gyfarwyddeb a chael canlyniad penodol. Yn y DU, mae Cyfarwyddebau yn gallu cael eu gweithredu naill ai trwy statud neu drwy ddeddfwriaeth ddirprwyedig dan **Ddeddf y Cymunedau Ewropeaidd 1972**. Gall Cyfarwyddebau ymwneud ag un neu fwy o'r Aelod-wladwriaethau, neu bob un ohonynt, gan greu undod deddfwriaethol yn yr UE. **Effaith uniongyrchol fertigol** yn unig sydd i Gyfarwyddebau.

Termau allweddol

Cyfraith ddomestig = cyfraith genedlaethol yr Aelod-wladwriaethau unigol.

Effaith uniongyrchol = yn caniatáu i unigolion ddibynnu ar gyfraith yr UE gerbron llysoedd cenedlaethol hyd yn oed os nad yw'r Aelod-wladwriaeth wedi gweithredu cyfraith yr UE.

Uniongyrchol gymwys = yn rhwymo yn awtomatig ac yn rhan o gyfraith ddomestig cyn gynted ag y mae'n cael ei phasio gan yr UE ac yn dod i rym.

Termau allweddol

Effaith anuniongyrchol = yn mynnu bod llysoedd cenedlaethol yn dehongli deddfwriaeth genedlaethol 'cyn belled ag y bo modd' yn unol ag amcanion Cyfarwyddeb.

Effaith uniongyrchol fertigol = yn caniatáu i unigolion ddibynnu ar ddarpariaeth Ewropeaidd yn erbyn y Wladwriaeth.

Effaith uniongyrchol llorweddol = yn caniatáu i unigolion ddibynnu ar ddarpariaeth Ewropeaidd yn erbyn unigolyn arall neu gwmni preifat.

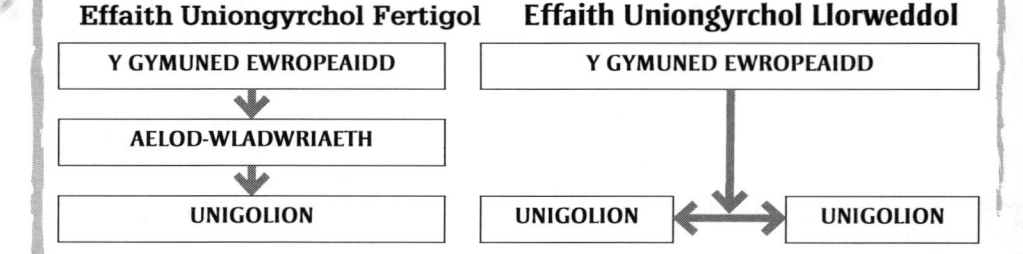

Perswadiol = yn gallu cael ei ystyried, ond nid oes rhaid ei ddilyn. Nid yw'n rhwymo.

Penderfyniadau

Mae penderfyniad yn weithred unigol wedi ei anelu at berson neu bobl, cwmni neu Aelod-wladwriaeth benodol. Mae penderfyniadau'n rhwymo'r sawl y cyfeirir atynt yn unig, heb fod unrhyw angen eu gweithredu yng nghyfraith y wlad (uniongyrchol gymwys).

Argymhellion a Barn

Nid yw argymhellion a barn yn rhwymo. Maent yn **berswadiol** yn unig. Y nod yw hybu gweithredu arferion cyffredin ledled yr Undeb Ewropeaidd.

Effaith uniongyrchol ac anuniongyrchol

Mae egwyddor effaith uniongyrchol yn caniatáu i unigolion ddibynnu ar gyfraith yr Undeb Ewropeaidd gerbron llys cenedlaethol neu lys Ewropeaidd hyd yn oed os nad yw eu Haelod-wladwriaeth wedi gweithredu'r ddeddfwriaeth. Mae dau fath o effaith uniongyrchol: **effaith uniongyrchol fertigol** ac **effaith uniongyrchol llorweddol**:

- Mae **effaith uniongyrchol fertigol** yn caniatáu i unigolion ddefnyddio darpariaeth Ewropeaidd yn erbyn y Wladwriaeth.
- Mae **effaith uniongyrchol llorweddol** yn caniatáu i unigolion ddefnyddio darpariaeth Ewropeaidd yn erbyn unigolyn arall neu gwmni preifat.

Effaith Uniongyrchol Fertigol

Y GYMUNED EWROPEAIDD
↓
AELOD-WLADWRIAETH
↓
UNIGOLION

Effaith Uniongyrchol Llorweddol

Y GYMUNED EWROPEAIDD
↓
UNIGOLION ↔ UNIGOLION

Cytuniadau ac effaith uniongyrchol

Sefydlwyd effaith uniongyrchol erthyglau Cytuniad gan achos **Van Gend en Loos**. Er mwyn i ddarpariaeth Cytuniad gael effaith uniongyrchol, rhaid iddo fod yn *ddiamod, yn glir ac yn fanwl am yr hawliau neu'r rhwymedigaethau mae'n eu creu, heb roi disgresiwn i Aelod-wladwriaethau ynghylch ei weithredu*. Mae i Gytuniadau effaith uniongyrchol fertigol a llorweddol.

Gwelir hyn yn achos **Macarthy's Ltd v Smith (1979)**. Yn ôl Erthygl 157 y Cytuniad ar Weithrediad yr Undeb Ewropeaidd, dylai dynion a menywod gael eu trin yn gyfartal a derbyn yr un tâl am waith o'r un gwerth a statws. Cafodd Ms Smith swydd a oedd yn cael ei gwneud gan ddyn gynt, ond cafodd ei thalu tua 20% yn llai am wneud yr un swydd. Yn ôl Deddf Cyflog Cyfartal 1970 y DU, dylai dynion a menywod oedd yn cael eu cyflogi ar yr un pryd dderbyn tâl cyfartal, ond nid oedd y Ddeddf yn gwarchod y sawl a oedd wedi cymryd swydd rhywun o'r rhyw arall. Mynnodd Llys Cyfiawnder yr Undeb Ewropeaidd fod darpariaeth y Cytuniad yn uniongyrchol effeithiol (yn llorweddol yn erbyn ei chyflogwr) ac y gallai Ms Smith ddibynnu ar yr hawliau yno, er nad oedd cyfraith o'r fath yn ei gwarchod yn y DU.

LA2: Yr Undeb Ewropeaidd: Ffynonellau Cyfraith

Rheoliadau ac effaith uniongyrchol

Os oes gwrthdaro rhwng un o Reoliadau'r Undeb Ewropeaidd a chyfraith ddomestig, rhaid i lysoedd gymhwyso Rheoliad yr Undeb Ewropeaidd. Mae hyn yn cadarnhau goruchafiaeth cyfraith yr UE dros gyfraith ddomestig ac yn gwanhau sofraniaeth Aelod-wladwriaethau. Nod un o Reoliadau'r UE oedd lleihau cynhyrchu llaeth ar yr amod y byddai premiwm ariannol yn cael ei dalu i ffermwyr oedd yn lladd gwartheg ac yn cytuno i beidio â chynhyrchu llaeth am bum mlynedd. Yn ***Leonesio v Italian Ministry of Agriculture (1973)***, roedd Leonesio, ffermwr, wedi bodloni'r holl rag-amodau angenrheidiol, ond roedd cyfansoddiad yr Eidal yn mynnu bod deddfwriaeth ddomestig yn awdurdodi gwario gan y llywodraeth. Mynnodd Llys Cyfiawnder yr Undeb Ewropeaidd fod gan Leonesio hawl i'r taliad am fod Rheoliad yr UE yn uniongyrchol gymwys yng nghyfraith yr Eidal. Ni allai llywodraeth yr Eidal ddefnyddio eu cyfreithiau eu hunain i atal y taliad. Gallai Leonesio ddibynnu ar yr hawl effaith uniongyrchol yn y rheoliad.

Cyfarwyddebau ac effaith uniongyrchol

Nid yw Cyfarwyddebau yn cael eu cymhwyso'n uniongyrchol. Mae angen i Aelod-wladwriaeth ddeddfu cyn y gallant ddod i rym mewn cyfraith ddomestig. Nid oes disgresiwn gan Aelod-wladwriaethau o ran yr hyn sydd i'w gyflawni gan weithrediad y Gyfarwyddeb, ond mae ganddynt ddisgresiwn o ran sut mae hyn yn cael ei wneud. Yn y DU gall Cyfarwyddeb gael ei gweithredu ar ffurf deddfwriaeth gynradd neu ddeddfwriaeth eilaidd. Effaith uniongyrchol fertigol yn unig sydd i Gyfarwyddebau, am mai dim ond y llywodraeth sydd â rheolaeth dros eu gweithredu. Mae'r egwyddor bod gan Gyfarwyddebau effaith uniongyrchol yn bwysig o ran cymell Aelod-wladwriaethau i roi Cyfarwyddebau mewn deddf yn unol â'u rhwymedigaethau i'r UE.

Yr achos a ddeddfodd y gall Cyfarwyddebau gael effaith uniongyrchol yw ***Van Duyn v Home Office (1974)***. Yn yr achos hwn, cafodd Miss Van Duyn ei gwahardd rhag dod i mewn i'r DU oherwydd ei bod yn aelod o Eglwys y Seientolegwyr, am fod y DU eisiau cau allan aelodau o'r grŵp crefyddol hwn ar y pryd. Ceisiodd Miss Van Duyn ddibynnu ar erthygl 48 Cytuniad Rhufain, a oedd yn caniatáu rhyddid i weithwyr symud y tu mewn i'r UE, ac Erthygl 3 Cyfarwyddeb 64/221, a oedd yn mynnu bod yn rhaid i eithriadau i ryddid symud fod yn seiliedig ar ymddygiad yn unig. Rhaid oedd i *CJEU* benderfynu a oedd gan y Gyfarwyddeb dan sylw effaith uniongyrchol, h.y. a allai unigolyn preifat ddibynnu arni gerbron llysoedd cenedlaethol. Penderfynodd *CJEU* nad oedd y Gyfarwyddeb yn uniongyrchol gymwys gan ei bod yn dibynnu ar yr Aelod-wladwriaethau yn creu rhagor o ddeddfwriaeth i roi grym iddi. Er hynny, gan fod y Gyfarwyddeb yn gosod rhwymedigaeth glir, yna gallai'r eithriadau fod yn seiliedig ar ymddygiad yn unig. Byddai hyn yn uniongyrchol effeithiol os byddai tair amod yn cael eu hateb: (i) rhaid i'r Gyfarwyddeb fod yn glir, yn fanwl ac yn ddiamod, (ii) rhaid iddi beidio â dibynnu ar ddeddfwriaeth/weithredu pellach gan yr Aelod-wladwriaeth neu'r Gymuned, a (iii) rhaid bod y dyddiad gweithredu wedi mynd heibio.

Roedd achos ***Marshall v Southampton Area Health Authority (1986)*** yn cadarnhau y gall Cyfarwyddebau gael effaith uniongyrchol fertigol yn unig ac nad oes ganddynt rym yn erbyn unigolion. Gallai Ms Marshall ddibynnu ar yr hawliau a oedd yn cael eu rhoi gan y Gyfarwyddeb (triniaeth gyfartal i ddynion a menywod) er nad oedd hi'n siwio'r llywodraeth. Hawlio yn erbyn awdurdod iechyd yr oedd hi, a oedd yn gorff cyhoeddus ac felly yn 'hanu' o'r Wladwriaeth.

Gwella gradd

Cofiwch ddefnyddio cyfraith achosion i ategu eich pwynt. Ar LA2, cwestiwn poblogaidd yw: 'ystyriwch effaith cyfraith yr Undeb Ewropeaidd'. Wrth ateb y cwestiwn hwn, byddech chi'n dangos yr effaith trwy egluro egwyddorion allweddol fel effaith uniongyrchol a bod yn uniongyrchol gymwys, ond hefyd trwy gyfraith achosion a benderfynwyd ac effaith **Deddf y Cymunedau Ewropeaidd 1972**. Mae'n bwysig hefyd ystyried yr effaith wahanol a gaiff ffynonellau gwahanol cyfraith yr UE.

Gwella gradd

Cofiwch gynnwys dewis o gyfraith achosion i ddangos sut mae safle cyfreithiau'r UE wedi ei benderfynu gan y llysoedd.

Yn **Defrenne v Sabena (1976)**, roedd Ms Defrenne, stiwardes awyren a oedd yn gweithio i Sabena, cwmni hedfan o Wlad Belg, yn cael llai o dâl ac yn gorfod ymddeol yn gynt na stiwardiaid gwryw. Honnodd fod hyn yn torri ar driniaeth gyfartal dynion a menywod. Mynnodd *CJEU*, gan gyfeirio at Erthygl 234, y gall darpariaethau Cytuniad greu effeithiau uniongyrchol yn fertigol rhwng unigolyn a'r Wladwriaeth a hefyd yn llorweddol rhwng unigolion, a bod effeithiau uniongyrchol fertigol a llorweddol yn yr achos hwn. Unwaith eto, rhaid oedd iddo fod yn glir, yn ddiamod a heb fod angen camau pellach gan yr Aelod-wladwriaeth.

Yn **Pubblico Ministerio v Ratti (1979)** mynnwyd y bydd y Gyfarwyddeb yn cael effaith uniongyrchol fertigol ar ôl dyddiad ei gweithredu fel bod modd ei gorfodi yn erbyn y Wladwriaeth (neu gyrff sy'n 'hanu' o'r Wladwriaeth).

Effaith anuniongyrchol

Sefydlwyd egwyddor effaith anuniongyrchol yn achos **Von Colson v Land Nordrhein-Westfahlen (1984)**. Mae'n mynnu bod llysoedd cenedlaethol yn dehongli deddfwriaeth genedlaethol yn unol â nod Cyfarwyddeb 'cyhyd ag y bo modd'. Llywodraeth Aelod-wladwriaeth sy'n gweithredu Cyfarwyddebau, ac er bod gan yr Aelod-wladwriaeth ryddid i benderfynu ar sut i weithredu'r gyfraith, rhaid i'r gyfraith gydymffurfio â nod y Gyfarwyddeb wreiddiol.

Mae achos **Francovich v Italy (1991)** yn ei wneud yn bosibl i unigolion fynd i gyfraith yn erbyn llywodraeth Aelod-wladwriaeth am unrhyw golledion o ganlyniad i fethu gweithredu Cyfarwyddeb.

Rôl oruchwyliol *CJEU*

Fel y gwelsoch yn yr adran gynharach ar Sefydliadau'r UE, mae dwy rôl i *CJEU* – barnwrol a goruchwyliol. Yma, byddwn ni'n ystyried y swyddogaeth oruchwyliol.

Y swyddogaeth oruchwyliol

Gweithdrefn y dyfarniad rhagarweiniol yw'r enw ar hyn, ac mae'n helpu i sicrhau bod cyfraith yr UE yn cael ei chymhwyso'n gyson yn yr holl Aelod-wladwriaethau. Rhoddir pŵer yn **erth. 267 y Cytuniad ar Weithrediad yr Undeb Ewropeaidd**. Gall llys cenedlaethol ofyn am gyngor *CJEU* os yw mewn unrhyw amheuaeth am ddehongli neu ddilysrwydd unrhyw un o gyfreithiau'r UE. Bydd y cyngor hwn ar ffurf 'dyfarniad rhagarweiniol' a bydd y llys yn defnyddio'r dyfarniad hwn i'w helpu i ddod i benderfyniad yn yr achos cenedlaethol.

Oherwydd y gallai nifer mawr o achosion gael eu cyfeirio, gosododd achos **Bulmer v Bollinger (1974)** ganllawiau ynghylch pryd y dylai llysoedd cenedlaethol gyfeirio cwestiwn at *CJEU*. Yn gyffredinol, dim ond llys uchaf y Wladwriaeth a ddylai wneud hynny, dan yr egwyddor y dylai Aelod-wladwriaethau ddod i ben draw eu prosesau apêl eu hunain yn gyntaf i weld a allant ddod i gasgliad yn yr achos. Ni ddylid cyfeirio achos oni bai bod dyfarniad gan y Llys Ewropeaidd yn 'angenrheidiol' (sef yn dod i gasgliad yn yr achos) yn unig, er mwyn galluogi'r llys cenedlaethol i ddod i farn yn yr achos. Ni fyddai'r dyfarniad yn cael ei ystyried yn angenrheidiol, pe bai materion eraill eto i'w penderfynu. Mae gan bob llys y pŵer i gyfeirio, ond mae gan y llys apêl terfynol mewn unrhyw Aelod-wladwriaeth ddyletswydd i gyfeirio.

Dyma'r canllawiau eraill:

1. Does dim angen cyfeirio cwestiwn sydd eisoes wedi ei benderfynu gan *CJEU* mewn achos blaenorol.
2. Does dim angen cyfeirio pwynt sy'n weddol glir a diamheuaeth – athrawiaeth *acte clair*.
3. Rhaid i lysoedd gyfeirio achos os na ellir apelio ymhellach o'r llys hwnnw (e.e. y Goruchaf Lys yn y DU).

Achos sy'n dangos defnydd o erth. 267, gweithdrefn y dyfarniad rhagarweiniol yw **Marshall v Southampton Area Health Authority (1986)**. Adeg yr achos hwn, roedd yr oedran ymddeol i ddynion a menywod yn y DU yn wahanol i'w gilydd – gallai dynion ymddeol yn 65 oed ond menywod yn 60 oed. Roedd Ms Marshall yn 62 oed, a chafodd hi ei gorfodi i ymddeol gan yr awdurdod lleol. Dadleuodd fod cyfraith y DU yn groes i gyfraith yr UE ar drin dynion a menywod yn gyfartal. Cyfeiriodd tribiwnlys y DU y cwestiwn hwn at *CJEU* dan erth. 267 a ymatebodd trwy ddweud bod gwrthdaro rhwng cyfraith yr UE a'r DU ac mai cyfraith yr UE ddylai gael blaenoriaeth. O ganlyniad i'r achos hwn, newidiodd y DU oedran pensiwn y wladwriaeth i 65 oed i ddynion a menywod.

Effaith cyfraith yr Undeb Ewropeaidd ar sofraniaeth seneddol

Un o egwyddorion cyfansoddiad y DU yw sofraniaeth seneddol. Mae'n gwneud y Senedd yn brif awdurdod cyfreithiol y DU, ac felly mae'n gallu creu neu ddileu cyfreithiau. Yn gyffredinol, ni all y llysoedd ddirymu deddfwriaeth y Senedd, ac ni all unrhyw Senedd basio cyfreithiau na allant gael eu newid yn y dyfodol.

Fel y gwelwyd uchod, mae effaith uniongyrchol cyfreithiau'r UE a'u cymhwyso'n uniongyrchol mewn cyfraith ddomestig wedi erydu sofraniaeth yr Aelod-wladwriaethau. Daeth y DU yn aelod o'r UE trwy **Ddeddf y Cymunedau Ewropeaidd 1972** oedd yn gosod allan sefyllfa gyfreithiol y DU o ran ei rhwymedigaethau newydd yn yr UE. Mae'n bwysig cofio bod y DU wedi dewis dod yn Aelod o'r UE ac y digwyddodd hynny gyda phasio'r Ddeddf hon. Yn ddamcaniaethol, byddai Senedd y DU yn adennill sofraniaeth lawn unwaith eto petai Deddf 1972 yn cael ei diddymu, yn ôl athrawiaeth sofraniaeth seneddol.

Roedd achos ***Costa v ENEL (1964)*** yn yr Eidal yn ddyfarniad o bwys oedd yn cadarnhau goruchafiaeth cyfraith yr UE dros gyfreithiau domestig yr Aelod-wladwriaethau.

Mae **Adran 2(1) Deddf y Cymunedau Ewropeaidd 1972** yn cadarnhau **goruchafiaeth** cyfraith yr UE dros ddeddfwriaeth ddomestig, ar yr amod:

'Bod yr holl hawliau, pwerau, atebolrwydd a chyfyngiadau a grëir o bryd i'w gilydd neu sy'n codi o dan y Cytuniadau, a phob rhwymedi a gweithdrefn y darperir amdanynt o bryd i'w gilydd trwy neu o dan y Cytuniadau, yn unol â'r Cytuniadau heb ddeddfu pellach i gael grym cyfreithiol neu eu defnyddio yn y Deyrnas Unedig, i'w cydnabod ac i fod ar gael mewn cyfraith, ac i'w gorfodi, eu caniatáu a'u dilyn yn unol â hynny; a bydd yr ymadrodd "hawl orfodadwy y Gymuned" ac ymadroddion cyffelyb i'w darllen fel petaent yn cyfeirio at un y mae'r isadran hon yn gymwys iddo.'

Mae **Adran 2(4)** yn adran bwysig sy'n dweud y dylai cyfraith y DU gael ei dehongli yn unol â chyfraith yr UE. Dylai cyfraith yr UE gymryd blaenoriaeth dros bob ffynhonnell ddomestig o gyfraith os oes gwrthdaro. Dylai barnwyr ddehongli pob cyfraith ddomestig i gydymffurfio â chyfraith yr UE, cyhyd ag y bo modd. Mae hyn yn amlwg yn achos allweddol ***R v. Secretary of State for Transport, ex parte Factortame (No.2) (1990)*** ynghylch cymhwyso darpariaethau **Deddf Llongau Masnach 1988**. Yn Nhŷ'r Arglwyddi, derbyniodd yr Arglwydd Bridge:

'O dan Ddeddf 1972 bu'n wastad yn ddyletswydd llys yn y Deyrnas Unedig, wrth roi dyfarniad terfynol, i ddirymu unrhyw reolau cyfraith genedlaethol sy'n gwrthdaro ag unrhyw un o gyfreithiau'r Gymuned sy'n uniongyrchol gymwys ...Felly... nid yw mynnu, wrth amddiffyn hawliau o dan gyfraith y Gymuned, na ddylai llysoedd cenedlaethol gael eu cyfyngu gan reolau cyfraith genedlaethol rhag caniatáu rhyddhad interim mewn achosion priodol yn ddim mwy na chydnabod yr oruchafiaeth honno yn rhesymegol.'

Mae sofraniaeth seneddol wedi gwanhau ers i'r DU fod yn aelod o'r UE. Er enghraifft, yn achos ***Bulmer v Bollinger (1974)***, dywedodd yr Arglwydd Denning:

'Cymerwyd ein sofraniaeth ymaith gan Lys Cyfiawnder yr Undeb Ewropeaidd… Nid yw ein llysoedd bellach yn cael gorfodi ein cyfreithiau cenedlaethol.

Rhaid iddynt orfodi cyfraith y Gymuned … Nid yw cyfraith Ewropeaidd bellach yn llanw sy'n llifo i fyny aberoedd Lloegr. Mae yn awr yn ymchwydd sy'n dymchwel ein morgloddiau ac yn llifo i'r tir dros ein caeau a'n tai — er mawr loes i bawb.'

Gwella gradd

Meddyliwch am ystyr a.2(1) Deddf y Cymunedau Ewropeaidd 1972.

Mae'r adran hon yn darparu ar gyfer cymhwyso cyfraith yr UE yn uniongyrchol yn y DU ac yn cydnabod mai cyfraith yr UE sydd oruchaf os oes gwrthdaro. Gwnewch restr o achosion y soniwyd amdanyn nhw eisoes yn yr uned hon sy'n cadarnhau goruchafiaeth cyfraith yr UE dros gyfraith ddomestig.

Mae **Adran 2(2)** yn darparu pŵer cyffredinol i weithredu rhwymedigaethau'r Gymuned ymhellach trwy gyfrwng **deddfwriaeth eilaidd**.

Ymestyn a herio

Mae'n bwysig deall ffeithiau achos Factortame, am mai dyma'r tro cyntaf i Dŷ'r Arglwyddi roi blaenoriaeth i gyfraith yr UE yn lle cymhwyso Deddf Seneddol y DU. Mae nifer o achosion eraill sy'n cyfiawnhau'r ymagwedd hon, e.e.

- ***Pickstone v Freemans PLC (1988)*** – yn yr achos hwn, penderfynwyd y dylai cyfraith y DU gael ei dehongli yn unol â chyfraith yr UE.

- Achos ***Marleasing (1990)*** sy'n dweud bod gan farnwyr gymorth allanol newydd i ddehongli statudau ac yn pwysleisio dyletswydd Aelod-wladwriaeth i gyrraedd nodau cyfarwyddeb.

Arfer a Thechneg Arholiad

Cyngor a Chanllawiau Arholiad

Sut mae cwestiynau arholiad yn cael eu gosod

Nod arholiadau UG Y Gyfraith CBAC yw annog myfyrwyr i:
- datblygu a chynnal eu mwynhad o'r gyfraith a'u diddordeb yn y pwnc;
- datblygu gwybodaeth a dealltwriaeth o feysydd penodol o'r gyfraith a'r system gyfreithiol yng Nghymru a Lloegr;
- datblygu dealltwriaeth o ddulliau ac ymresymu cyfreithiol;
- datblygu technegau ar gyfer meddwl yn rhesymegol a'r sgiliau sy'n angenrheidiol i ddadansoddi a datrys problemau trwy ddefnyddio rheolau cyfreithiol;
- datblygu'r gallu i fynegi dadleuon a chasgliadau cyfreithiol gan gyfeirio at yr awdurdodau cyfreithiol priodol;
- datblygu ymwybyddiaeth feirniadol o natur newidiol y gyfraith mewn cymdeithas;
- ennill sylfaen gadarn ar gyfer astudiaethau pellach;
- datblygu gwybodaeth ar hawliau a chyfrifoldebau unigolion fel dinasyddion gan gynnwys, pan fo'n briodol, dealltwriaeth o faterion moesol, ysbrydol a diwylliannol;
- datblygu, pan fo'n briodol, sgiliau cyfathrebu, cymhwyso rhif a thechnoleg gwybodaeth;
- gwella eu dysgu a'u perfformiad eu hunain, i hwyluso gweithio gydag eraill a datrys problemau yng nghyd-destun eu hastudiaethau o'r gyfraith.

Mae cwestiynau arholiad yn cael eu hysgrifennu ymhell cyn yr arholiad gan y Prif Arholwr sy'n gyfrifol am yr uned. Bydd pwyllgor o arholwyr profiadol yn trafod ansawdd pob cwestiwn a bydd y cwestiynau yn cael eu newid nes i'r pwyllgor gytuno eu bod yn addas. Mae'r cwestiynau yn cael eu hysgrifennu i adlewyrchu cynnwys a meini prawf llwyddiant y fanyleb.

Mae pob un o'r papurau yn LA1 a LA2 yn werth 50% o gyfanswm y marc UG a 25% o raddfa gyffredinol U2.

Mae atebion arholiad yn cael eu marcio ar sail tri amcan asesu:

- **Amcan Asesu 1 (AA1) – Gwybodaeth a Dealltwriaeth**

  Gwybodaeth a dealltwriaeth yw hyn ac y mae'n cyfrif am 52% o'r marciau UG.

  Mae'r amcan asesu (AA) hwn yn asesu gwybodaeth a dealltwriaeth pob ymgeisydd o'r rheolau a'r egwyddorion sy'n sail i waith y gyfraith fel y nodir yng nghynnwys y pwnc. Mae hefyd yn asesu gallu'r ymgeiswyr i ddisgrifio sut mae'r gyfraith yn gweithio ac yn cael ei chymhwyso'n ymarferol. I gyrraedd ffiniau'r marciau uchaf, byddai disgwyl i ymgeiswyr gyfeirio at y trafodaethau cyfredol, a beirniadaethau a chynigion o bwys ar gyfer diwygio'r gyfraith os yw hynny'n gymwys. Mae disgwyl i ymgeiswyr ddefnyddio awdurdodau cyfreithiol i ategu eu hatebion fel sy'n briodol ac yn ôl gofynion y fanyleb.

- **Amcan Asesu 2 (AA2) – Sgiliau**

  Dadansoddi a gwerthuso yw hyn ac mae'n cyfrif am 36% o'r marciau yn UG.

  Mae'r amcan asesu (AA) hwn yn asesu gallu pob ymgeisydd i werthuso'r modd y mae'r gyfraith yn gweithio ac yn cael ei rhoi ar waith, a'r graddau y mae'n amddiffyn hawliau ac yn gosod dyletswyddau. Mae'n ystyried pa mor dda y gall ymgeiswyr gategoreiddio problemau ffeithiol er mwyn cymhwyso egwyddorion cyfreithiol perthnasol a chynnal dadleuon cyfreithiol, gan gymhwyso'r gyfraith at ffeithiau a chefnogi casgliadau trwy ddyfynnu awdurdodau a thrwy ddadansoddiad a chydweddiad. Yn yr AA, mae disgwyl i ymgeiswyr ddadansoddi a gwerthuso, dehongli a defnyddio deunyddiau cyfreithiol gan gynnwys statudau a ffynonellau eraill y gyfraith.

- **Amcan Asesu 3 (AA3) – Iaith a Dadlau**

  Mae hyn yn cyfrif am 12% o'r marciau UG.

  Mae defnyddio termau allweddol a'r gallu i ddatblygu dadl yn bwysig yn y gyfraith. Mae'r amcan asesu hwn yn edrych ar allu pob ymgeisydd i gyflwyno dadl resymegol a chydlynol a mynegi deunydd perthnasol mewn modd eglur ac effeithiol gan ddefnyddio terminoleg gyfreithiol briodol. Mae'n ystyried i ba raddau y mae ymgeiswyr yn defnyddio termau a chonfensiynau arbenigol sy'n briodol i'r cwestiwn, a sut maent yn trefnu a chyflwyno gwybodaeth, syniadau, disgrifiadau a dadleuon. Mae hefyd yn asesu gallu'r ymgeiswyr i fynegi a chyflwyno'n eglur, gan sillafu, atalnodi a defnyddio gramadeg yn gywir.

Mae dau bapur arholiad UG Y Gyfraith, ar ddau ddiwrnod gwahanol:

LA1

Mae'r papur hwn yn 1½ awr o hyd a bydd ymgeiswyr yn ateb **dau** gwestiwn traethawd o ddewis o chwech. Mae pob cwestiwn wedi ei dorri'n ddwy ran, (a) a (b), sy'n rhoi cyfanswm o 25 marc, a rhaid ateb y ddwy ran. Bydd Rhan (a) yn asesu gwybodaeth a dealltwriaeth a bydd yn werth uchafswm o 14 marc. Bydd Rhan (b) yn asesu sgiliau dadansoddi a gwerthuso a bydd yn werth uchafswm o 11 marc. Mae'r papur allan o gyfanswm o 50 marc.

LA2

Mae'r papur hwn yn 1½ awr o hyd a bydd ymgeiswyr yn ateb **dau** gwestiwn 'ymateb i symbyliad' o ddewis o bedwar. Mae'r cwestiynau hyn yn rhoi prawf ar wybodaeth a dealltwriaeth ond hefyd y gallu i dynnu gwybodaeth berthnasol o'r ffynhonnell neu gymhwyso'r gyfraith at y ffynhonnell. Mae pob cwestiwn wedi ei dorri'n ddwy ran, (a) a (b), sy'n rhoi cyfanswm o 25 marc, a rhaid ateb y ddwy ran. Bydd Rhan (a) yn asesu gwybodaeth a dealltwriaeth a bydd yn werth uchafswm o 14 marc. Bydd Rhan (b) yn asesu sgiliau dadansoddi a gwerthuso a bydd yn werth uchafswm o 11 marc. Mae'r papur allan o gyfanswm o 50 marc.

Sut mae cwestiynau arholiad yn cael eu marcio

Mae dwy ran, (a) a (b), i'r cwestiynau. Caiff myfyrwyr eu hasesu ar y tri 'amcan asesu' a grynhoir uchod ac isod.

Rhan (a)

Ar gyfer cwestiynau rhan (a), sy'n werth 14 marc, gall ymgeiswyr gael uchafswm o 13 marc am AA1 am ateb 'cadarn'. Yn ôl canllawiau marcio CBAC am y Gyfraith gall arholwyr ddyfarnu marc sydd naill ai ar frig neu ar waelod ffin marc (er enghraifft, os yw ateb yn 'ddigonol', gall gael naill ai 7 neu 10 marc). Efallai fod hyn yn edrych yn rhyfedd, ond mae'n caniatáu rhychwant da o farciau. Os yw ateb ymgeisydd yn 'ddiogel' o fewn ffin marc, mae fel arfer yn cyrraedd brig y ffin, ac os yw ateb 'prin' o fewn ffin, mae'n cyrraedd gwaelod ffin y marc. Dyfernir un o'r tri marc sydd ar gael am AA3 am Ran (a). Mae hwn fel arfer yn cael ei ddyfarnu o hyd oni bai bod yr ymgeisydd heb ateb y cwestiwn neu fod y sillafu a'r atalnodi yn arbennig o wael.

Mae marciau yn cael eu dyrannu fel a ganlyn:

MARCIAU	AA3
1	Cyfathrebu'n effeithiol gan ddefnyddio terminoleg gyfreithiol briodol. Er hynny, efallai y bydd llawer o wallau yn y gramadeg, yr atalnodi a'r sillafu, ond ni fydd digon o wallau i amharu ar fynegiant yr ystyr.
0	Methu â chyfathrebu a chyflwyno dadl resymegol, gan gynnwys defnydd annigonol o derminoleg gyfreithiol. Mae gwallau sylweddol yn y gramadeg, yr atalnodi a'r sillafu sy'n amharu ar fynegiant yr ystyr.

MARCIAU	AA1 Gwybodaeth a Dealltwriaeth
11–13	Dengys yr ymgeiswyr wybodaeth a dealltwriaeth gadarn o'r cynnwys pwnc sy'n berthnasol i'r cwestiwn, ac amgyffrediad da o'r cysyniadau a'r egwyddorion sy'n sail i'r cynnwys pwnc hwnnw. Dangosant ddealltwriaeth gadarn o gymhwysiad ymarferol y gyfraith ac maent yn ymwybodol o drafodaethau a beirniadaethau cyfredol gan gynnwys y prif gynigion ar gyfer diwygio.
7–10	Dengys yr ymgeiswyr wybodaeth a dealltwriaeth foddhaol o'r cynnwys pwnc sy'n berthnasol i'r cwestiwn ac mae ganddynt amgyffrediad o rai o'r cysyniadau ac egwyddorion sy'n sail i'r cynnwys pwnc hwnnw. Dangosant ddealltwriaeth gyffredinol o gymhwysiad ymarferol y gyfraith ac maent yn ymwybodol o agweddau ar drafodaethau a beirniadaethau cyfredol.
3–6	Dengys yr ymgeiswyr wybodaeth a dealltwriaeth gyfyngedig o'r cynnwys pwnc sy'n berthnasol i'r cwestiwn, â mewnwelediad cyfyngedig i rai o'r cysyniadau a'r egwyddorion sy'n sail i'r cynnwys pwnc hwnnw. Dangosant ddealltwriaeth gyfyngedig o gymhwysiad ymarferol y gyfraith ac maent yn ymwybodol yn gyffredinol o rai o'r beirniadaethau cyfredol.
0–2	Dengys yr ymgeiswyr wybodaeth a dealltwriaeth sylfaenol o'r cynnwys pwnc sy'n berthnasol i'r cwestiwn a/neu gallant nodi rhai o'r egwyddorion perthnasol. Dangosant fewnwelediad sylfaenol yn achlysurol i rai o'r cysyniadau a'r egwyddorion sy'n sail i'r cynnwys pwnc hwnnw. Dangosant ddealltwriaeth sylfaenol o gymhwysiad ymarferol y gyfraith.

Rhan (b)

Ar gyfer cwestiynau rhan (b), sy'n werth 11 marc, gall ymgeiswyr gael uchafswm o naw marc yn AA2 am ateb 'cadarn'. Mae dau o'r tri marc sy'n cael eu rhoi yn AA3 ar gyfer rhan (b). Yma, mae'r ddau farc a roddir yn seiliedig ar ansawdd cyffredinol ateb ymgeisydd ac yn cael eu hasesu yn ôl diffiniad AA3 isod.

Mae marciau yn cael eu dyfarnu fel a ganlyn:

MARCIAU	AA3
2	Cyflwyna ddadl gwbl resymegol a chydlynol ac mae'n ei chymhwyso'n eglur gan ddefnyddio terminoleg gyfreithiol briodol. Nid yw hyn yn golygu na fydd gwallau yn y gramadeg, yr atalnodi a'r sillafu, ond bydd y rhain yn achlysurol yn unig.
1	Cyflwyna ddadl sydd gan amlaf yn rhesymegol ac yn gydlynol ac mae'n ei chymhwyso'n gymharol foddhaol gan ddefnyddio terminoleg gyfreithiol briodol. Er bod gwallau yn y gramadeg, yr atalnodi a'r sillafu, nid yw'r rhain yn ddigon i dynnu oddi ar fynegiant yr ystyr, sydd gan amlaf yn effeithiol.

MARCIAU	AA2 Sgiliau
8–9	Dengys yr ymgeiswyr werthusiad cadarn o'r modd mae'r gyfraith yn gweithio, neu gymhwysiad cywir a chadarn iawn o'r gyfraith i sefyllfa ffeithiol a roddwyd. Cyflawnant hyn trwy ddethol awdurdodau cyfreithiol, trwy fethodoleg briodol a thrwy eu gallu i gymhwyso'r gyfraith i gwestiwn a roddwyd. Maent yn ategu eu casgliadau trwy ddyfynnu, dadansoddi a chydweddiad.
6–7	Dengys yr ymgeiswyr werthusiad boddhaol o'r modd mae'r gyfraith yn gweithio, neu gymhwysiad cywir a chadarn o'r gyfraith i sefyllfa ffeithiol a roddwyd. Cyflawnant hyn trwy ddethol awdurdodau cyfreithiol, trwy fethodoleg briodol a thrwy eu gallu i gymhwyso'r gyfraith i gwestiwn a roddwyd ac i ategu eu casgliadau â dyfyniadau.
4–5	Dengys yr ymgeiswyr werthusiad cyfyngedig o rai o'r pwyntiau ynghylch dull gweithio'r gyfraith, neu byddant yn cymhwyso'r gyfraith i sefyllfa ffeithiol a roddwyd mewn modd sy'n rhannol gywir ac sydd weithiau heb ei brofi. Cyflawnant hyn trwy ddethol nifer cyfyngedig o awdurdodau cyfreithiol a gallu cyfyngedig i gymhwyso'r gyfraith i gwestiwn a roddwyd.
0–3	Dengys yr ymgeiswyr werthusiad sylfaenol o un o'r pwyntiau mwyaf sylfaenol ynghylch y modd mae'r gyfraith yn gweithio neu byddant yn cymhwyso'r gyfraith i sefyllfa ffeithiol a roddwyd mewn modd sy'n anghywir ac sydd heb ei brofi yn gyffredinol. Bydd rhai cyfeiriadau at awdurdodau cyfreithiol neu ddim o gwbl, ac ni chaiff pwyntiau eu datblygu. Tystiolaeth gyfyngedig iawn a geir o strwythur yn ymateb yr ymgeisydd.

Gwella eich perfformiad yn yr arholiadau

Mae nifer o bethau pwysig i'w cofio a gwallau cyffredin sy'n codi flwyddyn ar ôl blwyddyn:

- Mae gofyn i chi ateb DAU gwestiwn yn y ddau arholiad, ac mae gan y DDAU gwestiwn ran (a) a rhan (b). RHAID i chi ateb rhan (a) a (b) o'r UN cwestiwn yn y ddau gwestiwn rydych yn dewis eu hateb. Mae llawer o ymgeiswyr flwyddyn ar ôl blwyddyn yn camddarllen y cyfarwyddiadau ac yn dewis a dethol rhannau gwahanol o gwestiynau gwahanol, ond ni fyddwch yn ennill marciau o wneud hyn.
- Mae'n syniad dechrau gyda chyflwyniad da i'ch ateb am ei fod yn dangos i'r arholwr eich bod chi'n deall y testun o'r dechrau. Peidiwch ag ysgrifennu cyflwyniad hirwyntog – mae'n werth treulio ychydig o funudau yn meddwl ac yn cynllunio eich ateb cyn dechrau ysgrifennu.

Yn eich cyflwyniad, dylech chi ddechrau trwy ddiffinio'r termau allweddol sydd yn y cwestiwn. Dyma rai enghreifftiau wedi eu hamlygu isod:

'Amlinellwch rôl Gwasanaeth Erlyn y Goron'.

'Trafodwch i ba raddau y mae'r gyfraith yn hybu moesoldeb'.

'Gwerthuswch pa mor ddibynadwy yw treial gan reithgor'.

'Trafodwch yr ymagweddau a ddefnyddir gan farnwyr mewn dehongli statudau'.

- Defnyddiwch gymaint o **awdurdod cyfreithiol** ag y gallwch gofio – mae hyn yn arbennig o bwysig yn rhan (b) lle rydych yn cael prawf o'ch sgiliau cymhwyso. Mae angen i chi wneud yn siŵr hefyd eich bod yn egluro perthnasedd yr achos.

Enghraifft: R v Young (1995)

Ateb A: *Anfantais arall rheithgorau yw nad ydych yn gwybod sut y daeth y rheithgor at ei reithfarn; gwelwyd hyn yn achos R v Young (1995).*

Ateb B: *Anfantais arall rheithgorau yw nad ydych yn gwybod sut y daeth y rheithgor at ei reithfarn; gwelwyd hyn yn achos R v Young (1995), lle defnyddiodd y rheithgor fwrdd Ouija i gysylltu â'r dioddefwr marw.*

Mae'r adran a amlygwyd yn Ateb B uchod yn dangos bod yr ymgeisydd yn gwybod ac yn deall perthnasedd yr achos, lle nad yw'r ymgeisydd yn Ateb A wedi gwneud mwy na defnyddio'r achos i ategu ei bwynt a heb fynd ymlaen i ddangos SUT.

- Mae cwestiynau Rhan (a) fel arfer yn rhoi prawf ar eich gwybodaeth a dealltwriaeth o destun, ac mae geiriau gorchymyn fel **Eglurwch, Disgrifiwch, Amlinellwch** yn dangos hyn.
- Mae Rhan (b) yn gofyn i chi gyflwyno dadl **gytbwys**; bydd cyfle o hyd i edrych ar ddwy ochr dadl, a dylech ofalu eich bod yn rhoi sylw i'r ddwy ochr yn drwyadl.

Arfer a Thechneg Arholiad

Mae'r geiriau gorchymyn yn dangos bod angen dadansoddi a gwerthuso. Mae cwestiynau cyffredin yn cynnwys:

'Ystyriwch effeithiolrwydd…'
'I ba raddau…'
'Ystyriwch fanteision ac anfanteision…'
'Trafodwch effaith…'
'Gwerthuswch bwysigrwydd…'

Mae geiriad y cwestiynau hyn i gyd yn rhoi cyfle i chi i edrych ar ddwy ochr y ddadl, ac mae'r arholwr yn chwilio am ddadl resymegol a chytbwys, sy'n cyfeirio at yr awdurdod cyfreithiol perthnasol, ac yn cynnwys casgliad taclus i'r cyfan.

- Lle bo modd, ceisiwch ddyfynnu'r awdurdod cyfreithiol yn llawn. Cewch farciau am geisio dyfynnu, ond yn amlwg, mae'n fwy priodol dysgu am yr achosion a'r awdurdod cyfreithiol perthnasol.

  Ateb A: *Anfantais arall system y rheithgor yw nad ydych yn gwybod sut y daeth y rheithgor at ei reithfarn, fel y gwelwyd yn yr achos lle defnyddiodd y rheithgor Fwrdd Ouija.*

  Ateb B: *Anfantais arall rheithgorau yw nad ydych yn gwybod sut y daeth y rheithgor at ei reithfarn; gwelwyd hyn yn achos <u>R v Young (1995)</u>, lle defnyddiodd y rheithgor fwrdd Ouija i gysylltu â'r dioddefwr marw.*

  Mae'n ddigon amlwg bod Ateb A yn gwybod am yr achos, ond mae'r ffaith bod yr ymgeisydd yn Ateb B wedi ei ddyfynnu yn llawn yn ei gwneud yn glir i'r arholwr bod yma wybodaeth **gadarn**, yn hytrach na dim ond gwybodaeth **ddigonol**.

- Byddwch yn ymwybodol o ddiwygiadau a beirniadaethau diweddar a materion cyfoes yn y maes. Efallai y bydd eich darlithydd wedi tynnu eich sylw at adroddiadau a newyddion o'r fath, ond mae'n arfer da bod yn gyfarwydd â'r datblygiadau diweddar. Nodwch y gwefannau hyn fel ffefrynnau ar eich cyfrifiadur:

Gwefannau cyffredinol – mae'r rhain yn dda am erthyglau newyddion ac yn rhoi enghreifftiau o ddatblygiadau diweddar sydd o bwys i'r cyhoedd.

BBC – www.bbc.co.uk
The Guardian – www.guardian.co.uk
The Times – www.thetimes.co.uk
The Independent – www.independent.co.uk
The Daily Telegraph – www.telegraph.co.uk

Gwefannau pwnc-benodol – gwefannau yw'r rhain sy'n cynnig gwybodaeth benodol am rai pynciau.

ACAS – www.acas.org.uk
Gwasanaeth Erlyn y Goron – www.cps.gov.uk
Y Swyddfa Gartref – www.homeoffice.gov.uk
Y Senedd – www.parliament.uk
Y Weinyddiaeth Gyfiawnder – www.justice.gov.uk
Directgov – www.direct.gov.uk
www.cynulliadcymru.org
http://cymru.gov.uk

- Gofalwch eich bod yn ateb y cwestiwn. Bydd llawer o ymgeiswyr wedi dysgu traethodau ar eu cof, a'u hailadrodd yn yr arholiad, ac yna'n gweld wedyn nad yw'r traethodau y mae wedi'u dysgu yn ateb y cwestiwn o gwbl mewn gwirionedd. Darllenwch y cwestiwn a'i ailddarllen i wneud yn sicr bod yr ateb rydych wedi'i gynllunio yn ateb yr union gwestiwn.

- Wrth adolygu, byddwch yn ofalus os penderfynwch adael rhai testunau allan. Mae'n debyg iawn y cewch gwestiynau sy'n 'cymysgu' testunau, ac efallai y cewch gwestiwn lle y gallwch ateb rhan (a) ond nad ydych wedi adolygu digon i ateb rhan (b) cystal. Edrychwch yn ôl dros hen bapurau a gweld pa gyfuniad o destunau sy'n codi.

- NID ymarfer darllen a deall yw papur LA2. Mae gofyn i chi ddefnyddio'r symbyliad fel ffynhonnell i ategu'r hyn a ddywedwch, ond yn y pen draw, rydych yn cael eich arholi ar eich gwybodaeth CHI. Ni fydd ailysgrifennu tabl yn eich geiriau eich hun, neu ddyfynnu'n helaeth o'r ffynhonnell, yn ennill marciau i chi.

- Byddwch yn cael eich marcio ar eich defnydd o'r termau cyfreithiol priodol a'ch dealltwriaeth o egwyddorion cyfreithiol craidd; ac eto mae ymgeiswyr yn aml yn gwneud gwallau syml iawn.

  Ydych chi'n gwybod y gwahaniaeth rhwng:
  - *CJEU a'r ECHR?*
  - *Euog ac Atebol?*
  - *Ynadon a Rheithgorau?*

  Er y gall y gwallau hyn ymddangos yn amlwg, maent yn gyffredin iawn, felly gofalwch eich bod yn deall beth ydynt a gwyliwch eich sillafu:
  - *Diffynnydd*
  - *Dedfryd*
  - *Cynsail*
  - *Treial*

- Mae Hawliau Dynol yn egwyddor sylfaenol y rhan fwyaf o'r system gyfreithiol yn awr, ac felly mae disgwyl y bydd sôn amdanynt ym mhob testun yn yr arholiad. Mae'n bwysig felly fod gennych ddealltwriaeth dda o <u>**Ddeddf Hawliau Dynol 1998**</u>, yn ogystal ag Erthyglau allweddol <u>**Y Confensiwn Ewropeaidd ar Hawliau Dynol**</u> – gweler t. 51 am ddadansoddiad manwl o'r elfennau allweddol.

UG Y Gyfraith: Canllaw Astudio ac Adolygu

Cwestiynau ac Atebion

1. Rheolaeth Cyfraith; Y Gyfraith a Moesoldeb	t95	a)	Ystyriwch rôl barnwyr wrth hyrwyddo Rheolaeth Cyfraith.	*(14 marc)*
	t96	b)	Trafodwch i ba raddau y dylai moesoldeb gael ei orfodi gan y gyfraith.	*(11 marc)*
2. Rheithgorau	t98	a)	Eglurwch y mathau gwahanol o dreial rheithgor sydd ar gael yng Nghymru a Lloegr.	*(14 marc)*
	t99	b)	I ba raddau mae treial gan reithgor yn ddibynadwy?	*(11 marc)*
3. Cyfraith Gwlad ac Ecwiti	t101	a)	Rhowch amlinelliad o ddatblygiad cyfraith gwlad ac ecwiti.	*(14 marc)*
	t102	b)	Trafodwch effaith ecwiti ar ddatblygiad cyfraith gwlad.	*(11 marc)*
4. Y Broses Droseddol: Mechnïaeth/*CPS*	t104	a)	Eglurwch y pwerau sydd ar gael i ganiatáu mechnïaeth.	*(14 marc)*
	t105	b)	Trafodwch rôl Gwasanaeth Erlyn y Goron o fewn system gyfreithiol Cymru a Lloegr.	*(11 marc)*
5. Y Broses Droseddol: *CCRC*	t107	a)	Amlinellwch rôl Llys y Goron ar gyfer gwrando achosion troseddol.	*(14 marc)*
	t109	b)	Trafodwch effaith y Comisiwn Adolygu Achosion Troseddol.	*(11 marc)*
6. Y Broses Sifil	t110	a)	Amlinellwch y prif ddiwygiadau a gafodd eu cyflwyno i'r System Cyfiawnder Sifil yn 1999.	*(14 marc)*
	t111	b)	Trafodwch effaith y diwygiadau hyn ar y System Cyfiawnder Sifil.	*(11 marc)*
7. Dull Amgen o Ddatrys Anghydfod; Tribiwnlysoedd	t113	a)	Amlinellwch y mathau gwahanol o Ddull Amgen o Ddatrys Anghydfod.	*(14 marc)*
	t114	b)	Gwerthuswch rôl tribiwnlysoedd yng Nghymru a Lloegr.	*(11 marc)*
8. Yr Undeb Ewropeaidd: Sefydliadau	t115	a)	Beth yw rôl Llys Cyfiawnder yr Undeb Ewropeaidd?	*(14 marc)*
	t117	b)	Trafodwch bwerau a dulliau gwneud penderfyniadau Cyngor yr Undeb Ewropeaidd, y Comisiwn Ewropeaidd a Senedd Ewrop.	*(11 marc)*
9. Y Goruchaf Lys; Cynsail Barnwrol	t118	a)	Eglurwch rôl y Goruchaf Lys.	*(14 marc)*
	t120	b)	Darllenwch y darn canlynol ac ystyriwch gymhwysiad yr athrawiaeth cynsail yn yr achos hwn.	*(11 marc)*
10. Deddf Hawliau Dynol 1998	t121	a)	Eglurwch effaith Deddf Hawliau Dynol 1998 ar gyfraith Cymru a Lloegr.	*(14 marc)*
	t123	b)	Gwerthuswch rôl Llys Hawliau Dynol Ewrop yng nghyfraith Cymru a Lloegr.	*(11 marc)*
11. Y Farnwriaeth	t124	a)	Eglurwch sut mae barnwyr yn cael eu penodi.	*(14 marc)*
	t126	b)	I ba raddau y mae barnwyr yn cynrychioli cymdeithas?	*(11 marc)*
12. Diwygio'r Gyfraith	t128	a)	Gan roi enghreifftiau, eglurwch rôl carfanau pwyso wrth hyrwyddo diwygio'r gyfraith.	*(14 marc)*
	t130	b)	Gwerthuswch rôl Comisiwn y Gyfraith yn y broses o ddiwygio'r gyfraith yng Nghymru a Lloegr.	*(11 marc)*
13. Dehongli Statudau	t132	a)	Eglurwch rôl Hansard wrth ddehongli statudau.	*(14 marc)*
	t133	b)	Gan ddefnyddio eich gwybodaeth o ddehongli statudau, ystyriwch a gafodd trosedd ei chyflawni yn y sefyllfa isod.	*(11 marc)*
14. Dehongli Statudau	t135	a)	Amlinellwch y ffordd mae'r Llysoedd wedi dehongli statudau.	*(14 marc)*
	t137	b)	Gan ddefnyddio eich gwybodaeth am ddehongli statudau, ystyriwch a yw trosedd wedi'i chyflawni yn y sefyllfa isod.	*(11 marc)*
15. Yr Undeb Ewropeaidd: Ffynonellau Cyfraith	t139	a)	Eglurwch rôl cyfarwyddebau Ewropeaidd yng nghyfraith Cymru a Lloegr.	*(14 marc)*
	t140	b)	Gwerthuswch ffynonellau cynradd ac eilaidd cyfraith Ewrop.	*(11 marc)*

Cwestiynau ac Atebion

1. Rheolaeth Cyfraith; Y Gyfraith a Moesoldeb

a) Ystyriwch rôl barnwyr wrth hyrwyddo Rheolaeth Cyfraith.
(14 marc)

Ateb Tom

① Mae Rheolaeth Cyfraith yn seiliedig ar yr egwyddor nad oes neb yn uwch na'r gyfraith – hyd yn oed y Frenhines. Daeth yr egwyddor i fod yn y bedwaredd ganrif ar bymtheg. Mae llawer yn ystyried mai sofraniaeth seneddol a Rheolaeth Cyfraith yw egwyddorion mwyaf pwysig y cyfansoddiad.

② Mae gan Reolaeth Cyfraith dair elfen: Dim cosb heb dorri cyfraith, sy'n golygu na ddylai neb gael ei gosbi gan y wladwriaeth oni bai ei fod wedi torri cyfraith. Un gyfraith a ddylai lywodraethu pawb, dylai'r gyfraith gael ei rhoi yn gyfartal ac nid yw hawliau unigolion yn cael eu sicrhau trwy gyfansoddiad ysgrifenedig, ond gan farnwyr. Dylai barnwyr fod yn rhydd i benderfynu achosion heb ddylanwad o'r tu allan.

③ Mae'r hawl i dreial teg yn ategu dim cosb heb dorri cyfraith, ond nid yw mechnïaeth a remand yn ei ategu. Yn y gymdeithas heddiw, mae pawb yn cael ei drin yn gyfartal, gyda'r cyfreithiau yn dilyn yr egwyddor mai un gyfraith a ddylai lywodraethu pawb. Mae'r elfen gyntaf yn sôn na ddylai neb gael ei gosbi os nad yw wedi torri cyfraith. Mae'r elfen hon yn cael ei chynnwys am reswm amlwg, nad yw'n iawn cosbi neb os nad yw wedi gwneud dim o'i le. Yn anffodus, ni ellir cymhwyso hyn ym mhob achos. Mae hyn oherwydd y gall pobl gael eu dyfarnu'n euog ar gam, fel llofruddiaeth, er enghraifft – ac os ydych chi'n cael eich dyfarnu'n euog, cewch eich cosbi yn llym. Mae hyn yn digwydd lai a llai yn awr am fod profion fforensig yn rhoi gwell canlyniadau. Ond petai hyn yn digwydd, gall pobl nad ydynt efallai erioed wedi cyflawni trosedd yn eu bywyd gael eu cosbi am drosedd. Hefyd, os yw rhywun yn cael ei gadw ar remand am unrhyw reswm, ac yna'i ryddhau heb gyhuddiad, gall y remand gael ei weld fel cosb i'r unigolyn am iddo gael ei ddal yn erbyn ei ewyllys. O edrych ar y ddwy enghraifft hyn, gallaf weld, er y gall y gyfraith fynd yn erbyn yr elfen hon, nid ar bwrpas y mae hynny; am fod rhagdyb bod yr unigolyn wedi torri'r gyfraith neu mae'n debyg ei fod wedi gwneud, felly gwneud eu dyletswydd y maent.

④ Y drydedd elfen yw nad oedd hawliau'r unigolyn wedi eu sicrhau gan gyfansoddiad ysgrifenedig, ond gan benderfyniadau barnwyr. Mae hyn yn golygu y dylai'r penderfyniad terfynol fod yn seiliedig ar beth mae'r barnwr yn ei feddwl am yr achos, ac ni ddylai ei ddylanwadu gan gyfansoddiad neu ddylanwadau allanol eraill. Mae hyn yn syniad da am ei fod yn golygu y bydd y penderfyniad wedi ei seilio ar ffeithiau'r achos ac nid rheolau wedi eu gosod i lawr gan ddogfen.

Sylwadau'r arholwr

① Cyflwyniad byr iawn i'r traethawd. Mae Tom wedi nodi beth yw rheolaeth cyfraith ond heb grybwyll enw Dicey. Er hynny, mae Tom wedi cyflwyno cysyniad sofraniaeth seneddol yma. Mae hyn yn dda am ei fod yn effeithio ar allu barnwyr i hybu rheolaeth cyfraith.

② Mae Tom wedi amlygu tair rhan rheolaeth cyfraith yn dda. Fodd bynnag, nid oes sôn am athrawiaeth gwahaniad pwerau na Montesquieu.

③ Mae Tom wedi gwneud rhai pwyntiau da yn y paragraff hwn, ond mae'n rhy hir o lawer a dylai fod wedi cael ei dorri i lawr i baragraffau ar wahân, lle byddai'r pwyntiau wedi cael mwy o effaith. Mae'r drafodaeth am dreial teg, remand a mechnïaeth yn dda, ond yn edrych braidd yn ddryslyd am fod Tom yn ceisio trafod yr hawl bod pawb yn ddieuog hyd ei brofi yn euog.

④ Nid yw Tom yn cynnig casgliad gwirioneddol.

Marc a ddyfarnwyd:
AA1 – 6
AA3 – 1
Cyfanswm = 7 o 14 (50%)

Er bod Tom wedi dangos peth gwybodaeth o egwyddorion rheolaeth cyfraith, does dim achos i ategu, na statudau, dim enghreifftiau cyfredol o dorri rheolaeth cyfraith ac ymgais cyfyngedig iawn i ateb y cwestiwn.

Ateb Seren

① Rheolaeth Cyfraith yw'r egwyddor sylfaenol sy'n sail i'n system gyfreithiol trwy sicrhau bod pob unigolyn yn cael ei warchod rhag camddefnydd o rym gan y Wladwriaeth. Mae Rheolaeth Cyfraith yn seiliedig ar yr egwyddor nad oes neb uwchlaw'r gyfraith – hyd yn oed y Frenhiniaeth. Mae'n bodoli er mwyn amddiffyn hawliau dynol pob dinesydd ac yn sicrhau goruchafiaeth y gyfraith.

② Datblygwyd Rheolaeth Cyfraith gan yr athronydd mawr Prydeinig Dicey yn y bedwaredd ganrif ar bymtheg. Credai ef fod angen sefydlu tair egwyddor bwysig er mwyn gweithredu Rheolaeth Cyfraith yng nghyfraith y DU. Yn gyntaf, ni ddylai neb gael ei gosbi oni bai ei fod wedi torri'r gyfraith; yn ail, mae hawliau pob unigolyn yn deillio o'r gyfraith, ac yn drydydd, mae pob unigolyn yn gyfartal gerbron y gyfraith ac mae'n rhaid i bawb ufuddhau iddi. Mae'r drydedd elfen, sef nad oedd hawliau'r unigolyn wedi eu sicrhau trwy gyfansoddiad ysgrifenedig ond gan benderfyniadau barnwyr mewn cyfraith gyffredin, yn bwysig iawn i sicrhau bod barnwyr yn hybu rheolaeth cyfraith.

③ Yn ôl egwyddor gwahaniad pwerau, a ddatblygwyd gan yr athronydd Ffrengig Montesquieu, nid oes modd rhoi pŵer llawn ein cyfansoddiad i un ochr, felly fe'i rhannwyd yn dair: y corff deddfwriaethol sy'n gwneud y gyfraith, y farnwriaeth sy'n dehongli'r gyfraith, a'r weithredieth sy'n gorfodi'r gyfraith. Mae hyn wedi helpu i gynnal Rheolaeth Cyfraith trwy Annibyniaeth Farnwrol.

④ Annibyniaeth Farnwrol yw un o'r egwyddorion pwysicaf i helpu barnwyr i hybu rheolaeth cyfraith. Mae'n dweud na ddylai'r farnwriaeth ddod dan ddylanwad y corff deddfwriaethol na'r weithredieth. Dyma'r sefyllfa yn y DU erbyn hyn dan Ddeddf Diwygio Cyfansoddiadol 2005. Roedd y Ddeddf hon yn diwygio llawer rhan o'r gyfraith, ac yn cadarnhau y dylai barnwyr hybu rheolaeth cyfraith ac ymdrin ag unrhyw achosion o dorri Rheolaeth Cyfraith.

⑤ Creodd Deddf Diwygio Cyfansoddiadol 2005 y Goruchaf Lys a sefydlwyd ac a agorwyd yn 2009 a dyma yn awr y llys uchaf yng Nghymru a Lloegr. Creodd hefyd y Comisiwn Penodiadau Barnwrol sydd â'r rôl o benodi barnwyr, gan symud y cyfrifoldeb oddi ar y llywodraeth. Diwygiodd hefyd rôl yr Arglwydd Ganghellor, sef y rôl fwyaf anghyfansoddiadol yn ôl llawer, am ei fod yn Aelod Seneddol, yn rhan o'r llywodraeth a hefyd yn bennaeth, ac yn aelod o'r farnwriaeth. Nid yw hyn chwaith yn wahaniad pwerau pur, ac felly cafodd ei symud fel pennaeth ac aelod o'r farnwriaeth, oedd yn sicrhau annibyniaeth farnwriaeth.

UG Y Gyfraith: Canllaw Astudio ac Adolygu

⑥ Agwedd bwysig arall sy'n helpu barnwyr i hybu'r gyfraith yw adolygiad barnwrol, sydd yn y bôn yn sicrhau bod holl weithredoedd y llywodraeth yn gyfreithlon. Mae hyn yn dangos bod dynion a menywod a swyddogion y llywodraeth yn gyfartal gerbron y gyfraith a'u bod yn gorfod ufuddhau i'r gyfraith. Cadarnhawyd yn R v Horseferry (1994) mai rôl bwysig y farnwriaeth yw cynnal rheolaeth cyfraith yn y DU ac amddiffyn hawliau dynol pob dinesydd.

⑦ Mae gan y DU gyfansoddiad anysgrifenedig y gellir ei newid yn hawdd, yn groes i rai democratiaethau Gorllewinol modern sydd â chyfansoddiad ysgrifenedig y mae angen gweithredu gweithdrefn arbennig er mwyn ei newid. Gellir ystyried ein cyfansoddiad anysgrifenedig yn berygl i Reolaeth Cyfraith a gallai atal barnwyr rhag cyflawni eu rôl yn llawn.

⑧ Egwyddor a allai atal barnwyr rhag hybu rheolaeth cyfraith yw Sofraniaeth Seneddol. Mae Magna Carta 1215 yn sicrhau damcaniaeth Dicey y 'dylai holl hawliau unigolion ddeillio o'r gyfraith', am iddo greu Habeas Corpus, oedd yn dweud na allai'r Brenin garcharu barwn heb fynd ag ef i lys i bennu ei euogrwydd. Gellid dadlau bod hyn yn torri Deddf Terfysgaeth 2001 oedd yn rhoi grym i'r heddlu gadw unrhyw un oedd dan amheuaeth, heb dreial. Mae hyn yn amlwg yn torri rheolaeth cyfraith ac yn enghraifft o sut mae'r Senedd yn sofran i farnwyr.

⑨ I gloi, mae rôl hybu rheolaeth cyfraith yn cael ei amddiffyn gan ein cyfansoddiad, ond ei fygwth gan Sofraniaeth Seneddol. Mae'n trin pob dinesydd yr un fath, ac mae'r rôl farnwrol yn bwysig iawn yn ein cyfansoddiad.

Sylwadau'r arholwr

① Paragraff agoriadol da yn diffinio rheolaeth cyfraith. Mae'n dda am fod Seren wedi gwneud yn dda yma i ddiffinio unrhyw dermau allweddol, er y gallai fod wedi rhoi ychydig mwy o ddyfnder trwy ddweud bod rheolaeth cyfraith yn golygu y dylai'r wladwriaeth lywodraethu ei dinasyddion yn ôl rheolau y cytunwyd arnynt.

② Gwnaeth Seren yn dda i grybwyll Dicey am ei fod yn berson allweddol yn y ddadl am reolaeth cyfraith.

③ Mae gan ateb Seren strwythur rhesymegol da, mae'n symud o Dicey at Montesquieu, dau o bobl allweddol mae'n rhaid eu trafod mewn ateb ar reolaeth cyfraith.

④ Yn y paragraff hwn mae Seren yn ystyried sut mae barnwyr yn hybu rheolaeth cyfraith; da iawn i gynnwys statudau allweddol.

⑤ Gwnaeth Seren yn dda i gynnwys sut y penodir barnwyr a chyfeirio at symud pwerau oddi wrth yr Arglwydd Ganghellor, am fod y ddau beth yn allweddol i sicrhau annibyniaeth y farnwriaeth ac yn ei dro hybu rheolaeth cyfraith.

⑥ Rhagorol yw ategu eich dadleuon gydag achosion allweddol. Mae Seren wedi gwneud yn dda iawn yma i gysylltu'r achos hwn â'r cwestiwn.

⑦ Gallai Seren fod wedi datblygu mwy ar y paragraff hwn. Nid yw Seren yn wir wedi egluro pam mae ein cyfansoddiad anysgrifenedig yn berygl i reolaeth cyfraith a sut mae'n atal barnwyr rhag cyflawni eu rôl yn llawn.

⑧ Fodd bynnag, dylai Seren fod wedi mynd ymlaen yma i ystyried effaith Deddf Hawliau Dynol 1998, yn enwedig adrannau 3 a 4 ar rôl barnwyr yn gorfodi hawliau dynol a hybu rheolaeth cyfraith. Achos da i ddangos hyn yw A and others v Secretary of State for the Home Department (2004) lle dywedodd barnwyr Tŷ'r Arglwyddi fod Deddf Terfysgaeth 2001 yn anghydnaws â hawliau dynol, ac roedd rhaid i'r Senedd newid y gyfraith yn sgil hyn.

⑨ Mae casgliad yn nodwedd bwysig iawn o draethawd. Dylai'r casgliad glymu prif bwyntiau'r traethawd ynghyd, ond mae braidd yn fyr yn ateb Seren. Gallai Seren hefyd fod wedi cynnwys mwy o enghreifftiau cyfoes o dorri rheolaeth cyfraith, e.e. 'trosglwyddo eithriadol'.

Marc a ddyfarnwyd:
AA1 – 11
AA3 – 1
Cyfanswm = 12 o 14 (86%)

Mae hwn yn ateb cadarn da sy'n dangos gwybodaeth gadarn am reolaeth cyfraith. Yn fwyaf pwysig, mae Seren wedi gwneud ymdrech i ateb y cwestiwn trwy'r traethawd i gyd, yn hytrach nag ysgrifennu popeth mae'n ei wybod am reolaeth cyfraith. Mae wedi ei gysylltu â sut mae barnwyr yn hybu rheolaeth cyfraith. Defnyddiodd Seren y termau a'r dyfyniadau cywir. Byddai Seren wedi cael y marc uchaf petai hefyd wedi trafod effaith Deddf Hawliau Dynol 1998 ar farnwyr yn hybu rheolaeth cyfraith.

C&A b) Trafodwch i ba raddau y dylai moesoldeb gael ei orfodi (*be enforced*) gan y gyfraith. *(11 marc)*

Ateb Tom

① Mae rhai rhannau o'n cyfraith yn amlwg dan ddylanwad moesoldeb, er enghraifft y gyfraith ar erthylu. Mae llawer cyfraith sydd gennym wedi digwydd oherwydd pethau yn y Beibl, a grwpiau crefyddol heddiw. Er enghraifft, nid oes gennym gyfraith yn y wlad hon sy'n gadael i chi ladd rhywun sy'n marw, ond mewn rhai gwledydd eraill mae hyn yn cael ei ganiatáu.

② Hefyd yn ein gwlad ni nid yw'r gosb eithaf gennym. Mae hyn yn fater moesol iawn, lle penderfynodd ein llywodraeth fod hyn yn foesol anghywir, ond petaent wedi gofyn i'r bobl, rwy'n credu y buasai mwyafrif o'i phlaid, felly nid yw ein cyfraith yn wir yn ystyried moesau pawb.

③ Credodd rhai pobl y dylai'r gyfraith orfodi moesoldeb, a phobl eraill sy'n credu na ddylai'r gyfraith orfodi moesoldeb ac y dylai pobl fod yn rhydd i wneud beth maent eisiau cyhyd â'u bod ddim yn niweidio eraill.

④ Mae llawer o bynciau moesol yn ein cymdeithas heddiw. A ddylai pobl allu dewis rhyw eu baban, os oes ganddynt fechgyn ac eisiau merch, neu ddewis lliw llygaid eu baban? Mae'n rhaid i'r gyfraith chwarae rhan mewn achosion fel y rhain a dweud ei fod yn anghywir gan y gallai hyn arwain at bobl yn camddefnyddio'r gyfraith.

Cwestiynau ac Atebion

Sylwadau'r arholwr

① Mae Tom wedi nodi o le gall dylanwadau moesol ddod ac wedi rhoi un enghraifft, ond ar y cyfan, paragraff agoriadol gweddol wan yw hwn.

② Eto, mae Tom wedi nodi pwnc moesol arall, ac mae hwn yn un da i'w drafod, ond fe allai fod wedi ei ddatblygu ymhellach. Gallai Tom fod wedi sôn am bleidleisiau rhydd yn y Senedd lle gall ASau bleidleisio ar faterion moesol yn y gyfraith yn ôl eu cydwybod.

③ Yma, mae Tom yn ceisio trafod dadl Hart–Devlin, ond mae wedi methu eu henwi na datblygu'r ddadl mewn ffordd ar wahân i un gyfyngedig iawn.

④ Unwaith eto, mae'r paragraff olaf yn sôn am faterion moesol cyfredol, ond does dim awdurdod cyfreithiol i'w ategu. Mae'r ateb yn sgyrsiol iawn, yn trin materion moesol cyffredinol y byddai'r rhan fwyaf o bobl yn ymwybodol ohonynt, boed yn astudio'r gyfraith neu beidio.

Marc a ddyfarnwyd:
AA2 – 5
AA3 – 1
Cyfanswm = 6 o 11 (55%)

Ateb cyfyngedig yw hwn sy'n crybwyll rhai o'r prif feysydd ond mae diffyg esboniadau ac awdurdod cyfreithiol i ategu pwyntiau yn golygu na all gael mwy na 5 marc. Dim trafodaeth o ddadl Hart–Devlin.

Ateb Seren

① Mae moesau yn normadol; maent yn amrywio rhwng pobl wahanol a grwpiau crefyddol gwahanol. Mae llawer o egwyddorion system gyfreithiol Cymru a Lloegr yn deillio o gysyniadau crefyddol ac felly yn cadw graddfa o foesoldeb yn y system.

② Yn achos Pretty v UK yr oedd menyw oedd yn dioddef o glefyd niwronau motor eisiau cymryd ei bywyd ei hun, ond allai hi ddim. Roedd wedi dod i ben system llysoedd y DU wrth geisio sicrwydd, na fyddai ei gŵr yn cael ei erlyn petai'n ei helpu i farw. Pan apeliodd i Lys Hawliau Dynol Ewrop, dyfarnwyd na ddylai erthygl 2 – yr hawl i fywyd – gael ei ddehongli mewn unrhyw ffordd i ganiatáu'r hawl i farw. Byddai rhai yn dadlau bod y dyfarniad hwn yn foesol iawn am eu bod yn credu'r egwyddor grefyddol bod bywyd yn sanctaidd. Ar y llaw arall, byddai rhai yn dadlau bod poen a dioddefaint yn anfoesol, ac y dylid gallu gorfodi moesoldeb os yw'r person yn ei iawn bwyll er mwyn ei alluogi i gymryd ei fywyd ei hun os mai dyna ei ddymuniad.

③ Yn achos R v Cox yr oedd meddyg wedi rhoi pigiad i glaf oedd yn derfynol wael gan achosi marwolaeth bron yn syth. Honnodd ar gam yn ei amddiffyniad fod y cyffur yn cael ei brofi fel lladdwr poen. Byddai rhai pobl yn dadlau bod cymryd bywyd rhywun yn anghyfreithlon yn anfoesol ac y dylid ei gosbi. Er y gall eraill anghytuno a meddwl ei bod yn foesol rhoi diwedd ar boen a dioddefaint person, gallent feddwl hefyd na ddylid gorfodi'r farn hon am foesoldeb gan y gyfraith am y gallai arwain at 'lofruddiaethau' posibl diangen, a fyddai'n anfoesol.

④ Yn achos R v Brown cymerodd chwech o oedolion cydsyniol gwryw oedd yn hoyw ran mewn gweithredoedd o drais sadomasocistaidd ac fe'u cyhuddwyd o ymosod. Gwrthododd Tŷ'r Arglwyddi eu dadleuon eu bod oll yn cydsynio, gan ddweud bod pleser o boen yn beth ofnadwy, a chafwyd y dynion yn euog. Byddai hyn yn cefnogi barn rhai pobl o foesoldeb, er enghraifft pobl grefyddol, a byddent yn cytuno â datganiad Tŷ'r Arglwyddi.

⑤ Cafodd adroddiad Wolfenden ei gomisiynu wedi i gyfres o ddynion adnabyddus gael eu cyhuddo o weithredoedd gwrywgydiol. Arweiniodd hyn at gyfreithloni gweithredoedd gwrywgydiol rhwng oedolion cydsyniol yn breifat, a hefyd ddadl Hart–Devlin.

⑥ Roedd Devlin yn credu mai rôl cymdeithas oedd amddiffyn pobl ar sail yr hyn oedd yn cael ei weld yn ddrwg ac yn dda, a chredai Hart y dylai moesoldeb gael ei adael i'r unigolyn ac nad oedd gweithredoedd preifat yn fygythiad i gymdeithas. Cafwyd y chwe dyn yn achos Brown yn euog er bod gweithredoedd gwrywgydiol preifat wedi eu cyfreithloni, sy'n cynnal barn Devlin am foesoldeb.

⑦ I gloi, mae moesoldeb i raddau yn cael ei orfodi gan y gyfraith, er nad yw hyn wastad yn cael ei gydnabod. Mae moesoldeb yn y gyfraith yn gyfaddawd cyfartal o amrywiol farn am beth yn wir yw cysyniad moesoldeb.

Sylwadau'r arholwr

① Paragraff agoriadol da, yn gosod y cefndir yn glir am weddill yr ateb.

② Bron yn syth, mae Seren wedi defnyddio cyfraith achosion i ategu ei phwyntiau am foesoldeb. Mae hyn yn dda iawn ac yn cysylltu'n uniongyrchol â chwestiwn a ddylai'r gyfraith orfodi moesoldeb.

③ Eto, mae'n defnyddio cyfraith achosion i ddangos sut mae'r gyfraith yn gorfodi moesoldeb. Mae'r pwyntiau a wneir yn y paragraff yn ailadrodd braidd yr hyn a ddywedwyd yn y paragraff blaenorol. Efallai y gallai Seren fod wedi defnyddio achos mwy diweddar hefyd, e.e. Re A (Children) (Conjoined Twins: Surgical Separation) (2001).

④ Mae hwn yn achos campus i ddangos sut mae'r gyfraith wedi gorfodi moesoldeb hyd yn oed ar weithredoedd a wneir yn breifat.

⑤ Gwnaeth Seren yn dda i grybwyll adroddiad Wolfenden a dadl Hart–Devlin – rhaid cynnwys hyn mewn unrhyw draethawd ar foesoldeb. Fodd bynnag, gallai fod wedi crybwyll dadleuon a deddfwriaeth fwy diweddar hefyd, e.e. profi embryonau, Deddf Ffrwythloni Dynol ac Embryoleg 2008.

⑥ Cymhwyso achos Brown yn dda i ddadl Hart–Devlin.

⑦ Casgliad braidd yn fyr, gallai Seren fod wedi ymestyn hyn ymhellach i gynnwys materion moesoldeb mwy diweddar ac amserol, e.e. clonio, IVF, babanod dethol.

Marc a ddyfarnwyd:
AA2 – 8
AA3 – 2
Cyfanswm = 10 o 11 (91%)

Yn gyffredinol mae hwn yn ateb da; mae gwir berygl gyda chwestiynau moesoldeb i'r atebion droi'n sgyrsiol, cyffredinol a niwlog heb fawr ddim awdurdod cyfreithiol i ategu. Mae Seren wedi osgoi hyn ac wedi ceisio ateb y cwestiwn. Cofiwch o hyd gynnwys achosion a dadleuon cyfredol mewn moesoldeb a deddfwriaeth gyfredol, e.e. HFEA 2008.

2. Rheithgorau

> a) Eglurwch y mathau gwahanol o dreial rheithgor sydd ar gael yng Nghymru a Lloegr. *(14 marc)*

Ateb Tom

① Mae'r rheithgor yn hen sefydliad democrataidd sydd wedi ei ddefnyddio ers y ddeuddegfed ganrif. Disgrifiodd yr Arglwydd Devlin y rheithgor fel 'y lamp sy'n dangos bod rhyddid yn fyw'.

② Yn wreiddiol, nid oedd rheithgorau'n annibynnol ac nid oedd eu penderfyniadau'n cael eu parchu. Ond apeliodd Edward Bushell a mynd â'r mater i'r Llys Pledion Cyffredin lle cyhoeddodd Syr James Vaughn fod yn rhaid i unrhyw reithfarn a wnaed gan y rheithgor fod yn derfynol.

③ Heddiw, mae rheithgorau yn cael eu defnyddio yn Llys y Goron a hefyd weithiau yn y llysoedd sifil. Yn Llys y Goron y barnwr fydd yn penderfynu ar gwestiynau cyfraith a'r rheithgor fydd yn penderfynu ar gwestiynau ffaith. Eu rôl yw gwerthuso'r achosion sy'n cael eu cyflwyno gan yr erlyniad a'r amddiffyniad, ac ymneilltuo i ystyried eu barn. Wrth wneud hyn, byddant yn dod i reithfarn ac yn penderfynu a yw'r diffynnydd yn euog neu'n ddieuog. Mewn llysoedd sifil, anaml mae rheithgor yn cael ei ddefnyddio.

④ Mae rheithfarn rheithgor yn wirioneddol bwysig. Cyn 1976 roedd yn rhaid i'r rheithfarn fod yn unfrydol, ond heddiw gall y rheithfarn fod yn fwyafrif o naill ai 10-2 neu 11-1 os yw'n cael ei ganiatáu wedi i'r barnwr ofyn am un unfrydol, ond nad oedd hyn yn bosibl.

⑤ Mae rheithgorau'n cael eu dethol o'r rhestr etholwyr ac mae'n rhaid iddynt fod rhwng 18 oed a 70 oed.

Sylwadau'r arholwr

① Mae Tom wedi gwneud yn dda i gynnwys cyflwyniad yma i roi ei ateb mewn cyd-destun. Mae wedi defnyddio dyfyniad allweddol gan yr Arglwydd Devlin.

② Eto, peth hanes da ond a fydd Tom yn canolbwyntio digon ar y cwestiwn isod?

③ Mae Tom wedi gwneud yn dda i nodi rôl y rheithgor mewn achosion troseddol a sifil yma. Mae wedi nodi'r rheithgor fel rhai sy'n rhoi prawf ar ffeithiau, ond gallai hefyd wneud sylw am y barnwr fel un sy'n rhoi prawf ar y gyfraith mewn cymhariaeth. Gallai hefyd fod wedi egluro cyfran yr achosion sy'n cael eu treial gan reithgor mewn cymhariaeth â'r rhai yn y Llys Ynadon. Mae wedi defnyddio rhai termau allweddol da ond mae angen mwy o ddyfnder ar safon y prawf (y tu hwnt i amheuaeth resymol) a gallai hefyd sôn am gyfrinachedd ystafell y rheithgor. Mae Tom dim ond wedi cyflwyno'r rheithgor mewn treialon sifil ond nid yw wedi ehangu o gwbl. Dylai fod wedi egluro'r achosion sifil lle gellir defnyddio rheithgor megis twyll ac athrod. Gallai fod wedi cyfeirio at y terfynau ar rôl y rheithgor mewn achosion twyll cymhleth ac achosion peryglus yn dilyn Deddf Cyfiawnder Troseddol 2003.

④ Mae diwedd y frawddeg hon braidd yn aneglur, ond er hynny mae Tom wedi gwneud yn dda i gynnwys y rheithfarn unfrydol a'r rheithfarn fwyafrifol. I roi mwy o ddyfnder i'r esboniad, gallai fod wedi cysylltu'r gofyniad o fwyafrif 10-2 neu 11-1 â safon y prawf – y tu hwnt i amheuaeth resymol.

⑤ Efallai fod Tom wedi rhedeg allan o syniadau yma am nad yw'r rhan hon yn hollol berthnasol i gwestiwn rôl y rheithgor. Dylai Tom hefyd fod wedi cynnwys casgliad byr i grynhoi prif bwyntiau ei ateb a 'chanoli' ar y cwestiwn a ofynnwyd.

Marc a ddyfarnwyd:
AA1 – 7
AA3 – 1
Cyfanswm = 8 o 14 (57%)

Yn gyffredinol mae hwn yn ateb cyfyngedig/digonol, sydd, er ei fod yn sôn am ddwy rôl allweddol y rheithgor mewn achosion troseddol a sifil, wedi methu nodi rôl Llys y Crwner. Roedd ei esboniad o'r rôl mewn achosion troseddol yn dda ond ni wnaeth ehangu ar y rôl mewn achosion sifil. Roedd angen tystiolaeth ehangach o wybodaeth a dealltwriaeth arno hefyd, trwy ystyried pynciau ehangach megis safon y prawf, y cyfyngiadau newydd ar rôl y rheithgor a'r llysoedd lle maent yn bresennol. Mae Tom wedi defnyddio rhai termau allweddol yn gywir ac yn rhoi cyflwyniad. Roedd angen iddo grynhoi ei ateb gyda chasgliad byr.

Ateb Seren

① Mae rheithgorau wedi eu defnyddio i roi treial ar bobl ers cyflwyno'r Magna Carta, oedd yn dweud bod gan unigolion yr hawl i gael treial gan eu cyfoedion. Disgrifiodd yr Arglwydd Devlin y rheithgor fel 'y lamp sy'n dangos bod rhyddid yn fyw'.

② Mewn achosion troseddol, rôl y rheithgor yw penderfynu ar ffeithiau a phennu rheithfarn sy'n seiliedig ar y ffeithiau hyn, sef bod rhywun yn euog neu'n ddieuog y tu hwnt i amheuaeth resymol. Rôl y barnwr yw penderfynu ar faterion cyfraith.

③ Y mathau mwyaf cyffredin o achosion lle defnyddir rheithgorau i'w trio yw troseddau ditiadwy yn Llys y Goron megis llofruddiaeth neu drais. Bydd cyfanswm o 12 rheithiwr yn gwasanaethu trwy gyfnod y treial a chredir mai'r rhesymeg y tu ôl i hyn yw'r egwyddor gyfreithiol mai 12 disgybl oedd yno.

④ Mae gan y rheithgor ddwy awr i drafod y dadleuon a gyflwynwyd gan yr erlyniad a'r amddiffyniad yn ddirgel yn ystafell y rheithgor. Os na all y rheithgor ddod i reithfarn unfrydol, mae a.17 Deddf Rheithgorau 1974 yn caniatáu rheithfarn fwyafrifol o naill ai 11-1 neu 10-2.

⑤ Mae treial gan reithgor hefyd yn cael ei ddefnyddio yn y Llys Sirol i wrando ar achosion am erlyn maleisus, carcharu ar gam, difenwi a thwyll (Deddf y Goruchaf Lys 1981). Fel arfer mae wyth o reithwyr yn gwasanaethu mewn achosion o'r fath a'u rôl yw pennu atebolrwydd ac, os yn briodol, penderfynu faint sydd i fod i'w roi i'r hawliwr fel iawndal. Yma, pwysau tebygolrwydd yw safon y prawf.

⑥ Mae rheithgorau'n gwrando ar achosion yn yr Uchel Lys am yr un materion â'r Llys Sirol ond mae'r gwerth ariannol yn uwch o lawer. Fel yn Llys y Goron, cyfanswm o ddeuddeg rheithiwr sy'n gwasanaethu fel arfer. Mae rôl rheithgor mewn achosion peryglus a chymhleth wedi ei gyfyngu gan Ddeddf Cyfiawnder Troseddol 2003.

Cwestiynau ac Atebion

⑦ Yn ogystal â chael eu defnyddio mewn achosion sifil a throseddol, mae rheithgorau weithiau'n cael eu defnyddio yn Llys y Crwner. Yn yr achos hwn, rôl y rheithgor yw cynnal cwest ar farwolaethau yn nalfa'r heddlu, mewn carchar, neu farwolaethau o ganlyniad i dorri rheolau iechyd a diogelwch. Mae'n rhaid iddynt benderfynu ar achos y farwolaeth. Fel arfer, rhwng 7 ac 11 rheithiwr sy'n gwasanaethu ar y math hwn o achos.

⑧ I gloi, mae rôl y rheithgor yn amrywio mewn llysoedd gwahanol, ond ei rôl fwyaf cyffredin yn Llys y Goron yw penderfynu ar y ffeithiau a gwerthuso unrhyw gyfrifoldeb.

Sylwadau'r arholwr

① Da gweld cyflwyniad yma i roi'r ateb yn ei gyd-destun. Dyma le da i ddechrau unrhyw gwestiwn traethawd.

② Mae Seren hefyd wedi gwneud yn dda i sôn am rôl y rheithgor fel profwr ffeithiau a'r rheithfarn ac i gyfeirio at y barnwr fel profwr cyfraith mewn cymhariaeth. Da yw crybwyll safon y prawf.

③ Gwnaeth Seren yn dda i gydnabod rôl y rheithgor yn Llys y Goron. Gallai hefyd fod wedi gwneud sylw ar gyfran yr achosion yn y Llysoedd Ynadon (95%) a Llys y Goron a pham mae rheithgor yn bresennol yn unig yn rhyw 2% o achosion troseddol (e.e. dim angen rheithgor lle mae'r diffynnydd yn pledio'n euog). Gwnaeth yn dda i gynnwys rhai enghreifftiau o droseddau ditiadwy megis llofruddiaeth, trais, etc.

④ Mae Seren wedi dangos gwybodaeth a dealltwriaeth gadarn yma wrth gyfeirio at y rheithgorau mwyafrifol ac unfrydol. Gallai hefyd fod wedi rhoi peth gwerthusiad trwy gysylltu â safon y prawf, e.e. trwy fynnu bod naill ai 10–2 neu 11–1 o reithwyr yn cytuno ar y rheithfarn, mae'n sicrhau y profir euogrwydd 'y tu hwnt i amheuaeth resymol'.

⑤ Mae Seren wedi rhoi ateb cytbwys yma trwy gyfeirio at rôl y rheithgor mewn achos sifil a gwneud cymhariaeth â'i rôl mewn achos troseddol. Enghreifftiau da o achosion sifil lle mae rheithwyr yn gwasanaethu. Cyfeiriad da at awdurdod cyfreithiol. Da yw crybwyll safon y prawf mewn cymhariaeth â safon y prawf troseddol a grybwyllwyd ynghynt. Mae Seren yn gweithio'n rhesymegol trwy'r pynciau.

⑥ Da iawn yn crybwyll y newid i'r cyfyngiadau ar dreial rheithgor ac awdurdod cyfreithiol i gadarnhau.

⑦ Mae Seren wedi gwneud yn dda iawn yma i wneud sylw hefyd am rôl y rheithgor yn Llys y Crwner. Dyma faes sy'n cael ei adael allan gan y rhan fwyaf o fyfyrwyr.

⑧ Mae casgliad yn nodwedd bwysig o gwestiwn traethawd. Dylai ddwyn ynghyd y prif bwyntiau o gorff y gwaith, ond heb gyflwyno unrhyw wybodaeth newydd. Gwnaeth Seren yn dda i wneud sylw am rôl amrywiol y rheithgor gyda'i rôl fwyaf cyffredin yn Llys y Goron. Petai wedi cael mwy o amser, gallai grynhoi'r traethawd gydag ychydig mwy o ddyfnder efallai trwy dynnu ar 'gyfranogiad lleygwyr' a 'threial gan gyfoedion', ond yn gyffredinol, mae'n dda gweld casgliad sy'n cael ei adael allan gan lawer o fyfyrwyr dan amodau arholiad.

Marc a ddyfarnwyd:
AA1 – 11
AA3 – 1
Cyfanswm = 12 o 14 (86%)

Yn gyffredinol mae hwn yn ateb da iawn sy'n dangos gwybodaeth a dealltwriaeth gadarn o rôl y rheithgor yn nhri maes allweddol achosion troseddol, sifil a Llys y Crwner. Mae Seren wedi defnyddio termau allweddol yn gywir ac wedi symud ymlaen trwy'r materion a gyflwynwyd yn rhesymegol. Mae wedi canolbwyntio ar y cwestiwn a ofynnwyd ac wedi rhoi ateb cynhwysfawr.

---

b) I ba raddau mae treial gan reithgor yn ddibynadwy? *(11 marc)*

Ateb Tom

① Roedd treial gan reithgor yn cael ei weld yn ffordd newydd fwy agored a theg i brofi achos. Fodd bynnag, cafwyd peth beirniadaeth o reithgorau yn y gorffennol.

② Yn gyntaf, nid yw'r broses dethol rheithgorau yn cynnwys sampl sy'n cynrychioli'r cyhoedd yn deg. Er bod hyn wedi gwella yn ddiweddar, gyda'r hen drefn o gael unrhyw un a oedd yn berchen ar eiddo yn gymwys i eistedd ar reithgor, mae lle i'w beirniadu o hyd. Mae'r broses ddethol bresennol wedi ei seilio o hyd ar ddinasyddiaeth, felly gall unrhyw un sydd wedi cofrestru i bleidleisio eistedd ar reithgor. Mae hyn yn cau allan yn syth unrhyw un sy'n ddigartref, unrhyw un sy'n ifanc ac unrhyw un sydd wedi byw yn y wlad hon am lai na phum mlynedd. Mae hefyd yn eithrio unrhyw un sy'n dewis peidio â phleidleisio.

③ Hefyd mae modd esgusodi lle gall unrhyw un sy'n bodloni meini prawf penodol gael ei esgusodi o wasanaeth rheithgor. Gall y bobl hyn fod yn aelodau o'r lluoedd arfog, staff meddygol neu unrhyw un gyda salwch (difrifol). Eto mae hyn yn culhau'r dewis ac yn gwneud y rheithgor yn llai dibynadwy. Er y gall y bobl hyn gael eu gohirio yn hytrach na'u hesgusodi.

④ Er y penderfynwyd ar y rheithgor, mae risgiau o hyd, megis ymyrryd â'r rheithgor. Roedd hyn yn bwynt pwysig iawn pan oedd yn rhaid i reithgorau roi pleidlais unfrydol; felly cafwyd y bleidlais fwyafrifol i atal hyn.

⑤ Mewn achosion fel un Fraser 1988 lle roedd y diffynnydd yn ddu a'r rheithwyr i gyd yn wyn, mae pryder y gall y diffyg cynrychiolaeth greu canlyniad rhagfarnllyd.

⑥ Mae posibilrwydd hefyd o reithfarn ddisynnwyr os bydd darn o dystiolaeth yn cael ei gyflwyno na ddylid ei gyflwyno.

⑦ I grynhoi, nid yw treial gan reithgor wastad yn ddibynadwy. Ein dewisiadau eraill fyddai caniatáu treialon gydag un barnwr, yn debyg iawn i'r llysoedd sifil, cael panel o farnwyr, neu gael barnwr ac ynad lleyg i eistedd fel rheithgor bach. Yn y pen draw, os byddwn ni'n colli rheithgorau, mae perygl i farnwyr sy'n rhy gyfarwydd ag achosion benderfynu arnynt.

UG Y Gyfraith: Canllaw Astudio ac Adolygu

Sylwadau'r arholwr

① Cyflwyniad cyfyngedig i'r traethawd.

② Mae Tom wedi gwneud yn dda yma i sôn am ddethol rheithgorau a pha mor gynrychiadol ydynt. Dyma un o'r rhesymau pan eu bod/nad ydynt yn ddibynadwy. Fodd bynnag, mae ei ateb yn eithaf cyffredinol o ran gwerthuso sut mae'r newidiadau a wnaed gyda Deddf Cyfiawnder Troseddol 2003 wedi gwella'r dewis. Byddai hyn wedi cyfoethogi ei ateb. Byddai wedi elwa hefyd o ddyfynnu'r awdurdod cyfreithiol hwn.

③ Mae'n sôn am y meini prawf dethol yma ond rhaid iddo ehangu mwy ar bwy sy'n gymwys i eistedd ar reithgor yn ôl Deddf Rheithgorau 1974 fel y'i diwygiwyd gan Ddeddf Cyfiawnder Troseddol 2003. Hefyd, mae angen iddo fod yn ofalus yn ei ddefnydd o dermau allweddol fel 'esgusodi' a 'gohirio' ac egluro'r rhain yn gliriach.

④ Mae'n dda ei fod yn crybwyll yma berygl ymyrryd â rheithgor a chysylltu â'r rheithfarn. Gallai hefyd gyfeirio at safon y prawf i werthuso pa mor ddibynadwy yw rheithfarn rheithgor ar sail pa mor argyhoeddedig mae'n rhaid iddynt fod o euogrwydd (mewn treial troseddol) cyn rhoi rheithfarn euog.

⑤ Da ei fod yn crybwyll cyfraith achosion berthnasol yma. Mae hyn yn ychwanegu awdurdod cyfreithiol i'r ateb. Mae Tom wedi gwneud yn dda hefyd i ganoli'r enghraifft hon ar fater dibynadwyedd a chynrychiolaeth.

⑥ Mae'n dda ei fod yn crybwyll rheithfarnau disynnwyr yma, ond nid yw diwedd y frawddeg yn glir. Hefyd, dylai fod wedi rhoi enghraifft o achos i ddangos problem rheithfarnau disynnwyr. Gallai fod wedi dyfynnu: Young, R v Owen, Kronlid.

⑦ Da gweld casgliad cryno yma lle mae Tom yn cynnwys dewisiadau eraill yn lle'r system bresennol i'w gwerthuso. Brawddeg olaf dda.

Marc a ddyfarnwyd:
AA2 – 6
AA3 – 1
Cyfanswm = 7 o 11 (64%)

Mae hwn yn ateb 'digonol' sy'n sôn am rai o'r prif feysydd ond mae diffyg esboniad ac awdurdod cyfreithiol i ategu pwyntiau cynharach yn golygu na allai Tom gael mwy na 6 marc. Fe wnaeth yn dda yn nes ymlaen i sôn am achos allweddol ond yr oedd meysydd eraill hefyd yn mynnu peth awdurdod. Fodd bynnag, fe wnaeth yn dda i ddefnyddio strwythur rhesymegol a rhoi cyflwyniad, er mai un byr ydoedd, a chasgliad.

Ateb Seren

① Mae rheithgorau yn chwarae rhan bwysig yn y system gyfreithiol a dylai eu penderfyniadau felly fod yn ddibynadwy.

② Yn gyntaf, mae pwy sy'n gymwys i fod yn rheithiwr wedi newid dros amser. Cyn Deddf Rheithgorau 1974, dim ond perchenogion eiddo oedd yn cael gwasanaethu fel rheithwyr – a dynion gwyn, canol oed oedd y rhain yn bennaf. Dangosodd adroddiad gan Bwyllgor Morris nad oedd 95% o fenywod yn gymwys.

③ Ehangodd Deddf Rheithgorau 1974 amrywiaeth y bobl sy'n gymwys i wasanaethu, mewn ymgais i'w gwneud yn fwy cynrychiadol o gymdeithas. Dywedodd fod y rhai rhwng 18 oed a 70 oed, y sawl oedd ar y rhestr etholwyr a'r rhai a fu'n byw yn y DU ers 5 mlynedd ers eu bod yn 13 oed yn gymwys, ar yr amod nad ydynt wedi eu hanghymhwyso, ag anhwylder meddwl, neu heb fod â'r galluedd. Roedd hyn yn gwneud y rheithgor yn fwy dibynadwy, oherwydd cyn y Ddeddf, gallai perchenogion eiddo cyfoethog dueddu fwy at ddiffynyddion o'u dosbarth eu hunain, a byddai hyn yn annibynadwy.

④ Roedd Deddf Cyfiawnder Troseddol 2003 yn caniatáu i fwy fyth o bobl wasanaethu fel rheithwyr. Tynnodd ymaith y categorïau anghymhwyso a oedd yn golygu y gallai barnwyr, ynadon, swyddogion carchar a'r heddlu yn awr wasanaethu fel rheithwyr. Gellir dadlau bod hyn yn gwneud y rheithgor yn fwy dibynadwy am y byddai'n gwneud penderfyniadau a oedd yn ymgorffori ei farn a'r gyfraith, a gallai rhai ddadlau fod pobl broffesiynol yn dod i farn fwy cytbwys.

⑤ Ar y llaw arall, mae rheithwyr i fod i gynrychioli cymdeithas, a'r rhagdyb cyffredinol yw mai 'lleygwyr' ydynt, neu gallai barnwr bennu rheithfarn. Gallai rhai ddadlau nad yw rheithgor sy'n cynnwys gweithwyr cyfreithiol yn ddibynadwy am y gallai fod yn fwy tebygol o gael rhywun yn euog yn unol â'r gyfraith a bod â rhagfarn yn erbyn y diffynyddion.

⑥ Mae'r trafodaethau yn ystafell y rheithgor yn ddirgel a gellir dadlau felly nad yw treial gan reithgor yn ddibynadwy am y gallai benderfynu ar reithfarn trwy unrhyw ddull. Er enghraifft, gallai'r rheithgor ystyried y dystiolaeth yn drefnus, neu ddyfalu a yw'r diffynydd yn euog ai peidio, neu ddefnyddio dull anghonfensiynol ac annibynadwy i bennu euogrwydd neu ddieuogrwydd. Yn achos Young, cafwyd bod y rheithgor wedi defnyddio bwrdd Ouija i gysylltu â'r dioddefwr ymadawedig a gofyn pwy a'i lladdodd. Yn amlwg, nid yw hyn yn ddibynadwy, ac mae'n un o beryglon cadw'r trafodaethau yn ddirgel.

⑦ Hefyd, mae'r rheithgor yn 'rhydd' i wneud unrhyw benderfyniad a fyn, hyd yn oed os yw'r barnwr yn eu cyfarwyddo i'r gwrthwyneb. Fel y dywedodd yr Arglwydd Devlin, y rheithgor yw'r 'lamp sy'n dangos bod rhyddid yn fyw'. Gall hyn weithiau arwain at 'reithfarn ddisynnwyr' sef penderfyniad sy'n mynd yn groes i'r dystiolaeth a gyflwynwyd. Achos sy'n dangos hyn yw R v Owen lle lladdodd gyrrwr lori fab dyn. Saethodd y dyn yrrwr y lori, ond ni wnaeth ei ladd. Gwrthododd y rheithgor gael y dyn yn ddieuog er iddo saethu gyrrwr y lori. Yr enw ar hyn oedd rheithfarn ddisynnwyr am y dylai'r rheithgor fod wedi cael y dyn yn euog, ond aethant yn erbyn y dystiolaeth.

⑧ Mae treialon rheithgor wedi eu cyfyngu yn ddiweddar gan Ddeddf Cyfiawnder Troseddol 2003 mewn achosion lle mae perygl y bydd rhywun yn ymyrryd â'r rheithgor neu le na fyddai'r rheithgor yn deall y dystiolaeth mewn achos cymhleth o dwyll. Dylai hyn wneud y rheithgor yn fwy dibynadwy.

⑨ I gloi, mae rheithgorau yn cael eu defnyddio mewn miloedd o achosion y flwyddyn ac mae ganddynt rôl bwysig, ond nid yw eu penderfyniadau wastad yn ddibynadwy. Mae awgrymiadau o adael i farnwr drio achosion yn unig neu gael aelodau lleyg yn eistedd gyda barnwyr i wneud y drefn yn fwy dibynadwy, ond am y tro, bydd rheithgorau yn dal i fod.

Sylwadau'r arholwr

① Cyflwyniad i'r traethawd yma, er ei fod yn fyr.

② Lle rhesymol i ddechrau ystyried cynrychiolaeth y rheithgor. Trafodaeth dda o'r adroddiad pwysig hwn.

③ Mae Seren wedi canolbwyntio ar y cwestiwn sy'n cael ei ofyn yma. Mae wedi cysylltu ei henghraifft ar gymhwysedd â pha mor ddibynadwy yw rheithgorau. Dealltwriaeth dda o'r hen feini prawf dethol.

④ Gwnaeth Seren yn dda yma i fwrw ymlaen at y newidiadau pwysig a wnaed o ganlyniad i Ddeddf 2003. Mae hefyd wedi cysylltu hwn â phrif fater y cwestiwn – pa mor ddibynadwy yw'r rheithgor – ac wedi gwerthuso'n dda.

Cwestiynau ac Atebion

⑤ Dadl dda a chytbwys yma. Mae'n bwysig ystyried y ddwy ochr.

⑥ Mae Seren yn trafod ystod eang o faterion perthnasol ac fe wnaeth yn dda yma i ategu ei hateb trwy gyfeirio at achos perthnasol.

⑦ Paragraff da, ac mae Seren wedi ei ddechrau trwy ei roi mewn cyd-destun, gan gyfeirio at ddyfyniad yr Arglwydd Devlin. Gwnaeth yn dda wedyn i sôn am reithfarnau disynnwyr a dyfynnu achos perthnasol i gadarnhau hyn.

⑧ Trafodaeth dda o ddiwygiad diweddar ac wedi ei gysylltu eto â'r cwestiwn a ofynnwyd.

⑨ Mae Seren wedi cynnwys casgliad canolbwyntiedig yma sy'n ymgorffori'r awgrym am farnwyr yn eistedd ar eu pennau eu hunain i drio achosion neu gydag aelodau lleyg. Ystod a dealltwriaeth dda.

Marc a ddyfarnwyd:
AA2 – 9
AA3 – 2
Cyfanswm = 11 o 11 (100%)

Mae hwn yn ateb da iawn. Mae Seren wedi rhoi ateb strwythuredig a manwl wedi'i ategu gan ystod dda o awdurdod cyfreithiol cywir a phriodol. Mae'n gyson wedi cysylltu ei gwerthusiad yn ôl i'r cwestiwn a ofynnwyd ac wedi trafod ystod dda o faterion perthnasol gan gynnwys cynigion diwygio. Er nad yw'n ateb 'perffaith', gwnaeth ddigon i gael marc llawn am y cwestiwn hwn.

3. Cyfraith Gwlad ac Ecwiti

a) Rhowch amlinelliad o ddatblygiad cyfraith gwlad ac ecwiti.

(14 marc)

Ateb Tom

① Pan ddaeth William I i'r orsedd yn 1066, doedd dim system oedd yn gyffredin, h.y. yr un fath trwy'r wlad. Roedd rheolau gwahanol trwy'r wlad, felly mewn un lle, er enghraifft, lle byddai dwyn yn cael ei ystyried yn drosedd, mewn man arall, nid oedd. Gosododd William sail i ddatblygu cyfraith gwlad o arferion.

② Roedd y barnwyr a oedd yn setlo anghydfod ledled y wlad yn defnyddio system o lysoedd lleol; roedd rheolau hefyd yn cael eu cymhwyso oedd wedi eu defnyddio mewn achosion o'r blaen. Fodd bynnag roedd y Normaniaid yn benderfynol o greu llywodraeth a system gyfreithiol unedig, ac ymgorfforodd hyn yn raddol y systemau lleol gorau a chreu cyfraith gwlad. Byddai'r swyddog uchaf, y Canghellor, yn trin achosion lle nad oedd cyfraith gwlad yn gallu cynnig ateb. Pan oedd y Canghellor yn trin achosion, byddai'n gwneud beth oedd yn ei farn ef yn dderbyniol a theg, ond cafodd ei feirniadu gan ddweud bod y system yn rhy hyblyg a bod y penderfyniad yn dibynnu gormod ar farn bersonol y Canghellor. Yn raddol, lluniwyd llawer o egwyddorion ac ideolegau i greu 'ecwiti'. Roedd ecwiti ychydig yn wahanol i gyfraith gwlad am nad oedd mor anhyblyg ac nid oedd yn gorfod dilyn set benodol o reolau fel cyfraith gwlad.

③ Un o'r problemau gyda chyfraith gwlad oedd mai un rhwymedi oedd yn ei gynnig, sef iawndal ariannol, felly nid oedd hyn yn ddigonol i bob sefyllfa. Yr ail brif broblem oedd bod yn rhaid i'r achos ffitio gyda 'gwrit' oedd yn bod eisoes. Felly nid oedd achosion newydd oedd heb eu trin gan farnwyr eraill o'r blaen yn cael eu hystyried – roeddynt yn cael eu gwrthod. Helpodd ecwiti i wrthweithio'r ddwy brif broblem hon am ei fod yn deg ac yn rhoi rhwymediau eraill ar wahân i iawndal. Gallai unigolion fynd â'u hachosion i lys, hyd yn oed os nad oeddent yn gallu cael rhwymedi cyn hynny mewn cyfraith gwlad.

④ Roedd achos Iarll Rhydychen yn bwysig iawn yn hanes ecwiti am ei fod yn pennu statws ecwiti ac a ddylai fod drechaf pan oedd yn gwrthdaro â chyfraith gwlad, ac fe lwyddodd. Heb y penderfyniad hwn, byddai ecwiti wedi bod yn ddiwerth, felly roedd rhaid iddo ddominyddu os oedd am lwyddo. Crëwyd ecwiti i unioni'r problemau mewn cyfraith gwlad ac i roi rhwymediau digonol na allai cyfraith gwlad eu rhoi.

Sylwadau'r arholwr

① Does dim sôn am y Curia Regis yma nac am bwysigrwydd barnwyr yn teithio'r wlad i ganfod y cyfreithiau gorau.

② Mae hwn yn baragraff da, ond does dim sôn am rai o'r problemau gydag ecwiti – dyfyniad cyffredin yw bod ecwiti 'yn amrywio yn ôl hyd troed y Canghellor'. Mae angen mwy o fanylion am weinyddu'r naill system a'r llall.

③ Mae Achos Darpariaethau Rhydychen yn ddarn arwyddocaol o awdurdod cyfreithiol mae angen ei grybwyll. Er bod Tom wedi crybwyll y problemau gyda chyfraith gwlad, nid yw hyn yn cael ei wneud yn fanwl iawn, ac mae'n 'ddigonol' o ran gwerthusiad a dadansoddiad.

④ Daw'r ateb i ben braidd yn swta, ac nid yw Tom wedi crybwyll arwyddocâd y Deddfau Barnweiniaeth a pham mae angen i ecwiti ddatblygu.

Marc a ddyfarnwyd:
AA1 – 7
AA3 – 1
Cyfanswm = 8 o 14 (57%)

Mae hwn yn ateb 'digonol', ond does dim digon o fanylion mewn rhai lleoedd – mae diffyg sylwedd a dyfnder i argyhoeddi ei fod yn cyrraedd y lefel. Byddai mwy o ddefnydd o awdurdod cyfreithiol a mwy o fanylion wedi cynyddu marc Tom. Mae angen iddo fod yn ofalus hefyd i roi casgliad cytbwys i'w atebion.

101

UG Y Gyfraith: Canllaw Astudio ac Adolygu

Ateb Seren

① Dechreuodd cyfraith gwlad ddatblygu yn ystod teyrnasiad William I yn 1066. Pan goncwerodd Loegr, cafodd nad oedd yno un system o gyfraith a oedd yn gyffredin i'r wlad i gyd, dim ond setiau o reolau a oedd yn wahanol o ardal i ardal. Roedd eisiau datblygu 'cyfraith Lloegr' a fyddai'n gyffredin i'r wlad i gyd. I wneud hyn, byddai'n rhaid iddo reoli'r wlad gyfan.

② Dechreuodd reoli'r wlad trwy gyflwyno'r system ffiwdal. Roedd hyn yn golygu bod yr holl dir yn y wlad yn perthyn iddo ef, a byddai'r bobl oedd yn ei helpu a'i gefnogi yn cael tir a swyddi yn wobr. Gwnaeth William ei hun neu un o'i gynghorwyr ar gael i unrhyw dirfeddiannwr a oedd ag anghydfod neu broblem, ac na allai gael iawn gan eu harglwydd. Curia Regis oedd yr enw ar hyn, a fyddai'n gweinyddu set o reolau a fyddai'n gymwys i'r wlad i gyd, er mwyn datrys y broblem. Datblygodd yr arfer hwn yn gyfraith gwlad ymhen amser.

③ Fodd bynnag yr oedd diffygion o hyd ar y datblygiad newydd hwn o gyfraith gwlad. Roedd dwy brif broblem – yr unig rwymedi a allai gael ei roi oedd iawndal, ac ar ôl y drydedd ganrif ar ddeg, gellid cychwyn achos yn unig gyda gwrit oedd yn bod eisoes. Er bod iawndal yn rhwymedi digonol mewn llawer o achosion, weithiau nid yw. Enghraifft o hyn yw os yw'r hawliwr yn cael ei wrthod rhag y cyfle i brynu darn o dir a addawyd iddo. Os yw eisoes wedi gwneud trefniant ar sail y wybodaeth y byddai'n berchen ar y darn o dir, efallai na fyddai arian yn rhwymedi digonol am y problemau y gallai hyn eu hachosi.

④ Wedi'r drydedd ganrif ar ddeg, gellid cychwyn achosion newydd trwy writ oedd yn bod eisoes yn unig. Achosodd hyn broblemau, oherwydd na allai hawliwr fynd ag achos i'r llys os nad oedd gwrit oedd yn bod eisoes. Roedd pobl yn anfodlon â hyn, a dechreu deisebu'r Brenin am rwymedi.

⑤ Dechreuodd y Brenin a'i lys drin y deisebau hyn nes iddynt fynd yn rhy niferus, a dechreuodd ddirprwyo cyfrifoldeb i'w ganghellor. Byddai achosion yn cael eu setlo ar yr hyn oedd yn deg neu'n 'ecwitïol' ym marn y canghellor. Dros y blynyddoedd, datblygodd y canghellor gorff mawr o egwyddorion, a ddatblygodd yn y man yn yr hyn alwn ni nawr yn 'ecwiti'. Mae ecwiti yn bwysig iawn yn hanesyddol, am iddo ddirymu'r problemau oedd yn gysylltiedig â chyfraith gwlad. Fodd bynnag, cymerodd beth amser cyn i ecwiti gael ei dderbyn. Dywedodd pobl ei fod yn rhy hyblyg a heb sicrwydd.

⑥ Achos pwysig o ran derbyn ecwiti oedd achos Iarll Rhydychen yn 1615, lle penderfynwyd mai ecwiti fydd drechaf o hyd lle bynnag bod cyfraith gwlad ac ecwiti yn gwrthdaro.

⑦ Ar ôl sylweddoli y gallai fod angen cyfraith gwlad ac ecwiti ar achos, datblygodd y syniad na ddylai'r ddau lys fod yn hollol ar wahân. Er gwaethaf hyn, nid tan Ddeddfau Barnweiniaeth 1873-75 y cyfunwyd y ddau lys yn swyddogol. Cafodd hyn effaith gadarnhaol ar achosion pobl oherwydd y gellid gwrando eu hachos mewn un llys, a cheisio rhwymediau cyfraith gwlad ac ecwitïol. Er i'r ddau lys gael eu cyfuno, maent yn systemau hollol wahanol gyda chanlyniadau gwahanol. Pan fyddant yn gwrthdaro, ecwiti fydd drechaf o hyd.

⑧ Yn gyffredinol, ymddengys fod ecwiti wedi llenwi'r bylchau mewn cyfraith gwlad, a gwnaeth y system yn decach.

Sylwadau'r arholwr

① Paragraff agoriadol cadarn gydag amlinelliad o le daeth cyfraith gwlad; sef yr union beth mae'r cwestiwn yn ei ofyn.

④ Defnydd da o enghreifftiau yma yn dangos y gall Seren ddatblygu'r testun ac olrhain hanes cyfraith gwlad yn gywir. Da yw crybwyll y diffygion mewn cyfraith gwlad a pham mae angen datblygu ecwiti. Bob tro, mae Seren yn cadw at yr hyn mae'r cwestiwn yn ei ofyn ac yn rhoi digon o fanylion.

⑥ Mae hwn yn achos allweddol yn natblygiad ecwiti, ac mae'n bwynt hanfodol i'w wneud wrth sôn am hanes ecwiti.

Marc a ddyfarnwyd:
AA1 – 13
AA3 – 1
Cyfanswm = 14 o 14 (100%)

Mae Cyfraith Gwlad ac Ecwiti yn gwestiwn poblogaidd iawn, sy'n cael ei ateb gan lawer o ymgeiswyr. Fodd bynnag, er mwyn cyrraedd rhychwant uchaf y marciau, rhaid darparu'r lefel o fanylion sy'n dangos gwybodaeth 'gadarn'. Yn union fel mae Seren wedi gwneud uchod, gofalwch eich bod yn cynnwys digon o enghreifftiau lle bo angen, a defnyddio'r termau perthnasol ac awdurdod cyfreithiol drwyddo draw. Hefyd, mae'n gamgymeriad cyffredin i fyfyrwyr ailadrodd eu hunain yn rhan (b) lle mae'r ddwy ran yn holi am ecwiti. Unwaith yn unig y cewch chi gredyd am y wybodaeth, felly ceisiwch beidio â gwneud hyn.

C&A b) Trafodwch effaith ecwiti ar ddatblygiad cyfraith gwlad. *(11 marc)*

Ateb Tom

① Roedd cyfraith gwlad yn cynnig un rhwymedi, sef iawndal. Iawndal ariannol oedd hyn, ond fel y dywedwyd o'r blaen, nid oedd hyn yn bodloni pob problem am na fyddai'n briodol. Er enghraifft, petai unigolyn am brynu car oedd yn arbennig iawn, ac mae perchennog y car yn newid ei benderfyniad i'w werthu ar ôl dod i gytundeb i'w werthu, ni fyddai iawndal ariannol yn datrys y broblem ac felly ni fyddai cyfraith gwlad yn rhoi cyfiawnder i'r hawliwr.

② Y pedwar rhwymedi ecwitïol pwysicaf yw:

Gwaharddeb – mae hyn yn gorchymyn y diffynnydd i wneud neu beidio â gwneud rhywbeth.

Cyflawniad llythrennol – mae hyn yn gorfodi parti i gydymffurfio â phenderfyniad blaenorol.

Cywiro – gorchymyn yw hwn sy'n newid y geiriau mewn dogfen, nad yw'n mynegi union fwriadau'r partïon.

Dadwneuthuriad – rhwymedi yw hwn sy'n adfer y partïon i'r sefyllfa oedd yn bodoli cyn iddynt lofnodi'r contract.

③ Dewisol yw'r rhwymediau ecwitïol hyn: felly nid oes rhaid i'r llys roi rhwymedi ecwitïol i'r hawlwyr.

Cwestiynau ac Atebion

④ Crëwyd gwirebau ecwiti o benderfyniadau blaenorol ecwiti. Y gred y tu ol i'r gwirebau yw sicrhau tegwch moesol a rhagdybir bod defnyddio gwirebau wedi atal cymhwyso ecwiti trwy gyfyngu ar yr adegau y gellir ei ddefnyddio. Un o wirebau ecwiti yw 'Rhaid i'r sawl sy'n dod at ecwiti ddod â dwylo glân'. Y cyfan mae hyn yn ei feddwl yw na fydd hawlwyr sydd wedi gwneud rhywbeth o'i le, waeth pa mor fach, yn cael rhwymedi ecwitïol. Gwirebau cyffredinol eraill yw 'Mae oedi'n trechu ecwiti' a 'Rhaid i'r sawl sy'n ceisio ecwiti wneud ecwiti'.

⑤ Profodd ecwiti y gall addasu i gymdeithas sy'n newid, gan newid felly i ateb anghenion newydd cymdeithas. Mae ecwiti yn rhoi penderfyniad sy'n gyffredinol deg, a gellir creu rhwymedïau newydd os daw achosion newydd i'r amlwg. Fodd bynnag, chwe degawd yn ôl, yn 1948, dywedodd y Llys Apêl fod yn rhaid i unrhyw hawliad mewn ecwiti ddangos hynafiaeth mewn hanes. Dywedodd fod yn rhaid i ddyfarniadau ddilyn cynseiliau a'r penderfyniad a wnaed gan ragflaenwyr. Dywedodd hefyd nad yw'r ffaith bod barnwyr yn meddwl bod angen awdurdodaeth wahanol o gynseiliau ar achos yn ddigon i ddyfeisio awdurdodaeth newydd.

Sylwadau'r arholwr

② Mae Tom yn amlinellu'r holl brif rwymediau ecwitïol, ond nid yw'n cyfeirio'n ôl at y cwestiwn ac yn fwy pwysig, nid yw wedi defnyddio awdurdod cyfreithiol i ddarlunio defnydd o'r rhwymediau hyn. Mae ei ddisgrifiadau yn eithaf simplistig.

③ Mae hwn yn bwynt pwysig i'w wneud ac mae'n hanfodol.

④ Eto, dangosir ymwybyddiaeth, ond mae diffyg awdurdod cyfreithiol, ac er ei fod yn sôn am wirebau, disgrifiad cyfyngedig sydd yno, heb awdurdod i'w ategu.

⑤ Nid yw Tom wedi gwneud unrhyw gyfeiriad at bwysigrwydd ecwiti heddiw i helpu datblygu cyfraith gwlad; sy'n golygu nad yw wedi ateb y cwestiwn a ofynnwyd mewn gwirionedd. Mae angen i Tom fod wedi crybwyll Gwaharddeb Mareva a Gorchymyn Anton Piller, a meddwl am sut y gallai ecwiti fod yn berthnasol heddiw o ran datblygiadau technegol, gyda chasgliad crwn.

Marc a ddyfarnwyd:
AA2 – 5
AA3 – 1
Cyfanswm = 6 o 11 (55%)

Ateb cyfyngedig nad yw'n cyfeirio'n ddigonol at awdurdod cyfreithiol nac yn deall pwysigrwydd yr angen i ateb y cwestiwn a yr hyn mae'r cwestiwn yn ei ofyn. Er bod dealltwriaeth eang o'r cysyniadau perthnasol, mae diffyg sylwedd ac eglurder.

Ateb Seren

① Wedi datblygiad cyfraith gwlad, dechreuodd problemau ymddangos. Gallai cyfraith gwlad ddarparu iawndal fel rhwymedi yn unig, ac nid oedd hyn yn ddigonol bob tro. Datblygodd ecwiti, ynghyd â rhwymedïau newydd i'r problemau mae'n eu hwynebu. Disgrifiwyd ecwiti fel 'y sglein ar gyfraith gwlad' a 'falf diogelwch cyfraith gwlad'. Mae hyn yn oherwydd bod pobl yn teimlo bod y system yn fwy cyfiawn, ac yn gallu rhoi iddynt y canlyniad y mae ei angen arnynt, nid dim ond iawndal ariannol. Mae gwirebau yn golygu pan mae achos hawliwr yn seiliedig ar reol ecwiti, gall y rheol gael ei chymhwyso os caiff y gwirebau eu bodloni yn unig.

② Mae gan ecwiti bedwar prif rwymedi: gwaharddeb, cyflawniad llythrennol, cywiro a dadwneuthuriad. Mae gwaharddeb yn golygu y gall y llys orchymyn i'r diffynnydd wneud neu beidio â gwneud rhywbeth. Er enghraifft, gellid gorchymyn y diffynnydd i beidio â chwarae cerddoriaeth uchel ar ôl rhyw awr benodol, os yw hyn wedi tarfu ar yr hawliwr neu beri loes iddo.

③ Mae cyflawniad llythrennol yn golygu bod yn rhaid i barti gyflenwi cytundeb blaenorol. Er enghraifft, os cytunwyd i werthu tŷ, ond mae un parti eisiau tynnu'n ôl, rhaid i'r gwerthiant ddigwydd er hynny os yw un o'r partïon eisiau hynny. Gall gael ei ddyfarnu hefyd mewn achosion lle gwnaed contract am eitem unigryw; fel yn achos Sky Petroleum v VIP Petroleum lle tybiwyd bod petrol yn eitem unigryw.

④ Gall cywiro newid geiriau dogfen neu gontract nad yw'n mynegi gwir fwriadau'r partïon iddo. Mae hyn yn gwneud i'r ddogfen adlewyrchu'r hyn y cytunodd y partïon iddo mewn gwirionedd, nid beth mae'r contract yn ei ddweud, a gwaethaf y ffaith y gall fod wedi ei lofnodi. Gwelwyd hyn yn achos Craddock v Hunt.

⑤ Mae dadwneuthuriad yn adfer y partïon i'r sefyllfa yr oeddent ynddi cyn llofnodi'r contract. Er enghraifft, petaech chi'n prynu car, a gweld wedyn nad oedd yn gweithio. Os nad oedd y gwerthwr wedi dweud ei fod yn gweithio, allech chi ddim o raid ei orfodi i roi'r arian yn ôl i chi. Fodd bynnag, trwy ddadwneuthuriad, gall y car gael ei ddychwelyd at y gwerthwr, a'r arian gael ei ddychwelyd at y prynwr, fel yn achos Grist v Bailey lle gwnaed camgymeriad yn y contract.

⑥ Er mwyn sicrhau bod gweinyddu'r rhwymediau hyn yn foesol deg, datblygwyd gwirebau. Egwyddorion sylfaenol ydynt gyda'r nod o amddiffyn yr hawliwr a'r diffynnydd rhag annhegwch. Enghraifft o wireb yw: 'Rhaid i'r sawl sy'n dod at ecwiti ddod â dwylo glân'. Yn y bôn mae hyn yn golygu os yw'r hawliwr ei hun yn anghywir mewn rhyw ffordd, ni fydd yn cael rhwymedi ecwitïol. Mae hyn yn cael ei ddangos yn achos D&C Builders v Rees, lle gwnaeth adeiladwyr waith nad oedd i'w weld o safon dderbyniol, a derbyn llai o dâl gan eu cyflogwyr am eu bod mewn trafferthion ariannol. Fe wnaeth yr adeiladwyr ddwyn achos wedyn yn erbyn y Reesiaid am swm a oedd yn weddill. Gofynnodd y Reesiaid am gymhwyso athrawiaeth estopel ecwitïol i wneud derbyn y taliad is yn rhwymol. Cafodd hyn ei wrthod am fod y Reesiaid wedi manteisio yn annheg ar sefyllfa ariannol yr adeiladwyr ac nad oeddent felly wedi 'dod â dwylo glân'.

⑦ Un arall o wirebau ecwiti yw 'Mae oedi'n trechu ecwiti'. Ystyr hyn yw, os bydd hawliwr yn cymryd amser afresymol i ddwyn achos, ni fydd y rhwymediau ar gael iddynt. Caiff faint o amser sy'n cael ei alw'n afresymol ei asesu ym mhob achos. Enghraifft o hyn yw achos Leaf v International Galleries. Prynodd yr hawliwr ddarlun a ddisgrifiwyd fel un gwir; dim ond i ganfod, bum mlynedd yn ddiweddarach, nad oedd yn un go iawn. Ceisiodd hawlio rhwymedi ecwitïol dadwneuthuriad, ond yr oedd wedi oedi yn rhy hir.

⑧ Dangosodd ecwiti y gall ddatblygu gyda'r amser, gan wneud rheolau ac egwyddorion newydd, megis estopel addewidiol. Gweithred yw estopel addewidiol a all atal parti i gontract rhag gorfodi ei hawliau cyfreithiol pan fo wedi rhoi ei air na fydd yn gwneud hynny. Roedd hyn yn ddefnyddiol yn achos High Trees (Central London Property Trust v High Trees House Ltd). Cafodd y diffynyddion floc o fflatiau ar brydles rhent penodol, y cytunwyd i'w ostwng wedyn gan 50% oherwydd yr hinsawdd economaidd yn ystod y rhyfel. Ni roddwyd unrhyw derfyn amser ar y gostyngiad rhent hwn. Bum mlynedd yn ddiweddarach yr oedd y fflatiau'n llawn, ac ysgrifennodd cwmni'r hawlwyr at y diffynyddion yn gofyn am swm llawn y rhent am ddau chwarter olaf y flwyddyn (pan ddaeth y fflatiau yn llawn). Fel amddiffyniad, hawliodd y diffynyddion fod y cytundeb am hanner rhent yn ymwneud â holl gyfnod y brydles. Roedd hawliad yr hawlwyr yn llwyddiannus ac fe wnaethant godi'r rhent. Fodd bynnag, ar sail estopel addewidiol, petai'r hawlwyr wedi ceisio hawlio'r rhent yn ôl am y pum mlynedd blaenorol, byddai wedi cael ei atal am y bwriadwyd i'r addewid rwymo nes bod y fflatiau'n llawn.

⑨ Yn gyffredinol, gall ecwiti ddarparu rhwymediau ar wahân i gyfraith gwlad, sydd eu hangen mewn llawer o achosion. Mae wedi datblygu a newid gydag amser ac wrth wynebu sefyllfaoedd newydd.

103

UG Y Gyfraith: Canllaw Astudio ac Adolygu

Sylwadau'r arholwr

① Cyflwyniad da sy'n crynhoi'r problemau gyda chyfraith gwlad, ac felly pam mae angen i ecwiti ddatblygu. Mae hyn yn darlunio'r effaith sydd gan ecwiti mewn datrys problemau mewn cyfraith gwlad.

②–⑤ Da iawn gweld disgrifiad o'r pedwar rhwymedi ac achosion perthnasol i'w hategu. Mae hyn yn dangos 'gwybodaeth gadarn' o berthnasedd ecwiti a sut mae'r rhwymedïau hyn yn well na rhwymedi cyfraith gwlad, sef iawndal.

⑧ Eto, mae hyn yn dangos gwybodaeth dda o ecwiti yn datblygu gyda'r amseroedd, ynghyd â chyfraith gwlad i roi rhwymedi digonol i hawliwr. Mae Seren wedi colli rhai o ddulliau modern mwyaf amlwg rhwymedïau ecwitiol – megis Gwaharddeb Mareva a Gorchymyn Anton Piller. Mae'r rhain yn allweddol i ddefnydd modern o ecwiti a dylid eu cynnwys.

Marc a ddyfarnwyd:
AA2 – 8
AA3 – 2
Cyfanswm = 10 o 11 (91%)

Gwerthusiad 'cadarn' o ddatblygiad ecwiti gyda dealltwriaeth gyffredinol dda o'r holl nodweddion allweddol. Mae angen bod yn ofalus i ateb y cwestiwn a osodwyd, yn lle cynhyrchu ateb parod nad yw'n cydnabod y cwestiwn.

4. Y Broses Droseddol: Mechnïaeth/CPS

C&A a) Eglurwch y pwerau sydd ar gael i ganiatáu mechnïaeth. *(14 marc)*

Ateb Tom

① Wedi i berson gael ei arestio, weithiau ei holi a chymryd ei fanylion, gall gael mechnïaeth. Mae hyn yn golygu ei fod yn rhydd i adael a dychwelyd i'w fywyd cyn y treial/mwy o ymchwiliadau.

② Mae'r pwerau sydd ar gael i ganiatáu mechnïaeth yn gallu dod o'r heddlu eu hunain fel arfer, neu os yw'r heddlu yn gwrthod rhoi mechnïaeth, sydd yn eu grym, gall y diffynnydd apelio at y llysoedd, sydd hefyd â'r grym i ganiatáu mechnïaeth.

③ Gall yr heddlu wrthod mechnïaeth os yw'r drosedd yn fwy difrifol, er enghraifft, masnachu cyffuriau, neu drais. Gallant hefyd wrthod mechnïaeth os ydynt yn ofni y gall y person ddianc rhag mechnïaeth, torri amodau'r fechnïaeth, neu'n fygythiad iddynt hwy eu hunain neu bobl eraill.

④ Mae'n debygol y gall person apelio at y llys am fechnïaeth ac ennill.

⑤ Gall mechnïaeth fod â thelerau ac amodau gwahanol. Efallai y gallwch gael eich gwahardd rhag cysylltu â rhai pobl neu gael cyrffiw. Os torrwch y rhain, gall eich mechnïaeth gael ei thynnu'n ôl neu gael ymestyn yr amser.

⑥ Er enghraifft, achos Hagans oedd â 28 euogfarn flaenorol ond a gafodd fechnïaeth ond fe dreisiodd fenyw a'i lladd er gwaethaf yr amodau.

⑦ Cyhyd â bod person ddim yn cael ei weld fel bygythiad a bod ganddo record lân neu dda o gadw at fechnïaeth, mae'n debygol o'i chael.

Sylwadau'r arholwr

① Mae Tom wedi gwneud yn dda yma i roi diffiniad o fechnïaeth fel cyflwyniad byr. Dylai fod wedi ategu ei ateb trwy gyfeirio at Ddeddfau. Mae hwn yn baragraff agoriadol gwan.

② Mae Tom wedi nodi'r ddau fath o fechnïaeth ond mae'n gwneud hyn yn arwynebol. Dylai gyfeirio at a.38 Deddf yr Heddlu a Thystiolaeth Droseddol 1984 am fechnïaeth yr heddlu ac a.4 Deddf Mechnïaeth 1976 ar gyfer mechnïaeth y llys, a gwneud y pwynt bod y llys yn cychwyn gyda'r rhagdyb bod gan bawb hawl i fechnïaeth. Mae hefyd yn crybwyll yr apêl i'r llysoedd, sy'n bwnc ar wahân ac yn gorfod cael ei ystyried ar ei ben ei hun. Eto, gallai gyfeirio at achos i ategu ei bwynt. Yma, mae achos Ynadon Nottingham yn berthnasol am yr apêl.

③ Mae Tom wedi gwneud yn dda i grybwyll rhai o'r rhesymau pam y gellir gwrthod mechnïaeth. Eto mae hyn yn cael ei wneud heb ddyfnder na datblygiad. Gallai fod wedi cyfeirio at Ddeddf Cyfiawnder Troseddol 2003 ac effaith y defnydd o gyffuriau ar gais am fechnïaeth.

④ Mae hon yn frawddeg od gan ei bod ar ei phen ei hun a heb ehangu o gwbl. Gallai fod wedi gwneud y pwynt hwn yn y paragraff uchod, o ran strwythur, ac fel gyda'r pwyntiau uchod, roedd angen mwy o ddyfnder am yr apêl arno, gan gynnwys achos fel awdurdod cyfreithiol.

⑤ Mae Tom wedi crybwyll rhai amodau yn fyr, er nad yw'r frawddeg olaf yn glir. Nid yw'n eglur beth a olygir wrth 'ymestyn yr amser'. Mae llawer o amodau eraill y gallai fod wedi eu trafod, megis: ildio pasbort, byw mewn hostel fechnïaeth, cael cyngor cyfreithiol, etc.

⑥ Da gweld Tom yn cyfeirio at achos fel awdurdod yma. Mae hyn yn rhoi peth datblygiad ar y paragraff uchod am amodau.

⑦ Casgliad gwan yma. Dylai casgliad grynhoi prif bwyntiau corff y traethawd. Gallai Tom fod wedi gwneud sylw ar gadw cydbwysedd rhwng mechnïaeth a remand a chyfeirio at achos fel Hagans fel enghraifft o'r problemau gyda mechnïaeth.

Marc a ddyfarnwyd:
AA1 – 7
AA3 – 1
Cyfanswm = 8 o 14 (57%)

Ateb sy'n 'brin' ddigonol yw hwn ar ben isaf y band. Mae rhai gwallau mynegiant ac nid yw Tom wastad yn cyfleu ei bwyntiau yn glir neu'n soffistigedig. Mae diffyg cyfeiriadau at awdurdod cyfreithiol yn gyffredinol, gan mai un achos sy'n cael ei grybwyll yn unig. Mae'n amlygu'r ffaith bod dau fath o fechnïaeth – heddlu a llys – ond nid yw'n ehangu ar hyn.

Cwestiynau ac Atebion

Ateb Seren

① Daw'r rhan fwyaf o fechnïaeth o dan Ddeddf Mechnïaeth 1976. Mae adran 4 yn dweud y dylai fod rhagdyb fod gan bawb hawl i fechnïaeth, ac eithrio dan amgylchiadau penodol. Mae hyn yn ategu'r egwyddor bod pawb yn ddieuog hyd nes y caiff ei brofi'n euog.

② Mae gan yr heddlu a'r llysoedd yr hawl i ganiatáu mechnïaeth. Daw mechnïaeth yr heddlu o dan a.38 Deddf yr Heddlu a Thystiolaeth Droseddol 1984 a mechnïaeth y llys o dan a.4 Deddf Mechnïaeth 1976. Mae'n bosibl gwrthdroi rhagdyb yr hawl i fechnïaeth os yw person wedi ei gyhuddo o droseddu dditiadwy, os oes ganddo lawer o euogfarnau blaenorol, os gall ymyrryd â thystion neu rwystro cwrs cyfiawnder neu os yw'n berygl iddo ei hun neu bobl eraill.

③ O dan Ddeddf Cyfiawnder Troseddol 2003, ni fydd diffynnydd yn cael mechnïaeth os yw'n profi'n bositif am gyffur Dosbarth A ac yn gwrthod triniaeth. Mae hyn am y gall fod yn troseddu i dalu am ei gyffuriau, ac felly mae angen ystyried achos ei weithgaredd troseddol.

④ Os yw person yn cael ei gyhuddo o lofruddiaeth, trais neu ddynladdiad a bod ganddo euogfarn flaenorol am drosedd o'r fath, yn ôl Deddf Cyfiawnder Troseddol a Threfn Gyhoeddus 1994, byddai mechnïaeth yn cael ei gwrthod yn awtomatig. Fodd bynnag, heriodd achos Caballero gwadu mechnïaeth yn awtomatig fel hyn yn Llys Hawliau Dynol Ewrop, gan ddweud bod hyn yn torri ar ei hawl i ryddid (erthygl 5) a'i hawl i dreial teg (erthygl 6). Enillodd ei achos a newidiodd y DU y gyfraith gyda Deddf Trosedd ac Anhrefn 1998. Nawr gall person a gyhuddwyd o drosedd ddifrifol sydd ag euogfarnau blaenorol am droseddau o'r fath gael mechnïaeth dan 'amgylchiadau eithriadol'.

⑤ Mae mechnïaeth naill ai yn ddiamod neu'n amodol. Dyma rai amodau y gellir eu gosod: meichiau, lle mae person ar wahân i'r diffynydd yn addo talu swm o arian os bydd y diffynnydd yn dianc tra ei fod ar fechnïaeth, neu sicrwydd lle mae'r arian yn cael ei dalu'n syth a'r diffynnydd yn ei gael yn ôl os bydd yn dychwelyd ar ddiwrnod cyntaf ei dreial. Mae amodau eraill yn cynnwys ildio pasport, adrodd i swyddfa heddlu, cadw draw oddi wrth berson neu le, aros mewn hostel fechnïaeth neu wisgo tag electronig.

⑥ Fodd bynnag, mae mechnïaeth weithiau yn cael ei rhoi i bobl na ddylai ei chael, gyda chanlyniadau difrifol. Enghraifft o hyn yw achos Gary Newlove lle cafodd ei ladd gan lanciau oedd ar fechnïaeth, neu Hagans a gafodd fechnïaeth er gwaethaf euogfarnau blaenorol ac a dreisiodd wraig a'i lladd.

Sylwadau'r arholwr

① Paragraff agoriadol da gan gynnwys rhagdyb o fod yn ddieuog nes profi'n euog. Da yw crybwyll Deddf Mechnïaeth 1976 a'r rhagdyb pwysig dan a.4.

② Gwnaeth Seren yn dda yma i wneud sylw am fechnïaeth yr heddlu a mechnïaeth y llys am fod angen y ddau ar gyfer y cwestiwn. Dylai myfyrwyr fwrw golwg ar eiriad y cwestiwn gan y gall ofyn naill ai am fechnïaeth y llys neu fechnïaeth yr heddlu neu, yn fwy cyffredin, gofyn am drafod y ddau. Mae Seren eto wedi gwneud yn dda i ategu ei hateb gyda chyfeiriad at y gyfraith gywir a pherthnasol.

③ Trafodaeth dda o'r datblygiad pwysig hwn o ran caniatáu mechnïaeth gydag esboniad i ddangos ei bod yn deall.

④ Mae hwn yn baragraff da gyda llawer o fanylion a thrafodaeth o'r elfennau ehangach.

Mae Seren wedi gwneud yn dda iawn i ddyfynnu Deddfau ac erthyglau o Lys Hawliau Dynol Ewrop ynghyd ag achos Caballero. Roedd arni angen rhifau'r adrannau penodol yn y ddwy ddeddf y soniodd amdanynt, ond beirniadaeth fach yw hon.

⑤ Cynnydd da i fechnïaeth ddiamod/amodol gan grybwyll nifer o amodau.

⑥ Paragraff olaf nad yw wir yn gasgliad. Roedd angen i Seren hefyd werthuso effaith mechnïaeth ar y diffynnydd wedi ei gydbwyso gyda'r modd mae'n amddiffyn y cyhoedd. Gallai hyn fod wedi ffurfio sail casgliad i orffen yr ateb. Hefyd, gallai Seren fod wedi trafod apeliadau posibl yn erbyn y penderfyniad i wrthod mechnïaeth ac achos Ynadon Nottingham am nifer o apeliadau.

Marc a ddyfarnwyd:
AA1 – 11
AA3 – 1
Cyfanswm = 12 o 14 (86%)

Mae hwn yn ateb da a chadarn sy'n ymdrin â mechnïaeth yr heddlu a mechnïaeth y llys, gan ddyfynnu'r awdurdod cyfreithiol cywir a pherthnasol. Mae'r ystod eang o faterion perthnasol a drafodir yn dangos dealltwriaeth gadarn o fechnïaeth a phryd y gellir ei rhoi. Er nad oes casgliad a bod olion brys tua'r diwedd, mae'n ateb cadarn. Darllenwch y sylwadau am ffyrdd o wella eich ateb mwy fyth.

---

b) Trafodwch rôl Gwasanaeth Erlyn y Goron o fewn system gyfreithiol Cymru a Lloegr. *(11 marc)*

Ateb Tom

① Gwasanaeth Erlyn y Goron (CPS) yw'r enw ar y system ym Mhrydain i erlyn diffynyddion.

② Mae lefelau gwahanol o lysoedd ar gyfer amgylchiadau gwahanol. Hefyd mae a yw mater yn sifil neu'n droseddol yn effeithio ar gael treial mewn llys sifil neu droseddol.

③ Rôl y CPS yw penderfynu a ddylai person gael ei erlyn am drosedd mae wedi ei chyflawni. Cyn Gwasanaeth Erlyn y Goron, yr heddlu fyddai'n penderfynu dilyn achos neu beidio ac a ddylid mynd â'r cyhuddedig i'r llys. Roedd hyn yn bryder am fod yr heddlu yn poeni gormod am ennill neu golli achos yn lle darganfod y gwir. Sefydlwyd y CPS i weithio yn annibynnol ar yr heddlu.

④ Nid oedd y CPS a'r heddlu yn cydweithio; fodd bynnag, yr oedd yr heddlu yn anhapus gyda faint o achosion yr oedd y CPS yn eu gollwng am nad oedd yr achos yn pasio'r profion tystiolaethol na budd y cyhoedd. Mae'r profion tystiolaethol yn ystyried a oes digon o dystiolaeth i ennill yr achos ac mae prawf budd y cyhoedd yn ystyried a yw achos er budd y cyhoedd. Rhaid i achos basio'r ddau brawf ac mae'n osgoi gwastraffu amser y llys.

⑤ Yna cafodd y CPS ei ddiwygio gan Glidewell a chytunwyd y dylai cyfreithwyr y CPS weithio mewn gorsafoedd heddlu mewn unedau cyfiawnder troseddol ac y dylai mwy o swyddfeydd y CPS gael eu sefydlu i gyfateb i nifer yr heddluoedd.

⑥ Mae'r CPS a'r heddlu yn awr yn gweithio gyda'i gilydd yn well ac yn trin achosion yn fwy effeithiol.

UG Y Gyfraith: Canllaw Astudio ac Adolygu

Sylwadau'r arholwr

① Agoriad gwan sydd ond yn amlinellu rôl y *CPS* yn erlyn troseddwyr.

② Mae'r paragraff hwn yn hollol amherthnasol i'r cwestiwn am fod y *CPS* yn ymwneud ag achosion troseddol.

③ Da gweld peth cefndir yma gan Tom ar pam y sefydlwyd y *CPS*. Mae hyn yn bwysig er bod angen mwy o ddatblygu. Dylai fod wedi sôn am adroddiad JUSTICE ac adroddiad RCCP a arweiniodd at sefydlu y *CPS*. Hefyd, gallai fod wedi dyfynnu Deddf Erlyniad Troseddau 1985 a sefydlodd y *CPS*.

④ Peth gwerthuso da, er yn ansoffistigedig, am y ffaith bod yr heddlu yn anhapus gyda nifer yr achosion a oedd heb eu dilyn. Mae Tom wedi mynd ymlaen wedyn i drafod y ddau brawf sy'n pennu a ddylai achos fynd ymlaen i erlyniad. Mae hyn yn bwysig er mwyn canolbwyntio ar y cwestiwn a ofynnwyd.

Roedd angen i Tom ddyfynnu'r Prawf Cod Llawn yn a.10 Deddf Erlyniad Troseddau 1985 i roi peth awdurdod cyfreithiol a dyfnder i'w ateb.

⑤ Er ei bod yn dda bod Tom wedi crybwyll adroddiad allweddol Glidewell, nid yw'r pwynt hwn yn cael ei ddatblygu ac mae angen llawer mwy o ddyfnder am ei brif ganfyddiadau a sut y gweithredwyd y newidiadau hyn. Mae Tom wedi gwneud yn dda i drafod hefyd yr unedau cyfiawnder troseddol, ond mae angen iddo werthuso pam y byddai'r rhain yn gwella'r berthynas waith rhwng yr heddlu a'r *CPS*. Dylai fod yn fwy penodol hefyd trwy ddweud bod y *CPS* wedi ei ailstrwythuro yn 42 ardal i gyd-fynd â'r 42 ardal heddlu, ac effaith hyn.

⑥ Casgliad gwan yma nad yw'n crynhoi prif gorff y gwaith nac yn canolbwyntio ar y cwestiwn a ofynnwyd.

Marc a ddyfarnwyd:
AA2 – 6
AA3 – 1
Cyfanswm = 7 o 11 (64%)

Mae'r ateb hwn prin y tu mewn i ffin ddigonol. Gallai arholwr arall wedi ei alw yn ateb cyfyngedig (1 marc yn llai). Nid yw ateb Tom yn ddigon manwl, a dim ond un adroddiad mae'n ei grybwyll – Glidewell. Roedd rhannau cryfach ei ateb yn ymwneud â'r prawf tystiolaethol a budd y cyhoedd, er bod angen mwy o ddatblygu ar y rhain a gwerthusiad i ddangos mwy na dealltwriaeth arwynebol.

Ateb Seren

① Pennaeth Gwasanaeth Erlyn y Goron yw'r Cyfarwyddwr Erlyniadau Cyhoeddus, Alison Saunders, sy'n atebol i'r Twrnai Cyffredinol. Bu i'r *CPS* hanes cythryblus, yn cael ei feirniadu yn gyntaf gan Gomisiwn Phillips ac Adroddiad Justice. Dywedodd Adroddiad Justice na ddylai'r heddlu fod yn gyfrifol am ddwy dasg ymchwilio ac erlyn, a dywedodd Comisiwn Phillips fod diffyg polisïau erlyn cyson mewn heddluoedd. O ganlyniad, sefydlwyd y *CPS* gyda Deddf Erlyniad Troseddau 1985.

② Y *CPS* sy'n penderfynu a ddylid erlyn diffynyddion sy'n cael eu cyhuddo o droseddau. Ers Deddf Cyfiawnder Troseddol 2003, y *CPS* hefyd sy'n penderfynu ar y cyhuddiad, gan ddefnyddio'r prawf trothwy lle mae'n ystyried a oes gobaith realistig o euogfarn.

③ Cyn i achos fynd i'r llys, rhaid i'r *CPS* ofalu ei fod yn pasio'r Cod i Erlynwyr y Goron yn a.10 Deddf Erlyniad Troseddau 1985. Mae dau brawf – tystiolaethol a budd y cyhoedd. Yn gyntaf, y prawf tystiolaethol yw bod y *CPS* yn credu bod y llys yn fwy na thebyg o euogfarnu oherwydd y cyhuddiadau a ddygir a'r dystiolaeth sydd ar gael. Mae hyn i atal gwastraffu amser y llys gydag achosion a all fethu. Os nad yw'n pasio'r prawf tystiolaethol, nid yw'n mynd dim pellach. Os yw, yna mae'n mynd trwy brawf budd y cyhoedd. Mae hwn yn edrych i weld a yw'r achos er budd y cyhoedd neu yn erbyn budd y cyhoedd. Mae Cod i Erlynwyr y Goron 2013 yn gosod cwestiynau a fydd yn nodi ac yn pennu'r ffactorau perthnasol er budd y cyhoedd o blaid ac yn erbyn erlyn. Maent yn ystyried cwestiynau fel y ba raddau mae'r diffynnydd ar fai, a ddefnyddiwyd arfau, beth yw'r amgylchiadau a'r niwed a achosir i'r dioddefwr a beth yw'r effaith ar y gymuned. Ar ôl pwyso a mesur yr holl ffactorau, penderfynant a ddylai'r achos fynd i dreial.

④ Yn 1998, dywedodd adroddiad Glidewell gan Syr Ian Glidewell fod angen ailwampio'r *CPS* yn drylwyr. Canfu Glidewell fod y gyfradd rhyddfarn yn rhy uchel ac nad oedd y berthynas rhwng yr heddlu a'r *CPS* yn ddigon cryf nac effeithiol, ac yn bennaf fod y *CPS* yn rhy ganolog a biwrocrataidd gyda dim ond 13 ardal.

⑤ Aildrefnodd Glidewell y *CPS* yn 42 o swyddfeydd y *CPS*, un i bob heddlu er mwyn gwneud y berthynas rhwng yr heddlu a'r *CPS* yn gryfach. Argymhellodd adroddiad Narey a dylai'r *CPS* weithio mewn gorsafoedd heddlu i ddatrys y problemau hyn. O ganlyniad, sefydlwyd Unedau Cyfiawnder Troseddol. Mae'r rhain yn gweithio yn uniongyrchol mewn gorsafoedd heddlu ac maent wedi gwella cysylltiadau. Mae gweithwyr achos gweinyddol hefyd sy'n erlyn ple o euog yn y Llys Ynadon, gan arbed amser i fargyfreithwyr yn Llys y Goron. Arweiniodd y cydweithio agos rhwng yr heddlu a'r *CPS* at erlyn Ian Huntley a Maxine Carr yn llwyddiannus mewn dim ond 6 wythnos.

⑥ Ers i Glidewell aildrefnu'r *CPS* yn 42 ardal, lle roedd swyddfa *CPS* ar gyfer pob un o ardaloedd yr heddluoedd, mae diwygiad arall wedi ailstrwythuro'r *CPS* yn 13 ardal ddaearyddol. Mae Prif Erlynydd y Goron ym mhob ardal.

⑦ Rôl y *CPS* yw sicrhau y dygir y cyhuddiadau iawn yn erbyn y diffynnydd ac i erlyn yn y llys, gan ddwyn ynghyd y dystiolaeth a gasglwyd gan yr heddlu. Maent yn gweithio yn well yn awr gyda'r heddlu ac maent yn fwy llwyddiannus.

Sylwadau'r arholwr

① Mae Seren wedi rhoi datganiad agoriadol da yn y paragraff yma. Mae wedi cyfeirio at ddau adroddiad allweddol a arweiniodd at sefydlu'r *CPS*. Mae hefyd wedi trafod y bobl allweddol sy'n gyfrifol am y *CPS* ac wedi sôn am y ddeddf a sefydlodd y *CPS* – Deddf Erlyniad Troseddau 1985. Cyflwyniad rhesymegol sy'n cychwyn ar ddechrau hanes y *CPS*.

② Gwnaeth Seren yn dda yma i drafod y penderfyniad i gyhuddo a wnaed dan Ddeddf Cyfiawnder Troseddol 2003. Mae hwn yn ddatblygiad pwysig a gwnaeth yn dda i gynnwys termau allweddol fel y prawf 'trothwy' a 'gobaith realistig' a'u hategu gan gyfeirio at y statud cywir.

③ Mae hwn yn baragraff cryf lle mae'n canolbwyntio ar un o brif swyddogaethau'r *CPS*. Mae i'w chanmol am ddyfynnu a.10 Deddf Erlyniad Troseddau yn benodol ac mae wedi dangos dealltwriaeth gadarn o'r modd mae'r ddau brawf o fewn y prawf cod llawn yn gweithredu. Mae'r ffaith ei bod yn crybwyll ffactorau o blaid ac yn erbyn budd y cyhoedd yn cyfoethogi ei hateb.

Cwestiynau ac Atebion

④ Cynnydd rhesymegol yma ymlaen i adroddiad Glidewell. Mae hwn yn ddatblygiad allweddol yn natblygiad y *CPS*. Trafodaeth dda o'r prif ganfyddiadau ac mae Seren wedi rhoi ffigyrau cywir.

⑤ Paragraff cadarn arall lle mae Seren wedi gwerthuso effaith adroddiad Glidewell (pwysig i gwestiynau rhan (b)) a hefyd wedi cyfeirio at adroddiad Narey. Brawddeg olaf dda lle mae Seren wedi cysylltu'r datblygiadau ag erlyniad llwyddiannus achos Ian Huntley.

⑥ Gwerthusiad da yma yn asesu effaith yr ailstrwythuro yn dilyn adroddiad Glidewell. Mae Seren hefyd wedi gwneud yn dda i drafod y bobl sy'n chwarae rhan, er mwyn rhoi mwy o ddyfnder.

⑦ Da gweld casgliad yma sy'n canolbwyntio ar y cwestiwn a ofynnwyd (rôl y *CPS*) ond sydd hefyd yn cyfeirio at ffactorau sy'n effeithio ar eu rôl megis y berthynas waith gyda'r heddlu.

Marc a ddyfarnwyd:
AA2 – 9
AA3 – 2
Cyfanswm = 11 o 11 (100%)

Mae hwn yn ateb cadarn sy'n symud yn rhesymegol o sefydlu'r *CPS* i ddiwygiadau Glidewell. Ffocws da yn y canol ar eu rôl yn y penderfyniad i gyhuddo ac erlyn gyda chyfeiriad da at yr awdurdod cyfreithiol cywir a phenodol. Yn bwysig iawn i'r cwestiwn rhan (b) hwn, mae Seren wedi gwerthuso effaith y diwygiadau a sut maent wedi helpu i wella'r *CPS*. Ateb wedi ei strwythuro'n dda gyda chyflwyniad clir a chasgliad. Er nad yw'n berffaith, enillodd farciau llawn.

5. Y Broses Droseddol: *CCRC*

a) Amlinellwch rôl Llys y Goron ar gyfer gwrando achosion troseddol. *(14 marc)*

Ateb Tom

① Llys y Goron yw'r un ar gyfer yr achosion mwyaf difrifol, fel llofruddiaeth a thrais, lle nad oes gan yr ynadon ddigon o bŵer i ddelio â nhw. Os nad ydych chi'n hapus gyda phenderfyniad Llys y Goron, gallwch apelio at y Llys Apêl.

② Yn Llys y Goron, mae rheithgor yn cael ei ddefnyddio i benderfynu a yw'r diffynnydd yn euog neu'n ddieuog. Maent yn ymneilltuo i ystafell ddirgel i benderfynu ar y rheithfarn a bydd y barnwr wedyn yn penderfynu ar y ddedfryd. Mae rheithgor wedi ei lunio o 12 o bobl wedi eu dewis ar hap o'r rhestr etholwyr. Dylent fod heb euogfarnau troseddol difrifol ac nid ydynt i fod ag anhwylder meddwl. Mae treial gan reithgor yn hawl wedi ei osod i lawr yn y Magna Carta oedd yn dweud bod gan bawb yr hawl i gael 'treial gan ei gyfoedion'. Felly yn Llys y Goron, nid yw rôl y barnwr yn fawr iawn ac mae i lawr i'r rheithgor yn bennaf i benderfynu euogrwydd neu ddieuogrwydd.

③ Gall Llys y Goron hefyd wrando ar apeliadau o'r Llys Ynadon lle mae'r diffynnydd yn apelio yn erbyn ei ddedfryd am fân drosedd. Nid yw rheithgor yn cael ei ddefnyddio ar gyfer y math hwn o achos bob tro, ac mae gan Lys y Goron y pŵer i newid yr euogfarn ac efallai gadael i'r diffynnydd fynd yn rhydd. Gall y barnwr yn Llys y Goron ddedfrydu person i garchar am oes, neu roi unrhyw ddedfryd arall sy'n briodol yn ei farn ef. Mae adegau hefyd pan fydd Llys y Goron yn gwrando ar droseddau neillffordd profadwy: achosion yw'r rhain sydd yn yr ystod ganol, a gall y diffynnydd ddewis a yw eisiau treial gan reithgor neu beidio, cyhyd â'i fod yn pledio'n ddieuog.

④ Yn gyffredinol, Llys y Goron yw un o'r llysoedd pwysicaf yn system gyfreithiol Cymru a Lloegr a dyma'r llys y mae'r rhan fwyaf o bobl yn meddwl amdano pan fyddant yn meddwl am y gyfraith trosedd a threialon.

Sylwadau'r arholwr

① Amlinelliad cyfyngedig o rôl Llys y Goron, ond mae diffyg awdurdod cyfreithiol, a sylwedd cyfreithiol i'r ateb hwn.

② Nid yw hyn yn hollol wir, ac mae Tom fel petai fymryn yn ansicr am rôl y rheithgor ac felly mae ei wybodaeth ychydig yn gyfyngedig o ran Llys y Goron.

③ Mae hwn yn amlinelliad da o rôl allweddol Llys y Goron, er ei fod yn amlwg wedi gadael allan fanylion ac nid oes awdurdod cyfreithiol i ategu'r ateb a'i wneud yn llai 'cyfyngedig'.

④ Eto, rôl bwysig Llys y Goron wedi ei amlinellu mewn termau sylfaenol. Byddai tipyn o ehangu wedi gwneud y paragraff hwn yn fwy argyhoeddiadol ac yn gyfreithiol sylweddol.

Marc a ddyfarnwyd:
AA1 – 6
AA3 – 1
Cyfanswm = 7 o 14 (50%)

Er bod yma lawer o swyddogaethau pwysig Llys y Goron, mae diffyg sylwedd cyfreithiol i'r ateb hwn ac mae braidd yn fyr mewn mannau. Mae angen i Tom ehangu ar yr holl bwyntiau a wnaeth, a rhoi mwy o fanylion i'r arholwr am weithdrefn treial a'r awdurdod cyfreithiol neu hyd yn oed enghreifftiau o achosion diweddar a glywyd yn Llys y Goron. Mae angen bod yn llai niwlog am y llwybrau apêl, a rhoi mwy o esboniad am y llwybrau a seiliau apêl.

107

UG Y Gyfraith: Canllaw Astudio ac Adolygu

Ateb Seren

① Mae gan Lys y Goron rôl enfawr wrth drin achosion troseddol. Gall troseddau gael eu rhannu yn dri chategori o'r enw: troseddau ynadol, troseddau neillffordd profadwy neu droseddau ditiadwy. Troseddau ynadol yw pan gyflawnwyd mân droseddau a byddech chi fel arfer yn mynd o flaen eich gwell mewn Llys Ynadon. Troseddau neillffordd yw lle gallwch ofyn am reithgor yn Llys y Goron neu gael treial mewn Llys Ynadon. Mae difrifoldeb y drosedd hon yn cynnwys dwyn, byrgleriaeth ac mewn rhai achosion niwed corfforol gwirioneddol. Troseddau ditiadwy yw'r rhai mwyaf difrifol, a byddant yn cael barnwr ac efallai rheithgor a threial yn Llys y Goron. Y math o drosedd fyddai'n dditiadwy yw llofruddiaeth, dynladdiad a thrais. Mae'r holl achosion yn cychwyn yn y Llys Ynadon ond oherwydd a.51 Deddf Trosedd ac Anhrefn 1998 fel y'i diwygiwyd gan Ddeddf Cyfiawnder Troseddol 2003, bydd y diffynyddion yn cael eu trosglwyddo i Lys y Goron.

② Yn ystod gweithdrefn treial yn Llys y Goron, mae'r rheithgor yn tyngu eu llw ac yna bydd ffeithiau'r achos yn cael eu hamlinellu gan yr erlyniad. Bydd yr erlyniad wedyn yn galw rhai tystion i ategu eu hachos a byddant yn cael eu prifholi, a bydd y tystion wedyn yn cael eu croesholi gan gwnsler yr amddiffyniad. Pan fydd yr erlyniad wedi gorffen eu hachos, gall y diffynyddion gyflwyno dim achos i'w ateb, ac os bydd y barnwr yn cytuno nad oes digon o dystiolaeth, yna gall y rheithgor gael ei gyfarwyddo i roi rheithfarn o ddieuog. Tro'r amddiffyniad yw hi wedyn, a byddant yn dechrau trwy alw eu tystion a'u prifholi. Byddant wedyn yn cael eu croesholi gan gwnsler yr erlyniad ac yna rhaid i'r ddwy ochr wneud eu hareithiau cloi i'r rheithgor: yr amddiffyniad sydd olaf o hyd. Bydd y barnwr wedyn yn crynhoi holl ffeithiau'r achos cyn i'r rheithgor ymneilltuo i ddod i benderfyniad unfrydol, er bod rheithfarnau mwyafrifol yn cael eu derbyn hefyd. Yn olaf, os caiff y rheithgor y diffynydd yn ddieuog, yna caiff ei ryddhau a chaiff adael y llys, ond os yw'n euog, mater i'r barnwr fydd traddodi dedfryd.

③ Os yw diffynydd yn anhapus gyda chanlyniad treial yn Llys y Goron, gall apelio at y Llys Apêl ar bwynt o gyfraith. Os bydd y Llys Apêl yn ystyried yr euogfarn yn anniogel, bydd yn caniatáu apêl, neu gall orchymyn treial arall neu wrthod yr apêl. Ni all yr erlyniad fel arfer apelio yn erbyn rhyddfarn, er bod Deddf Cyfiawnder Troseddol 2003 yn caniatáu i'r erlyniad ddiddymu rhyddfarn fel bod ail dreial yn cael ei orchymyn, a hyn dan ddiwygiadau i'r rheol perygl dwbl (*double jeopardy rule*). Roedd achos o'r enw Thompson & Venables v UK (1999), lle cadarnhaodd Llys Hawliau Dynol Ewrop gwynion am y bechgyn a gafwyd yn euog o lofruddio James Bulger mewn Llys y Goron i oedolion. Roeddent yn credu bod y treial yn torri Erthygl 6 yr *ECHR* am eu bod wedi eu dychryn gan y perwigiau, a'r hyn sy'n digwydd yn awr yw nad yw llanciau yn cael treial yn Llys y Goron, ond mewn Llys Ieuenctid arbennig lle nad yw perwigiau a gynau yn cael eu gwisgo, a'r diffynydd yn cael eisteddd gyda'i deulu.

④ Y prif fathau o drosedd a glywir yn Llys y Goron yw troseddau ditiadwy – fodd bynnag, bydd gwrandawiad cychwynnol yn y Llys Ynadon i benderfynu ar gymorth cyfreithiol a mechnïaeth. Mae Llys y Goron hefyd yn cael ei ddefnyddio i ddedfrydu diffynyddion sydd wedi cyflawni troseddau neillffordd lle mae'r Ynadon yn teimlo nad yw eu pwerau dedfrydu yn ddigonol. Bydd Llys y Goron hefyd yn gwrando ar apeliadau ar droseddau ynadol o'r Llys Ynadon.

Sylwadau'r arholwr

① Cyfeiriad da at dri chategori troseddau, gydag enghreifftiau. Mae hyn yn bwysig am ei fod yn pwyntio tuag at weddill yr ateb ac yn gadael i Seren symud ymlaen i sôn am y rhain yn fanylach yn nes ymlaen. Daeth sefydlu Llys y Goron o dan Ddeddf y Goruchaf Lys 1981 – byddai hyn wedi bod yn ddarn defnyddiol o awdurdod cyfreithiol i gyflwyno rôl Llys y Goron.

② Mae hwn yn baragraff eithaf manwl ar y weithdrefn yn Llys y Goron, ac mae'n dangos gwybodaeth gadarn o weithdrefn treial – mae angen i Seren ofalu nad yw amser yn yr arholiad yn cael ei wastraffu ar ormod o fanylion ar draul cynnwys pwyntiau pwysig. Camgymeriad cyffredin i ymgeiswyr yw troi'r math hwn o gwestiwn yn un ar reithgorau yn unig – gwyliwch nad ydych chi'n gwneud hynny. Dylid crybwyll rheithgorau yn unig o ran eu rôl mewn treial ditiadwy. Cofiwch eu bod yn cael eu defnyddio yn rhyw 1% o achosion troseddol.

③ Defnydd ardderchog o awdurdod cyfreithiol yma wrth sôn am apeliadau yn Llys y Goron sy'n rhan allweddol o wybodaeth sy'n ganolog i'r ateb hwn. Mae awdurdod cyfreithiol wastad yn creu argraff dda ac yn dangos i'r arholwr y gallwch ysgrifennu'n glir a chydlynus a bod gennych fwy na dealltwriaeth ddigonol o'r pwnc.

④ Mwy o ehangu ar ddefnyddio Llys y Goron ar gyfer y mathau eraill o drosedd, sy'n ardderchog. Byddai yn briodol hefyd sôn am bwerau dedfrydu Llys y Goron – uchafswm o garchar am oes yw hyn a/neu ddirwy amhenodol.

Marc a ddyfarnwyd:
AA1 – 11
AA3 – 1
Cyfanswm = 12 o 14 (86%)

Yn gyffredinol, mae hwn yn ateb rhagorol sy'n ymdrin â holl rolau a swyddogaethau Llys y Goron – mae wedi ei ysgrifennu yn dda, ei strwythuro yn rhesymegol ac mae cydbwysedd da o awdurdod cyfreithiol ac enghreifftiau. Mae Seren wedi cynhyrchu ateb clir sy'n dangos gwybodaeth 'gadarn' o'r pwnc. Mae angen rhoi mwy o amser i wahanol swyddogaethau Llys y Goron; yn hytrach na darn mawr am weithdrefn y treial ei hun, sy'n berthnasol, ond dim ond rhan fechan. Mae defnydd eglur o dermau cyfreithiol drwyddo draw.

Cwestiynau ac Atebion

b) Trafodwch effaith y Comisiwn Adolygu Achosion Troseddol.
(11 marc)

Ateb Tom

① Sefydlwyd y CCRC i drin achosion o gamweinyddu cyfiawnder ac i ganiatáu i bobl a gafwyd yn euog o drosedd fynd yn rhydd o garchar. Sefydlwyd y CCRC yn 1997, ac mae wedi helpu pobl â phroffil uchel megis Sally Clark a Ryan James i gael cyfiawnder am iddynt gael eu carcharu am droseddau nad oeddent wedi eu cyflawni. Carcharwyd Sally Clark am lofruddio ei babanod, ond fel y digwyddodd, marwolaethau yn y crud oedd yr achos. Roedd Ryan James wedi'i gyhuddo o lofruddio ei wraig a chafodd ei anfon i garchar, ond darganfuwyd yn nes ymlaen mai lladd ei hun a wnaeth ei wraig. Cafodd yr achosion hyn ond eu datrys pan ymchwiliodd y CCRC i'r achos a chanfod tystiolaeth oedd yn ddiffygiol neu wedi ei cholli. Un o'r achosion cyntaf yr ymchwiliodd y CCRC iddo oedd Derek Bentley. Cafodd ef ei gyhuddo o lofruddiaeth ond wedi i'r CCRC ymchwilio, gwelwyd mai'r dyn arall yn yr achos oedd wedi tanio'r ergyd farwol.

② Ni all y CCRC ryddhau diffynnydd: gall ond gofyn i'r achos gael ei anfon yn ôl i'r Llys Apêl am dreial arall. Nid yw hyn yn gwarantu y bydd y canlyniad yn wahanol, ond i rai pobl, dyma'r unig obaith iddynt brofi eu bod yn ddieuog.

③ Yn gyffredinol, rôl gyfyngedig sydd gan y CCRC am nad yw'n addas i achos pawb, ond i rai pobl, gall fod yn ddefnyddiol iawn i osgoi camweinyddu cyfiawnder.

Sylwadau'r arholwr

① Cyflwyniad da gydag esboniad ardderchog o rai achosion proffil uchel y bu'r CCRC yn rhan ohonynt. Camgymeriadau cyffredin gyda'r cwestiwn hwn yw ymgeiswyr yn drysu rhwng y CCRC a'r CPS neu Gomisiwn Annibynnol Cwynion yr Heddlu – byddwch yn ofalus i osgoi gwneud y camgymeriad syml hwn.

② Amlinelliad byr iawn o union rôl y CCRC; mae angen treulio mwy o amser yn sôn am agweddau gwerthusol y cwestiwn. Mae angen i'r paragraff hwn fod yn fwy manwl o lawer.

③ Casgliad da iawn, ond dim sylwedd cyfreithiol, ac nid oes gan weddill yr ateb gynnydd rhesymegol i grynhoi.

Marc a ddyfarnwyd:
AA2 – 5
AA3 – 1
Cyfanswm = 6 o 11 (55%)

Ateb gwael iawn yw hwn heb fawr ddim cynnwys manwl gwerthusol. O ganlyniad, ni ddylai gael mwy na marc 'cyfyngedig'. Mae'r cwestiwn yn gofyn am bwyntiau gwerthuso manwl a phenodol iawn sy'n edrych ar lwyddiant y CCRC, ac unrhyw bwyntiau negyddol am ei weithrediad. Felly mae angen dadl gytbwys gyda defnydd priodol a pherthnasol o awdurdod. Mae defnydd gwych o awdurdod cyfreithiol o ran enghreifftiau yn y paragraff cyntaf, ond gwaetha'r modd, nid oes sylwedd i'r dadleuon o hynny ymlaen.

Ateb Seren

① Sefydlwyd y Comisiwn Adolygu Achosion Troseddol (CCRC) yn 1997 i ymchwilio i achosion posibl o gamweinyddu cyfiawnder lle roedd pobl wedi eu carcharu am droseddau nad oeddent wedi eu cyflawni, er enghraifft, Chwech Birmingham a Phedwar Guildford. I rai pobl nad ydynt wedi gallu apelio, dyma'r unig le y gellir ailymchwilio i'w hachos a gadael i bobl ddiniwed gael eu rhyddhau. Er enghraifft, ymchwiliodd y CCRC i achos Sion Jenkins, a gafwyd yn euog o lofruddiaeth, ac yn ddiweddarach, cafodd ei ryddhau o'r carchar. Nid oes gan y CCRC y grym i wrthdroi euogfarn; y cyfan y gall ei wneud yw ei anfon yn ôl i'r Llys Apêl neu fynnu bod yr heddlu yn ymchwilio eto iddo. Corff annibynnol ydyw ac ni all unrhyw ran o'r system cyfiawnder troseddol ddylanwadu arno. Un o'r achosion cyntaf yr ymchwiliodd iddo oedd un Derek Bentley, ond yn anffodus, roedd Bentley eisoes wedi ei grogi am y drosedd, felly ni allai gael cyfiawnder.

② Bu'r CCRC yn eithaf llwyddiannus am ei fod wedi diddymu dros 300 o achosion, felly gallai'r bobl hyn fod wedi treulio amser yn y carchar am droseddau nad oeddent wedi eu cyflawni. Er mai anfantais fyddai nad llys apêl ydyw mewn gwirionedd, felly nid oes gwarant y bydd diffynnydd yn cael ei ryddhau, a phroblem fawr yw mai'r heddlu sy'n edrych i mewn eto i'r drosedd, a hwy yn aml yw'r rheswm pam y bu camweinyddu cyfiawnder i ddechrau, am eu bod wedi ymyrryd â thystiolaeth neu orfodi diffynyddion i gyfaddef.

③ Gall unrhyw un wneud cwyn i'r CCRC; gan gynnwys y diffynnydd neu ei deulu. Mae hyn yn golygu bod rheswm da y cymerir yr achos; anfantais yw bod llawer o achosion yn aros i'w gwrando ac y gall gymryd blynyddoedd i'r achos gael ei ymchwilio. Anfantais arall yw'r ffordd mae'r CCRC yn gweithio allan ei ystadegau – achos 'llwyddiannus' yw unrhyw achos lle cafwyd canlyniad cadarnhaol; gallai hyn gynnwys lleihau'r ddedfryd.

④ Bydd camweinyddu cyfiawnder yn digwydd o hyd, a bydd y CCRC ond yn llwyddiannus os bydd ymchwilio i'r rhesymau dros gamweinyddu cyfiawnder. Bu'r CCRC yn llwyddiannus iawn ac mewn rhai achosion megis Derek Bentley, Ryan James a Sally Clark, maent wedi helpu i ryddhau pobl ddieuog o'r carchar.

UG Y Gyfraith: Canllaw Astudio ac Adolygu

Sylwadau'r arholwr

① Mae hwn yn gyflwyniad campus, gydag enghreifftiau perthnasol a phriodol yn cael eu dyfynnu. Mae'n rhoi cefndir da i rôl a hanes y *CCRC* heb ddweud gormod a fyddai'n ymyrryd â gwerthusiad y *CCRC*.
Cofiwch mai cwestiwn yw hwn sy'n gofyn i chi WERTHUSO nid DISGRIFIO, felly mae'n bwysig eich bod yn treulio'r rhan fwyaf o'r traethawd yn GWERTHUSO.

② Dadl gytbwys yma – mae Seren yn dangos tystiolaeth o wybodaeth am y manteision a'r anfanteision, ac mae'r rhain yn ddadleuon argyhoeddiadol, cadarn sy'n seiliedig ar ymchwil ac ystadegau y gellir eu gwirio.

③ Eto, mae pwyntiau gwerthuso pellach yn cael eu gwneud mewn ffordd gytbwys, resymegol.

④ Defnydd ardderchog o enghreifftiau, er y byddai wedi bod yn dda gweld y rhain mewn mannau priodol trwy'r ateb, yn hytrach na rhuthro i'w cynnwys ar y diwedd. Byddai ychydig o esboniad am eu perthnasedd a pham eu bod mor bwysig hefyd wedi bod yn briodol. Dylid rhoi credyd, er hynny, oherwydd bod tystiolaeth o wybodaeth am achosion diweddar.

Marc a ddyfarnwyd:
AA2 – 8
AA3 – 2
Cyfanswm = 10 o 11 (91%)

Yn gyffredinol, mae hwn yn ateb rhagorol gyda graddfa dda o werthusiad drwyddo draw. Y feirniadaeth fwyaf yw diffyg ehangu ar yr achosion, ond nid yw hwn yn ddiffyg mawr – mae tystiolaeth o'r achosion i'w chanmol. Mae Seren yn rhoi dadl gytbwys gyda chymysgedd da o bwyntiau gwerthuso cadarnhaol a negyddol sy'n dangos gwerthusiad 'cadarn' o'r *CCRC*.

6. Y Broses Sifil

C&A a) Amlinellwch y prif ddiwygiadau a gafodd eu cyflwyno i'r System Cyfiawnder Sifil yn 1999. *(14 marc)*

Ateb Tom

① Cyflwynwyd y Rheolau Trefniadaeth Sifil yn dilyn adroddiad yn 1999 lle dywedodd yr Arglwydd Woolf y dylai system cyfiawnder sifil fod yn gyflym, yn gyfiawn yn y canlyniadau mae'n eu rhoi, ac y dylai'r holl bartïon gael eu trin yn deg. Dywedodd fod y costau yn rhy uchel ac y gallai yn aml gymryd tair blynedd i dreial gychwyn yn y Llys Sirol, a phum mlynedd yn yr Uchel Lys.

② Dywedodd y prif amcan y dylid defnyddio iaith symlach yn lle gwrit neu wŷs, yr ydych yn awr yn defnyddio ffurflen hawlio, ac yn lle pleintydd, yr ydych yn awr yn cael eich galw yn hawliwr. Dywedodd Rheol I.I. y dylid cael amserlenni wedi eu neilltuo ac mae'r barnwr yn chwarae mwy o rôl yn y drefn. Mae ADR hefyd i'w argymell yn lle gorfod mynd i dreial.

③ Mae achosion llwybr cyflym rhwng £10,000 a £25,000 yn cael eu trin yn y Llys Sirol gydag amserlenni caeth iawn. Mae achosion aml-lwybr ar gyfer achosion rhwng £25,000 a £50,000: mae hyn ar gyfer materion drutach, ac yn cael eu gwrando yn y Llys Sirol neu'r Uchel Lys am faterion mwy cynhenid.

④ I gloi, cyflwynodd y Rheolau Trefniadaeth Sifil iaith symlach, ystyried achosion yn gynt trwy system y llwybrau, a rheolau ac amserlenni caeth i'w dilyn.

Sylwadau'r arholwr

① Cyflwyniad da, sy'n rhoi'r pwnc yn ei gyd-destun ac yn dangos dealltwriaeth o'r rhesymau y tu ôl i weithredu diwygiadau Woolf.

② Mae hwn yn baragraff rhagorol, a phetai Tom wedi parhau â'r ateb cyfan fel hyn, byddai wedi sgorio yn uwch o lawer. Mae dealltwriaeth o dermau allweddol sydd yn yr adroddiad, a chrynodeb cyffredinol o'r darpariaethau allweddol. Yr hyn oedd angen iddo ei wneud wedyn oedd sôn am bob un o'r darpariaethau hyn fesul un, mewn llawer mwy o fanylder.

③ Disgrifiad cywir ond cyfyngedig o ddau lwybr, heb roi manylion. Methodd Tom â thrafod y llwybr mân hawliadau.

Marc a ddyfarnwyd:
AA1 – 7
AA3 – 1
Cyfanswm = 8 o 14 (57%)

Yn bendant mae gwybodaeth yma, ond nid yw'n ddigon manwl o bell ffordd i warantu lefel uwch. Mae Tom yn amlwg yn deall prif ddarpariaethau'r Rheolau Trefniadaeth Sifil, ond nid yw wedi cyfeirio at yr holl nodweddion allweddol, ac nid yw wedi trin y rhai y soniodd amdanynt yn ddigon manwl.

Ateb Seren

① Yn 1996, dywedodd adroddiad yr Arglwydd Woolf y dylai unrhyw system cyfiawnder sifil lwyddiannus feddu ar y nodweddion canlynol; bod yn gyfiawn yn y canlyniadau mae'n eu cael, yn deg wrth drin y sawl sy'n mynd i gyfraith, bod yn ddealladwy i'r sawl sy'n defnyddio'r system, a hefyd cynnal y gweithdrefnau priodol am brisiau priodol. Credai y dylai'r system drin achosion gyda chyflymder rhesymol, a sicrhau effeithlonrwydd, adnoddau perthnasol a threfniadaeth. Daeth Woolf i'r farn nad oedd y nodweddion delfrydol hyn yn perthyn i'r system bresennol a chyflwynodd 303 o argymhellion a ddylai, yn ei farn ef, gael eu hystyried. Roedd yn teimlo bod y drefn bresennol yn ddrud, yn gymhleth ac nad oedd llawer o bobl gyffredin, efallai, yn ei deall, oedd yn ei gwneud yn aneffeithiol.

Cwestiynau ac Atebion

② Yn dilyn ei amcanion, diwygiodd Woolf y system cyfiawnder sifil gyda Rheolau Trefniadaeth Sifil 1998, a ddaeth i rym yn 1999. Cafodd y system ei symleiddio mewn llawer ffordd, gan gynnwys yr iaith a oedd yn cael ei defnyddio. Er enghraifft, daeth y 'pleintydd' yn 'hawlwr', a'r 'writ' neu'r 'wŷs' yn 'ffurflen gais' (*claim form*). Y rheol amlycaf ohonynt oll fyddai Rhan 1 y Rheolau Trefniadaeth Sifil, sy'n crynhoi'r 'amcan cyffredinol'. Dywed fod 'yn rhaid i'r llys drin pob achos yn gyfiawn', sy'n cynnwys delio ag achos yn gymesur i'r costau dan sylw, pwysigrwydd a chymhlethdod yr achos a sefyllfa ariannol y partïon. Roedd y Rheolau Trefniadaeth Sifil hefyd yn cynnwys llawer o newidiadau eraill, megis cyflwyno protocolau cyn-cyfreitha, gyda'r bwriad o gynyddu cyfathrebu y tu mewn i'r broses, ac annog cyfnewid gwybodaeth cyn-cyfreitha i 'lwytho achosion o'r blaen' a all leihau oedi. Hefyd, cyflwynodd yr Arglwydd Woolf reoli achos lle roedd barnwyr yn dod yn 'rheolwyr achos', ac yn cymryd rôl weithredol yn y drefn o ran gosod amserlenni caeth, cyfyngu tystion a chymryd ymagwedd fwy holgar o lawer at setlo anghydfod.

③ Hefyd roedd y rheolau diwygiedig yn cynnwys annog Dull Amgen o Ddatrys Anghydfod; dylai barnwyr annog defnyddio *ADR* lle bo hynny'n briodol, ond ni allant orfodi hawlwyr i geisio dewis arall yn lle'r llysoedd. Roedd hefyd yn caniatáu i farnwr 'atal' camau hyd nes bod yr achos wedi dod i dreial. Diwygiad arall a helpodd i wneud y system yn symlach oedd neilltuo llwybrau, lle byddai anghydfod yn cael ei roi mewn categorïau gwahanol. Byddai anghydfod am symiau hyd at £10,000 yn mynd ar y llwybr mân hawliadau. Y llwybr mân hawliadau yw'r drefn rataf a symlaf. Mae'n anffurfiol o ran rheolau, ac ni ellir rhoi cymorth cyfreithiol rhag i hyn fod yn gymhelliant i gyfreithwyr. Cyfyngiadau hyn yw bod busnesau yn defnyddio hyn i hel dyledion ac mae'r diffynnydd fel arfer yn cael ei gynrychioli, sy'n rhoi mantais annheg. Mae anghydfod rhwng £10,000 a £25,000 yn cael eu gosod ar y llwybr cyflym. Mae'r dull hwn yn defnyddio amserlen gaeth, a chredir ei fod wedi lleihau amser aros, er bod y cyfnod aros ar hyn o bryd yn 74 wythnos, sy'n amser hir. Mae anghydfod rhwng £25,000 a £50,000 yn mynd ar y llwybr cyflym sy'n golygu mai'r llysoedd sy'n rheoli'r achos.

Sylwadau'r arholwr

① Cyflwyniad rhagorol, sy'n rhoi'r cwestiwn yn ei gyd-destun ac yn egluro pam mae angen y diwygiadau. Mae'n dda defnyddio termau o'r adroddiad ac mae'n dangos dealltwriaeth gadarn yn syth.

② Cyfnod cyn-cyfreitha'r achos yw'r mwyaf arwyddocaol o'r diwygiadau am y rhoddir pwyslais enfawr ar gyfnodau cyn-treial y broses. Byddai'n briodol felly sôn am drefn y siart lif, yn enwedig yng nghyd-destun rôl yr amddiffyniad yn cyhoeddi ei hawliad, beth yw'r dewisiadau gorau i'r amddiffyniad, ac efallai gan roi enghreifftiau o brotocolau cyn-cyfreitha.
Ymdrinnir â'r holl brif ddiwygiadau yma.

Mae'n ddefnyddiol eu hadolygu mewn pedwar maes bras:
- Annog *ADR*
- Barnwr yn goruchwylio trefn achos
- Symleiddio gweithdrefnau
- Protocolau cyn-cyfreitha

Ac yna eu trafod mor fanwl â phosibl, gan ofalu defnyddio termau cyfreithiol cywir lle bo'n bosibl.

③ Amlinelliad da o'r tri llwybr, ond byddai'n briodol hefyd sôn am y gwahaniaethau mewn gwerthoedd anaf personol i bob llwybr. Hefyd, mae gan bob llwybr nodweddion penodol o ran cynrychiolaeth gyfreithiol, a'r amserlenni y gellid bod wedi eu crybwyll hefyd.

Marc a ddyfarnwyd:
AA1 – 11
AA3 – 1
Cyfanswm = 12 o 14 (86%)

Mae hwn ar ben uchaf 'digonol' o ran gwybodaeth am ei fod yn glir, wedi ei strwythuro'n dda ac yn amlwg yn cynnwys gwybodaeth o ddiwygiadau Woolf, wedi'i hategu gan ddefnydd cywir o dermau o'r adroddiad. Fodd bynnag, mae manylion ar goll mewn rhai lleoedd, sydd wedi atal yr ateb hwn rhag bod yn un 'cadarn'.

C & A

b) Trafodwch effaith y diwygiadau hyn ar y System Cyfiawnder Sifil.
(11 marc)

Ateb Tom

① O ran effaith y diwygiadau ar y system cyfiawnder sifil, cafwyd llawer barn. Dau o'r rhain yw Suzanne Burns a Lawrence West CF.

② Dywedodd Suzanne Burns ei bod yn anodd cadw effaith y diwygiadau ar wahân am fod llawer o'r problemau a oedd yn digwydd cynt megis anghymhwyso achosion yn dal i ddigwydd. Ar y llaw arall, disgrifiodd Lawrence West CF y diwygiadau fel 'methiant llwyr'. Credai ef eu bod yn methu'r system cyfiawnder sifil mewn ffyrdd fel achosion yn cael eu troi ymaith a methu datrys problemau blaenorol.

③ Manteision cyffredinol diwygiadau Woolf yw bod cyflwyno protocolau cyn-cyfreitha wedi annog cydweithrediad a gwneud y system yn llai gwrthwynebus. Mae annog *ADR* wedi arwain at fwy o achosion yn cael eu 'hatal' sy'n gost-effeithiol ac yn fwy effeithlon yn gyffredinol i'r partïon eu hunain. Hefyd mae'r syniad o reoli achos yn caniatáu adnabod problemau yn syth, ac osgoi gwastraffu amser heb angen.

④ Fodd bynnag, mae anfanteision i ddiwygiadau Woolf. Mae'r protocolau cyn-cyfreitha yn ddrud, ac mae rheoli achosion gan y llys wedi arwain at orddefnyddio barnwyr, sy'n cynyddu ffioedd y llys. Mae symlrwydd y rheolau yn raddol wedi mynd yn fwy cymhleth eto oherwydd bod dros hanner cant o welliannau, sy'n golygu bod y Rheolau Trefniadaeth Sifil yn awr yn filoedd o dudalennau.

⑤ Yn gyffredinol, rwy'n meddwl bod y diwygiadau wedi gwella llawer ar y broses sifil. Mae'r rhan fwyaf o broblemau yn cael eu trin yn iawn, ond y broblem fawr yw cadw'r rheolau hyn yn gyfoes.

111

UG Y Gyfraith: Canllaw Astudio ac Adolygu

Sylwadau'r arholwr

① Defnyddiodd yr ymgeisydd farn dau academydd – dylech chi gyfeirio at yr academyddion rydych chi wedi eu hastudio. Beth sy'n bwysig yn y cwestiwn hwn yw eich bod yn rhoi dadl gytbwys ac yn gwneud pwyntiau yn profi effeithlonrwydd ac aneffeithlonrwydd. Cyfeiriwch at tt. 37–38 am farn yr Athro Michael Zander a Tony Allen CF.

③ Mae camgymeriad clasurol yn cael ei wneud yma am nad yw'r ymgeisydd yn cyfeirio'r pwyntiau hyn yn ôl at yr awdurdod. Triwch gysylltu pob pwynt ag awdurdod cyfreithiol, neu yn yr achos hwn, farn academydd.

④ Mae diffyg manylion yma, ac nid oes digon o bwyntiau gwerthuso yn cael eu gwneud i gredydu dim mwy na gwaelod Lefel 3.

Marc a ddyfarnwyd:
AA2 – 6
AA3 – 1
Cyfanswm = 7 o 11 (64%)

Mae'r myfyriwr hwn wedi ei gwneud hi i'r band 'digonol' o ran sgiliau oherwydd mae'n amlwg yn ddiffygiol o ran sylwedd a manylion. Mae rhai dadleuon da, ond nid yw Tom wedi dangos sut yr ategir y dadleuon hyn gan yr academyddion. Mae'n hanfodol, yn enwedig mewn cwestiwn rhan (b), eich bod chi'n ategu pob dadl gyda'r awdurdod cyfreithiol perthnasol.

Ateb Seren

① Cyflwynwyd diwygiadau Woolf i ddiwygio, diweddaru a moderneiddio system gyfreithiol Cymru a Lloegr. Ers cyflwyno'r diwygiadau hyn, bu eu llwyddiant yn destun llawer o ddadl o ganlyniad i'r manteision, yr anfanteision a'r angen am fwy o ddiwygio.

② Mae diwygiadau Woolf wedi cael llawer o feirniadaeth a llawer o glod. Prif fanteision y diwygiadau yw costau isel hawliadau dan £1,000 – mae am ddim ac mae'r ffaith y gall yr hawlwyr a'r diffynyddion eu cynrychioli eu hunain yn gwneud y broses yn rhatach ac yn haws. Dywedir bod annog ADR yn gweithio oherwydd bod llawer o achosion yn awr yn cael eu setlo allan o'r llys, sy'n arbed arian i'r partïon a hefyd y drafferth o orfod mynd trwy'r llys.

③ Fodd bynnag, mae anfanteision i'r diwygiadau hefyd, megis y barnwyr yn peidio â chefnogi cleientiaid nad ydynt yn cael eu cynrychioli, ac mae llwytho costau ymlaen hefyd wedi ei feirniadu gan yr Athro Michael Zander. Hefyd, dywed y Swyddfa Archwilio Genedlaethol mai dim ond 54% o hawlwyr llwyddiannus sy'n derbyn eu harian i gyd. Mae anfantais annheg hefyd gan fusnesau mawr pan fyddant yn gallu mynd at gynrychiolaeth gyfreithiol brofiadol a drud.

④ Trafodwyd llwyddiant y diwygiadau yn achos llawer o weithwyr cyfreithiol proffesiynol. Dywedodd Zander fod rhai o'r un problemau yn dal i fodoli er gwaethaf y diwygiadau, megis oedi mewn rhai achosion, costau uchel, barnwyr yn peidio â gweithredu fel rheolwyr achos ac arbenigwyr cyfreithiol heb fod yn gweithio'n effeithiol. Hefyd, mae Richard Burns yn dadlau bod angen moderneiddio'r llysoedd er mwyn i'r diwygiadau weithio i'w potensial. Mae'n dweud bod diffyg adnoddau fel amser ac arian yn peri mai effaith negyddol sydd i'r diwygiadau, oherwydd bod yr amserlenni caeth yn rhoi cyfreithwyr a bargyfreithwyr o dan bwysau a bod prisiau cynrychiolaeth gyfreithiol yn codi.

⑤ Dadleuodd Peter Thompson CF fod 391 tudalen o drefniadau o dan yr hen reolau, a bod 2,301 tudalen gyda 53 o ddiweddariadau o dan y rheolau newydd. Yn sicr nid yw hyn yn cyrraedd nod yr Arglwydd Woolf o wneud y system yn symlach ac yn haws ei defnyddio. Er gwaethaf y feirniadaeth hon, mae'r rhan fwyaf o weithwyr cyfreithiol proffesiynol yn dadlau y bu'r diwygiadau yn llwyddiant er nad ydynt wedi cael yr effaith enfawr a ddisgwyliwyd, maent yn raddol yn gwella'r system cyfiawnder sifil.

Sylwadau'r arholwr

① Cyflwyniad da sy'n rhoi'r cwestiwn yn ei gyd-destun. Fodd bynnag, camgymeriad cyffredin myfyrwyr yw llunio cyflwyniad sydd braidd yn hirwyntog ac aneglur. Dylai Seren ofalu i ddiffinio unrhyw dermau allweddol yn y cyflwyniad a chaniatáu am yr effaith fwyaf yn syth.

② Trafodaeth dda am rai o'r manteision allweddol. Fodd bynnag, mae angen mwy o fanylion yma i greu ateb gwirioneddol gytbwys, ac mae angen gwneud mwy o ddefnydd o awdurdod cyfreithiol.
Mae'r pethau cadarnhaol eraill y gellid sôn amdanynt yn cynnwys y pwyslais ar gyfnewid gwybodaeth ymlaen llaw, llwyddiant protocolau cyn-cyfreitha, a'r dull holgar a ddefnyddir gan y barnwyr.

③ Defnydd ardderchog o awdurdod cyfreithiol yma, ac yn awr rydym yn gweld mwy o ddefnydd o'r sgiliau gwerthuso a dadansoddi mae eu hangen mewn ateb lefel uwch.

④ Eto, mae Seren wedi rhoi datganiad clir o'r beiau yn y diwygiadau gyda pheth defnydd da o farn academaidd i ategu ei phwyntiau.

⑤ Casgliad da gan Seren yma sy'n dwyn yr holl destun yn ôl i'w gyd-destun ac yn crynhoi'r pwyntiau gwerthuso.

Marc a ddyfarnwyd:
AA2 – 8
AA3 – 2
Cyfanswm = 10 o 11 (91%)

Nid yw Seren wedi cynhyrchu ateb perffaith o bell ffordd, ac mae llawer o fanylion ar goll. Fodd bynnag, o ran defnyddio sgiliau gwerthuso a dadansoddi, mae wedi dangos bod ganddi wybodaeth dda o'r testun, ac mae'n gallu dadlau o blaid ac yn erbyn gweithredu'r diwygiadau, gyda pheth defnydd da o awdurdod cyfreithiol.

Cwestiynau ac Atebion

7. Dull Amgen o Ddatrys Anghydfod; Tribiwnlysoedd

C&A

a) Amlinellwch y mathau gwahanol o Ddull Amgen o Ddatrys Anghydfod.
(14 marc)

Ateb Tom

① Mae ADR yn ddull o ddatrys anghydfod mewn man y tu allan i'r llys. Mae'n cael ei annog gan Reolau Trefniadaeth Sifil 1998.

② Mae llawer math gwahanol o ADR. Y rhain yw trafod, cyfryngu, cymodi, cyflafareddu a thribiwnlysoedd. Manteision cyffredinol defnyddio ADR yw eu bod yn rhatach, yn llai o straen, yn gynt ac maent yn rhyddhau tagfeydd yn y llys.

③ Un dull o ADR yw trafod. Dyma'r dull rhataf a chyflymaf o ddatrys anghydfod. Mae'n gadael i'r partïon siarad â'i gilydd a cheisio ei ddatrys eu hunain. Gall y partïon gyfarwyddo cyfreithiwr i lunio setliad; yn amlwg, po fwyaf y defnyddir cyfreithiwr, mwyaf y bydd yn ei gostio.

④ Dull arall o ADR yw cyfryngu. Dyma lle mae trydydd parti niwtral yn gweithredu fel 'dyfarnwr' neu 'ganolwr' i'r ddau barti. Y syniad y tu ôl i gyfryngu yw annog y partïon i siarad a setlo'r anghydfod. Dyma nod y cyfryngwr.

⑤ Trydydd dull o ADR yw cymodi. Mewn rhai ffyrdd mae hwn yn debyg iawn i gyfryngu am fod trydydd parti yn rhan o'r peth. Fodd bynnag, y prif wahaniaeth yw bod y cymodwr yn cymryd rhan fwy gweithredol yn y setliad a bydd yn awgrymu ffyrdd o gael setliad.

⑥ Y dull olaf o ADR yw cyflafareddu. Dyma lle rydych yn talu i rywun gynrychioli eich achos. Mae'n dal i gael ei wneud y tu allan i'r llys, ond mae'n debyg i achos llys. Rhaid i'r partïon ddod at ei gilydd i benderfynu faint o gyflafareddwyr maent am eu defnyddio a gallant hefyd gyflenwi cyflafareddwyr hyfforddedig neu broffesiynol os na fedrant benderfynu faint o gyflafareddwyr sydd i'w defnyddio.

Sylwadau'r arholwr

①–② Cychwyn da gan gyfeirio at gynllun Tom am weddill yr ateb, a rhoi'r cwestiwn yn ei gyd-destun.

④–⑤ Diffiniadau cywir o gyfryngu a chymodi, ond nid oes gan Tom enghreifftiau ac mae angen disgrifiad manylach a mwy argyhoeddiadol o'r dulliau.

⑥ Yr hyn sy'n amlwg yn syth yw, er bod Tom yn rhoi disgrifiad digonol o'r ffurfiau gwahanol o ADR, nid yw'n gwneud cynnydd gyda'i esboniadau ac mae hyn yn peri nad yw'r wybodaeth fawr mwy na digonol. Mae angen iddo roi esboniadau manwl a dyfynnu'r awdurdod cyfreithiol lle bo hynny'n berthnasol, yn enwedig yng nghyswllt cyflafareddu, lle dylid cynnwys Deddf Cyflafareddu 1996.

Marc a ddyfarnwyd:
AA1 – 7
AA3 – 1
Cyfanswm = 8 o 14 (57%)

Mae'r ateb hwn prin ar lefel 'digonol' o ran gwybodaeth a dealltwriaeth, am nad oes dim mwy na dealltwriaeth gyffredinol o'r gyfraith. Mae'n ymddangos nad oes gan Tom ddim neu fawr ddim ymwybyddiaeth o ddadleuon a beirniadaeth gyfredol, sy'n golygu na all ennill marciau sy'n cyrraedd brig y lefel.

Ateb Seren

① Dull Amgen o Ddatrys Anghydfod (ADR) yw dull o setlo anghydfod a hawliadau y tu allan i'r llys ac mae'n cael ei annog gan Reolau Trefniadaeth Sifil 1998. Yn aml mae'n well datrys rhai materion y tu allan i'r llys am ei fod yn arbed amser, arian a straen, a gall hefyd atal perthynas rhag dirywio. Mae mathau o ADR yn cynnwys trafod, cyfryngu, cymodi, cyflafareddu a thribiwnlysoedd.

② Trafod yw'r ffurf fwyaf o ADR, sy'n golygu bod y naill ochr a'r llall yn trafod eu problem gyda'i gilydd i gael ateb addas. Mae'n debyg mai dyma'r dull rhataf a lleiaf ffurfiol, gan osgoi straen a thrafferth. Gall olygu bod cyfreithwyr yn gweithredu ar ran eu cleientiaid, ond nid oes trydydd parti. Mae trafod yn digwydd mewn bywydau cyffredin, fel pan fo'n fater o nwyddau diffygiol yn cael eu cyfnewid.

③ Mae cyfryngu yn cynnwys trydydd parti, y cyfryngwr, a fydd yn gweithredu fel 'dyfarnwr' neu 'ganolwr', yn trosglwyddo gwybodaeth rhwng y partïon. Mae Deddf Cyfraith Teulu 1996 yn annog cyplau sy'n ysgaru yn gryf i ddefnyddio gwasanaethau cyfryngu cyn mynd i'r llys i setlo pethau. Felly gall y dull hwn o ADR weithio yn unig os oes rhyw obaith y bydd y partïon yn cydweithredu. Mae cynigion diweddar gan y llywodraeth yn golygu bod pob cwpl sy'n ysgaru yn gorfod mynd i gyfryngu cyn setlo eu hysgariad yn y llys o Ebrill 2011 ymlaen. Gallai hyn dorri Deddf Hawliau Dynol 1998. Wrth i gyfryngu dyfu, mae mwy a mwy o wasanaethau masnachol wedi eu sefydlu fel y Ganolfan Datrys Anghydfod, a llawer o wasanaethau ar-lein.

④ Cymodi yw'r drydedd ffurf ar ADR, ac yn debyg iawn i gyfryngu ond bod y trydydd parti yn cymryd rhan fwy gweithredol, gan awgrymu seiliau i gyfaddawdu neu sail setlo. Unwaith eto, mae hyn yn gofyn am beth cydweithrediad gan y partïon ac mae'n osgoi straen a chost llysoedd os yw'n llwyddo. Mae'n aml yn cael ei ddefnyddio mewn anghydfod diwydiannol. Enghraifft benodol o gorff sy'n cynnig gwasanaethau fel hyn yw ACAS, sydd hefyd yn anelu at atal anghydfodau diwydiannol.

⑤ Cyflafareddu yw, o bosibl, un o'r mathau mwyaf ffurfiol o ADR. Mae'n golygu bod trydydd parti, y Cyflafareddwr, yn gwneud dyfarniad ac yna yn penderfynu sut i setlo'r anghydfod, ac mae'r partïon wedyn yn cael eu rhwymo ganddo. Gall y penderfyniad gael ei orfodi gan lysoedd os oes angen. Fodd bynnag, dywed Deddf Cyflafareddu 1996 fod yn rhaid i'r drefn fod yn hyblyg iawn i'r naill barti a'r llall. Hefyd, mae a15 y Ddeddf yn caniatáu i'r partïon benderfynu faint o gyflafareddwyr sydd a phwy ydynt – naill ai un neu banel o ddau neu dri. Gallant ddewis cyfreithiwr i fod yn gyflafareddwr neu arbenigwr yn y maes perthnasol. Mae Sefydliad y Cyflafareddwyr yn cynnig hyfforddiant i gyflafareddwyr i fod yn broffesiynol. Mae cymalau Scott v Avery yn aml yn cael eu defnyddio mewn contractau, sy'n golygu bod yn rhaid setlo unrhyw anghydfod sy'n codi yn y contract trwy gyflafareddu. Am fod y penderfyniad yn rhwymo, does dim llawer o le i apelio.

UG Y Gyfraith: Canllaw Astudio ac Adolygu

⑥ Mae tribiwnlysoedd yn ffurf arall ar *ADR*, er y meddylir amdanynt fel llysoedd arbenigol. Cawsant eu sefydlu i roi ffordd i'r cyhoedd ddatrys anghydfod am eu hawliau cymdeithasol ac amrywiol feysydd eraill megis cyfraith cyflogaeth. Felly gellir dweud bod amryw fath o *ADR* sy'n annog pobl i osgoi'r llysoedd a thrwy hynny leihau tagfeydd.

Sylwadau'r arholwr

① Mae hwn yn gyflwyniad rhagorol, sy'n rhoi'r cwestiwn yn ei gyd-destun ac yn dangos yn syth wybodaeth am y mathau gwahanol o *ADR* a'r hyn mae'n bwriadu ei drafod yng ngweddill yr ateb. Mae Seren wedi defnyddio awdurdod cyfreithiol yn syth, gan ddangos ar unwaith i'r arholwr fod yma wybodaeth gefndir ddwfn.

② Ateb sydd wedi ei strwythuro'n dda yn syth gan drafod pob ffurf ar *ADR* yn glir. Mae'r paragraff ar drafod yn drwyadl ac yn dangos gwybodaeth gadarn o'i ddefnyddio. Byddai mwy o drafodaeth o'r gwasanaethau ar-lein sydd ar gael ac ysgaru DIY, etc. wedi cyfoethogi gwybodaeth sydd eisoes yn dangos dyfnder.

③ Defnydd ardderchog o awdurdod cyfreithiol yma; mae Seren wedi dangos sut y datblygodd cyfryngu ac wedi dangos ymwybyddiaeth dda o ddiwygiadau cyfredol yn y maes. Gallai'r paragraff hwn hefyd fod wedi cynnwys achos Dunnett v Railtrack i wir olrhain hanes cyfryngu gorfodol.

④ Disgrifiad da o gymodi; ond gellid ei gyfoethogi ymhellach gydag enghraifft o le bu ACAS yn gweithredu yn ddiweddar.

⑤ Peth defnydd ardderchog o awdurdod cyfreithiol yma sy'n haeddu lefel uchel. Mae Seren wedi cyfeirio at brif adrannau Deddf Cyflafareddu 1996 ac wedi rhoi esboniadau manwl am weithdrefnau cyflafareddu.

⑥ Argymhellir yn wastad fod ymgeiswyr yn trafod tribiwnlysoedd fel ffurf ar *ADR*, hyd yn oed os mai ond yn fyr y bydd hyn, a gwnaeth Seren hyn yn hyderus a chywir, gan orffen gyda chasgliad crwn sy'n amlygu'r angen am *ADR*.

Marc a ddyfarnwyd:
AA1 – 13
AA3 – 1
Cyfanswm = 14 o 14 (100%)

Ateb rhagorol, sy'n ateb y cwestiwn yn hyderus ac yn gywir. Mae'n dangos gwybodaeth argyhoeddiadol 'gadarn' o'r ffurfiau gwahanol o *ADR* gyda defnydd priodol o awdurdod cyfreithiol ac enghreifftiau drwyddo draw.

C&A b) Gwerthuswch rôl tribiwnlysoedd yng Nghymru a Lloegr. *(11 marc)*

Ateb Tom

① Enw arall ar dribiwnlysoedd yw llysoedd arbenigol neu ffurf arall o *ADR*. Mae llawer o fanteision ac anfanteision i dribiwnlysoedd.

② Yn gyntaf, nid yw tribiwnlysoedd yn costio llawer i'r partïon sy'n cymryd rhan. Mae hyn yn bwysig am fod achosion yn aml yn golygu bod cwmni mawr yn wynebu un unigolyn. Hefyd, mae gweithdrefnau tribiwnlys yn gynt o lawer na threfn llys. Yn drydydd, mae anffurfioldeb tribiwnlysoedd yn aml yn golygu bod person yn llai nerfus na phetai wedi mynd i'r llys. Ymhellach, bydd pob achos tribiwnlys yn cynnwys arbenigwyr proffesiynol yn y maes dan sylw, sy'n golygu eu bod yn fwy tebyg o ddeall y sefyllfa ac y bydd penderfyniad mwy dibynadwy yn cael ei wneud. Yn olaf, mae tribiwnlysoedd yn golygu llawer o annibyniaeth ac felly nid yw'r parti yn cael ei lethu gan weithwyr cyfreithiol proffesiynol.

③ Fodd bynnag, mae llawer o anfanteision i ddefnyddio tribiwnlysoedd. Yn gyntaf, mae diffyg cyllid. Nid yw cyllid cyfreithiol wastad ar gael, felly pan fydd parti llai, un person yn aml, yn dod yn erbyn cwmni mawr, mae'r un person dan anfantais am y gall y cwmni fforddio arbenigwyr cyfreithiol. Yn ail, mae dychryn yn chwarae rhan fawr i rai pobl. Mae tribiwnlysoedd yn annog pobl i beidio â chael cynrychiolydd cyfreithiol sy'n aml yn gallu codi ofn ar bobl am nad oes ganddynt yr arbenigedd i ddibynnu arno.

④ Ymhellach, nid yw tribiwnlysoedd yn defnyddio cynsail, ac felly pan ddaw'n fater o wneud penderfyniad, does dim byd i ddibynnu arno. Yn gyffredinol, rwy'n teimlo y bu tribiwnlysoedd yn ychwanegiad da am eu bod yn lleihau tagfeydd yn y llysoedd a'u bod yn aml yn cael yr un canlyniad.

Sylwadau'r arholwr

② Mae peth mewnwelediad yma i fanteision perthnasol, ond generig iawn a chyfyngedig eu natur ydynt. Bydd diffyg awdurdod cyfreithiol yn effeithio'n syth ar farciau Tom, gan nad oes fawr ddim mwy na detholiad cyfyngedig o awdurdodau a chymhwyso.

③–④ Mae'r holl bwyntiau a wneir yn y paragraffau hyn yn gywir a pherthnasol, ond unwaith eto, generig iawn ydynt a gallent fod yn berthnasol i unrhyw ffurf ar *ADR*; mae diffyg awdurdodau cyfreithiol yn golygu na all yr ateb hwn gael marc uwch nag a ganiateir gan y lefel 'gyfyngedig'.

Marc a ddyfarnwyd:
AA2 – 5
AA3 – 1
Cyfanswm = 6 o 11 (55%)

Gwerthusiad 'cyfyngedig' mae Tom wedi ei ddangos yma am nad oes cyfeiriad at bynciau cyfredol ynghylch system y tribiwnlysoedd. Er mwyn codi ei farciau, mae angen iddo gysylltu'r manteision a'r anfanteision â gwybodaeth o'r system bresennol, oherwydd fel maent yn sefyll, generig yw'r pwyntiau gwerthuso hyn a gallent fod yn wir am unrhyw ffurf ar *ADR*.

Cwestiynau ac Atebion

Ateb Seren

① Mae tribiwnlysoedd yn rhan bwysig o'n system gyfreithiol, ac er mai llys arbenigol ydynt, maent yn cael eu hystyried yn ffurf ar Ddull Amgen o Ddatrys Anghydfod. Bydd tribiwnlys yn cynnwys cadeirydd cyfreithiol gymwys a dau berson lleyg. Cawsant eu sefydlu'n wreiddiol i roi ffordd i'r cyhoedd setlo anghydfod am eu hawliau cymdeithasol. Ar hyn o bryd mae tri math o dribiwnlys – gweinyddol (am hawliau lles a chymdeithasol), domestig (setlo anghydfod mewn corff preifat, e.e. Cymdeithas y Gyfraith) a chyflogaeth, sy'n trin anghydfod rhwng cyflogwyr a gweithwyr. Yn achos Peach Grey & Co v Sommers, mynnodd yr Uchel Lys fod tribiwnlysoedd yn israddol i'r llysoedd.

② Yn dilyn adroddiad gan Syr Andrew Leggatt (Tribunals for Users: One System, One Service), gwnaed nifer o argymhellion ac fe'u gweithredwyd yn Neddf Tribiwnlysoedd, Llysoedd a Gorfodaeth 2007. Roedd hwn yn diwygio llawer ar system y tribiwnlysoedd a fu cyn hyn yn gymhleth dros ben, gyda dros 70 o dribiwnlysoedd gwahanol, oll gyda gweithdrefnau gwahanol. Nawr mae'r system yn fwy trefnus o lawer, mae tribiwnlysoedd tebyg wedi eu grwpio ynghyd, a mabwysiadwyd ymagwedd dwy haen dan un gwasanaeth tribiwnlysoedd.

③ Mae nifer o fanteision i dribiwnlysoedd – yn bennaf y gost, sy'n is o lawer na brwydr mewn llys, gan yr anogir y partïon i beidio â defnyddio cynrychiolaeth gyfreithiol. Hefyd, mae elfen o arbenigedd gan y bydd gan y barnwr lawer o wybodaeth yn y maes perthnasol. Mae'r gweithdrefnau yn fwy hyblyg o lawer, sy'n fwy anffurfiol na brwydr lawn mewn llys. Mae cyflymder yn bwysig hefyd, gyda barnwyr tribiwnlysoedd yn weithredol wrth reoli achosion, yn unol â Rheolau Trefniadaeth Sifil 1998 ac yn cadw at amserlenni caeth gan eu bod yn aml yn gwrando ar achosion mewn diwrnod. Maent yn fwy annibynnol hefyd, gan y bydd barnwr tribiwnlys wedi ei benodi gan y Comisiwn Penodiadau Barnwrol.

④ Fodd bynnag, mae llawer o anfanteision, diffyg cyllid yn bennaf. Yn aml, ni fydd partïon yn gallu cael eu cynrychioli'n iawn yn erbyn cwmnïau mawr sy'n gallu fforddio'r gynrychiolaeth gyfreithiol orau. Mae hyn yn arwain at godi ofn braidd, lle mae partïon yn ei chael hi braidd yn frawychus cyflwyno eu hachos mewn llys. Hefyd, fe all oedi ddigwydd weithiau wrth aros i achos gael ei setlo.

⑤ I gloi, gellir dweud bod y gwasanaeth tribiwnlysoedd newydd yn cynnig rôl bwysig yn ein system gyfreithiol, gan weithredu fel ffurf ar *ADR* a lliniaru tagfeydd yn y llysoedd. Sefydlwyd y Cyngor Cyfiawnder Gweinyddol a Thribiwnlysoedd i fonitro cynnydd y gwasanaeth tribiwnlysoedd ac adrodd i'r llywodraeth.

Sylwadau'r arholwr

① Cyflwyniad manwl sydd eto'n rhoi'r ateb yn ei gyd-destun, ac yn dangos i'r arholwr ei bod yn gwybod am y mathau gwahanol o dribiwnlys. Mae'n arfer da mewn arholiad cychwyn ateb trwy ddiffinio'r termau allweddol o ran geiriad y cwestiwn.

② Mae Seren yn dangos yma fod ganddi ddealltwriaeth gadarn o gefndir deddfwriaethol system y tribiwnlysoedd, ac y gall felly fynd yn ei blaen i'w gwerthuso yn hyderus. Mae yma ddau ddarn allweddol o awdurdod cyfreithiol mewn unrhyw ateb am dribiwnlysoedd.

③ Paragraff da ar fanteision tribiwnlysoedd gan dalu sylw arbennig i'r termau cyfreithiol perthnasol, megis rheoli achosion, amserlenni caeth, Comisiwn Penodiadau Barnwrol, etc.

④ Paragraff ychydig yn llai am yr anfanteision, ond er hynny yn dangos sgiliau gwerthuso da a phwyntiau dadansoddi cadarn.

⑤ Casgliad cytbwys sy'n dal i ddangos ymwybyddiaeth o ddiwygiadau diweddar yn y maes. Mae myfyrwyr yn aml yn gwneud y camgymeriad o wneud eu casgliad yn eithaf niwlog. Nid yw Seren yn gwneud hyn, mae'n parhau i ddangos sgiliau 'gwerthusiad cadarn'.

Marc a ddyfarnwyd:
AA2 – 9
AA3 – 2
Cyfanswm = 11 o 11 (100%)

Mae hwn yn ateb cadarn gyda'r gyfraith wedi ei chymhwyso'n dda a defnydd trwyadl o awdurdod cyfreithiol. Mae Seren wedi dangos yn glir fod ganddi wybodaeth gefndir ardderchog am system y tribiwnlysoedd ac mae wedi cymryd amser i ddeall diwygiadau cyfredol yn y maes.

8. Yr Undeb Ewropeaidd: Sefydliadau

a) Beth yw rôl Llys Cyfiawnder yr Undeb Ewropeaidd? *(14 marc)*

Ateb Tom

① Mae gan Lys Cyfiawnder yr Undeb Ewropeaidd (CJEU) rôl enfawr yn natblygiad cyfraith Ewropeaidd. Mae iddo ddwy brif rôl – un farnwrol ac un oruchwyliol. Ei rôl farnwrol yw gwrando ar achosion yn erbyn Aelod-wladwriaethau neu sefydliadau eraill yr UE a'i rôl oruchwyliol yw gwrando ar achosion yn erbyn Aelod-wladwriaethau eraill ar bwynt o gyfraith. Mae hon yn rôl glir iawn o ran datblygu cyfraith Ewropeaidd am nad yw'n rhwymo ei hun ond yn rhwymo pawb arall. Dyma brif lys ein hierarchaeth llysoedd, yn uwch na'r Goruchaf Lys. Wrth i amser newid, gall CJEU ddiweddaru ei benderfyniadau blaenorol. Nid yw hyn yn ystyried sofraniaeth seneddol yn y DU sy'n cael ei thanseilio gan CJEU am ei fod yn oruchaf (fel y mae cyfraith yr UE).

② Rhaid i bob Aelod-wladwriaeth ddilyn penderfyniadau CJEU ac mae hyn yn sicrhau unffurfiaeth ac effeithiolrwydd yn y gwahanol systemau cyfreithiol. Enghraifft o hyn yw achos y tacograff lle penderfynwyd nad oedd y DU wedi cyflawni ei rhwymedigaethau yn yr UE trwy beidio â'i gwneud yn orfodol i yrwyr lori gael tacograffau wedi eu ffitio.

③ Mae'r rôl oruchwyliol yn helpu i ddatblygu'r gyfraith ymhellach byth. Gall llysoedd gyfeirio at CJEU am help ar bwynt o gyfraith. Mae hyn yn fodd i CJEU ddiweddaru ei benderfyniadau os yw'n teimlo nad yw'r un blaenorol yn iawn. Dylai'r cyfarwyddyd hwn gael ei ddilyn.

④ Felly, gwelir bod CJEU yn chwarae rôl fawr yn natblygu cyfraith yr UE a gwneud yn siŵr bod yr holl Aelod-wladwriaethau yn dilyn yr un gyfraith. Mae hefyd yn creu cynsail i'r gwledydd eraill hyn hefyd.

UG Y Gyfraith: Canllaw Astudio ac Adolygu

Sylwadau'r arholwr

① Mae llawer o wybodaeth yn y paragraff agoriadol. Mae Tom wedi gwneud yn dda i nodi dwy rôl *CJEU* ac yn gyffredinol wedi eu hegluro yn gywir. Gwnaeth yn dda hefyd i wneud sylw ar sefyllfa cyfraith yr UE fel un oruchaf dros gyfraith ddomestig, a safle *CJEU* ar frig yr hierarchaeth. Llawer o wybodaeth dda. Angen datblygu a chadarnhau pob un o'r pwyntiau hyn i gyrraedd ffin y marciau uwch.

② Achos pwysig i ddangos rôl farnwrol *CJEU*. Mae Tom wedi defnyddio'r achos hwn yng nghyd-destun cynsail, nad yw'n anghywir, ond nid dyma ganolbwynt yr achos hwn. Fel yn fy sylw uchod, mae angen mwy o ddatblygu ar bob un o'r pwyntiau a grybwyllwyd ym mharagraff 1.

③ Da gweld ehangu ar y rôl oruchwyliol yma. Mae Tom yn gywir i ddweud y gall llysoedd gyfeirio am gyfarwyddyd, ond dylai gyfeirio at erth. 267 y Cytuniad ar Weithrediad yr Undeb Ewropeaidd sy'n rhoi iddynt yr hawl hon i gyfeirio. I gael marciau uwch, mae angen iddo ehangu mwy ar y pwynt hwn, gan wneud sylw ar ganllawiau Bulmer ac achos Marshall i ddangos y rôl oruchwyliol ar waith.

④ Da gweld casgliad, ond fel mae'r prif gorff yn brin o ddyfnder ac awdurdod, felly hefyd y casgliad.

Marc a ddyfarnwyd:
AA1 – 7
AA3 – 1
Cyfanswm = 8 o 14 (57%)

Mae hwn yn ateb sydd yn 'brin' ddigonol ar ben isaf y band. Mae rhai gwallau mynegiant, ac nid yw Tom wastad yn cyfleu ei bwyntiau yn glir nac yn soffistigedig. Mae diffyg cyffredinol awdurdod cyfreithiol gydag un achos yn unig yn cael ei grybwyll. Mae'n amlygu bod dwy rôl i *CJEU* ond nid yw'n datblygu'r pwyntiau hyn. Hefyd, o'i gymharu ag ateb Seren isod, mae'r diffyg dyfnder yn amlwg. Mae'n cael credyd am drafod y ddwy rôl, gan sylweddoli rôl *CJEU* mewn cynsail a hierarchaeth y llysoedd a phwysigrwydd datblygu cyfraith yn gyson trwy'r UE, ond nid yw ei ateb yn ddigon soffistigedig sy'n golygu na all gael mwy na 7 o 13 am AA1.

Ateb Seren

① Mae Llys Cyfiawnder yr Undeb Ewropeaidd yn eistedd yn Luxembourg. Mae'r llys hwn yn hollol ar wahân i Lys Hawliau Dynol Ewrop. Ei rôl gyffredinol yw goruchwylio cyfraith yr Undeb Ewropeaidd ledled yr Aelod-wladwriaethau. Mae'n gorff sy'n helpu i ddatrys anghydfod yn yr Undeb Ewropeaidd ac mae hefyd yn helpu i sicrhau bod cyfreithiau'n cael eu cymhwyso a'u cynnal yn iawn.

② Mae *CJEU* yn cynnwys barnwyr ac Eiriolwyr Cyffredinol sy'n cynhyrchu barn ar faterion sy'n cael eu codi, ac yn awgrymu casgliadau i ddatrys y materion hyn. Mae 28 o farnwyr a rhai Eiriolwyr Cyffredinol sy'n cael eu dewis o blith y prif swyddi barnwrol yn yr Aelod-wladwriaethau.

③ Mae'r rhan fwyaf o achosion sy'n cael eu dwyn i *CJEU* yn ymwneud ag anghydfod ag Aelod-wladwriaethau neu gwmnïau rhyngwladol, ac felly anaml iawn mae achosion yn cael eu dwyn gan unigolion. Mae gan *CJEU* ddwy brif rôl: rôl farnwrol yn ymwneud â setlo anghydfod; a rôl oruchwyliol sy'n ymwneud ag ateb cwestiynau a fydd gan lysoedd, a rhoi cyngor.

④ Y rôl farnwrol yw barnu a phenderfynu ar achosion. Enghraifft o achos fel hyn yw Re Tachographs: EC Commission v UK. Roedd *CJEU* yn datrys cwyn am ddefnyddio tacograffau (dyfeisiadau sy'n cael eu defnyddio i fesur cyflymder a phellter a deithiwyd) mewn lorïau, am nad oedd y DU wedi gofalu bod pob gyrrwr lori yn ffitio'r dyfeisiadau hyn, gan ddim ond awgrymu y dylent. Cafodd hyn ei ddwyn at y Comisiwn cyn ei ddwyn i *CJEU*. Mae llawer o achosion yn cael eu dwyn gerbron y Comisiwn a chaiff yr Aelod-wladwriaeth gyfle i unioni pethau cyn dwyn yr achos i *CJEU*. Ni all penderfyniadau o'r fath a wnaed gan *CJEU* gael eu cwestiynu yn llysoedd y DU.

⑤ Mae rôl oruchwyliol *CJEU* fel arfer yn ymwneud â chyfeirio cwestiynau at y llys dan Erthygl 267 y Cytuniad ar Weithrediad yr Undeb Ewropeaidd. Dywed y cytuniad hwn y gall unrhyw lys mewn Aelod-wladwriaeth ofyn i *CJEU* am gyfarwyddyd ar gyfraith yr UE, os yw'n ystyried 'bod penderfyniad ar y cwestiwn hwnnw yn angenrheidiol i'w alluogi i roi dyfarniad', er mai dim ond y prif lys fel y Goruchaf Lys fydd yn cyfeirio am help fel arfer. Pwrpas hyn yw gofalu bod cyfraith unffurf yn cael ei gweithredu yn yr un ffordd trwy Ewrop.

⑥ Achos sy'n defnyddio'r rôl oruchwyliol yw Bulmer v Bollinger. Gofynnwyd i'r Llys Apêl adolygu arfer disgresiwn gan farnwr i gyfeirio cwestiwn. Creodd yr Arglwydd Denning set o ganllawiau i'w dilyn cyn y dylid cyfeirio achos. Dywedodd na ddylid cyfeirio:
- Lle na fyddai'n dod i gasgliad am yr achos a bod materion eraill i'w penderfynu.
- Lle cafwyd dyfarniad blaenorol ar yr un pwynt.
- Lle bod y llys yn ystyried bod y pwynt yn weddol glir a diamheuaeth.
- Lle na phenderfynwyd ar ffeithiau'r achos eto.

⑦ Enghraifft o ddefnyddio Erthygl 234 yw Marshall v Southampton and South West Hampshire Area Health Authority, lle gofynnwyd i Miss Marshall ymddeol yn 62 oed. Oedran ymddeol y wladwriaeth oedd 60 oed; fodd bynnag, rhoddwyd y rheol hon o'r neilltu am ddwy flynedd gan yr Awdurdod. Honnodd Miss Marshall fod hyn yn gwahaniaethu yn erbyn menywod trwy fabwysiadu polisi a oedd yn gorfodi menywod i ymddeol cyn dynion. Roedd y polisi hwn yn gyfreithlon dan gyfraith y DU ond roedd yn mynd yn erbyn trin menywod a dynion yn gyfartal. Gwnaeth y llys cenedlaethol felly gyfeiriad at *CJEU* yn gofyn am gyngor a phenderfynasant y dylid caniatáu i Miss Marshall barhau i weithio. Newidiodd y DU ei chyfraith yn y pen draw o ganlyniad i'r penderfyniad hwn.

Sylwadau'r arholwr

① Datganiad agoriadol da lle mae Seren wedi rhoi peth cefndir am leoliad a rôl *CJEU*.

② Mae cyfansoddiad *CJEU* yn cael ei ystyried yma. Mae hyn yn agwedd bwysig ar y cwestiwn. Gallai wneud sylw hefyd ar y ffordd y maent yn gwneud penderfyniadau megis mewn sesiwn lawn neu bawb yn eistedd gyda'i gilydd.

③ Gwnaed yn dda i nodi dwy brif rôl *CJEU*. Mae'n bosibl ehangu arnynt wedyn isod.

④ Trafodaeth dda iawn o'r achos pwysig hwn sy'n dangos swyddogaeth farnwrol *CJEU*. Gwnaeth Seren yn dda i gyflwyno rhai o ffeithiau'r achos a dangos sut yr ymyrrodd *CJEU*.

⑤ Mae hwn yn baragraff campus sy'n cychwyn yn dda trwy ddyfynnu erth. 267 fel un sy'n rhoi'r hawl i gyfeirio am gyfarwyddyd. Mae Seren wedi gwneud yn dda iawn i gydnabod pwysigrwydd cymhwyso cyfraith yr UE yn unffurf trwy'r Aelod-wladwriaethau.

⑥ Mae hwn yn achos pwysig iawn ac yn dangos gwybodaeth a dealltwriaeth gadarn ar ran Seren. Gwnaeth yn dda iawn i gyfeirio'n gywir at y pedwar canllaw.

⑦ Mae Seren wedi datblygu mwy ar y rôl oruchwyliol yma trwy ystyried achos lle defnyddiwyd erth. 234. Eto mae wedi cyflwyno ffeithiau cywir yr achos ac effaith cyfarwyddyd *CJEU*. Nid oes casgliad i waith Seren yma. Buasai wedi elwa ar baragraff yn crynhoi'r prif bwyntiau a rôl *CJEU*, gan 'ateb' y cwestiwn a ofynnwyd.

Cwestiynau ac Atebion

Marc a ddyfarnwyd:
AA1 – 11
AA3 – 1
Cyfanswm = 12 o 14 (86%)

Mae hwn yn ateb cadarn da sy'n trin rôl ddeuol *CJEU*. Dangoswyd dealltwriaeth dda trwy awdurdod cyfreithiol cywir ac esboniad cywir o bwyntiau anodd megis canllawiau Bulmer. Mae Seren hefyd wedi cynnwys peth manylion am gyfansoddiad *CJEU*. Fel y dywedwyd uchod, byddai wedi bod yn well cynnwys casgliad yn crynhoi'r traethawd, ond pwynt bychan yw hwn.

---

b) Trafodwch bwerau a dulliau gwneud penderfyniadau Cyngor yr Undeb Ewropeaidd, y Comisiwn Ewropeaidd a Senedd Ewrop.

(11 marc)

Ateb Tom

① Cyngor yr Undeb Ewropeaidd sy'n gwneud y gyfraith yn yr Undeb Ewropeaidd. Nid y Senedd yw'r corff sy'n gyfrifol am wneud y gyfraith, er gwaethaf y term 'senedd'. Mae'r Comisiwn fel gwasanaeth sifil yr Undeb Ewropeaidd.

② Yn y Cyngor mae Gweinidogion y Cyngor yn eistedd ac maent yn amrywio yn ôl y pwnc maent yn ei drafod ar y pryd. Nhw yw'r corff sy'n gwneud cyfreithiau yn yr UE ac mae'r gair olaf ganddyn nhw.

③ Er ei fod yn cael ei alw'n 'senedd', nid yw'r senedd yn gwneud cyfreithiau, ond yn rhoi barn. Rydym ni'n ethol ein haelodau seneddol yn ein gwlad, ond maent yn eistedd yn yr UE.

④ Mae'r comisiwn fel gwasanaeth sifil yr UE ac yn gwneud yn siŵr bod popeth yn rhedeg yn iawn. Maent yn cynnig syniadau am gyfreithiau'r UE ond y Cyngor sy'n penderfynu a ydynt yn dod yn gyfreithiau.

Sylwadau'r arholwr

① Cyflwyniad byr iawn yw hwn i rôl pob un o'r sefydliadau. Y cyfan mae Tom wedi'i wneud yw nodi pwerau'r Cyngor i greu cyfraith a dweud bod y Comisiwn yn 'wasanaeth sifil' yr UE. Roedd angen llawer mwy o ddyfnder i egluro'n llawn y weithdrefn o wneud cyfreithiau rhwng y sefydliadau.

② Mae hwn yn bwynt cywir a theg. Roedd angen i Tom ehangu mwy am gyfansoddiad y Cyngor a'r ffaith bod aelodaeth yn newid yn ôl y pwnc dan sylw.

③ Eto nid oes dyfnder i'r pwynt hwn ar gyfansoddiad a dewis ASE a rôl y Senedd yn y weithdrefn o wneud cyfreithiau.

④ Mae Tom yma wedi nodi rôl y Comisiwn. Mae angen mwy eto am y cyfansoddiad. Prin bod Tom wedi crybwyll rôl y Comisiwn mewn creu cyfreithiau a ddylai fod yn ganolbwynt y cwestiwn hwn.

Marc a ddyfarnwyd:
AA2 – 5
AA3 – 1
Cyfanswm = 6 o 11 (55%)

Ateb cyfyngedig yw hwn. Mae Tom wedi dangos dealltwriaeth arwynebol o rôl pob sefydliad ac mae ei ateb yn llafar ac yn brin o fanylion. Nid yw wedi gallu datblygu'r pwyntiau mae'n dechrau eu gwneud am rôl pob un o'r sefydliadau ac nid yw'n gwneud sylw ar gyfansoddiad y sefydliadau. Fodd bynnag, mae wir yn cyfeirio at rôl pob corff mewn creu cyfraith. Mae angen ehangu llawer mwy ar y pwyntiau hyn, fodd bynnag.

Ateb Seren

① Mae'r Undeb Ewropeaidd ar hyn o bryd yn cynnwys 28 gwlad, sef yr 'Aelod-wladwriaethau'. Fel unrhyw wlad, mae'n rhaid iddo gael cyrff sy'n gyfrifol am basio cyfreithiau sy'n ei lywodraethu ac yn gofalu ei fod yn rhedeg yn llyfn. Yr wyf i am edrych ar Gyngor yr Undeb Ewropeaidd, y Comisiwn a Senedd Ewrop.

② Cyngor yr Undeb Ewropeaidd yw'r prif gorff sy'n gwneud penderfyniadau yn yr Undeb Ewropeaidd. Mae wedi ei ffurfio o un cynrychiolydd o bob gwlad, pob un yn arbenigwr yn y pwnc arbennig dan sylw. Mae aelodaeth y Cyngor felly yn newid gyda phob cyfarfod. Mae'n gwneud penderfyniadau ar ddeddfwriaeth Ewropeaidd ar unrhyw bwnc. Bydd y ddeddfwriaeth hon wedi ei chynnig a'i drafftio gan y Comisiwn.

③ Mae aelodau'r Comisiwn, 28 ohonynt, yn annibynnol ar eu Haelod-wladwriaeth ac yn cynrychioli'r UE yn gyffredinol. Eu rôl yw cynnig syniadau am ddeddfwriaeth Ewropeaidd. Maent hefyd yn gofalu bod Aelod-wladwriaethau yn cadw at eu rhwymedigaethau yn yr UE ac os nad ydynt yn gwneud hyn gallant eu cymryd i'r llys (o'r enw *CJEU*).

④ Yn Senedd Ewrop mae pob ASE wedi ei ethol yn ddemocrataidd yn eu gwledydd eu hunain am gyfnod o 5 mlynedd. Bydd yr ASE yn pasio deddfwriaeth Ewropeaidd newydd trwy bleidleisio arni fel unrhyw senedd arall, ond nid ganddyn nhw mae'r gair terfynol. Gan Gyngor yr Undeb Ewropeaidd y mae hwn. Mae nifer ASE pob gwlad yn gymesur â maint poblogaeth y wlad. Byddant yn trafod unrhyw ddeddfwriaeth sy'n cael ei drafftio gan y comisiwn.

⑤ Mae'n bwysig i'r UE a pha mor fawr ydyw gyda chymaint o wledydd gwahanol i gael sefydliadau i'w lywodraethu. Fel yr ydym eisoes wedi gweld, mae cyfraith yr UE yn uwch na chyfreithiau'r Aelod-wladwriaethau. Gwaith y sefydliadau yw gofalu bod y gyfraith yn briodol i'r holl Aelod-wladwriaethau ond mynd â nhw i'r llys os nad ydynt yn cynnal hyn.

UG Y Gyfraith: Canllaw Astudio ac Adolygu

Sylwadau'r arholwr

① Mae Seren wedi rhoi cyflwyniad clir yma gan roi ei hateb yn ei gyd-destun. Mae wedi amlygu sefyllfa'r sefydliadau a'u pwysigrwydd.

② Dangos dealltwriaeth dda o rôl a chyfansoddiad Cyngor yr Undeb Ewropeaidd. Gwnaeth yn dda i wneud sylw am aelodaeth newidiol y Cyngor a'u rôl fel y prif rai sy'n gwneud penderfyniadau. Nhw yw prif gorff deddfu'r UE.

③ Eto, gwnaeth Seren yn dda i ystyried cyfansoddiad y Comisiwn a sut mae hyn yn gwrthgyferbynnu â Chyngor yr Undeb Ewropeaidd. Mae hefyd wedi cynnwys manylion am eu rôl fel cynigwyr cyfraith yr UE.

④ Cynnydd rhesymegol ymlaen i Senedd Ewrop yma. Mae Seren wedi deall y weithdrefn o ethol ASE a'u rôl mewn pasio cyfreithiau'r UE, gan gydnabod yn gywir mai Cyngor yr Undeb Ewropeaidd sy'n gwneud y penderfyniad terfynol.

⑤ Da gweld casgliad. Mae Seren wedi cynhyrchu ateb a chasgliad 'digonol'.

Marc a ddyfarnwyd:
AA2 – 7
AA3 – 2
Cyfanswm = 9 o 11 (81%)

Mae hwn yn ateb boddhaol. Mae Seren yn gywir wedi nodi cyfansoddiad a rôl pob un o'r sefydliadau gofynnol. Mae wedi trafod eu rôl mewn gwneud cyfreithiau. Fodd bynnag, er mwyn cael marc yn y ffin 'gadarn', dylai fod wedi ystyried hefyd weithdrefnau gwneud cyfraith: Cydbenderfyniad, Ymgynghori, Cydweithrediad a chydsyniad ac yn gyffredinol dylai fod wedi rhoi mwy o ddyfnder ar wneud penderfyniadau gan bob sefydliad.

---

9. Y Goruchaf Lys; Cynsail Barnwrol

Astudiwch y testun ac atebwch y cwestiynau sy'n seiliedig arno.

Y Goruchaf Lys

'Roedd Deddf Diwygio Cyfansoddiadol 2005 yn gwneud darpariaeth ar gyfer creu Goruchaf Lys newydd i'r Deyrnas Unedig. Bu galw cynyddol, yn y blynyddoedd diwethaf, am greu Goruchaf Lys newydd a fyddai'n sefyll ar ei ben ei hun, yn gwahanu'r llys apêl uchaf oddi wrth ail dŷ'r Senedd, a chael gwared ar yr Arglwyddi Apêl o'r corff deddfwriaethol.'

Ffynhonnell: Gwefan y Weinyddiaeth Gyfiawnder

C&A a) Eglurwch rôl y Goruchaf Lys. *(14 marc)*

Ateb Tom

① Newidiodd Tŷ'r Arglwyddi ei enw o Dŷ'r Arglwyddi i'r Goruchaf Lys yn 2009. Y Goruchaf Lys yw'r llys terfynol yn y DU, mae'n llys apêl a dim ond achosion pwysig iawn sy'n mynd i'r llys hwn, mae'n rhaid i chi hefyd gael caniatâd i fynd â'ch achos i'r Goruchaf Lys.

② Mae gan y Goruchaf Lys yn awr ei adeilad ei hun, arferai hen Dŷ'r Arglwyddi fod yn Nhŷ'r Senedd. Roedd hyn yn ddryslyd am fod siambr yn y Senedd hefyd o'r enw Tŷ'r Arglwyddi, ac arweiniodd hyn at lawer o bobl yn teimlo'n ddryslyd, felly yn 2009, symudodd y llys o'r Senedd ac mae ganddo ei adeilad ei hun yn awr.

③ Fodd bynnag, nid oes gan y Goruchaf Lys y pŵer i ddiddymu deddfau a basiwyd gan y Senedd: mae hyn oherwydd mai'r Senedd sydd oruchaf. Felly mae rôl y llys yn gyfyngedig yma. Mae gan y Goruchaf Lys 12 o farnwyr llawn amser ac mae ganddynt rôl enfawr i'w chwarae o ran datblygu cynsail. Gan mai nhw yw'r llys uchaf, nid oes rhaid iddynt ddilyn penderfyniad unrhyw lys arall ac ers 1966 nid oes rhaid iddynt ddilyn eu penderfyniadau eu hunain, gallant eu newid pryd y mynnant.

Sylwadau'r arholwr

① Paragraff agoriadol cyfyngedig. Mae Tom wedi sôn pryd y sefydlwyd y Goruchaf Lys ac mai dyma'r llys terfynol, ond nid yw'n sôn dim am Ddeddf Diwygio Cyfansoddiadol 2005 a sefydlodd y Goruchaf Lys.

② Mae Tom yn y paragraff hwn yn ceisio trafod mater gwahaniad pwerau. Mae angen i Tom ddatblygu hyn ymhellach a dweud bod symud Tŷ'r Arglwyddi o'r Senedd hefyd wedi symud y barnwyr o'r siambr oedd yn creu cyfreithiau, oedd yn tramgwyddo yn erbyn athrawiaeth gwahaniad pwerau.

③ Ymgais gyfyngedig i ateb y cwestiwn, trafodaeth gyfyngedig iawn o gynsail a goruchafiaeth y Senedd.

Marc a ddyfarnwyd:
AA1 – 6
AA3 – 1
Cyfanswm = 7 o 14 (50%)

Ateb cyfyngedig, yn dangos dealltwriaeth gyfyngedig o rôl y Goruchaf Lys. Rhai pwyntiau da wedi eu gwneud, ond mae'r ateb yn rhy fyr o lawer; dylid bod wedi datblygu pob un o'r pwyntiau ymhellach. Dim statudau na chyfraith achosion i ategu.

Cwestiynau ac Atebion

Ateb Seren

① Sefydlwyd y Goruchaf Lys yn 2009 gan y Ddeddf Diwygio Cyfansoddiadol, gan newid enw Tŷ'r Arglwyddi; un o'r prif resymau dros sefydlu'r Goruchaf Lys gan ei wahanu oddi wrth y Senedd oedd sicrhau bod athrawiaeth gwahaniad pwerau yn cael ei gynnal. Dyma'r llys uchaf yn system gyfreithiol Cymru a Lloegr am bob mater nad yw'n ymwneud â'r UE. Yn y traethawd hwn, byddaf yn egluro pwerau a rolau'r llys pwysig iawn hwn.

② Mae'r Goruchaf Lys yn llys apeliadau. Mae'n delio ag achosion proffil uchel o'r pwys mwyaf, nid yn unig i'r partïon dan sylw ond hefyd materion sy'n effeithio ar y cyhoedd hefyd. Oherwydd y ffaith mai dyma'r llys apêl diwethaf; mae unrhyw benderfyniad a wneir gan y Goruchaf Lys yn derfynol.

③ Mae'n bosibl dadlau mai gan aelodau'r Goruchaf Lys y mae'r mwyaf o greadigrwydd. O ran cynsail, nid yw'r Goruchaf Lys wedi ei rwymo gan benderfyniadau unrhyw lys arall, ac eithrio *CJEU* ar faterion yr UE. Rhaid i bob llys islaw'r Goruchaf Lys ddilyn penderfyniadau'r Goruchaf Lys, mae'r Goruchaf Lys hefyd yn rhydd i wyro oddi wrth ei benderfyniadau ei hun; bu hyn yn wir ers 1966, felly o fewn eu rôl fel y llys apeliadau terfynol mae ganddynt lawer o le i ddatblygu cynseiliau a dirymu rhai llysoedd is.

④ Fodd bynnag, ni fu gan y Goruchaf Lys, neu hen Dŷ'r Arglwyddi fel yr oedd bryd hynny, lawer o ryddid. Cyn 1966 gallent wyro oddi wrth eu penderfyniadau eu hunain petaent wedi eu gwneud *per incuriam*, trwy gamgymeriad. Yn London Street Tramways v London County Council (1898), yr oedd hwn yn gyfnod tyngedfennol yn natblygiad Tŷ'r Arglwyddi. Roedd yr achos hwn yn datgan bod sicrwydd yn y gyfraith yn llawer mwy pwysig na chreadigrwydd barnwrol, ac felly nid oedd barnwyr bellach yn cael anwybyddu eu cynseiliau blaenorol eu hunain. Fodd bynnag, newidiodd Datganiad Ymarfer 1966 y penderfyniad hwn. Dywedodd hwn y gall barnwyr yn Nhŷ'r Arglwyddi amrywio oddi wrth benderfyniadau blaenorol, nid dim ond os gwnaed hwy trwy gamgymeriad, ond os oedd yn iawn gwneud hynny. Defnyddiwyd y pŵer hwn i amrywio yn ofalus ar y cychwyn, mae enghreifftiau o achosion lle maent wedi dirymu eu penderfyniadau blaenorol i'w gweld yn R v Shivpuri ac Anderton v Ryan; Hemingway v BRB ac Addie v Dumbreck.

⑤ Mae rôl y Goruchaf Lys hyd yn oed yn fwy pwysig heddiw efallai; mae'r Goruchaf Lys newydd yn gorff ar wahân yn gyfreithiol i Lysoedd Cymru a Lloegr, gan mai ef hefyd yw Goruchaf Lys yr Alban a Gogledd Iwerddon.

⑥ Mae rôl y Goruchaf Lys yn gwrthdroi cynsail yn hanfodol. Yn achos R v R (1991) yr oedd Tŷ'r Arglwyddi wedi ei rwymo gan gynsail a fu ers cannoedd o flynyddoedd ar fater trais mewn priodas. Yn R v R roedd Tŷ'r Arglwyddi wedi dirymu ei gynsail blaenorol gan osod cynsail newydd y byddai hyn yn awr yn drosedd.

⑦ Mae gan y Goruchaf Lys rôl fawr iawn i'w chwarae yn natblygiad y gyfraith yn y dyfodol. Nawr ei fod ar wahân i'r Senedd gall arfer ei annibyniaeth yn fwy tryloyw ac mae'r penderfyniadau mae'n eu gwneud yn effeithio ar ein bywydau oll. O dan Ddeddf Hawliau Dynol mae ganddo rôl fawr yn datblygu hawliau dynol ac mae ganddo'r pŵer i gyhoeddi datganiadau anghydnawsedd i orfodi newidiadau mewn cyfreithiau nad ydynt yn cyd-fynd â hawliau dynol. Rwy'n credu y bydd y rôl hon yn cynyddu mwy fyth yn y dyfodol wrth i farnwyr sefydlu eu hunain yn y Goruchaf Lys newydd.

Sylwadau'r arholwr

① Paragraff agoriadol da yn dweud pryd y sefydlwyd y llys a hefyd y rhesymau drosto, h.y. gwahaniad pwerau. Dylai Seren fod wedi mynd ymlaen i ddisgrifio sut mae'r athrawiaeth hon yn gweithio a pham roedd hen Dŷ'r Arglwyddi i'w weld yn wrthwynebus i'r athrawiaeth.

② Gwnaeth Seren yn dda i ddatgan y bydd penderfyniadau'r Goruchaf Lys yn effeithio nid yn unig ar y sawl sy'n mynd i gyfraith yn yr achosion ond ar y cyhoedd, gan fod y llys yn trin achosion proffil uchel.

③ Mae Seren yn ateb y cwestiwn trwy gyfeirio at rôl y llys yn natblygiad cynsail. Mae'n bwysig iawn egluro'r Datganiad Ymarfer mewn ateb am gynsail neu'r Goruchaf Lys.

④ Defnydd da iawn o gyfraith achosion i ddangos pryd y bydd Tŷ'r Arglwyddi yn amrywio oddi wrth ei benderfyniadau blaenorol.

⑤ Pwynt rhagorol i sôn am rôl y Llys yn yr Alban a Gogledd Iwerddon.

⑥ Efallai y dylai'r paragraff hwn fod wedi dod yn syth wedi achosion R v Shivpuri, etc., am ei fod yn delio â Thŷ'r Arglwyddi yn dirymu ei benderfyniadau blaenorol ei hun a byddai strwythur y traethawd yn well petai wedi dod yn syth wedi'r paragraff hwnnw.

⑦ Paragraff cloi da; da iawn yw crybwyll rôl y Llys mewn datblygiad hawliau dynol.

Marc a ddyfarnwyd:
AA1 – 11
AA3 – 1
Cyfanswm = 12 o 14 (86%)

Mae hwn yn ateb da iawn. Gwnaeth Seren ymgais gwirioneddol i ateb y cwestiwn ac edrych ar rôl y Goruchaf Lys. Mae perygl gyda chwestiwn fel hwn bod y myfyriwr yn ei droi yn ateb cyffredinol ar gynsail neu'n rhoi disgrifiad cyffredinol o'r Goruchaf Lys heb edrych ar ei rôl. Defnydd da o gyfraith achosion i ategu.

UG Y Gyfraith: Canllaw Astudio ac Adolygu

> **b) Darllenwch y darn canlynol ac ystyriwch gymhwysiad (*application*) yr athrawiaeth cynsail yn yr achos hwn.** *(11 marc)*
>
> Ar 18 Mai 2010 cafodd cais brys ei wneud i farnwr o'r adran deulu gan ysbyty ynglŷn â menyw mewn oed (*adult*) oedd yn gwrthod derbyn triniaeth. Roedd y fenyw mewn oed wedi bod yn esgor (*in labour*) am fwy na 2 ddiwrnod ar enedigaeth ei thrydydd plentyn. Roedd y beichiogrwydd ar ben y cyfnod llawn. Roedd yr esgor wedi'i rwystro (*obstructed*) ac roedd bywyd y fam a'r plentyn mewn perygl. Roedd tystiolaeth y byddai'n rhaid i'r fam gael llawdriniaeth frys er mwyn achub bywyd y ddau ohonynt. Gwrthododd y fam a'i gŵr hefyd roi cydsyniad i'r llawdriniaeth, a hynny am resymau crefyddol. Mae'r ysbyty yn ceisio sicrhau datganiad bod y llawdriniaeth yn gallu cael ei chynnal yn gyfreithlon hyd yn oed heb gydsyniad y fam. Cafodd mater y fam yn gwrthod cydsynio i dderbyn llawdriniaeth ar ei chorff ei hun ei adael yn agored mewn achos blaenorol, sef Achos X (Adult: Refusal of Treatment) ac nid oes unrhyw awdurdod yn Lloegr sy'n hollol berthnasol. Serch hynny, mae rhai awdurdodau yn America ac Ewrop sy'n awgrymu y byddai'r ateb yn debygol o fod o blaid caniatáu datganiad dan yr amgylchiadau hyn pe bai'r achos yn dod gerbron llysoedd America neu gerbron rhai awdurdodaethau (*jurisdictions*) yn Ewrop.

C&A Ateb Tom

① Mae athrawiaeth cynsail yn yr achos hwn yn berswadiol. Mae hyn oherwydd ei fod yn dweud yn y cais bod mater cydsyniad y fam i driniaeth ar ei chorff ei hun wedi ei adael yn agored mewn achos blaenorol. Fodd bynnag, nid oedd awdurdod yn Lloegr yn uniongyrchol ar y pwynt hwn. Golyga hyn nad yw'n rhwymo oherwydd bod yn rhaid i'r barnwr ddefnyddio achos blaenorol ar gyfer hyn, hefyd nid ydym yn gwybod ym mha lys y gwrandawyd yr achos blaenorol, am fod hyn yn bwysig iawn os daeth o lys uwch.

② Fodd bynnag, nid yw barnwyr i fod i wneud cyfraith fel y mae'r Senedd, ond mae pwnc a oes gan farnwyr ormod o greadigrwydd o ran gwneud cyfraith yn ddadleuol o hyd. Mae achosion megis R v R a chynseiliau gwreiddiol yn dangos pa mor greadigol y gall barnwyr fod o ran gwneud cyfraith. Mae hyn yn cael ei ddangos mewn achosion fel Donoghue v Stevenson.

③ Mae gan farnwyr bedwar dewis ar gael, gallant ddilyn penderfyniadau blaenorol, neu gallant wahaniaethu, dirymu neu wrthdroi. Mae llawer o fanteision gyda chynsail, cysondeb, sicrwydd, tegwch, manylder, hyblygrwydd ac arbed amser. Rhaid pwyso'r rhain, fodd bynnag, yn erbyn yr anfanteision sef ansicrwydd, anhyblygrwydd, rheolau cymhleth, gwahaniaethu afresymol, arafwch twf a'r natur annemocrataidd.

Sylwadau'r arholwr

① Paragraff agoriadol gwan; mae Tom yn nodi yn gywir werth perswadiol cynsail ond mae gweddill y paragraff yn bennaf yn ailadrodd y cwestiwn.

② Mae Tom yn gywir wedi nodi achosion lle gwelwyd barnwyr yn gwneud y gyfraith, ond mae wedi methu cysylltu hyn â'r senario o gwbl.

③ Eto, mae Tom wedi nodi'n glir y dewisiadau sydd ar gael i'r barnwyr i osgoi cynsail anghyfleus, ond ni ddatblygwyd hyn na'i gysylltu â'r senario. Does dim angen cynnwys manteision ac anfanteision cynsail yma oni all Tom eu cymhwyso oll i'r senario.

Marc a ddyfarnwyd:
AA2 – 5
AA3 – 1
Cyfanswm = 6 o 11 (55%)

Mae'r ateb hwn yn dangos dealltwriaeth gyfyngedig o gymhwyso cynsail i'r senario. Gwnaed rhai pwyntiau da, ond nid yw'r ateb wedi ei gysylltu â'r senario ac mae'n ateb cyffredinol cyfyngedig ar gynsail.

Ateb Seren

① Mae'r achos hwn yn frith o ddadleuon a materion moesegol. Bydd y traethawd hwn yn edrych ar agweddau gwahanol cynsail i bennu sut y bydd barnwr yr adran deulu yn dyfarnu yn yr achos hwn. Nid yw cais brys yn cael ei wneud yn aml mewn cyfraith; mae'n cael ei ddefnyddio pan nad oes llawer o amser a bod angen gwneud penderfyniad yn gyflym.

② Nid oedd cyfraith achosion flaenorol Re-X yn gadael unrhyw ddyfarniad clir am ba benderfyniad a ddylai gael ei wneud, ac nid yw'n glir chwaith ym mha lys y gwrandawyd Re-X, gan y gall hyn effeithio ar werth perswadiol y penderfyniad. Petai Re-X wedi gosod cynsail yna dylai barnwr yr adran deulu edrych ar ddewis dirymu; mae hyn yn dibynnu eto ar y llys y penderfynwyd ef ynddo. Os mai'r Goruchaf Lys ydoedd, yna byddai adran deulu'r Uchel Lys wedi ei rwymo gan y penderfyniad ac yn gorfod ei ddilyn. Y rhan o'r dyfarniad y byddai'n rhaid iddynt ei ddilyn fyddai'r ratio decidendi; dyma'r rhan sy'n clymu pob barnwr arall, yn dibynnu ar eu safle yn hierarchaeth y llysoedd.

③ Os bydd y cynsail o lys is yn yr hierarchaeth, mae modd dirymu'r cynsail, er bod hyn fel arfer yn cael ei adael i farnwyr y llysoedd uwch. Os oedd yr achos yn cael ei wrando yn y Goruchaf Lys a bod y dyfarniad yn Re-X o'r Goruchaf Lys/Tŷ'r Arglwyddi, yna ers Datganiad Ymarfer 1966 y gallant wyro oddi wrth eu penderfyniadau blaenorol os yw'n iawn gwneud hynny; enghreifftiau o hyn yw Rondel v Worsley, Hall v Simons ac R v R.

④ Mae gan farnwyr yr adran deulu ddewis arall; gallai'r barnwr wahaniaethu, ac mae hyn yn gadael i'r barnwr wahaniaethu ffeithiau'r ddau achos ac felly os ydynt yn wahanol does dim rhaid iddo ddilyn y cynsail. Enghreifftiau o achosion lle digwyddodd gwahaniaethu yw Balfour a Meritt.

⑤ Mae gan y barnwr yn yr adran deulu, fodd bynnag, y dewis o ddilyn y rhesymeg yn Re-X, yn arbennig os nad oes cynsail uniongyrchol, er enghraifft, byddai'r barnwr yn rhesymu trwy gydweddiad.

⑥ Dylai barnwr yr adran deulu hefyd ystyried arwyddocâd cynseiliau ar y mater hwn o awdurdodaethau cyfraith gwlad eraill. Yma, mae penderfyniadau o America ac Ewrop fyddai'n caniatáu'r driniaeth petaent yn cael eu dilyn. Er nad yw'r penderfyniadau hyn yn rhwymo barnwr yr adran deulu, gallant fod yn berswadiol, yn enwedig os oes cyfeiriad yn Lloegr. Os yw'r barnwr yn defnyddio'r rhain fel cynsail perswadiol, yna bydd y driniaeth yn mynd yn ei blaen. Gallai hyn gael ei weld fel penderfyniad dadleuol gan rai a allai ddadlau, ar sail grefyddol, y dylai hawliau'r fam gael eu parchu ac y dylai allu gwrthod y driniaeth, ond mae'n rhaid i'r llys gydbwyso ac ystyried hawliau'r plentyn yn y groth hefyd, a thrwy ddefnyddio'r cynseiliau perswadiol, byddai'r driniaeth yn mynd yn ei blaen.

Cwestiynau ac Atebion

Sylwadau'r arholwr

① Da gweld cyflwyniad sy'n rhoi'r ateb yn ei gyd-destun.

② Cymhwyso athrawiaeth cynsail yn dda yn y cwestiwn. Mae hwn yn gwestiwn anodd am na adawodd Re-X gynsail uniongyrchol felly gwnaeth Seren yn dda i drafod ym mha lys y gall yr achos fod wedi ei wrando, a hefyd werth perswadiol dyfarniadau. Da gweld defnyddio termau cyfreithiol cywir, e.e. *ratio decidendi*.

③ Da yw cydnabod y Datganiad Ymarfer a rôl y Goruchaf Lys yn gwyro oddi wrth benderfyniadau blaenorol. Gwnaeth Seren yn dda i gynnwys enghreifftiau yma.

④ Da gweld bod Seren yn ymwybodol o sut i osgoi cynseiliau, e.e. gwahaniaethu, ac mae hefyd wedi sôn am ddirymu. Gallai hefyd fod wedi trafod gwrthdroi, er mae'n debyg ei bod yn teimlo nad oedd hyn yn berthnasol oherwydd natur argyfyngol yr achos.

⑤ Rhagorol gweld bod Seren wedi ystyried y gall y barnwr resymu trwy gydweddiad, yng ngoleuni'r ffaith nad oes cynsail uniongyrchol o re-X.

⑥ Pwysig iawn ystyried gwerth perswadiol cynseiliau o wledydd eraill. Cymhwysodd Seren hyn yn dda yn y paragraff hwn.

Marc a ddyfarnwyd:
AA2 – 8
AA3 – 2
Cyfanswm = 10 o 11 (91%)

Yn gyffredinol mae hwn yn ateb da iawn. Mae perygl gyda chwestiynau ar bynciau moesol a dadleuol y bydd myfyrwyr yn eu hateb o safbwynt moesol yn unig. Mae Seren wedi cymhwyso athrawiaeth cynsail yn dda i'r senario ac mae hyn yn allweddol i ateb cwestiynau fel hyn sy'n gosod senario. Rhaid cymhwyso'r gyfraith i'r senario; nid yw'n dderbyniol dim ond ysgrifennu popeth a wyddoch am y testun.

10. Deddf Hawliau Dynol 1998

Rhan (a) Astudiwch y testun isod ac atebwch y cwestiynau sy'n seiliedig arno.

> 'Yn ystod y flwyddyn, cawsom yr achlysur cyntaf ers i Ddeddf Hawliau Dynol 1998 ddod i rym yn 2000 pryd y cafodd penderfyniad Tŷ'r Arglwyddi ynglŷn â dehongli'r Confensiwn Ewropeaidd ar Hawliau Dynol ei ddirymu (*overturned*) gan Lys Hawliau Dynol Ewrop. Yn achos S and Marper v UK (penderfyniad 4 Rhagfyr 2008), anghymeradwyodd (*disapproved*) llys Strasbourg benderfyniad y Tŷ yn achos R (S) and Marper v Chief Constable of the South Yorkshire Police (2004) UKHL39 gan ddal bod polisi cyffredinol cyfraith Lloegr o gadw olion bysedd a samplau DNA, oedd wedi'u cymryd o bersonau na chafwyd nhw yn euog yn ddiweddarach o'r drosedd dan sylw, yn torri'r hawl i fywyd preifat sy'n cael ei warantu gan Erthygl 8 o'r Confensiwn Ewropeaidd.'
>
> Ffynhonnell: Dickson, New Law Journal 23 Ionawr 2009

a) Eglurwch effaith Deddf Hawliau Dynol 1998 ar gyfraith Cymru a Lloegr.

(14 marc)

Ateb Tom

① Cafodd y Ddeddf Hawliau Dynol effaith fawr ar Gyfraith Cymru a Lloegr. Cyn pasio'r Ddeddf, arferem gymryd ein hachos ar hawliau dynol i Lys Hawliau Dynol Ewrop, fe fyddai hyn weithiau'n cymryd 6 blynedd i wneud, hefyd nid oedd barnwyr Prydeinig yn wir yn becso am hawliau dynol cyn yr *HRA*, felly gwnaeth y Ddeddf newid mawr.

② Mae adrannau yn y Ddeddf sydd wedi gwneud mwy o newidiadau nag eraill. Er enghraifft, gall barnwyr yn awr anfon nodyn i'r senedd os nad ydynt yn hoffi cyfreithiau, cyfreithiau sydd yn eu barn nhw yn mynd yn erbyn ein hawliau dynol. Rwy'n meddwl bod hyn yn dda gan y gall barnwyr orfodi'r senedd i newid y gyfraith; fodd bynnag, gall y senedd anwybyddu'r nodyn a gwrthod newid y gyfraith, ond ni fyddai'n edrych yn dda petaen nhw'n gwneud hyn. Rhaid i gyrff cyhoeddus hefyd wneud penderfyniadau nad ydynt yn mynd yn erbyn hawliau dynol.

③ Mae'r *HRA* yn dda am sawl rheswm, dylai olygu y bydd achosion yn gynt o lawer, a gwyddom bopeth yn awr am ein hawliau dynol, nad oeddem yn ei wybod cyn iddi ddod i mewn. Fodd bynnag, mae rhai pethau drwg hefyd, ni all barnwyr gael gwared â chyfreithiau nad ydynt yn eu hoffi, ac mae'r hawliau ynddi yn hen iawn. Yn gyffredinol er hynny, mae'n well nawr fod gennym yr *HRA* nag o'r blaen.

UG Y Gyfraith: Canllaw Astudio ac Adolygu

Sylwadau'r arholwr

① Mae paragraff agoriadol Tom yn cynnwys esboniad byr o'r system cyn yr *HRA*, ond nid yw'r gramadeg yn dda, ac nid yw'r esboniad yn fanwl.

② Mae Tom yn ceisio cyfeirio at adrannau 4 a 6 yn y paragraff hwn; byddai'r ateb yn well o lawer petai wedi cynnwys rhifau'r adrannau ac achosion perthnasol i ategu.

③ Mae Tom wedi trafod yn fyr fanteision ac anfanteision yn y paragraff olaf, nid yn hollol berthnasol i'r cwestiwn hwn, oni bai ei fod yn ymwneud â'r cwestiwn cyfan.

Marc a ddyfarnwyd:
AA1 – 6
AA3 – 1
Cyfanswm = 7 o 14 (50%)

Ateb cyfyngedig yw hwn, yn dangos dealltwriaeth gyfyngedig o effaith yr *HRA*. Fe wnaeth Tom rai pwyntiau da, ond nid oes yma unrhyw awdurdod cyfreithiol, na manylion. Nid oes yma rifau adrannau nac achosion, a rhaid i chi gynnwys adrannau ac achosion ar gyfer y testun hwn.

Ateb Seren

① Cyn i Ddeddf Hawliau Dynol ddod i rym yn 2000, roedd natur hawliau dynol yng nghyfraith Cymru a Lloegr yn wahanol iawn. Cyn y Ddeddf, roedd y DU wedi llofnodi'r Confensiwn Ewropeaidd ar Hawliau Dynol yn 1951; fodd bynnag, nid oedd hyn yn rhoi'r hawliau yn y Confensiwn yn ein cyfraith, felly nid oedd yr hawliau yn uniongyrchol gymwys yn llysoedd y DU, felly er mwyn arddel yr hawliau hyn rhaid i ddinasyddion y DU fynd ag achos i Lys Hawliau Dynol Ewrop, oedd yn broses araf iawn a dim ond yn 1966 y cafodd dinasyddion y DU yr hawl hon – hawl deiseb unigol.

② Mae pasio'r Ddeddf Hawliau Dynol wedi newid y ffordd mae hawliau yn cael eu trin yn y DU, a chafodd effaith enfawr ar gyfraith Cymru a Lloegr. O dan adran 7 yr *HRA* – mae'r hawliau yn y Confensiwn yn awr yn ein cyfraith ni; mae hyn yn golygu eu bod yn uniongyrchol gymwys yn ein llysoedd domestig felly gall dinesydd o'r DU ddadlau bod ei hawliau wedi eu torri yn ei lysoedd ei hun. Mae hyn yn newid mawr o'i gymharu â'r hyn oedd y sefyllfa gynt.

③ Cafodd adrannau eraill y Ddeddf effaith fawr hefyd. O dan adran 2 rhaid i farnwyr domestig ystyried cyfreitheg berthnasol Strasbourg; mae hyn yn golygu bod yn rhaid i'n barnwyr edrych ar gyfraith achosion o Lys Hawliau Dynol Ewrop wrth benderfynu ar achosion hawliau dynol ond nid oes rhaid iddynt eu dilyn; yno fel canllaw y mae'r achosion. Mae hyn yn beth da am y bu'r Llys Ewropeaidd yn penderfynu ar achosion ers dros 60 mlynedd ac mae ganddo brofiad helaeth yn y materion hyn.

④ Adran arall a gafodd effaith fawr yw adran 3 – dywed hon fod yn rhaid i farnwyr ddehongli pob cyfraith i fod yn gydnaws â hawliau dynol os oes modd gwneud hyn. Os bydd y barnwyr yn cael y cyfreithiau yn anghydnaws â hawliau dynol yna o dan adran 4 gallant gyhoeddi datganiad anghydnawsedd. Mae'n debyg y cafodd yr adran hon yr effaith fwyaf ar gyfraith Cymru a Lloegr. O dan yr adran hon gall barnwyr hysbysu'r Senedd os ydynt yn credu bod cyfreithiau yn anghydnaws; fodd bynnag, nid oes rheidrwydd ar y Senedd i newid y gyfraith ac ni all barnwyr ddileu cyfreithiau; achosion lle maent wedi cyhoeddi datganiad yw A and others; Wilson and Brown.

⑤ Yn olaf, cafodd adran 6 effaith fawr hefyd ar ein cyfraith. O dan adran 6 rhaid i gyrff cyhoeddus weithredu mewn ffordd sy'n gydnaws â hawliau dynol, mae hyn yn gosod baich mawr ar gyrff cyhoeddus. O dan y Ddeddf, mae 'corff cyhoeddus' hefyd wedi cynnwys corff preifat yn cyflawni swyddogaeth gyhoeddus, e.e. achos Poplar Housing.

⑥ I gloi, cafodd y Ddeddf Hawliau Dynol effaith fawr ar gyfraith Cymru a Lloegr, creodd drefn newydd i hawliau dynol a sicrhau gwell gwarchodaeth i'n hawliau dynol na dan yr hen drefn.

Sylwadau'r arholwr

① Paragraff agoriadol da, yn crynhoi'r cefndir i'r Ddeddf Hawliau Dynol. Mae'n dda gwneud hyn ac mae'n dangos yn gliriach effaith yr *HRA* trwy gymharu â'r sefyllfa cyn yr *HRA*.

② Mae Seren yn wir wedi ateb y cwestiwn yma, trwy ddyfynnu adran 7 dangosodd y prif newid cyntaf i'r ffordd y mae hawliau yn awr yn cael eu hamddiffyn.

③ Eto mae Seren yn egluro'r holl adrannau cywir a sut maent wedi effeithio ar ein cyfraith. Esboniad rhagorol o adran 2. Mae adran 2 yn adran allweddol sy'n gorfod cael ei thrafod.

④ Paragraff rhagorol, esboniad clir o effeithiau adrannau 3 a 4 gan ddefnyddio awdurdod cyfreithiol perthnasol i ategu.

⑤ Gwnaeth Seren yn dda hefyd i gynnwys adran 6 ac achos Poplar Housing, am fod adran 6 wedi cael effaith fawr ar ein cyfraith yn y ffordd mae cyrff cyhoeddus yn awr yn gorfod gweithredu yn unol â hawliau dynol.

⑥ Casgliad byr, ond mae'n crynhoi'r traethawd. Da gweld casgliad.

Marc a ddyfarnwyd:
AA1 – 13
AA3 – 1
Cyfanswm = 14 o 14 (100%)

Mae hwn yn ateb rhagorol. Mae Seren wedi cael y marciau uchaf drwyddo draw am ateb y cwestiwn, defnyddio'r awdurdod cyfreithiol priodol, ac mae strwythur rhagorol i'r traethawd drwyddo draw.

Cwestiynau ac Atebion

> **b) Gwerthuswch rôl Llys Hawliau Dynol Ewrop yng nghyfraith Cymru a Lloegr.**
> *(11 marc)*

Ateb Tom

① Sefydlwyd Llys Hawliau Dynol Ewrop i ofalu bod hawliau dynol yn cael eu dilyn. Yn adran 4, mae'n dweud bod yn rhaid cael datganiad anghydnawsedd os nad yw hawliau dynol yn cydymffurfio â'r ddeddf a osodwyd gan y Senedd. Fodd bynnag, gall barnwyr geisio gwneud iddynt gydymffurfio, ond ni ddylent fynd y tu hwnt i bwerau cyfraith Prydain.

② Wrth basio deddf newydd, mae'n rhaid i'r senedd yn awr ddatgan ei bod yn gydnaws neu yn anghydnaws â hawliau dynol, mae hyn yn adran 19. Mae Llys Hawliau Dynol Ewrop yn Strasbourg, a dyma'r llys apêl pan mae rhywun yn credu bod eu hawliau dynol wedi eu torri, fe fyddant yn mynd yno a gan y llys y bydd y gair terfynol. Mae'r llys hwn wedi gwrando ar lawer o achosion a ddygwyd gan bobl sy'n byw yn y DU yn hawlio bod eu hawliau wedi eu torri. Diane Pretty yw un ohonynt, yr oedd hi eisiau'r hawl i ddiweddu ei bywyd, ond fe ddywedodd y llys na ac nad oedd y DU yn torri ei hawliau dynol; fodd bynnag, mewn achosion eraill mae'r llys wedi dweud bod y DU wedi torri hawliau dynol, yn Malone.

③ Cyfyngwyd sofraniaeth seneddol trwy orfod ei gymhwyso i hawliau dynol.

Sylwadau'r arholwr

① Mae gormod o bwyntiau gwahanol yn y paragraff agoriadol hwn, a dylai Tom fod wedi cychwyn trwy ddweud pryd y sefydlwyd y llys, y rhesymau dros wneud hynny a'r rôl mae'n ei chyflawni. Mae wedi cynnwys adran 4 yma; gallai fod wedi trafod hyn yn nes ymlaen petai'n berthnasol i rôl y Llys Ewropeaidd, ond nid yma, mae'n baragraff agoriadol dryslyd.

② Mae'r paragraff yn ceisio trafod rôl y Llys Ewropeaidd, ond unwaith eto nid yw wedi ei strwythuro'n dda, nid oes gwerthusiad o'r rôl, ac mae hyn yn hanfodol er mwyn cael marciau am AA2.

③ Dim casgliad a strwythur gwael drwyddo draw.

Marc a ddyfarnwyd:
AA2 – 5
AA3 – 1
Cyfanswm = 6 o 11 (55%)

Ateb cyfyngedig yw hwn, yn dangos dealltwriaeth gyfyngedig o rôl y Llys Ewropeaidd. Mae Tom wedi gwneud ymgais niwlog i ateb y cwestiwn, ond mae'r wybodaeth a drafodir yn rhy fyr ac nid oes fawr o ddefnydd o gyfraith achosion.

Ateb Seren

① Sefydlwyd Llys Hawliau Dynol Ewrop a'r Siambr Fawr yn y 1950au cynnar i drin hawliadau gan un wladwriaeth yn erbyn un arall a chan unigolion yn erbyn gwladwriaeth. Gall Llys Hawliau Dynol Ewrop wrando ar hawliadau unigol yn unig lle mae'r wladwriaeth wedi cydnabod hawl unigolion i ddwyn achos iddo, sef yr hawl deiseb unigol, a chawsom yr hawl hon yn y DU yn 1966.

② Ni wnaeth y DU ymgorffori'r Confensiwn Ewropeaidd i'n cyfraith ddomestig tan Ddeddf Hawliau Dynol 1998, felly cyn hyn, ni allai dinasyddion y DU ddwyn eu hawliad trwy'r llysoedd domestig ac roedd rhaid iddynt fynd i'r Llys Ewropeaidd. Ers pasio'r *HRA* bu gan y Llys Ewropeaidd rôl bwysig iawn o hyd mewn hawliau dynol ond gall dinasyddion y DU yn awr wneud cais yn uniongyrchol ar hawliau yn y confensiwn yn ein llysoedd domestig.

③ Cyn pasio'r *HRA* roedd gan y llys Ewropeaidd ran fawr mewn llunio hawliau dynol, i gymryd achos i'r llys yr oedd yn rhaid i hawliwr fod wedi dod i ben â'r holl rwymedïau domestig i ddechrau, yna ffeilio achos o fewn chwe mis i'r penderfyniad domestig terfynol. Roedd y broses yn araf, yn ddrud ac nid oedd rhwymedïau o'r llys yn aml yn ddigonol. Ers yr *HRA* mae ein llysoedd ni yn awr â mwy o rôl a cham olaf yn unig yw mynd i'r llys Ewropeaidd yn Strasbourg.

④ Yn Strasbourg y mae'r Llys Ewropeaidd ac mae wedi gwrando ar lawer o achosion a ddygwyd yn erbyn y DU: D v UK; Pretty v UK; Evans v UK. Cyn y Ddeddf Hawliau Dynol, gallai dod ag achos gerbron Strasbourg gymryd hyd at 6 blynedd. Mae hyn wedi gwella llawer ers ymgorffori'r confensiwn yn ein cyfraith.

⑤ Mae Adran 2 yr HRA yn cyfeirio at rôl y Llys Ewropeaidd i'n barnwyr, rhaid i'n barnwriaeth ystyried unrhyw achosion perthnasol o Lys Hawliau Dynol Ewrop, ond nid ydynt wedi eu rhwymo ganddynt, mae hyn yn sicrhau bod penderfyniadau'r Llys, sydd â dros 50 mlynedd o brofiad o benderfynu ar achosion hawliau dynol, yn cael eu defnyddio gan ein barnwyr fel cynseiliau perswadiol.

⑥ I gloi, chwaraeodd y Llys Ewropeaidd rôl enfawr yn amddiffyn ein hawliau dynol dros y 60 mlynedd diwethaf, ac mae'r rôl honno wedi ei hymestyn yn awr i'n llysoedd domestig gan yr *HRA*, ond y Llys yw'r llys apêl terfynol o hyd, a chanddo ef y bydd y gair olaf.

Sylwadau'r arholwr

① Paragraff agoriadol da yn sôn am pryd y cafodd y llys ei sefydlu a'i rôl yn gyffredinol.

② Yn y paragraff hwn mae Seren yn ceisio trafod y rôl trwy ddweud mai'r Llys Ewropeaidd oedd y prif lys yn amddiffyn hawliau dynol tan *HRA* 1998.

③ Cais i werthuso'r rôl trwy drafod y broses o ddwyn achos i Ewrop.

④ Defnydd da o gyfraith achosion, er y gallai Seren fod wedi cynnwys achosion mwy cyfoes.

⑤ Defnydd da o adran 2 yn gwerthuso rôl y Llys.

⑥ Casgliad da yn dwyn ynghyd brif bwyntiau'r traethawd.

Marc a ddyfarnwyd:
AA2 – 7
AA3 – 2
Cyfanswm = 9 o 11 (81%)

Yn gyffredinol, mae hwn yn ateb da. Gwerthuso da o rôl y llys, er y gallai Seren fod wedi cynnwys achosion mwy cyfoes. Mae myfyrwyr yn tueddu i gael hwn yn bwnc anodd ar UG, ond mae'n destun pwysig iawn y mae'n rhaid iddynt wybod ei fanylion oherwydd bod hawliau dynol yn berthnasol i bob testun arall.

11. Y Farnwriaeth

Astudiwch y tabl isod ac atebwch gwestiynau a) a b):

Ystadegau Blynyddol Amrywiaeth Barnwrol – fel ar 1 Ebrill 2008

Swydd	Cyfanswm	Nifer benywod	% Benywod	Nifer tarddiad ethnig	% tarddiad ethnig
Arglwyddi Apêl	12	1	8.33%	0	0.00%
Penaethiaid Adrannau	5	0	0.0%	0	0.00%
Arglwyddi Ustusiaid Apêl	37	3	8.1%	0	0.00%
Barnwyr yr Uchel Lys	110	11	10%	3	2.72%
Barnwyr Cylchdaith	653	87	13.32%	20	3.06%
Cofiaduron	1305	194	14.86%	61	4.67%
Barnwyr Adfocad	9	0	0.00%	0	0.00%
Dirprwy Farnwyr Adfocad	12	1	8.33%	0	0.00%
Barnwyr Rhanbarth	438	98	22.37%	20	4.56%
Dirprwy Farnwyr Rhanbarth	773	211	27.29%	31	4.01%
Barnwyr Rhanbarth (Llysoedd Ynadon)	136	31	22.79%	3	2.2%
Dirprwy Farnwyr Rhanbarth (Llysoedd Ynadon)	167	40	23.95%	12	7.18%
Meistri, Cofrestryddion, Barnwyr Costau a Barnwyr Rhanbarth (DJ)	48	11	22.91%	1	2.08%
Dirprwy Feistri, Cofrestryddion, Barnwyr Costau a Barnwyr Rhanbarth (DJ)	115	39	33.91%	5	4.34%
Cyfanswm	3820	727	19.03%	156	4.08%

Ffynhonnell: Y Weinyddiaeth Gyfiawnder

a) Eglurwch sut mae barnwyr yn cael eu penodi. *(14 marc)*

Ateb Tom

① Cyn 2005, roedd y broses benodi yn wahanol iawn, ac eto, newidiodd Deddf Diwygio Cyfansoddiadol 2005 hynny yn ddramatig. Roedd nifer o broblemau cyn y Ddeddf hon, gan gynnwys y ffaith mai dim ond bargyfreithwyr a allai ddod yn farnwyr, roedd y system yn drwm dan ddylanwad gwleidyddion oedd oll o'r un farn, ac roedd yn gyfrinachol am ei bod yn seiliedig ar ymholi dirgel, nad yw'n broses agored, roedd yn broses oedd yn gwahaniaethu am ei bod yn ffafrio pobl gyda rhwydwaith da o gysylltiadau, a hefyd, y rhai oedd yn ffitio tuedd gyffredinol barnwyr (hen, dosbarth uchel i ganol, etc.) yn hytrach na rhai gyda gallu cryf i eistedd fel barnwr.

② Mae'r broses benodi newydd yn wahanol iawn. Sefydlwyd y Comisiwn Penodiadau Barnwrol i asesu barnwyr ar gyfer eu penodi. Mae hyn yn broses decach o lawer am ei bod yn rhoi cyfle i bawb ac yn lleihau'r perygl o farn oddrychol neu wahaniaethol mewn ymholi dirgel. Mae hyn yn well na'r hen system am fod ystod eang o aelodau'r comisiwn yn dewis barnwyr ar sail haeddiant a chymeriad da yn hytrach na stereoteip.

③ Mae'r newidiadau hyn yn pwysleisio pa mor agored yw'r broses newydd a'r ystod eang o ymgeiswyr a welir. Maent yn pwysleisio nad ydynt yn dewis ar sail 'tarddiad ethnig' na 'rhyw'. Caiff ymgeiswyr eu dewis hefyd os oes ganddynt lefel uchel o ddealltwriaeth o'r gyfraith a llawer o brofiad. Dylai mwy o fenywod gael eu penodi o ganlyniad i'r diwygiadau hyn.

Sylwadau'r arholwr

① Lle rhesymegol i gychwyn, er bod llawer o wybodaeth yn y paragraff. Mae Tom wedi gwneud yn dda i grybwyll Deddf Diwygio Cyfansoddiadol 2005 sy'n allweddol ac a ddiwygiodd y drefn benodi. Mae hefyd wedi sôn am rai o'r prif feirniadaethau o'r hen system benodi. Camgymeriad cyffredin mewn arholiad wrth drafod y system benodi yw trafod yr hen drefn yn unig: mae'n hanfodol i fyfyrwyr allu trafod yr hen drefn a'r newydd yn llawn, a'u bod yn gallu gwerthuso'r drefn newydd. Mae angen i Tom yma egluro'r hen drefn benodiadau ac yna ei chymharu â'r drefn newydd.

② Mae Tom wedi gwneud yn dda yma i drafod y Comisiwn Penodiadau Barnwrol newydd a'r ffaith ei fod yn barnu ymgeiswyr yn ôl haeddiant a phrofiad. Roedd angen iddo roi mwy o ddyfnder a dangos ymwybyddiaeth o hierarchaeth y farnwriaeth, yn enwedig am nad yw'r Comisiwn yn gyfrifol am benodiadau i'r Goruchaf Lys.

③ Mae hyn yn gywir, a dylai mwy o fenywod gael eu penodi, ond mae hyn yn rhannol oherwydd y newidiadau a wnaed gan Ddeddf Tribiwnlysoedd, Llysoedd a Gorfodaeth 2007 sydd wedi agor penodiadau cyfreithiol i weithredwyr cyfreithiol. Mae hon yn Ddeddf bwysig y dylai Tom fod wedi sôn amdani. Mae ei ateb yn gorffen yn swta, ac nid oes casgliad clir.

Marc a ddyfarnwyd:
AA1 – 7
AA3 – 1
Cyfanswm = 8 o 14 (57%)

Nid yw Tom wedi datblygu ei bwyntiau, er ei fod yn dangos ymwybyddiaeth o'r newidiadau allweddol a wnaed o ganlyniad i Ddeddf Diwygio Cyfansoddiadol 2005. Gwnaeth yn dda i grybwyll rhai o'r rhesymau pam mae angen diwygio'r system (e.e. ymholi dirgel) ond nid oes fawr o ddyfnder am y diwygiadau, ac yn bwysig iawn, nid yw'n sôn am Ddeddf Tribiwnlysoedd, Llysoedd a Gorfodaeth 2007. Gwnaeth yn dda i wneud sylwadau am y Comisiwn Penodiadau Barnwrol a chyfeirio at rai o'r rhesymau pam y bydd sefydlu hyn yn datrys rhai o broblemau'r hen drefn; fodd bynnag, roedd angen iddo ddweud beth oedd yr hen drefn benodi.

Cwestiynau ac Atebion

Ateb Seren

① Cyn Deddf 2005, roedd yr Arglwydd Ganghellor yn chwarae rhan hanfodol yn y broses o benodi barnwyr. Byddai'r Arglwydd Ganghellor yn cynghori'r Prif Weinidog ynghylch pwy yn ei farn ef a ddylai gael ei benodi yn Arglwydd Apêl ac Arglwydd Ustus Apêl. Byddai'r Prif Weinidog wedyn yn cynghori'r Frenhines, a hi oedd yr un a fyddai'n gwneud y penderfyniad terfynol. Pan ddeuai'n fater o Farnwyr yr Uchel Lys, barnwyr cylchdaith a chofiaduron, y Frenhines fyddai'n eu penodi nhw ar sail cyngor gan yr Arglwydd Ganghellor. Mae hyn yn golygu, yn y naill senario a'r llall, fod barn yr Arglwydd Ganghellor yn cael ei chlywed yn gyntaf, oedd yn ei gwneud yn debygol iawn bod penderfyniad y Frenhines o raid yn seiliedig ar gyngor yr Arglwydd Ganghellor. Roedd hyn yn mynd yn erbyn gwahaniad pwerau.

② Roedd y broses ar gyfer penodi barnwyr yr Uchel Lys yn golygu bod yr hen adran materion cyfansoddiadol yn casglu gwybodaeth gan farnwyr eraill dros gyfnod maith o amser. Ymholi dirgel oedd yr enw ar hyn. Rhyddhaodd Syr Leonard Peach adroddiad yn 1999 yn nodi tair prif feirniadaeth.

③ Un pwnc, fel y soniais ynghynt, oedd ei fod yn ddirgel ac yn golygu ymholi dirgel. Byddent yn ceisio cyngor ac yn ymgynghori â barnwyr eraill a bargyfreithwyr blaenllaw ynghylch sut un fyddai ymgeisydd fel barnwr. Roedd y broses hon yn cael ei hystyried yn un annheg am nad oedd wir yn dibynnu ar sgiliau a nodweddion yr unigolyn, ond yn hytrach ei gysylltiadau. Oherwydd, os oedd gan weision sifil ddau ymgeisydd, a bod un ymgeisydd yn adnabod llawer o farnwyr, a chanddo lawer o gysylltiadau, pan fyddai'r grŵp yn ymgynghori gyda barnwyr a bargyfreithwyr, maent yn fwy tebygol o glywed am yr ymgeisydd hwnnw nag am un gyda llai o gysylltiadau, sy'n golygu eu bod yn dibynnu ar gysylltiadau i glywed am ddarpar ymgeiswyr. Fe all gwahaniaethu hefyd ddigwydd yn erbyn menywod a lleiafrifoedd ethnig.

④ Yr ail bwynt oedd bod gwleidyddiaeth yn ormod o ran o'r broses. Roedd yr Arglwydd Ganghellor a'r Prif Weinidog yn chwarae rhannau canolog mewn penodi barnwyr.

⑤ Y trydydd mater oedd ei fod yn gwahaniaethu. Roedd gan farnwyr duedd gref i awgrymu barnwyr o'u siambrau eu hunain. Byddent yn gweld hefyd bod dyrnaid penodol o siambrau o le deuai ymgeiswyr. Mae hyn yn beth negyddol iawn am ei fod yn golygu y byddech yn bwrw ymlaen yn eich gyrfa neu beidio yn dibynnu ar ba siambr yr oeddech yn gweithio ynddi. Roedd hyn yn golygu nad oedd menywod a lleiafrifoedd ethnig yn gwneud cymaint o gynnydd.

⑥ Creodd Deddf Diwygio Cyfansoddiadol 2005 sefydliad newydd a gafodd y cyfrifoldeb o drin y drefn o benodi barnwyr. Y Comisiwn Penodiadau Barnwrol yw hwn ac mae ganddo 14 aelod. Mae'r aelodau hyn yn cael eu penodi gan y Frenhines ar argymhelliad yr Arglwydd Ganghellor.

⑦ Nawr er mwyn bod yn gymwys i fod yn farnwr, nid yw bellach yn cael ei farnu ar faint o flynyddoedd y bu ganddynt hawliau ymddangos, ond ar faint o flynyddoedd o brofiad sydd ganddynt wedi cymhwyso. Mae hyn yn Neddf Tribiwnlysoedd, Llysoedd a Gorfodaeth 2007. Mae'r Ddeddf hon hefyd wedi caniatáu i weithredwyr cyfreithiol fod yn gymwys i fod yn farnwr wedi digon o brofiad. Dylai hyn ddatrys anhawster menywod yn peidio â bwrw ymlaen cystal â dynion, am fod dros 60% o weithredwyr cyfreithiol yn fenywod.

⑧ Mae Deddf Diwygio Cyfansoddiadol 2005 wedi newid y drefn o benodi barnwyr yn radical ac wedi symud yr Arglwydd Ganghellor o'r broses. Dylai hyn ddatrys rhai o'r problemau a nododd Syr Leonard Peach a gwneud y system yn fwy teg, gan ganiatáu penodi ystod ehangach o bobl fel barnwyr.

Sylwadau'r arholwr

① Paragraff agoriadol effeithiol yma gan ganolbwyntio'n dda ar y cwestiwn a ofynnwyd. Mae Seren wedi canolbwyntio ar y prif bwnc, sef penodi barnwyr. Gwnaeth yn dda i sylweddoli bod angen iddi gymharu'r hen system â newidiadau diweddar i benodi barnwyr er mwyn ateb y cwestiwn yn llawn. Gwnaeth yn dda i gyfeirio at rôl yr Arglwydd Ganghellor a sut roedd ei rôl flaenorol yn torri gwahaniad pwerau. Defnydd da o dermau allweddol am y testun hwn.

② Da ei bod yn crybwyll adroddiad Syr Leonard Peach a nodi iddo ef weld tair prif feirniadaeth o'r hen drefn benodi.

③ Mae Seren wedi dangos gwybodaeth a dealltwriaeth dda yma o'r broses o ymholi dirgel ac wedi trafod y brif feirniadaeth o'r broses. Yn ddelfrydol, ni ddylai ymgeiswyr ysgrifennu yn y person cyntaf na'r ail berson, gan nad yw hyn yn arfer academaidd da, ond mae cynnwys ateb Seren yn dda iawn hyd yma.

④ Mae Seren hefyd wedi gwneud yn dda yn y ddau baragraff yma i egluro'r ddwy feirniadaeth arall. Beirniadaeth allweddol yw nad yw menywod a lleiafrifoedd ethnig yn gwneud cynnydd cystal trwy'r farnwriaeth â'u cyfoedion gwryw, a gwnaeth Seren yn dda i ddwyn hyn i mewn.

⑤ Allweddol yw crybwyll yma y newid pwysig hwn yn y gyfraith a sefydlu'r Comisiwn Penodiadau Barnwrol. Defnydd cywir o awdurdod cyfreithiol a thermau allweddol.

⑥ Trafodaeth dda iawn o'r datblygiad pellach hwn ar y system benodi farnwrol. Dyfynnir darn allweddol arall o awdurdod cyfreithiol a dangos gwybodaeth a dealltwriaeth dda. Mae Seren wedi gwneud cysylltiad da â beirniadaeth gynharach o anwybyddu menywod a sut y gall y diwygiadau diweddar helpu i ddatrys hyn.

⑦ Casgliad cadarn sy'n clymu prif bwyntiau ateb Seren yn daclus. Mae'n canolbwyntio ar y cwestiwn ac yn dyfynnu awdurdod cyfreithiol a grybwyllwyd ynghynt.

Marc a ddyfarnwyd:
AA1 – 11
AA3 – 1
Cyfanswm = 12 o 14 (86%)

Dyma ateb cadarn sy'n dangos gwybodaeth a dealltwriaeth dda o'r drefn benodi farnwrol. Gwnaeth Seren yn dda i gymharu'r hen system o benodi â'r system newydd, gan egluro rhai o'r prif feirniadaethau a arweiniodd at y diwygiadau. Ateb cadarn gydag ystod dda o awdurdod cyfreithiol. Dylai Seren osgoi defnyddio'r person cyntaf neu'r ail berson mewn ateb academaidd a dylai yn hytrach ysgrifennu yn fwy ffurfiol yn y trydydd person.

UG Y Gyfraith: Canllaw Astudio ac Adolygu

> **b) I ba raddau y mae barnwyr yn cynrychioli cymdeithas?** *(11 marc)*

Ateb Tom

① Dengys y tabl nad yw barnwyr yn cynrychioli menywod na lleiafrifoedd ethnig. Mae 19% o'r holl farnwyr yn fenywod a 4.08% yn dod o leiafrifoedd ethnig. Dywed y tabl wrthym hefyd nad oes pobl o leiafrifoedd ethnig a dim ond un fenyw yn y llysoedd uchaf. Does yr un fenyw yn Bennaeth Adran a dim ond tair menyw yn Arglwyddi Ustusiaid Apêl, a dim Arglwyddi Ustusiaid Apêl sy'n dod o leiafrifoedd ethnig. Mae mwy o fenywod: Ddirprwy Feistri, Cofrestryddion, Dirprwy Farnwyr Costau a Barnwyr Rhanbarth. Y categorïau sydd â'r mwyaf o leiafrifoedd ethnig yw: Dirprwy Farnwyr Rhanbarth (Llysoedd Ynadon). Dywed hyn wrthym nad yw menywod a lleiafrifoedd ethnig yn cael eu cynrychioli fel barnwyr er bod llawer o fenywod a lleiafrifoedd ethnig yn bod.

② Os meddyliwn am sut un yw barnwr, byddwn yn meddwl am ddyn gwyn, hen, a fu yn Rhydychen neu Gaergrawnt, ac yn hen ffasiwn. Dywedwyd nad yw barnwyr yn gwybod am ddiddordebau pobl ifanc ac y gallant fod yn hen ffasiwn. Roedd un barnwr heb wybod pwy oedd y band Oasis.

③ Dylai barnwyr fod wedi derbyn addysg dda a bod yn ddeallus, ond mae'n bwysig hefyd eu bod yn deall beth sy'n digwydd mewn cymdeithas ac ni ddylent wahaniaethu yn erbyn menywod a lleiafrifoedd ethnig.

④ Un rheswm pam nad yw menywod yn mynd ymlaen cystal â dynion yn eu gyrfa yw nad ydynt yn dychwelyd i weithio'n llawn amser ar ôl cael plant, gan roi eu hamser i'w plant. Nid yw hyn yn wir am bob menyw ond gallai dyn mwy ymroddedig fod yn well ar gyfer y swydd.

⑤ Dangosodd y tabl nad yw barnwyr yn gynrychiadol.

Sylwadau'r arholwr

① Er nad oes cyflwyniad clir, mae Tom wedi gwneud yn dda i ddehongli'r tabl uchod yn gywir a dethol y prif ystadegau sy'n dangos nad yw menywod a lleiafrifoedd ethnig wedi eu cynrychioli yn y farnwriaeth.

② Da yw crybwyll y barnwr stereodeipaidd yma. Mae ffactorau eraill i'w hystyried yma megis tueddiadau gwleidyddol barnwyr. Mae'r enghraifft o farnwr nad oedd yn gwybod pwy oedd Oasis yn un sy'n cael ei chrybwyll yn aml!

③ Mae Tom yn ceisio peth gwerthuso yma gan amlygu bod angen i farnwyr gael addysg a hyfforddiant da ond dylent wneud hynny heb wahaniaethu.

④ Mae Tom eto wedi rhoi mwy o werthusiad er ei fod yn cael ei gyfleu yn unochrog.

Dylai edrych i mewn i resymau pam nad yw menywod (a lleiafrifoedd ethnig) yn symud ymlaen ymhellach. Hefyd, gallai ystyried materion ehangach megis anabledd ac iaith. Yn bwysig iawn, gallai werthuso sut y gallai diwygiadau pellach helpu menywod a lleiafrifoedd ethnig i ymgyrraedd at lefelau uwch y farnwriaeth, gan gyfeirio at beth awdurdod cyfreithiol megis Deddf Llysoedd a Gwasanaethau Cyfreithiol 1990 a Deddf Tribiwnlysoedd, Llysoedd a Gorfodaeth 2007.

⑤ Nid yw hwn wir yn ddigonol fel casgliad. Camgymeriad cyffredin gyda chwestiynau sy'n gofyn i ymgeiswyr gyfeirio at dabl yw bod yr ymgeiswyr yn teimlo mai'r cyfan mae'n rhaid iddynt ei wneud yw ailadrodd yr hyn sydd yn y tabl, heb roi unrhyw werthusiad nac esboniad dyfnach.

Marc a ddyfarnwyd:
AA2 – 6
AA3 – 1
Cyfanswm = 7 o 11 (64%)

Ateb sydd 'prin' yn ddigonol. Y prif beth cadarnhaol am ateb Tom yw'r ffaith ei fod wedi dehongli'n gywir yr ystadegau a gyflwynwyd yn y tabl uchod. Mae wedi nodi nad yw barnwyr yn gynrychiadol ac wedi cyfeirio at y prif lysoedd, gan drafod yr ystadegau perthnasol. Gwnaeth gasgliad arwynebol yn dweud bod hyn yn dangos nad yw barnwyr yn cynrychioli cymdeithas. Yn nes ymlaen yn ei draethawd, mae'n ceisio egluro rhai o'r prif resymau dros hyn ond nid oes cydbwysedd na gwerthuso dyfnach yn ei ateb.

Ateb Seren

① Mae pobl yn gyffredinol yn meddwl am farnwyr fel rhai gwael am gynrychioli cymdeithas fodern. Y stereoteip cyffredin o farnwr yw dyn gwyn (Prydeinig), cymharol hen, dosbarth canol i ddosbarth uchaf ac yn dueddol o fod yn adain dde. Mae eu cefndir yn eithaf tebyg hefyd, gydag 80% wedi eu haddysgu mewn ysgol fonedd ac 80% wedi astudio yn Rhydychen neu Gaergrawnt. Mae'r cefndir cul hwn wedi golygu eu bod allan o gysylltiad braidd â chymdeithas fodern. Er enghraifft, byddai'n rhaid i farnwyr drin achosion gyda phobl o bob dosbarth, ethnigrwydd, oedran a phob rhan o fywyd ac addysg, ac eto bydd diffyg amrywiaeth o'r fath yn nodweddion barnwyr yn gallu arwain at farnu achosion yn annheg ac aneffeithiol, am nad yw'r barnwyr yn deall sefyllfaoedd a bywydau y bobl sy'n dod ag achos. Hefyd, gallai eu rhagfarn wleidyddol ymyrryd yn ddifrifol ag achosion lle mae materion gwleidyddol dan sylw.

② Nid cyffredinoli chwaith yw'r stereoteip a roddir i farnwyr, mae llawer o ffeithiau i ategu hyn yn y tabl uchod. Yn ôl y tabl, un wraig o farnwr sydd yn y Goruchaf Lys a neb o leiafrifoedd ethnig. O 37 barnwr yn y Llys Apêl, tair yn unig sy'n fenywod, a dim eto o leiafrifoedd ethnig. Menywod yw 10% o farnwyr yr Uchel Lys ac mae 2.72% o farnwyr yr Uchel Lys o leiafrifoedd ethnig nad ydynt yn cynrychioli cymdeithas lle mae rhyw 50% yn fenywod ac 8% o leiafrifoedd ethnig. Fodd bynnag, yn is i lawr yn y llysoedd, mae menywod yn cael eu cynrychioli yn well er mai 33.91% yn unig yw'r uchafswm. Mae lleiafrifoedd ethnig yn isel yn yr holl lysoedd ond yn fwy felly yn y tri phrif lys lle nad oes yr un.

③ Mae barnwyr yn cael eu dewis o blith cyfreithwyr a bargyfreithwyr. Yn ôl yr ystadegau, mae'r mwyafrif o'r rhain yn dueddol o fod yn hen, yn ddosbarth uchaf neu ganol, ac yn Brydeiniwr gwyn. Byddai hyn felly yn

Cwestiynau ac Atebion

parhau natur y farnwriaeth nad yw'n gynrychiadol, a byddai'r cyhuddiad nad yw wir yn cynrychioli cymdeithas yn dal. Ar y llaw arall, mae gan ddynion a menywod yn awr hawliau cyfartal o ran addysg ac felly byddai ganddynt yr un cyfle i astudio i fod yn fargyfreithwyr a chyfreithwyr.

④ Roedd Deddf Llysoedd a Gwasanaethau Cyfreithiol 1990 yn caniatáu i gyfreithwyr ddod yn gyfreithwyr-eiriolwyr gan roi hawliau ymddangos iddynt yn yr holl lysoedd a thrwy hynny ehangu mynediad i'r farnwriaeth. Mae Deddf Tribiwnlysoedd, Llysoedd a Gorfodaeth 2007 nawr hefyd yn caniatáu i weithredwyr cyfreithiol ddod yn farnwyr a chan fod 60% o'r rhain yn fenywod, dylai hyn dreiddio drwodd i'r farnwriaeth yn y man, ond gall hyn gymryd peth amser. Mae menywod yn tueddu i gymryd amser allan i gael plant a gall hyn effeithio ar eu rhagolygon gyrfa. Byddai'n anodd iddynt ymrwymo i'r oriau hir gan na fyddai hyn yn ffitio o gwmpas teulu ifanc, ac ni allai unrhyw fater cyfraith na logisteg newid y ffaith fywyd syml hon!

⑤ Yn ogystal â rhyw a chefndir, mae ethnigrwydd ac anabledd hefyd yn fater. Gall lleiafrifoedd ethnig fod â rhwystr iaith a gallai hyn fod yn broblem o ran gwasanaethu fel barnwr gan na allant fod yn ymwybodol o bob gair yn yr iaith Saesneg, gan wneud y gwaith fel barnwr yn llai effeithiol ac yn arafach, ac o bosibl yn anghywir.

⑥ I gloi, ni all pwy yw'r barnwr fel person bennu pa mor dda mae'n gwneud ei waith. Mae'r barnwr a benodir wedi pasio profion, ennill gradd, gweithio'n galed a chael llawer o brofiad perthnasol i weithio eu ffordd i'r safle hwnnw. Felly boed yn hen ddyn Prydeinig canol oed gwyn o Rydgrawnt neu'n fam ifanc i dri o Leeds, mae pob un wedi ennill yr hawl i fod yno a bod yn gymwys i wasanaethu felly, a dylem felly barchu ac ymddiried yn eu teitl a'r anrhydedd y maent yno er ein lles.

Sylwadau'r arholwr

① Cyflwyniad cryf yn rhoi'r ateb mewn cyd-destun. Mae Seren wedi cychwyn yn rhesymegol gyda thrafodaeth o farnwyr stereodeipaidd a sut y gall hyn effeithio ar eu gallu i farnu achos yn ddiduedd. Mae hefyd wedi cyffwrdd â phwynt allweddol a all olygu bod barnwyr 'allan o gysylltiad' â realaeth.

② Mae Seren wedi nodi'r ystadegau cywir o'r tabl a hefyd wedi rhoi peth gwerthusiad gyda chyswllt i weld a yw'r ystadegau hyn yn cynrychioli cymdeithas. Gan mai cwestiwn ymateb i symbyliad LA2 yw hwn, mae cyfeirio at y ffynhonnell yn hanfodol bwysig. Mae'r ffynhonnell yno i helpu'r ymgeisydd ac, er na ddylai ymgeiswyr ailadrodd yr hyn sydd yn y ffynhonnell, dylid eu cynghori i ddefnyddio'r wybodaeth i helpu strwythuro a chyfarwyddo eu hateb. Mae Seren wedi gwneud hyn ac wedi cyflwyno'r prif ystadegau sy'n ategu'r casgliad nad yw barnwyr yn gynrychiadol gan egluro sut maent yn cael eu cynrychioli'n well yn y llysoedd. Dangosir sgiliau da yma.

③ Gwerthusiad da yma yn cysylltu â'r ystadegau uchod ond hefyd yn egluro na all fod yn fater o addysg yn unig.

④ Paragraff cadarn yn cyffwrdd â rheswm allweddol pam mae menywod yn methu bwrw ymlaen mor bell a chyflym â'u cyfoedion gwryw. Gwnaeth Seren yn dda i ddyfynnu dwy brif Ddeddf yma fel awdurdod cyfreithiol a cheisio gwerthuso'r hyn sy'n cael ei wneud i ddatrys hyn.

⑤ Mae Seren wedi cyfeirio at rai materion ehangach yma nad ydynt yn cael eu crybwyll yn y deunydd ffynhonnell. Mae hyn yn bwysig am ateb cadarn a bydd yn gwneud y gwahaniaeth rhwng ateb 'digonol' ac un 'cadarn'.

⑥ Casgliad da yma lle mae Seren wedi crynhoi, er nad yw barnwyr yn gynrychiadol, nad oes rhaid i hyn effeithio ar ba mor dda maent yn gwneud eu gwaith. Diwedd da i ateb da iawn.

Marc a ddyfarnwyd:
AA2 – 8
AA3 – 2
Cyfanswm = 10 o 11 (91%)

Ateb cadarn sy'n trafod llawer o'r prif faterion ynghylch pa mor gynrychiadol yw'r farnwriaeth. Gwnaeth Seren yn arbennig o dda i ystyried rhai materion ehangach nad oedd sôn amdanynt yn y tabl megis anabledd ac iaith, ond mae hefyd wedi defnyddio'r tabl i lywio ei hateb ac wedi amlygu'n gywir y prif ystadegau sy'n berthnasol i'r cwestiwn a ofynnwyd. Cyfeiriad da at y termau allweddol a'r awdurdod cyfreithiol.

12. Diwygio'r Gyfraith

Astudiwch y testun isod ac atebwch y cwestiynau sy'n seiliedig arno.

Mae carfanau pwyso yn elfen bwysig wrth hyrwyddo diwygiadau i gyfraith Cymru a Lloegr. Mudiadau ydynt sy'n cynnwys pobl sydd i gyd yn credu yn yr un achos. Gallai fod yn grŵp adrannol sy'n ymgyrchu dros fantais bersonol, neu grŵp achos sy'n gweithio er budd achos penodol, ond mae pob un ohonynt yn arddel safbwyntiau cryf ac yn dymuno dylanwadu ar ryw agwedd ar gymdeithas. Maen nhw'n defnyddio llawer o ddulliau i ddylanwadu, gan gynnwys defnyddio cyfryngau traddodiadol fel papurau newydd, ond erbyn hyn mae'n fwy cyffredin iddyn nhw ddefnyddio cyfryngau electronig fel y rhyngrwyd. Ar wahân i hynny, y dulliau mwyaf cyffredin maen nhw'n tueddu i'w defnyddio yw cynnal deisebau a dosbarthu taflenni, tra bod rhai carfanau pwyso'n cyflogi lobïwyr proffesiynol i siarad ag Aelodau Seneddol ar ran y grŵp.

Ffynhonnell: heb ei phriodoli

a) Gan roi enghreifftiau, eglurwch rôl carfanau pwyso wrth hyrwyddo diwygio'r gyfraith. *(14 marc)*

Ateb Tom

① Grwpiau o bobl yw carfanau pwyso sydd â diddordeb mewn pynciau arbennig o ran diwygio'r Gyfraith ac sy'n defnyddio tactegau gwahanol i wneud i'r Senedd wrando ar y newidiadau y maent yn meddwl a ddylai ddigwydd. Gallant fod yn rymus iawn ac mae'r maes y maent yn ymgyrchu ynddo fel arfer yn rhywbeth mae'r carfanau pwyso yn teimlo'n gryf iawn amdano, felly gall eu tactegau fod yn eithafol iawn.

② Mae carfanau pwyso yn ceisio dylanwadu ar newid yn y gyfraith trwy ddefnyddio rhai dulliau anghyfreithlon. Enghraifft nodedig o hyn yw fathers for justice. Maent wedi gwisgo fel batman a Spiderman ac wedi dringo i fyny Palas Buckingham. Fe dynnodd hyn sylw at y ffaith eu bod eisiau gweld eu plant, ond nid oedd yn gyfreithlon ac mae'n debyg nad dyma'r dacteg orau i'w defnyddio i argyhoeddi llys i ganiatáu iddynt weld eu plant!

③ Enghreifftiau o garfanau pwyso eraill yw Greenpeace sydd hefyd wedi defnyddio rhai dulliau anghyfreithlon megis stopio hela morfilod a thorri i mewn i longau yn yr arctig. Maent yn ceisio dwyn pwysau ar y llywodraeth i newid y gyfraith. Mae hefyd undebau llafur sydd yn gyrff sy'n cael eu cydnabod yn gyfreithiol. Maent yn ceisio dwyn pwysau ar y llywodraeth i newid y gyfraith ond gallant hefyd ddefnyddio tactegau fel streicio.

④ Dyma rai yn unig o'r enghreifftiau y mae carfanau pwyso yn eu defnyddio. Mae dulliau eraill yn cynnwys siarad ag ASau i weld a fydd ganddynt unrhyw ddylanwad yn y senedd neu wneud deisebau a chael pobl i'w harwyddo fel ffordd o'u cefnogi. Nid yw'r tactegau hyn yn sicr o weithio, yn enwedig y rhai anghyfreithlon.

Sylwadau'r arholwr

① Datganiad agoriadol cyfyngedig sydd ond yn nodi rôl carfanau pwyso. Ychydig o sôn am y ffaith y gallant ddefnyddio tactegau eithafol i berswadio'r senedd i newid y gyfraith. Mae'r pwynt hwn, am ddefnyddio dulliau i ddylanwadu ar y senedd a diwygio'r gyfraith, yn bwysig a bydd angen ehangu arno yn nes ymlaen.

② Pwynt da am enghraifft Fathers4Justice. Mae hon yn enghraifft berthnasol ac mae Tom wedi gwneud yn dda i amlygu rhai o'r dulliau anghyfreithlon a ddefnyddiwyd ganddynt.

③ Dwy enghraifft dda arall, sef Greenpeace ac undebau llafur. Er bod yr enghreifftiau hyn yn dda, buasai'n well iddo fod wedi peidio ateb y cwestiwn yn llwyr trwy roi enghreifftiau. Rhaid oedd iddo roi peth gwybodaeth gefndir am garfanau pwyso a'r dulliau maent yn eu defnyddio, ynghyd â'u perthynas â'r senedd.

④ Da yw ei fod yma'n crybwyll rhai o'r dulliau eraill a ddefnyddir a thrafod pwynt pwysig am eu perthynas â'r senedd.

Marc a ddyfarnwyd:
AA1 – 7
AA3 – 1
Cyfanswm = 8 o 14 (57%)

Ateb 'prin' ddigonol yw hwn ar ben isaf y band. Mae rhai gwallau mynegiant ac nid yw Tom wastad yn cyfleu ei bwyntiau yn glir nac yn soffistigedig. Mae wedi ateb y cwestiwn yn bennaf trwy roi enghreifftiau ac nid oes dyfnder ynddo. Byddai ei ateb ar ei ennill o edrych ar rai meysydd lle bu dylanwad carfanau pwyso yn llwyddiannus. Roedd angen iddo hefyd archwilio dulliau eraill o ddwyn pwysau.

Ateb Seren

① Mae'n hanfodol nad yw cyfraith ddomestig yn aros yn llonydd, a dylai ymaddasu a datblygu i fod yn hygyrch ac addas i gymdeithas heddiw. Cafwyd diwygiadau enfawr dros y 100 mlynedd diwethaf, yn enwedig gyda:
- Deddfwriaeth cyflogaeth – newidiadau i'r gyfraith am ddiswyddo a chyflog cyfartal.
- Hawliau cymdeithasol a lles – tyfodd hawliau cyfreithiol dinasyddion yn enfawr ers yr Ail Ryfel Byd.
- Cydraddoldeb menywod mewn priodas ac yn y gwaith. Tan 1991 nid oedd trais (rhywiol) yn cael ei ystyried yn drosedd mewn priodas.
Yn sicr, mae carfanau pwyso wedi cael effaith ar y modd mae cyfreithiau fel y rhain wedi esblygu.

② Mae llawer o garfanau pwyso amrywiol; gallant fod yn pledio llawer achos, megis undebau neu gyrff proffesiynol, neu efallai mai sefyll dros un achos y maent, fel 'Achub y Morfil', ond maent i gyd yn defnyddio prosesau tebyg i geisio dylanwadu ar y broses wleidyddol. Dyma enghreifftiau o garfanau pwyso:
- Y Gymdeithas Feddygol Brydeinig
- Y Coleg Nyrsio Brenhinol
- Undebau fel Unite
- Mudiadau elusennol, e.e. Scope, Age Concern
- Greenpeace a grwpiau amgylcheddol eraill.

Cwestiynau ac Atebion

③ Mae carfanau pwyso yn ceisio dylanwadu ar ddeddfwriaeth trwy lobïo gweinidogion ac aelodau seneddol i ymgyrchu dros eu hachos. Nid yw aelodau carfanau fel arfer yn ceisio cael swyddi gwleidyddol eu hunain. Gallant ddylanwadu fel a ganlyn:
 - Ysgrifennu at weinidogion/ASau
 - Cyfarfod gyda gweinidogion/ASau
 - Anfon deisebau at Stryd Downing
 - Denu sylw'r cyfryngau
 - Noddi ymgyrchoedd etholiadol
 - Pleidleisio bloc fel gydag undebau
 - Drafftio cynigion i weinidogion llywodraeth eu gweld a'u trafod.

Yr her fawr i garfanau pwyso yw dwyn gweinidog i mewn i'w hachos. Ymgyrchodd Mary Whitehouse o blaid newidiadau i'r diwydiant pornograffiaeth a sensoriaeth, yn enwedig yng nghyswllt plant/pobl ifanc ac arweiniodd hyn yn y pen draw at Ddeddf Plant (1977).

④ Unwaith y bydd gweinidog yn rhan o'r peth, mae'n fwy tebygol y bydd y gyfraith yn newid trwy drafod yn y senedd a mwy o ymwybyddiaeth gyhoeddus.

⑤ Mae ymwybyddiaeth y cyhoedd o'r angen am newid neu addasu deddfwriaeth hefyd yn her allweddol. Bydd y cyfryngau yn cymryd achosion a gallant fod â dylanwad mawr ar y senedd. Arweiniodd ymyrraeth y cyfryngau yn achos Stephen Lawrence at edrych i mewn eto i'r achos, ac yn yr un modd gydag achos Chwech Birmingham, arweiniodd y cyfryngau ymgyrch yn erbyn camweinyddu cyfiawnder am fod y Swyddfa Gartref a'r Llys Apêl yn teimlo y gallai ailagor yr achos arwain at ddiffyg hyder yn y cyhoedd a'r system cyfiawnder.

⑥ Gwelwn hefyd achos Greenpeace yr oedd eu brwydr dros gnydau GM yn weladwy iawn. Helpodd yr achos dan sylw i'r mater gael ei ystyried yn y senedd a chreu deddfwriaeth am gnydau GM yn y DU. Roedd yr achos hefyd yn arwyddocaol, oherwydd er bod Greenpeace yn amlwg yn euog o'r drosedd, cafodd y rheithgor hwy yn ddieuog. Mae hyn yn dangos sut mae carfanau pwyso megis Greenpeace yn adlewyrchu'r farn gyhoeddus ac yn helpu i ddwyn pwysau ar y llywodraeth i dderbyn y gyfraith honno.

⑦ Mae carfanau pwyso yn dylanwadu ar y senedd. Ni allant fynnu bod y senedd yn newid y gyfraith ond gallant ddwyn pwysau arnynt i ailystyried. Maent yn defnyddio'r cyfryngau ac amrywiaeth o ddulliau eraill (megis Fathers4Justice yn dringo i fyny Palas Buckingham) i amlygu eu hachos.

Sylwadau'r arholwr

① Cyflwyniad da yma gan Seren gan roi ei hateb yn ei gyd-destun ac yn amlygu pam mae angen diwygio'r gyfraith. Mae wastad yn well osgoi rhestri mewn ateb academaidd, er fel y gwelwch, nid yw hyn yn effeithio llawer ar farc Seren oherwydd safon uchel y cynnwys. Rhai enghreifftiau da yma o le gwnaed newidiadau o ganlyniad i ddiwygio'r gyfraith.

② Mae Seren wedi gweld y term allweddol yn y cwestiwn yma – carfanau pwyso – ac wedi symud ei thrafodaeth ymlaen atynt. Mae'n gwneud yn dda i nodi carfanau pwyso fel dylanwad ar y broses wleidyddol. Fel rhestri, dylid osgoi pwyntiau bwled hefyd, gan ddefnyddio rhyddiaith gyson gyda pharagraffu. Fodd bynnag, rhoddir rhai enghreifftiau da o garfanau pwyso yma.

③ Mae'n dda ei bod yn nodi rhai o'r technegau a ddefnyddir gan garfanau pwyso. Mae'r ateb hwn yn anghonfensiynol yn arddull ei ysgrifennu, ond mae yma gynnwys a rhychwant da. Fodd bynnag, byddai'n well ar gyfer AA3 ysgrifennu mewn rhyddiaith gyson fel bod y 'ddadl' yn llifo.

④ Dilyniant da yma, a dyfynnu'r awdurdod cyfreithiol perthnasol.

⑤ Mae Seren wedi gwneud yn dda yma i ddangos pwysigrwydd cael cefnogaeth y cyhoedd a phwysigrwydd rôl y cyfryngau. Dwy enghraifft dda o le mae'r cyfryngau wedi cyfrannu at ddiwygio'r gyfraith.

⑥ Enghraifft berthnasol arall. Y pwynt allweddol yn y cwestiwn hwn yw gallu dyfynnu amrywiaeth o grwpiau sy'n cymryd rhan mewn diwygio'r gyfraith a dangos pa newidiadau y maent wedi eu hachosi. Mae ateb Seren yn cael ei gyfoethogi gan nifer yr enghreifftiau a roddodd a sut maent wedi cyfrannu at newid y gyfraith.

⑦ Mae'r casgliad hwn yn diweddu ateb Seren yn daclus. Mae wedi canolbwyntio ar y cwestiwn a ofynnwyd a chrynhoi prif bwyntiau ei thraethawd.

Marc a ddyfarnwyd:
AA1 – 11
AA3 – 1
Cyfanswm = 12 o 14 (86%)

Dyma ateb cadarn da sy'n trin rôl carfanau pwyso a'u gwahanol dactegau i ddiwygio'r gyfraith. Mae'n dangos dealltwriaeth dda am ddylanwad carfanau pwyso ar y senedd a'r ffaith eu bod am ddenu sylw'r cyfryngau, ond na allant fynnu bod y senedd yn newid y gyfraith. Gwnaeth Seren yn arbennig o dda i roi ystod eang o enghreifftiau ac awdurdod cyfreithiol i ategu ei hateb. Fel y dywedwyd yn y sylwadau, gwell fyddai osgoi defnyddio pwyntiau bwled a rhestri, ond nid effeithiodd hyn lawer ar farc Seren.

UG Y Gyfraith: Canllaw Astudio ac Adolygu

> **b) Gwerthuswch rôl Comisiwn y Gyfraith yn y broses o ddiwygio'r gyfraith yng Nghymru a Lloegr.** *(11 marc)*

Ateb Tom

① Cafodd comisiwn y gyfraith ei sefydlu i edrych ar y gyfraith fel y mae ar hyn o bryd ac i wneud newidiadau yn ôl yr angen. Fe'i sefydlwyd yn 1965 ac mae'n awgrymu cyfreithiau newydd i'r llywodraeth eu gwneud, ynghyd â chael gwared ar hen gyfreithiau a rhai sydd wedi dyddio. Rhai o'i brif dasgau yw pasio cyfreithiau newydd, cael gwared ar hen gyfreithiau, cydgyfnerthu cyfreithiau, codeiddio cyfreithiau a diwygio cyfreithiau sy'n bod eisoes. Mae wedi trio codeiddio cyfraith trosedd, ond ni chafodd lwyddiant.

② Codeiddio yw lle mae cyfreithiau ar bwnc yn cael eu rhoi gyda'i gilydd mewn un lle o'r enw cod. Mae hyn yn wahanol i'n system cyfraith gwlad, ond mae codau yn cael eu defnyddio mewn gwledydd Ewropeaidd. Nid yw'n addas i'n dull ni o wneud cyfraith a dyma un o'r rhesymau pam na lwyddodd y comisiwn i godeiddio'r gyfraith. Hefyd, mae cyfraith trosedd yn faes cyfraith mor enfawr fel ei fod yn ormod o dasg.

③ Ar gomisiwn y gyfraith mae barnwyr, arbenigwyr a chyfreithwyr felly mae ganddynt y wybodaeth am y pwnc i ddiwygio meysydd cyfraith. Maent naill ai yn penderfynu ar brosiectau maent eisiau gweithio arnynt neu mae'r senedd a'r Arglwydd Ganghellor yn dweud wrthynt. Byddant yn ymchwilio i'r maes cyfraith ac efallai y byddant hyd yn oed yn ysgrifennu'r gyfraith newydd. Maent weithiau yn gweld sut mae gwlad dramor yn trin yr un gyfraith. Pan fyddant yn ei phasio ymlaen i'r senedd nid ydynt o hyd yn newid y gyfraith fel yr awgrymodd y comisiwn. Maent fel arfer yn dweud na ac yn cadw'r gyfraith fel y mae. Mae comisiwn y gyfraith wedi arwain at rai newidiadau mawr yn unig fel Deddf Cyfraith Teulu. Dydyn nhw ddim wedi cael llawer o lwc fel arall.

Sylwadau'r arholwr

① Datganiad agoriadol digonol lle mae Tom wedi nodi rôl Comisiwn y Gyfraith a rhai o'i brif dasgau megis cynnig cyfraith newydd, diwygio cyfreithiau a'u codeiddio. Gwnaeth yn dda hefyd i gydnabod eu bod wedi ceisio ac wedi methu codeiddio cyfraith trosedd. Yn ddelfrydol, dylai Tom fod wedi crybwyll Deddf Comisiwn y Gyfraith 1965 yma ac ystyried ei chyfansoddiad (mae'n gwneud hyn yn nes ymlaen).

② Rhoddodd ddiffiniad o godeiddio yma, sy'n dda, ac mae'n tynnu cymhariaeth â gwledydd cyfraith gwlad. Mae gan hyn y potensial i fod yn dda iawn ond nid yw'n datblygu'r pwynt hwn. Gallai fod wedi mynd ymlaen i egluro pam nad yw'n addas i'n system ni o wneud cyfraith a rhai o'r prif wahaniaethau rhwng systemau a chodau cyfraith gwlad.

③ Mae'r paragraff olaf hwn yn gasgliad ac yn cynnwys gwybodaeth am gyfansoddiad Comisiwn y Gyfraith. Byddai'n well cynnwys manylion am y cyfansoddiad ar y cychwyn. Wedi dweud hynny, mae wedi trafod sut y byddant yn ymgymryd â phrosiect, er mewn ffordd arwynebol. Nid oes yma ddyfnder na chynnydd. Dyfynnir un enghraifft berthnasol, Deddf Cyfraith Teulu 1996. Yn ddelfrydol, roedd arno angen llawer mwy o enghreifftiau i ddwyn ei ateb yn ddiogel i'r ffin ddigonol a gwthio am ffin ateb cadarn.

Marc a ddyfarnwyd:
AA2 – 6
AA3 – 1
Cyfanswm = 7 o 11 (64%)

Mae'r ateb hwn prin o fewn y ffin ddigonol. Mae Tom wedi dangos dealltwriaeth arwynebol o rôl Comisiwn y Gyfraith ond methodd fod yn ddigon manwl i gyrraedd yn uwch. Mae'r sylwadau uchod yn amlygu lle roedd arno angen mwy o ddyfnder a manylder. Roedd arno hefyd angen ystod ehangach o awdurdod cyfreithiol i ddarlunio llwyddiant/methiant Comisiwn y Gyfraith.

Ateb Seren

① Fel y soniwyd yn rhan (a) mae'n hanfodol i'r Gyfraith beidio ag aros yn llonydd ond esblygu mewn ffordd sy'n ei gwneud yn hygyrch a hawdd ei rheoli i'r byd modern.

② Yn y DU (Cymru a Lloegr) gall y senedd wneud pa gyfreithiau mae'n eu dewis dan egwyddor goruchafiaeth y Senedd. Galwodd Dicey hyn yn 'sofraniaeth seneddol' a dyma lle:
- Gall y Senedd wneud cyfreithiau ar beth bynnag a fyn
- Mae disgwyl i farnwyr dderbyn y gyfraith honno fel un ddilys
- Er na all y llywodraeth ei rhwymo ei hun na'i holynwyr.

③ Felly mae llywodraethau yn gyson yn creu, yn diwygio ac yn diddymu deddfwriaeth. Daw'r gyfraith felly yn flêr, dryslyd, hawdd ei chamddeall a'i chamddehongli.

④ Felly sefydlwyd Comisiwn y Gyfraith (CG) yn 1965 o dan Ddeddf Comisiwn y Gyfraith yn benodol i symleiddio a moderneiddio'r gyfraith a'i gwneud yn hygyrch a haws ei rheoli. Dyma eu prif swyddogaethau:
- Codeiddio'r gyfraith
- Cydgyfnerthu'r gyfraith
- Dileu a diddymu cyfreithiau sydd wedi dyddio
- Symleiddio'r gyfraith
- Cynnig deddfwriaeth newydd.

⑤ Ar CG, mae barnwyr, ymchwilwyr, gweision sifil a staff gweinyddu.
- Maent yn edrych ar faes cyfraith arbennig sydd angen ei diwygio.
- Maent yn ymchwilio i'r maes hwnnw gydag arbenigwyr yn y maes (e.e. arbenigwyr technegol, BMA, undebau).
- Maent yn ymchwilio i'r maes hwnnw gyda'r rhai y byddai'r gyfraith yn y maes hwnnw yn effeithio arnynt, e.e. nyrsys, athrawon.
- Maent wedyn yn cyhoeddi dogfen ymgynghorol ac yn cynnwys sylwadau gan gyrff priodol.
- Maent wedyn yn llunio cynnig drafft.
- Mae'r cynnig drafft wedyn yn cael ei anfon at y senedd i'w drafod.
- Mae'r senedd yn derbyn y darn newydd o ddeddfwriaeth ac yn ei gymeradwyo.

⑥ Fodd bynnag, cymysg fu'r llwyddiant o ran swyddogaeth CG:
- Yn 10 mlynedd cyntaf ei fodolaeth, derbyniodd y senedd 85% o'i gynigion.
- Yn yr ail 10 mlynedd, dim ond 50% o'i gynigion a dderbyniwyd gan y senedd.
- Yn 1990, ni dderbyniwyd yr un o'i gynigion.

⑦ Ymateb y Senedd oedd nad oedd digon o amser, ond yn ei hanfod, ni ddangosodd y senedd fawr o ddiddordeb yn y cynigion.

Cwestiynau ac Atebion

⑧ Ceisiodd Comisiwn y Gyfraith help gan yr Arglwydd Ganghellor a chafwyd peth cynnydd lle:
- Cytunodd y Senedd i wneud ymateb cyntaf ymhen 6 mis
- Cytunodd y Senedd i wneud ymateb terfynol ymhen 12 mis
- Nod proses Jellicoe oedd cyflymu meysydd cyfraith nad oedd yn wrthwynebus
- Cytunodd Comisiwn y Gyfraith y byddai'n gweithio mwy gyda'r gweinidogion ar y dechrau.

⑨ Fodd bynnag, er bod hyn wedi gwella rhai meysydd, mae meysydd mwy dadleuol wedi eu hanwybyddu.

⑩ Un maes allweddol y ceisiodd CG ei newid oedd cydgyfnerthu cyfraith trosedd. Roedd yn brosiect uchelgeisiol iawn, fel y bu llawer prosiect yn wir, ac felly efallai nad yw'n syndod bod cyn lleied o lwyddiant. Ni ddangosodd y Senedd fawr o ddiddordeb yn y modd y ceisiodd CG gydgyfnerthu holl gyfraith trosedd i un statud.

⑪ Y broblem gyda moderneiddio'r gyfraith yw nid yn unig diweddaru'r gyfraith. Mae dau ystyr i 'Modernising Justice', y papur gwyn a sefydlodd CG. Mae moderneiddio hefyd yn golygu mireinio neu 'wyro' y broses. Mae'r gyfraith yn faes cymhleth iawn ac efallai na fyddai mireinio deddfwriaeth, cynhyrchu diffiniadau haearnaidd a chyffredinedd yn ffitio'r modd mae'r system cyfiawnder yn gweithio. Mae angen i'r farnwriaeth a chyfreithwyr ddehongli'r gyfraith mewn dull hyblyg, heb gael eu cyfyngu. Dylai'r gyfraith aros yn fwriadus, a gall gwneud deddfwriaeth yn rhy haearnaidd a llyfn wneud yr ymagwedd lythrennol yn fwy cyffredin lle na all barnwyr ddefnyddio dehongliad ehangach.

⑫ Beth am ddyfodol Comisiwn y Gyfraith? Mae'n ymddangos bod y rhan fwyaf o waith 'dal i fyny' CG wedi ei wneud ac yn sicr bu hyn o les i'r system cyfiawnder. Efallai y dylai CG yn awr leihau ei orbenion a chanolbwyntio yn unig ar feysydd cyfraith y mae angen eu newid megis lle mae cyfraith ddomestig yn torri'r Confensiwn Ewropeaidd ar Hawliau Dynol, yn hytrach na cheisio symleiddio'r hyn sy'n gymhleth.

Sylwadau'r arholwr

① Cyflwyniad byr, ond mae'n llwyddo er hynny i roi'r ateb yn ei gyd-destun. Mae'r paragraff isod hefyd yn ffurfio rhan o'r cyflwyniad.

② Trafodaeth gywir o athrawiaeth bwysig iawn sofraniaeth seneddol. Mae hyn yn cysylltu â diwygio'r gyfraith a safle Comisiwn y Gyfraith mewn perthynas â'r Senedd.

③ Canolbwyntio yn dda ar y cwestiwn yma. Mae'r traethawd yn mynd yn ei flaen yn rhesymegol ac mae Seren yn gwneud y cysylltiad rhwng sofraniaeth seneddol a diwygio'r gyfraith.

④ Da yw crybwyll y Ddeddf allweddol hon yma. A chrynodeb da yn ymgorffori termau allweddol a dangos gwybodaeth o rôl Comisiwn y Gyfraith.

⑤ Crynodeb clir o'r ffyrdd y mae Comisiwn y Gyfraith yn ymchwilio i faes cyfraith i'w ddiwygio. Er hynny, buasai'n well yma ysgrifennu hyn fel rhyddiaith gyson yn hytrach na phwyntiau bwled. Mae hyn yn helpu gydag amcan asesu 3 (iaith a dadlau) ac mae'n ymarfer da ar gyfer ysgrifennu traethodau.

⑥ Da gweld peth gwerthusiad yma ar lwyddiant/methiant Comisiwn y Gyfraith.

⑦ Sylw pwysig arall. Rôl gynghori sydd i Gomisiwn y Gyfraith ac ni all gymell y Senedd i newid y gyfraith, dim ond ei bwyntio yn y cyfeiriad iawn.

⑧ Peth gwerthusiad da iawn yma yn enwedig y pwynt am broses Jellicoe i gyflymu rhai Biliau. Mae Seren wedi dangos dealltwriaeth a dadansoddiad cadarn ac wedi canolbwyntio'n dda ar y cwestiwn a ofynnwyd.

⑩ Gwnaeth Seren yn dda yma i nodi rôl Comisiwn y Gyfraith o ran codeiddio'r gyfraith a'r llwyddiant cyfyngedig a gafodd yn y maes.

⑪ Paragraff gwirioneddol ddiddorol lle mae Seren wedi dangos ei gwybodaeth gyflawn gan gyfeirio at gysyniadau mewn pynciau eraill a sut maent yn ymwneud â'r cwestiwn dan sylw. Barn dda wedi'i fynegi'n briodol. Defnydd rhagorol o dermau allweddol.

⑫ Casgliad cadarn yma gan ganolbwyntio'n dda iawn ar y cwestiwn a ofynnwyd a chynnig barn wedi ei hategu.

Marc a ddyfarnwyd:
AA2 – 9
AA3 – 2
Cyfanswm = 11 o 11 (100%)

Ateb cadarn ar y raddfa uchaf sy'n dangos ymateb ardderchog i'r cwestiwn. Gwybodaeth eang wedi ei chyflwyno a chan gynnwys llawer o gysyniadau ehangach. Gwerthusiad cadarn wedi ei ategu gan gyfeirio at awdurdod cyfreithiol a rhychwant a dyfnder gwych.

Mae Seren wedi sylweddoli'r angen i wneud mwy na disgrifio ac yn hytrach werthuso effeithiolrwydd Comisiwn y Gyfraith a'i rôl gyda'r Senedd.

UG Y Gyfraith: Canllaw Astudio ac Adolygu

13. Dehongli Statudau

> **Astudiwch y testun isod ac atebwch y cwestiynau sy'n seiliedig arno.**
>
> '... dylid caniatáu cyfeiriad at ddeunydd Seneddol fel cymorth (*an aid*) ar gyfer dehongli deddfwriaeth sy'n amwys neu'n aneglur neu sydd â'i hystyr llythrennol yn arwain at afresymoldeb.'
>
> Yr Arglwydd Browne-Wilkinson yn Pepper v Hart (1992)
>
> **a) Eglurwch rôl Hansard wrth ddehongli statudau.** *(14 marc)*

Ateb Tom

① Dogfen ysgrifenedig yw Hansard yn cofnodi popeth sy'n cael ei ddweud yn y Senedd ac mae'n gymorth allanol i ddehongli statudau. Mae'n cael ei ddefnyddio i ddangos nid yn unig bod yr aelodau preifat yn cytuno ar y Bil ond y Senedd hefyd.

② Mae defnydd o Hansard yn cael ei ddangos yn achos enwog Pepper v Hart (1992). Mae hwn yn dangos y dylech chi ddefnyddio Hansard wrth ddehongli deddfwriaeth, am ei fod yn gadael i chi gael ystyr llawn Bil, ac osgoi bod yn absŵrd neu yn dywyll. Mae hefyd yn gadael i chi gael cefnogaeth i'ch tystiolaeth am y rheswm pam yr aeth y Bil drwodd am fod Hansard yn dangos trafodaethau'r Senedd, sef yr awdurdod.

③ Ni fu caniatâd i ddefnyddio Hansard o hyd, gan y gall gymryd gormod o amser i gyfeirio ato, ac fe all fod rhannau na all y gweithwyr cyfreithiol proffesiynol eu deall a fydd yn gwneud y canlyniad i'r diffynnydd yn annheg. Mae barnwyr yn ei ddefnyddio yn awr, er hynny, i weld beth oedd ym meddwl y Senedd pan oeddent yn trafod y Bil.

Sylwadau'r arholwr

① Mae dealltwriaeth o'r hyn yw Hansard a phryd y'i defnyddir, ac awgrym ei fod yn cael ei ddefnyddio i bennu bwriad y Senedd, ond does dim digon o fanylion a dim mwy na gwybodaeth gyfyngedig.

② Defnydd da o awdurdod cyfreithiol; ond nid oes cynnydd gydag ef; dim esboniad am ei berthnasedd i'r pwnc nac esboniad pellach o reolau dehongli statudau a all ddefnyddio Hansard. Mae'n amlwg nad yw'r ateb hwn yn ddigon hir i ennill llawer o farciau, er bod peth mewnwelediad i wybodaeth o Hansard.

③ Mae awgrym yma bod Tom yn gwybod y defnyddir Hansard gyda'r rheol drygioni/ymagwedd fwriadus ond nid oes cyfeiriad uniongyrchol. Petai wedi nodi'r cysylltiadau, byddai wedi codi ei farc yn sylweddol.

Marc a ddyfarnwyd:
AA1 – 7
AA3 – 1
Cyfanswm = 8 o 14 (57%)

Yn amlwg nid oes gan Tom y wybodaeth ddofn am Hansard sydd ei hangen ar gyfer y cwestiwn hwn. Mae'n dangos ymwybyddiaeth gyffredinol ond nid yw'n deall digon o bell ffordd i olrhain hanes ei ddefnydd na goblygiadau hynny.

Ateb Seren

① Rôl Hansard mewn dehongli statudau yw darganfod bwriad y Senedd a'r drygau yr oedd y Senedd yn ceisio eu hatal. Fe'i defnyddir gyda'r Ymagwedd Fwriadus yn hytrach na'r ymagwedd Lythrennol sy'n ymwneud mwy â geiriau Deddf na bwriad y Senedd pan oedd yn pasio'r Ddeddf.

② Hansard yw'r cofnod swyddogol o'r hyn a ddywedwyd pan oedd y Bil yn mynd drwy'r broses ddeddfu, a sut y cafodd ei drafod. Mae Hansard yn cynnwys y rhesymau sylfaenol pam nad oedd hen Ddeddf yn gweithio a'r problemau gyda hi a arweiniodd at greu Deddf Seneddol newydd. Mae hyn yn help i ddarganfod bwriad y Senedd wrth basio'r Ddeddf a'r drygau yr oedd yn ceisio eu hatal. Mae barnwyr yn dehongli statudau pan nad ydynt yn glir ac yn eglur. Fodd bynnag, tan 1992, nid oedd barnwyr yn cael mynd at Hansard fel cymorth i ddehongli. Y ddadl oedd bod Hansard gan amlaf yn adrodd y mân gweryla gwleidyddol pan oedd Bil yn cael ei drafod, a'i fod yn ddiangen ac yn wastraff amser a byddai'n achosi dryswch i farnwyr yn hytrach nag eglurder. Dadleuwyd hefyd, er bod Hansard yn adrodd dadleuon ar y Bil, ni fyddai er hynny yn cofnodi'n gywir ac yn effeithiol yr hyn a oedd yn cael ei ddweud, ac y gellid camddeall pwynt o gyfraith a fyddai'n arwain at ganlyniadau absŵrd ac annheg yn yr achosion yr oedd y barnwyr yn eu trin.

③ Fodd bynnag, yn achos Pepper v Hart (1992), mynnwyd y gallai barnwyr gyrchu Hansard dan yr amodau canlynol:
Roedd barnwyr yn chwilio am ddatganiadau a wnaed gan weinidog y llywodraeth a fyddai'n eu galluogi i strwythuro dealltwriaeth o'r Ddeddf. Hefyd, gallai barnwyr fynd at Hansard yn unig os oeddent yn realistig yn gallu atal mwy o ddryswch o ran deall y drwg yr oedd y Senedd yn ceisio ei unioni. Gallent hefyd fynd at Hansard pan oedd yn ymwneud â Llys Cyfiawnder yr Undeb Ewropeaidd a dehongli darn o gyfraith yr UE. Soniwyd am Hansard hefyd yn Wilson v Secretary of State for Trade and Industry (2003) lle roedd ei ddefnydd yn gyfyngedig: mae datganiadau a wnaed gan Weinidog yn gallu cael eu defnyddio; rhaid anwybyddu datganiadau eraill.

④ Mae Hansard yn fath o gymorth anghynhenid, gyda'r Ymagwedd Fwriadus ac mae'n cael ei feirniadu am fod yn debygol o arwain at wneud cyfraith gan farnwyr ac nid yw hyn yn cynnal rôl gyfansoddiadol barnwyr am mai cymhwyso'r gyfraith yn unig y maent i fod i wneud. Hefyd, gall defnyddio Hansard arwain at ganlyniadau annheg ac annibynadwy. Ar y llaw arall, mae'n rhoi mwy o ddisgresiwn i farnwyr ac yn rhoi ymagwedd ehangach at ddehongli statudau. Mae hyn yn groes i'r ymagwedd Lythrennol a chymhorthion cynhenid lle mae'n gred gyffredin bod barnwyr yn rhoi grym i eiriau'r Senedd yn hytrach na cheisio atal hyrwyddo sylfeini'r drwg gan y Senedd. Fodd bynnag, mae'r Ymagwedd Lythrennol yn cael ei beirniadu am gymryd geiriau Deddf Seneddol yn rhy lythrennol, a gall hyn arwain at ganlyniadau llym, fel yn achos Railway v Berriman. Yn gyffredinol, mae'n well gan wledydd Ewrop yr Ymagwedd Fwriadus a dyma sy'n cael ei mabwysiadu yn eu hachosion.

Cwestiynau ac Atebion

Sylwadau'r arholwr

① Mae'r cwestiwn yn cael ei drin yn syth, gyda brawddeg sy'n dangos i'r arholwr bod Seren yn gwybod am beth mae'n sôn.

② Dyma baragraff ardderchog sy'n sôn am yr hyn yw Hansard, ac yn bwysig iawn pam mae'n cael ei feirniadu a pham mae dadleuon am ei ddefnyddio wrth ddehongli statudau.

③ Mae hwn yn achos allweddol yn y defnydd o Hansard ac mae'n cael ei egluro yn drwyadl gyda chyfarwyddyd manwl ar ddefnyddio Hansard. Mae hyn yn cydbwyso'r ddadl gyda'r hyn a ddywedwyd uchod. Achosion eraill am ddefnydd Hansard a allai fod wedi cael eu dyfynnu yw Pickstone v Freemans (1988) a Davis v Johnson (1979). Hefyd, crybwyll dadleuon di-baid yr Arglwydd Denning dros ddefnyddio Hansard...'...byddai [peidio â defnyddio Hansard] fel ymbalfalu yn y tywyllwch am ystyr Deddf heb droi'r golau ymlaen'. Ar y diwedd mae defnydd rhagorol o'r dadleuon mwyaf diweddar am Hansard; sydd yn wir yn dweud hanes y cynnydd am ddefnyddio Hansard yn y llys.

④ Yma, mae'r ymgeisydd yn dangos bod ganddi wybodaeth o'r ffaith bod Hansard yn cael ei ddefnyddio fel arfer gyda'r ymagwedd fwriadus, a pham na fyddai'n cael ei ddefnyddio gyda'r ymagwedd lythrennol. Mae hyn yn dangos gwybodaeth gadarn o ddehongli statudau ac yn argyhoeddi'r arholwr nid yn unig bod ganddi wybodaeth ond dealltwriaeth o'r elfennau mwy gwerthusol.

Marc a ddyfarnwyd:
AA1 – 13
AA3 – 1
Cyfanswm = 14 o 14 (100%)

Mae hwn yn gwestiwn anodd a gwnaeth Seren yn dda i amlygu'r holl bwyntiau allweddol perthnasol i ddefnyddio Hansard. Mae wedi nodi lle defnyddir Hansard fel cymorth a pham ei fod yn angenrheidiol. Yn fwy pwysig, mae wedi olrhain hanes defnyddio Hansard gydag awdurdod cyfreithiol i ategu.

---

b) Gan ddefnyddio eich gwybodaeth o ddehongli statudau, ystyriwch a gafodd trosedd ei chyflawni yn y sefyllfa isod. *(11 marc)*

Yn 2008, cafodd pryder mawr ei fynegi oherwydd bod disbyddu (*depletion*) y stociau pysgod yn digwydd, yn enwedig gan dreillongau cefnforol (*ocean-going trawlers*). O ganlyniad i hyn pasiodd y Senedd Ddeddf Ddychmygol Dyfroedd Arfordirol (Rhwystro Pysgota) 2009.

Deddf Ddychmygol Dyfroedd Arfordirol (Rhwystro Pysgota) 2009
Adran 1. Bydd gofyn i unrhyw gwch pysgota dan 100 tunnell sy'n pysgota o fewn 5 milltir i'r arfordir gael trwydded.
Adran 2. Bydd unrhyw bysgota sy'n cael ei wneud mewn dyfroedd arfordirol ar gyfer cynnal busnes, a hynny heb drwydded, yn drosedd.

Mae Walter, sy'n hwylio treillong gefnforol, 1000 tunnell, ac sydd felly yn anghymwys (*ineligible*) i gael trwydded, yn talu £10,000 i Alison, sydd â thrwydded ar gyfer cwch pysgota bach, ar yr amod y byddai Alison yn rhoi'r cynnig cyntaf iddo ef ar bob un o'i dalfeydd (*catches*) hi. Mae Alison wedi cyrraedd yn ôl o fordaith bysgota gyda dalfa lawn o bysgod (*full catch*) ac wedi eu cynnig i Walter, ac ar hynny cafodd ef ei arestio a'i gyhuddo dan amodau'r Ddeddf. Rhowch gyngor i Walter.

Ateb Tom

① Mae Dehongli Statudau yn golygu'r dulliau mae barnwyr yn eu defnyddio i ddehongli statudau a gwneud synnwyr o eiriau Deddf Seneddol.

② Dan y Rheol Lythrennol, ni fyddai Walter yn euog, oherwydd o ddefnyddio union eiriau'r Ddeddf, ni chymerodd Walter ran mewn unrhyw bysgota. Ni fyddai cyhuddiad dan y Rheol Euraidd, am y buasai cyhuddo Walter dan y Ddeddf yn absŵrd. Alison ddylai fod ar fai, trwydded neu beidio, am iddi ddal y pysgod ar ei chwch hi a'u gwerthu, sef cynnal busnes.

③ Dan y rheol Drygioni, fodd bynnag, oherwydd bod amwysedd, yr oedd y Senedd yn ceisio cyfyngu ar bysgota yn agos at yr arfordir, felly roedd angen trwydded, ac os yw rhywun mewn dyfroedd arfordirol ar fusnes, mae angen trwydded. Y nod cyffredinol yw atal gorbysgota, felly gan fod Alison wedi derbyn swm mawr o arian yn gyfnewid am ei helfa, mae hyn yn fusnes, ac felly dylai Alison gael ei chyhuddo.

④ Nid yw rheolau iaith *ejusdem generis*, *expressio unius est alterius* a *noscitur a sociis* yn berthnasol yma.

Sylwadau'r arholwr

③ Er bod yr holl reolau yn cael eu cymhwyso yn hyderus yma, gwnaeth Tom y camgymeriad clasurol o beidio ag egluro'r rheolau na defnyddio cyfraith achosion i ategu'r cymhwyso. Mae'r cwestiwn hwn wastad yn cael ei farcio mewn dull hollol fathemategol; rhoddir marciau yn ôl faint o reolau sy'n cael eu cymhwyso yn argyhoeddiadol, a faint o achosion a ddyfynnir i ategu'r cymhwyso. Ni wnaeth Tom hyn ac felly mae wedi colli marciau yn syth.

Marc a ddyfarnwyd:
AA2 – 5
AA3 – 1
Cyfanswm = 6 o 11 (55%)

Yma, byddai Tom wedi cael marciau yn unig am gymhwyso tair rheol. Mae wedi colli marciau am ei esboniad o'r rheolau a chyfraith achosion i ategu. Mae'n arfer da mewn arholiadau defnyddio achosion i ategu yn rheolaidd wrth amlinellu rheol, hyd yn oed os ydych chi'n teimlo eich bod chi'n ailadrodd eich hun. Mae cydran AA2 yn rhoi prawf ar eich cymhwyso yn ogystal â'ch defnydd o awdurdodau, felly mae'n hanfodol darparu beirniadaeth fanwl. Cofiwch mai hwn fydd un o'r cwestiynau mwyaf poblogaidd ar y papur; manteisiwch ar y cyfle i ddisgleirio!

Ateb Seren

① Yn y llys, gall barnwyr ddilyn tair rheol: y Rheol Lythrennol, y Rheol Euraidd a'r Rheol Drygioni yn ogystal â'r Ymagwedd Fwriadus. Mae'r rheolau hyn yn helpu barnwyr i ddehongli'r gyfraith a basiodd y Senedd er mwyn ceisio sefydlu a datrys y broblem yr oedd y Senedd yn ceisio ei hunioni.

② Rhoddwyd Deddf Ddychmygol Dyfroedd Arfordirol 2009 yn ei lle [2a] i atal pobl a chychod rhag mynd i ddyfroedd arfordirol a physgota am resymau busnes. Petai barnwyr yn cymhwyso'r Rheol Lythrennol, sef pan mae barnwyr yn dilyn union eiriad y Ddeddf fel y gwelwyd yn achos Whiteley v Chappel (1968), byddai Walter yn ddieuog oherwydd trwy gymhwyso'r rheol lythrennol, nid oedd Walter mewn gwirionedd yn pysgota yn y dŵr gan y dywed a2 'unrhyw bysgota mewn dyfroedd arfordirol' ac mae gan Alison drwydded nad yw'n torri a1. Mae'r Rheol Lythrennol yn ddefnyddiol am ei bod yn golygu na all barnwyr gamddefnyddio eu pwerau dehongli. [2b]

③ Gallai'r barnwyr hefyd gymhwyso'r Rheol Euraidd; dyma lle mae'r barnwyr yn cymhwyso'r Rheol Lythrennol, ond lle bo hynny'n arwain at ganlyniad absŵrd, gall y barnwr 'blygu'r' gyfraith i gynnig dehongliad mwy synhwyrol, fel y gwelwyd yn achos Adler v George (1964) lle gallai diffynnydd oedd wedi cyflawni trosedd dan Ddeddf Cyfrinachau Swyddogol 1981 fod wedi dianc rhag cael ei erlyn petai'r barnwr wedi defnyddio'r Rheol Lythrennol. Yn yr achos presennol, gall Walter ddweud na chyflawnodd drosedd dan y Ddeddf am nad oedd rhaid iddo gael ei trwydded ac nad pysgota ei hun yr oedd mewn gwirionedd; fodd bynnag, ei fwriad oedd gwerthu'r pysgod ymlaen er mwyn ei fusnes.

④ Gall barnwyr hefyd ddilyn yr Ymagwedd Fwriadus; dyna lle maent yn edrych ar y Ddeddf ac yn penderfynu beth oedd bwriad y Senedd. Mae hyn yn fantais am nad yw'n arwain at anghyfiawnder ac mae'n golygu bod modd cywiro camgymeriadau mewn hen gyfraith. Yr anfantais yw bod barnwyr mewn gwirionedd yn gwneud y gyfraith, nad yw'n dderbyniol yn ddemocrataidd am nad yw barnwyr yn cael eu hethol. Defnyddiwyd y rheol hon yn achos Magor & St Mellons Rural District Council v Newport Corporation (1950). Yn achos Walter, dylid ei gael yn euog gan ddefnyddio'r rheol hon oherwydd bod ei fwriadau yn anghywir er na wnaeth yn llythrennol ddal y pysgod yn y dŵr, ond roedd Walter wedi talu Alison i wneud ei waith, ac roedd ei fusnes ef ar ei ennill. Yr Ymagwedd Fwriadus yw'r ffordd orau i ddehongli'r gyfraith am ei bod yn gadael i'r barnwyr gymhwyso'r hyn yr oedd y Senedd eisiau gan y Ddeddf.

Sylwadau'r arholwr

② a) Mae wastad yn arfer da ceisio nodi beth yn eich barn chi oedd bwriad y Senedd pan basiwyd y Ddeddf. Fyddwch chi ddim yn colli marciau am ei gael yn anghywir, ond yn cael credyd am geisio darganfod y dehongliad.
b) Mae hyn yn enghraifft wych o gymhwyso'r gyfraith i'r senario. Eto, nid y casgliad sy'n bwysig; yr hyn sy'n cyfrif yw y gallwch chi ddangos i'r arholwr eich bod chi'n medru cymhwyso'r rheol i'r senario. Felly am bob rheol, dylech chi wneud y canlynol:
- Rhoi diffiniad o'r rheol
- Dyfynnu achos i ategu'r rheol honno
- Cymhwyso'r rheol i'r senario – h.y. a fyddai'r diffynnydd yn euog neu'n ddieuog petai'r barnwr yn cymhwyso'r rheol honno?

③ Mae ategu'r rheolau gydag achosion perthnasol yn hollol hanfodol, a gwnaeth Seren yn dda yma i wneud hynny a chymhwyso'r rheol i'r senario ar yr un pryd.

④ Byddai'n fanteisiol i Seren gymhwyso'r rheol drygioni hefyd; mae myfyrwyr yn aml yn gwneud y camgymeriad o feddwl mai'r un peth yw'r ymagwedd fwriadus a'r rheol drygioni, ac er bod tebygrwydd, mae angen crybwyll y ddwy reol fel y gall yr arholwr weld gwybodaeth o bob ymagwedd at ddehongli statudau.

Marc a ddyfarnwyd:
AA2 – 8
AA3 – 2
Cyfanswm = 10 o 11 (91%)

Mae hwn yn ateb rhagorol, gyda'r holl nodweddion allweddol y mae arholwyr yn chwilio amdanynt yn y math hwn o gwestiwn:
1. Esboniad o'r rheolau
2. Achosion i ategu
3. Cymhwyso i'r senario.
Byddwch chi'n colli marciau os nad ydych chi'n trafod yr HOLL reolau, ac nad ydych chi'n defnyddio achosion i ategu pan fyddwch chi'n cymhwyso'r gyfraith. Bydd y ffaith na thrafododd Seren y rheol drygioni yn ogystal â'r tair arall wedi effeithio mymryn ar ei marc. Cofiwch nad yw o raid yn fater o gymhwyso MANWL GYWIR, ond am dystiolaeth y gallwch chi gymhwyso'r rheol a dod i gasgliad synhwyrol.

Cwestiynau ac Atebion

14. Dehongli Statudau

Astudiwch y testun isod ac atebwch y cwestiynau sy'n seiliedig arno.

Pan fydd y Senedd wedi pasio Deddf, mae geiriau'r Ddeddf yn awdurdodol fel geiriau. Ym mywyd bob dydd, os bydd rhywun yn dweud rhywbeth a chithau heb ei ddeall, byddwch yn gofyn am esboniad pellach. Nid yw hyn yn bosibl wrth ddehongli statudau oherwydd dim ond geiriau'r Ddeddf sydd wedi mynd trwy beirianwaith cyfreithiol y deddfu ac ni all Aelodau Seneddol unigol gael eu galw i'r llys i dystio er mwyn atodi neu ddehongli'r hyn a gafodd ei ddeddfu'n ffurfiol.

Ffynhonnell: *Glanville Williams: Dysgu'r Gyfraith* (13eg arg. A. T. H. Smith)

a) Amlinellwch y ffordd mae'r Llysoedd wedi dehongli statudau.

(14 marc)

Ateb Tom

① Ffyrdd y mae'r llysoedd yn gorfod dehongli statudau yw trwy'r rheol lythrennol, y rheol euraidd a'r rheol drygioni.

② Dywed y rheol lythrennol fod yn rhaid i chi roi ystyr llythrennol a naturiol y geiriau a roddir yn y statud. Felly mae'n rhaid i'r llys ddilyn y rheol hon a defnyddio ystyr cywir geiriau mewn achos.

③ Y rheol euraidd yw os yw'r rheol lythrennol yn rhoi canlyniad absŵrd, yna gallant ddefnyddio'r rheol hon i roi gwell ystyr a chanlyniad. Maent yn chwilio am ganlyniad rhesymol.

④ Gosodwyd y rheol drygioni yn achos Heydon ac mae 3 rhan:
  – Beth mae'r statud yn ceisio ei ddatrys,
  – Pa ddrygau mae'n ceisio eu goresgyn a
  – Pha rwymedi mae am ei roi yn ei le.

⑤ Mantais y rheol lythrennol yw ei bod yn rhoi sofraniaeth seneddol. Anfantais yw y gall roi canlyniadau absŵrd. Achos i ddarlunio'r rheol lythrennol yw Whitely v Chappel lle cymerodd dyn arno fod yn berson marw. Roedd y Ddeddf yn dweud ei bod yn drosedd cymryd arnoch mai rhywun arall oeddech chi wrth bleidleisio, ond wedi cymryd arno ei fod yn berson marw yr oedd y diffynnydd ac nid oes gan berson marw hawl i bleidleisio felly nid oedd wedi gwneud dim byd o'i le.

⑥ Mantais y rheol euraidd yw ei bod yn atal pethau absŵrd, ond anfantais yw mai'r barnwyr yw'r rhai sy'n penderfynu a yw'n absŵrd ai peidio. Mantais y rheol drygioni yw ei bod yn chwilio am fwriad y senedd ond anfantais yw ei bod eto yn rhoi hyblygrwydd i'r barnwyr ac nid i'r senedd.

⑦ Gall y barnwr hefyd ddefnyddio cymhorthion mewnol megis penawdau a theitlau a chymhorthion allanol. Mae'r rhain yn cynnwys pethau fel Hansard, gwerslyfrau a chynsail. Gall y barnwr hefyd ddefnyddio rheolau iaith fel *ejusdem generis*.

Sylwadau'r arholwr

① Cyflwyniad byr i'r traethawd yma. Byddai Tom wedi gwneud yn well petai wedi rhoi cyflwyniad cryno yn amlinellu rhai o'r rhesymau pam mae barnwyr angen dehongli statudau. Byddai hyn wedi rhoi ateb yn ei gyd-destun. Fodd bynnag, gwnaeth yn dda i nodi'r tair rheol sydd ar gael, er fel y gwelwn, nid dyma'r cyfan sydd ei angen ar gyfer y cwestiwn hwn. Camgymeriad cyffredin yw gadael allan yr ymagwedd fwriadus fel y bedwaredd reol ond mae angen hyn i gael y cyfan o'r marciau sydd ar gael.

② Da gweld esboniad o'r rheol lythrennol. Mae hyn yn fras yn gywir er bod y frawddeg olaf yn awgrymu bod yn rhaid i'r barnwr ddefnyddio'r rheol hon, nad yw'n gywir.

③ Esboniad da o'r rheol euraidd a sut mae'n ymwneud â'r rheol lythrennol.

④ Ddim yn hollol gywir ond mae Tom wedi cael syniad cyffredinol y rheol.

⑤ Mae Tom wedi gwneud yn dda i gynnwys achos yma i ddangos y defnydd o'r rheol lythrennol. Rhoddodd deitl llawn a chywir yr achos a'r ffeithiau, er nad yw wastad wedi mynegi hyn yn dda. Mae'n bwysig cynnwys achos am bob un o bedair rheol dehongliad ar gyfer cwestiwn ar ddehongli statudau. Mae Tom hefyd wedi rhoi mantais ac anfantais y rheol lythrennol yma. Mae hyn eto yn arfer da a dylid eu darparu ar gyfer pob un o'r pedair rheol.

⑥ Trafodaeth dda o fanteision ac anfanteision y rheol euraidd a'r rheol drygioni yma, ond nid yw Tom wedi cynnwys achos ar gyfer pob un o'r rheolau hyn. Mae'n hanfodol cynnwys achos ar gyfer pob rheol. Os na all myfyriwr gofio teitl yr achos, dylai gynnwys ffeithiau'r achos a sut mae'n dangos defnydd o reol dehongliad. Bydd hyn yn ennill y rhan fwyaf o'r credyd sydd ar gael.

⑦ Mae Tom wedi gwneud yn dda i nodi rhai o'r cymhorthion eraill sydd ar gael, ond nid yw wedi ehangu arnynt. Mae'n bwysig, gyda chwestiwn ar ddehongli statudau, nodi beth mae'r cwestiwn yn ei ofyn. Mae'r cwestiwn hwn yn gofyn yn gyffredinol iawn am y 'ffyrdd' mae barnwyr yn dehongli statudau. Mae hyn yn mynnu bod myfyriwr yn trafod y canlynol:
- Pedair rheol dehongliad (llythrennol, euraidd, drygioni, bwriadus, gydag achos ar gyfer pob un).
- Y cymhorthion mewnol.
- Y cymhorthion allanol (yn enwedig Hansard).
- Tair rheol iaith.
- Rhagdybiaethau.

Efallai y bydd cwestiynau eraill ond yn gofyn i fyfyrwyr drafod un neu ddau o'r agweddau uchod, felly gofalwch ddarllen y cwestiwn yn iawn.

Marc a ddyfarnwyd:
AA1 – 7
AA3 – 1
Cyfanswm = 8 o 14 (57%)

Mae ateb Tom ar ben isaf 'digonol'. Mae'n ymdrin â 3 rheol dehongli, ac er ei fod yn rhoi esboniad arwynebol, mae'n gwneud hynny yn gywir. Mae'n dda ei fod yn rhoi enghraifft o un achos am y rheol lythrennol, ond mae angen achos am y rheolau euraidd a drygioni hefyd. Camgymeriad cyffredin yw gadael allan drafodaeth o'r ymagwedd fwriadus. Byddai angen hyn i ennill y cyfan o'r marciau sydd ar gael. Mae Tom wedi sôn tipyn bach am y cymhorthion eraill sydd ar gael (megis mewnol, allanol, etc.) ond mae'n gwneud hyn yn fyr heb fawr ddim esboniad a dim enghreifftiau. Mae'n bwysig gyda chwestiynau sy'n gofyn am yr holl gymhorthion y gall barnwyr eu defnyddio i ymdrin yn llawn â'r cymhorthion eraill hyn, gan egluro a rhoi enghreifftiau. Mae hyn yn amlwg yn sgript Seren isod.

UG Y Gyfraith: Canllaw Astudio ac Adolygu

Ateb Seren

① Pan fo Deddf yn cael ei phasio, mae'r statud yn defnyddio geiriau penodol sydd weithiau yn gorfod cael eu dehongli gan y barnwr. Gall hyn ddigwydd am nad yw'r geiriad yn glir neu yn ddigonol neu am fod termau niwlog yn cael eu defnyddio. Rai degawdau'n ôl, roedd statudau yn cael eu dehongli yn bennaf trwy'r rheol lythrennol, sy'n sefydlu beth oedd y Senedd yn ei ddweud trwy'r union eiriau a ddefnyddiwyd, ond yn awr, mae gan farnwyr ystod ehangach o ymagweddau.

② Yn gyntaf, mae ganddynt y rheol lythrennol sy'n cymryd ystyr plaen, llythrennol a gramadegol y geiriau. Achos sy'n darlunio hyn yw Fisher a Bell. Achos diddorol iawn oedd hwn sy'n pwysleisio'r beiau a all ddigwydd weithiau o ganlyniad i'r rheol lythrennol. Wedi nifer o ymosodiadau gyda chyllyll clec, diwygiwyd y Ddeddf Cyfyngu ar Arfau Bygythiol i ddweud ei bod yn drosedd 'gwerthu neu gynnig gwerthu' cyllyll clec. Roedd Fisher yn berchen siop ac yn ffenest y siop yr oedd cyllell glec. Mynnodd y llys y dylid defnyddio ystyr llythrennol 'cynnig gwerthu'. Dywedodd y llys mai'r cyfan oedd Fisher yn ei wneud oedd rhoi 'gwahoddiad i drafod' ac nid 'cynnig gwerthu' yn ystyr cyfraith contract ac felly ni chyflawnwyd trosedd. Abswrdedd sy'n allweddol i'r achos hwn. Gall yr ystyr llythrennol achosi canlyniad abswrd weithiau a chasgliad anghyfiawn. Y fantais yw ei fod yn parchu geiriau'r senedd fel yn Whiteley v Chappel, a bod y senedd yn sofran.

③ Pan fo'r rheol lythrennol yn creu rhywbeth abswrd, gall y barnwr droi at y rheol euraidd. Mae hyn yn gadael iddo edrych ar ystyr rhesymol yn hytrach na'r un abswrd. Achos sy'n dangos hyn yw Adler v George. Roedd y Ddeddf Cyfrinachau Swyddogol yn dweud ei bod yn drosedd achosi niwsans 'yng nghyffiniau canolfan y fyddin'. Yn yr achos hwn, roedd y dyn y tu mewn i ganolfan y fyddin. Ystyr llythrennol 'yng nghyffiniau' yw o gwmpas nid y tu mewn, felly petai'r barnwr wedi defnyddio'r rheol lythrennol, byddai'r dyn wedi mynd yn rhydd. Ond penderfynodd y barnwr gymryd yr ystyr rhesymol a phenderfynu nad dyma oedd y Senedd wedi ei olygu, gan ddefnyddio'r rheol euraidd i benderfynu bod y statud yn cynnwys o gwmpas a'r tu mewn. Mae'r rheol euraidd yn hybu canlyniadau cyfiawn ac yn cynrychioli ystyr rhesymol, ond mae'n rhoi grym i'r barnwr benderfynu beth sydd yn abswrd neu beidio.

④ Mae'r rheol drygioni yn edrych yn ddyfnach i'r rhesymau am basio'r statud i ddechrau. Fe'i gosodwyd i lawr yn achos Heydon ac mae'n chwilio am fwriad y senedd a'r 'drygioni' yr oedd y senedd yn bwriadu ei oresgyn trwy basio'r Ddeddf. Gwelwyd hyn yn achos Smith v Hughes lle roedd putain yn tapio ar ffenest ei llofft ar y llawr cyntaf i geisio denu dynion ar y stryd. Dywedai'r Ddeddf ei bod yn drosedd 'llithio' (*solicit*) pobl 'ar y stryd'. Nid oedd hi ar y stryd, gan mai yn ei hystafell wely ar y llawr cyntaf yr oedd. Penderfynodd y barnwr fod y Ddeddf wedi ei phasio i atal pobl rhag cael eu poeni wrth iddynt gerdded i lawr y stryd, ac fe'i cafwyd yn euog. Mantais y rheol hon yw ei bod yn chwilio am fwriad y senedd ond yn rhoi llawer o rym i'r barnwr.

⑤ Cynyddodd yr ymagwedd fwriadus ers i ni ymuno â'r Undeb Ewropeaidd am ei bod yn fwy addas i gyfreithiau ar ddull yr UE. Mae'n debyg iawn i'r rheol drygioni ac yn chwilio am 'bwrpas' y Ddeddf.

⑥ Mae gan y barnwr hefyd gymhorthion mewnol i'w helpu a geir yng nghopi Argraffwyr y Frenhines o'r Ddeddf. Maent yn cynnwys penawdau, rhaglith, atodlenni, etc.

⑦ Gall y barnwr hefyd ddefnyddio cymhorthion allanol. Mae'r rhain y tu allan i'r Ddeddf. Maent yn cynnwys Hansard sy'n gofnod dyddiol o ddadleuon y Senedd. Nid yw hyn wastad wedi ei ganiatáu. Nid tan achos Pepper v Hart y cadawyd i farnwyr o'r diwedd ddefnyddio Hansard. Cymhorthion allanol eraill yw geiriaduron, erthyglau, hawliau dynol a gwerslyfrau.

⑧ Mae gan farnwyr hefyd reolau iaith i'w helpu i ddehongli rhai geiriau mewn Deddf. Un yw *ejusdem generis* a golyga hyn fod geiriau cyffredinol sy'n dilyn rhai penodol yn golygu'r un math o beth. Rheol iaith arall yw *expressio unius* sy'n golygu os yw un peth yn cael ei grybwyll mewn Deddf, bod popeth arall wedi ei eithrio. Y rheol iaith olaf yw rheol *noscitur* lle mae geiriau yn tynnu ystyr o'r geiriau eraill o'u cwmpas. Gall barnwr ddefnyddio'r holl gymhorthion uchod ac fe all ddewis pa rai mae am eu defnyddio.

⑨ Mae hefyd ragdybiaethau, megis nad yw'r statudau yn effeithio ar y Frenhines.

Sylwadau'r arholwr

① Mae Seren wedi rhoi cyflwyniad yma i roi ei hateb yn ei gyd-destun. Mae wedi nodi rhai o'r rhesymau pam mae barnwyr angen dehongli statudau, sy'n beth da. Mae cwestiynau blaenorol wedi eu seilio yn unig ar y rhesymau pam mae angen i farnwyr ddehongli statudau.

② Mae hwn yn esboniad da iawn o'r rheol lythrennol. Mae Seren wedi egluro'r rheol yn glir ac wedi ymgorffori achos fel enghraifft. Mae hon yn ffordd dda o ateb cwestiynau fel hwn lle mae angen achos ar gyfer pob un o'r pedair rheol. Mae Seren wedi rhoi mwy o fanylion trwy gynnwys mantais ac anfantais i'r rheol.

③ Cynnydd da i'r rheol euraidd. Strwythur rhesymegol a dangos dealltwriaeth gadarn. Mae Seren wedi rhoi esboniad da o'r achos a sut mae'n dangos y defnydd o'r rheol euraidd.

④ Esboniad cadarn arall ac achos wedi ei nodi. Hyd yma, mae Seren yn rhoi ateb cytbwys.

⑤ Rwy'n falch o weld bod Seren wedi cynnwys yr ymagwedd fwriadus yma am fod angen y pedair rheol i gael yr holl farciau sydd ar gael. Yn ddelfrydol, byddai wedi cynnwys achos ar gyfer yr ymagwedd fwriadus, ond oherwydd amrywiaeth y deunydd arall mae wedi'i gynnwys a'r ffaith bod ganddi achos am y tair rheol arall, fydd hi ddim yn colli gormod o gredyd am hyn.

⑥ Adnabod rhai cymhorthion mewnol, a lle i'w cael, sy'n dda. Mae'n bwysig, oherwydd geiriad y cwestiwn hwn, cynnwys yr holl gymhorthion sydd ar gael i farnwyr, nid dim ond rheolau dehongli.

⑦ Paragraff da o ystyried y cyfyngiadau amser. Gwnaeth Seren yn dda i drafod Hansard a chynnwys y pwynt am nad oedd wedi ei ganiatáu tan Pepper v Hart. Cafwyd cwestiynau yn yr arholiad sy'n canolbwyntio yn unig ar Hansard am gwestiwn 14 marc, felly cadwch hyn mewn cof. Byddai hwn angen trafodaeth fwy manwl o Hansard a'r cynnydd o ran caniatáu ei ddefnyddio.

Cwestiynau ac Atebion

⑧ Mae Seren wedi rhoi ystod wirioneddol dda yng nghwestiwn 1 ac mae wedi deall bod terfyn amser i'r cwestiwn, gan wibio dros rai pwyntiau, ond dangos ei rhychwant er hynny a threulio mwy o amser ar bwyntiau pwysicach megis rheolau dehongli. Mae hyn yn anorfod oherwydd swm y wybodaeth sydd ei hangen am gwestiynau o'r natur hwn. Fodd bynnag, mae'n hawdd cael y marciau gyda'r fformiwla gywir:
- Pedair rheol ac achos a manteision/ anfanteision i bob un.
- Rheolau iaith (termau Lladin gydag esboniad).
- Cymhorthion mewnol gydag enghreifftiau.
- Cymhorthion allanol (yn enwedig Hansard gydag o leiaf achos Pepper v Hart) ac enghreifftiau eraill o gymhorthion allanol.
- Esboniad o ragdybiaethau gydag enghreifftiau.

⑨ Rhywbeth y meddyliwyd amdano wedyn, ond pwysig er hynny, a byddai'n cael credyd.

Marc a ddyfarnwyd:
AA1 – 13
AA3 – 1
Cyfanswm = 14 o 14 (100%)

Mae hwn yn ateb cadarn uchel sy'n trin yr holl gymhorthion sydd ar gael i farnwyr i'w helpu i ddehongli statudau. Er nad yw'n berffaith, mae Seren wedi gallu cael yr holl farciau oherwydd rhychwant ei hateb a'r amrywiaeth o awdurdod cyfreithiol i ategu.

---

b) Gan ddefnyddio eich gwybodaeth am ddehongli statudau, ystyriwch a yw trosedd wedi'i chyflawni yn y sefyllfa isod.

(11 marc)

Deddf (Ffug) Rhwystro Partïon nas Dymunir (*Unwanted Parties*) (2009)

Adran 1(1) – Mae'r Ddeddf hon yn ymwneud â phobl yn ymgasglu ar dir i bwrpas cymdeithasol lle y bydd pobl yn debygol o yfed alcohol a lle y bydd mwy na 100 o bobl yn bresennol.

Adran 1(2) – Yn ôl Adran 1(3), mae'n drosedd i drefnu cyfarfod o'r fath heb ganiatâd ynad lleol oni bai bod y trefnydd yn berson sydd wedi'i eithrio.

Adran 1(3) – I'r pwrpas hwn mae person sydd wedi'i eithrio'n golygu'r preswylydd (*occupier*), unrhyw aelod o'i deulu, ei weithiwr neu ei asiant.

Mae Lleucu, ffrind gorau Eiry, dramor ar wyliau. Anfonodd Eiry e-bost at ychydig o ffrindiau yn eu gwahodd i ddod i'w pharti pen-blwydd yn 18 oed mewn ysgubor nad oedd yn cael ei ddefnyddio ar dir fferm rhieni Lleucu. Roedd Eiry'n disgwyl tua 20 o bobl i fod yno. Fodd bynnag, cafodd yr e-bost ei gopïo a daeth 1,000 o bobl mewn torf enfawr. Yn awr mae Eiry wedi'i harestio am dorri'r Ddeddf. Rhowch gyngor iddi.

Ateb Tom

① Dan y rheol lythrennol gall Eiry gael ei chyhuddo gan fod adran l(l) yn dweud ei bod yn drosedd trefnu cyfarfod o'r fath heb ganiatâd ynad lleol neu'r teulu. Dan a.l(3) nid yw'n berson sydd wedi'i eithrio gan nad hi yw preswylydd y tir nac yn deulu. Ffrind yn unig yw hi.

② Dan y rheol euraidd, efallai na fydd yn cael ei chyhuddo am na wnaeth hi yn bersonol ond gwahodd 20 o bobl a doedd hi ddim yn gwybod y byddai mwy o bobl yn dod. Ond roedd yn dal i ddefnyddio tir nad oedd ganddi ganiatâd i'w ddefnyddio.

③ Dan y rheol drygioni, gall hi gael ei chyhuddo am mai hi a drefnodd y parti i 20 ond bod mwy wedi troi i fyny. Ond beth yw nod y Ddeddf? Efallai mai stopio partïon mawr heb ganiatâd perchennog y tir yw'r nod. Os yw Eiry yn cael ei heuogfarnu, fe all wneud pobl yn fwy gofalus am bwy maent yn eu gwahodd. Bu achosion lle mae pobl wedi trefnu parti ar Facebook a miloedd wedi troi lan. Gall wneud pobl yn fwy gofalus.

④ Rwy'n meddwl y gallai Eiry o bosibl fynd yn rhydd o hyn am mai dim ond 20 o bobl roedd hi wedi eu gwahodd er bod mwy wedi dod. Doedd hi ddim wir yn adnabod pawb arall. Ond gallai hi gael ei chyhuddo er hynny am ei bod yn defnyddio tir rhywun arall, hyd yn oed os oedd yn adnabod y ferch.

Sylwadau'r arholwr

① Mae Tom wedi gwneud yn dda yma i nodi rhannau perthnasol o'r statud a all fod yn gymwys yma. Gwnaeth yn dda hefyd i nodi a chymhwyso'r rheol lythrennol, er bod arno angen mwy o ddyfnder i egluro'r rheol a sut mae'n gymwys. Mae achosion yn bwysig yn y rhan hon hefyd, ac felly er iddo eu cynnwys yn rhan (a) uchod, dylid eu crybwyll yma eto.

② Mae'n nodi'r rheol euraidd yn dda, ond yn rhoi esboniad cyfyngedig am sut mae'n gymwys a pham y gallai barnwr symud o'r rheol lythrennol i'r euraidd. Fel gyda'r pwynt uchod, ni ddyfynnwyd cyfraith achosion.

③ Cymhariaeth dda gyda phartïon 'Facebook' anghyfreithlon. Mae Tom wedi gwneud yn dda i nodi'r rheol drygioni am ei bod yn bwysig diffinio a chymhwyso'r pedair rheol (Tair yn unig mae Tom wedi'u cymhwyso, fodd bynnag). Mae angen iddo egluro mwy am sut y byddai'r rheol hon yn gymwys i'r ffeithiau, ac eto, mae arno angen peth awdurdod cyfreithiol. Dylai Tom wedyn symud ymlaen i gymhwyso'r ymagwedd fwriadus gan fod angen cymhwyso'r pedair rheol i gyrraedd y ffin 'gadarn'.

④ Mae Tom wedi rhoi casgliad yma ond nid yw wedi dod i gasgliad ynghylch pa reol dehongliad a fyddai'n debyg o roi'r casgliad hwn. Mae'n bwysig peidio â rhoi ateb 'synnwyr cyffredin' ond un cyfreithiol trwy gyfeirio at gysyniadau cyfreithiol.

Marc a ddyfarnwyd:
AA2 – 5
AA3 – 1
Cyfanswm = 6 o 11 (55%)

Mae'r ateb hwn ar frig y ffin gyfyngedig. Er bod Tom wedi gwneud yn dda i nodi tair rheoli dehongli, ni ddangosodd ddealltwriaeth ddigonol o sut maent yn gymwys. Mae ei gasgliad yn ddryslyd. Mae wedi llwyddo i nodi rhannau cywir y statud a roddwyd, ond nid yw wedi gweithio'n rhesymol trwy'r rheolau i ddod i gasgliad ar bob un. Nid yw chwaith wedi ategu gyda chyfeiriad at unrhyw awdurdod cyfreithiol nac wedi trafod yr ymagwedd fwriadus.

Ateb Seren

① Sefydlwyd Deddf Rhwystro Partïon nas Dymunir 2009 i stopio partïon rhag mynd dros ben llestri. Byddai'r dehongliad llythrennol sy'n cymryd geiriau yn llythrennol yn cael Eiry yn euog. Defnyddiwyd yr ymagwedd hon yn Whiteley v Chapell. Gwelir hyn yn adran 1 am fod mwy na 100 o bobl wedi dod i'w pharti, a gellir rhagdybio y bydd yno alcohol am mai ei pharti pen-blwydd yn 18 oed ydyw a'i fod yn 'gyfarfod cymdeithasol'. Hefyd, yn ôl adran 1(2) ni chafodd ganiatâd ynadon lleol. Ond petaech yn cymhwyso'r ystyr llythrennol i adran 1(3) gallai ddianc am y gellid ei hystyried yn 'berson sydd wedi'i eithrio'. Fodd bynnag, nid yw'n glir a fyddai Eiry yn cael ei heithrio am y dywed y Ddeddf 'preswylydd, unrhyw aelod o'i deulu, ei weithiwr neu ei asiant'. Gan mai Eiry yw ffrind gorau Lleuca (merch y preswylydd), nid yw wedi ei heithrio. Felly dan y rheol lythrennol, mae'n debyg y byddai Eiry yn euog.

② Ond a yw hyn yn absŵrd? Mae'n edrych fel camgymeriad ac nad oedd Eiry yn bwriadu i gymaint o bobl ddod. Ond mae'n dal yn debyg o gael ei chael yn euog dan y rheol euraidd am nad oes yr un o'r adrannau eraill yn cynnig ffordd allan ac felly ni all y barnwr gymryd ystyr 'rhesymol' ehangach y statud fel yn achos Maddox v Storer.

③ Gall y rheol drygioni roi mwy o hyblygrwydd am fod hyn yn chwilio am y drygioni y bwriadai'r Ddeddf eu goresgyn fel yn achos Smith v Hughes. Yn yr achos hwn, nod y Ddeddf yw atal partïon mawr a fydd yn dod ag alcohol ac yn achosi niwsans, a hynny heb ganiatâd ynad. Os mai dyma nod y Ddeddf, efallai y bydd er hynny yn euog. Fodd bynnag, efallai y byddant yn ystyried y ffaith nad oedd eisiau gwneud dim o'i le ac mai camgymeriad ydoedd. Mae rhagdyb bod arnoch angen *mens rea* (meddwl euog) ac nid oedd wedi bwriadu gwneud dim o'i le felly gallai fynd yn rhydd dan y rheol drygioni. Byddai'r un peth yn cael ei gymhwyso dan yr ymagwedd fwriadus gan nad pwrpas y Ddeddf yw cael pobl yn euog o wneud camgymeriad. Ond wyddom ni ddim pa reol y bydd y barnwr yn ei defnyddio.

Sylwadau'r arholwr

① Yr ymagwedd allweddol gyda chwestiynau fel hyn (hynny yw, cwestiynau 'cymhwyso'r gyfraith' neu 'senario gyfreithiol') yw cymhwyso amrywiaeth o gymhorthion sydd ar gael. Nid yw byth yn glir (onid oes cynsail) pa reol y bydd y barnwr yn ei dilyn, felly bydd angen i fyfyrwyr ymchwilio i bob dewis cyn dod i gasgliad am yr ymagwedd fwyaf synhwyrol. Mae hyn fel arfer yn golygu bod yn rhaid i'r myfyriwr weithio trwy bob un o'r pedair rheol (llythrennol, euraidd, drygioni a bwriadus), gan ddefnyddio unrhyw gymhorthion eraill sydd eu hangen a thrafod beth ddylai'r casgliad fod o dan bob rheol.

Cymhwyso'r rheol lythrennol yn rhesymegol yma. Mae Seren wedi cymryd pob adran y gellid cyhuddo Eiry o dani ac wedi cymhwyso'r rheol lythrennol gan ddod i gasgliad. Mae wedi nodi pwyntiau allweddol nad yw hi wedi ei chynnwys yn a.1(3) fel person sydd wedi'i eithrio. Mae rhai ffeithiau hefyd nad ydym yn siŵr yn eu cylch, megis a yfwyd alcohol. Mae'n iawn gwneud rhagdybiaethau ar sail y ffeithiau, ac mae'n iawn hefyd dweud y byddai angen mwy o wybodaeth er mwyn rhoi ateb llawn. Y gamp allweddol wrth drin y senarios hyn yw gwneud y canlynol am bob rheol/cymorth:

1 Diffinio'r rheol/cymorth
2 Rhoi achos fel enghraifft
3 Cymhwyso i'r ffeithiau
4 Dod i gasgliad.

② Gwnaeth Seren yn dda yma i fwrw ymlaen trwy'r rheol lythrennol at y rheol euraidd. Mae wedi sylweddoli y gall y canlyniad llythrennol fod yn absŵrd, ond na all y rheol euraidd chwaith roi ystyr rhesymol yn ei le. Mewn gwirionedd, gellid dadlau nad yw'r llythrennol yn absŵrd ond nid yw canlyniad dehongliad y myfyriwr mor hanfodol i'w gael yn gywir ag ydyw i gymhwyso a gwerthuso cymhwyso'r pedair rheol. Mae'n bwysig dangos dealltwriaeth o sut y gall y rheolau fod yn gymwys, gan ategu gyda chyfraith achosion am bob rheol/cymorth os yw hyn yn gymwys.

③ Da yw cymhwyso'r ddwy reol arall. Wedi ei weithio drwodd yn dda ac wedi cymhwyso'r ffeithiau. Dull da a lefel dda o drafodaeth i'r achos hwn. Gallai Seren hefyd fod wedi cymhwyso rheol iaith *expressio* gan nad yw Eiry yn benodol yn cael ei chrybwyll fel person sydd wedi'i eithrio.

Marc a ddyfarnwyd:
AA2 – 8
AA3 – 2
Cyfanswm = 10 o 11 (91%)

Ateb cadarn da sy'n ateb pedair rheol dehongliad. Mae hyn yn allweddol i senario'r broblem yng nghwestiynau rhan (b) LA2 ar ddehongli statudau. Mae Seren wedi cymhwyso'r pedair ac wedi rhoi awdurdod i ategu tri ohonynt. Mae hyn yn ddigon i ennill marc yn y band 'cadarn'. Gallai hefyd fod wedi cyfeirio at reol iaith *expressio* am nad yw Eiry yn cael ei chrybwyll fel person sydd wedi'i eithrio. Petai Seren wedi gwneud hyn, gallai fod wedi cael marciau llawn.

Cwestiynau ac Atebion

15. Yr Undeb Ewropeaidd: Ffynonellau Cyfraith

Astudiwch y testun isod ac atebwch y cwestiynau sy'n seiliedig arno.

Ateb Ysgrifenedig yn Nhŷ'r Cyffredin Mehefin 2010

Lisa Nandy: I ofyn i'r Ysgrifennydd Gwladol dros Fusnes, Arloesi a Sgiliau a yw'n bwriadu ceisio sicrhau unrhyw welliant i Gyfarwyddeb Gweithwyr Asiantaeth yr Undeb Ewropeaidd. [1659]

Mr Davey: Cafodd y Gyfarwyddeb Gweithwyr Asiantaeth ei chynnig gan y Comisiwn Ewropeaidd yn 2002, cafodd ei derbyn yn derfynol gan Gyngor Gweinidogion Ewrop ym Mehefin 2008 ac yna gan Senedd Ewrop ym mis Hydref 2008.

Cafodd fersiwn derfynol y Gyfarwyddeb ei gyhoeddi ym mis Rhagfyr 2008 ac mae'n ofynnol i bob Aelod-wladwriaeth ei gweithredu fel rhan o'u cyfraith genedlaethol erbyn mis Rhagfyr 2011. Felly nid yw'n fwriad gennym i geisio sicrhau unrhyw welliannau gan fod y Gyfarwyddeb wedi'i therfynu eisoes.

Mae'r Gyfarwyddeb yn rhagweld adolygiad gan y Comisiwn Ewropeaidd ym mis Rhagfyr 2013 mewn ymgynghoriad â'r Aelod-wladwriaethau a'u partneriaid cymdeithasol ar lefel Ewropeaidd, er mwyn adolygu gweithrediad y Gyfarwyddeb. Gall hynny arwain at gynigion ar gyfer gwelliannau. Dyna'r drefn arferol ar gyfer cyfarwyddebau o'r fath.

Ffynhonnell: Gwefan y Senedd (14 Mehefin 2010)

a) Eglurwch rôl cyfarwyddebau Ewropeaidd yng nghyfraith Cymru a Lloegr. *(14 marc)*

Ateb Tom

① Rôl Cyfarwyddebau Ewropeaidd yng nghyfraith Cymru a Lloegr yw cyflawni dymuniadau'r UE. Bydd disgwyl i'r Gyfarwyddeb a osodir allan gan yr UE gael ei gosod allan o fewn terfyn amser a dyddiad yn yr Aelod-wladwriaeth, nid cyfreithiau cynradd ydynt ond cyfreithiau eilaidd gan mai ail law ydynt. Maent yn cael eu defnyddio i ddiweddaru'r gyfraith mewn ffordd fach ond nid mewn ffordd fawr fel cytuniadau, y byddaf yn eu trafod yn yr ail ran.

② Cyfarwyddiadau i Aelod-wladwriaethau yw Cyfarwyddebau i wneud rhywbeth o fewn amser penodedig. Mae'n rhaid i Aelod-wladwriaethau wneud hyn am ei fod yn rhan o fod yn Aelod-wladwriaeth yr UE. Achos sy'n dangos hyn yw achos y Tacograffau lle dylai gyrwyr lori yn y DU fod wedi cael peiriannau tacograff oedd yn dangos pa mor gyflym maent wedi mynd ac am ba hyd. Maent i fod i wneud y ffyrdd yn fwy diogel. Fodd bynnag, ni wnaeth y DU orfodi gyrwyr lori i gael tacograffau fel y dywedodd y Gyfarwyddeb felly cawsant eu dirwyo.

③ Mae'n rhaid i Aelod-wladwriaethau wrando ar yr UE. Mae eu cyfraith hwy wedi dod yn ail iddo. Dydw i ddim yn meddwl bod hyn yn iawn am ein bod i gyd yn wledydd unigol, er nad yw'r ewro gyda ni. Mae'n rhaid i gyfraith Ewropeaidd fod yr un fath yn y 28 gwlad gwahanol a all fod yn anodd oherwydd gall y gwledydd fod yn wahanol iawn.

Sylwadau'r arholwr

① Mae Tom wedi dangos dealltwriaeth gyfyngedig yma. Mae wedi cydnabod bod Cyfarwyddebau yn eilaidd ac wedi eu cyfyngu gan amser, ond nid yw wedi ei fynegi ei hun yn glir, ac mae wedi cawlio peth o'i esboniad.

② Mae Tom wedi gwneud llawer pwynt yn y paragraff hwn ond does dim esboniad clir i'r un. Gwnaeth yn dda i gyfeirio at achos perthnasol ac mae wedi dangos bod ganddo ddealltwriaeth o ofynion Aelod-wladwriaethau i weithredu Cyfarwyddebau. Fodd bynnag, nid yw wedi cynnwys cysyniadau allweddol megis effaith uniongyrchol nac unrhyw gyfraith achosion am hyn.

③ Mae Tom wedi dechrau ystyried sefyllfa cyfraith yr UE fel un â goruchafiaeth dros gyfraith ddomestig, sy'n bwysig, ond nid yw ei ateb yn benodol ac nid oes yma awdurdod cyfreithiol. Mae hefyd wedi gwneud y camgymeriad o roi ei farn bersonol yn hytrach na chanolbwyntio ar y cwestiwn a ofynnwyd.

Marc a ddyfarnwyd:
AA1 – 6
AA3 – 1
Cyfanswm = 7 o 14 (50%)

Ateb 'cyfyngedig' yw hwn. Mae rhai gwallau mynegiant ac nid yw Tom yn cyfleu ei bwyntiau yn glir nac yn soffistigedig. Mae diffyg cyffredinol awdurdod cyfreithiol gydag un achos yn unig yn cael ei grybwyll. Mae e'n amlygu sefyllfa Cyfarwyddebau fel ffynhonnell cyfraith yr UE ac yn dangos bod ganddo ddealltwriaeth o'r egwyddorion cyffredinol, sylfaenol, ond dyna'r cyfan.

Ateb Seren

① Mae Cyfarwyddebau yn ffurf ar ddeddfwriaeth eilaidd yr UE. Nid ydynt yn uniongyrchol gymwys ac mae angen eu gweithredu gan yr Aelod-wladwriaethau. Yn y DU, gall hyn gael ei wneud naill ai trwy basio Deddf Seneddol neu ddarn o ddeddfwriaeth ddirprwyedig fel offeryn statudol. Mae Aelod-wladwriaethau fel arfer yn cael terfyn amser i basio Cyfarwyddebau, ond rhaid i'r Gyfarwyddeb fod yn glir a manwl, heb adael lle i ddisgresiwn.

② Achos sy'n dangos hyn yw Re: Tachographs v UK. Yn yr achos hwn, roedd Cyfarwyddeb yn ei wneud yn orfodol i Aelod-wladwriaethau fynnu bod eu gyrwyr loriau yn gosod peiriannau tacograff yn eu loriau. Mae'r rhain yn cofnodi cyflymder a phellter teithio, gyda'r nod o wella diogelwch y ffyrdd. Roedd y DU wedi methu gweithredu'r Gyfarwyddeb a chawsant ddirwy.

③ Mae Cyfarwyddebau yn rhwymo'r sawl y maent wedi eu cyfeirio atynt yn unig, felly effaith uniongyrchol fertigol sydd iddynt am fod angen eu gweithredu gan lywodraeth yr Aelod-wladwriaeth. Nhw yn unig sydd â rheolaeth dros eu gweithredu. Yr achos a benderfynodd hyn oedd Van Duyn. Byddai'n annheg i Gyfarwyddeb gael effaith uniongyrchol llorweddol am na all pobl gyffredin neu gwmnïau reoli a ydynt yn cael eu pasio neu beidio.

④ Effaith uniongyrchol fertigol yw lle mae'r hawliau sy'n cael eu rhoi mewn cyfraith yn gallu cael eu gorfodi yn erbyn y llywodraeth (y wladwriaeth) ond effaith uniongyrchol llorweddol yw lle maent yn cael eu gorfodi yn erbyn pobl eraill a chwmnïau.

139

⑤ Achos arall sy'n dangos mai effaith fertigol yn unig a gaiff Cyfarwyddebau yw Marshall v Southampton Health Authority. Yn yr achos hwn, roedd Mrs Marshall eisiau dal i weithio nes ei bod yn 65 oed, ond roedd rhaid iddi ymddeol yn 62 oed. Roedd hyn yn gwahaniaethu yn erbyn menywod. Gallodd ddal ati i weithio nes ei bod yn 65 oed am y gallu ddibynnu ar ei hawliau mewn Cyfarwyddeb i drin dynion a menywod yn gyfartal. Y GIG yw'r 'wladwriaeth' felly mae Cyfarwyddebau sydd ag effaith uniongyrchol fertigol yn cael eu gorfodi yn eu herbyn.

Sylwadau'r arholwr

① Paragraff agoriadol da yn dangos sefyllfa Cyfarwyddebau fel deddfwriaeth eilaidd. Gwnaeth Seren yn dda i ddweud eu bod angen gweithredu pellach a hefyd y gallant gael eu gweithredu yn y DU naill ai trwy statud neu offeryn statudol. Mae hefyd yn dechrau ystyried effaith uniongyrchol.

② Mae Seren wedi defnyddio achos da yma i ddangos effaith peidio â gweithredu Cyfarwyddeb.

③ Mae Seren wedi rhoi esboniad a dadansoddiad da yma ac wedi deall cysyniad anodd bod gan Gyfarwyddebau effaith uniongyrchol fertigol yn unig. Mae hefyd wedi crybwyll achos perthnasol Van Duyn er nad yw wedi ehangu arno.

④ Gwnaeth Seren yn dda yma i roi mwy o esboniad o effaith uniongyrchol llorweddol a fertigol. Nid yw'n esboniad gwych, ond mae'n gyffredinol gywir.

⑤ Defnydd da arall o achos allweddol i ddangos effaith fertigol Cyfarwyddebau. Mae wedi deall y ffeithiau ac wedi eu cysylltu ag egwyddor effaith uniongyrchol.

Marc a ddyfarnwyd:
AA1 – 11
AA3 – 1
Cyfanswm = 12 o 14 (86%)

Mae hwn yn ateb cadarn sydd yn dangos gwybodaeth a dealltwriaeth dda o Gyfarwyddebau a'u heffaith. Mae Seren wedi dangos dealltwriaeth dda o gysyniadau allweddol effaith uniongyrchol fertigol a llorweddol ac wedi eu hategu ag ystod dda o awdurdod cyfreithiol. Gallai fod wedi egluro rhai pwyntiau yn llawnach, felly dyna pam mai 11 ac nid 13 a gafodd am y cwestiwn hwn. Yn gyffredinol, ateb da ar gyfer y lefel hon.

b) Gwerthuswch ffynonellau cynradd ac eilaidd cyfraith Ewrop.
(11 marc)

Ateb Tom

① Fel y dywedais uchod, mae Cyfarwyddebau yn fath eilaidd o gyfraith yr UE. Cyfarwyddiadau ydynt i Aelod-wladwriaethau i wneud rhywbeth erbyn amser penodol.

② Mae ffynonellau eraill o gyfraith yr UE. Yn gyntaf, mae Cytuniadau fel Cytuniad Rhufain. Y rhain yw'r cyfreithiau uchaf ac maent yn gyfreithiau cynradd hefyd. Maent yn cael eu llofnodi gan bennau'r llywodraeth yn yr UE. Maent yn gymwys i'r holl Aelod-wladwriaethau a gall pobl ddibynnu arnynt am eu bod yn rhan o'n cyfraith. Enghraifft o gyfraith yw na allwch wahaniaethu rhwng dynion a menywod.

③ Cafodd yr Undeb Ewropeaidd ei sefydlu yn wreiddiol i stopio rhyfel byd arall a gwella perthynas rhwng y gwledydd yn Ewrop.

④ Y ffynhonnell nesaf o reoliadau ac mae'r rhain hefyd yn gyfreithiau cynradd. Maent fel ein deddfau seneddol ac yn gymwys i'r holl Aelod-wladwriaethau, os oes cyfraith y DU sy'n dweud un peth a chyfraith UE sy'n dweud rhywbeth arall, rhaid i ni ddilyn cyfraith yr UE. Enghraifft o reoliad yw y gallwn ddibynnu ar hawliau sy'n cael eu rhoi mewn Cyfarwyddebau yn awtomatig. Mae penderfyniadau hefyd fel ffynhonnell cyfraith.

⑤ Mae Cyfarwyddebau yn eilaidd fel yr wyf wedi ystyried uchod. Mae nifer o achosion sy'n dangos bod cyfraith yr UE yn dirymu Deddfau Seneddol. Un achos yw un y pysgotwyr Sbaenaidd a ddaeth i'r DU i ddwyn ein pysgod am eu bod wedi pysgota'u holl bysgod am y flwyddyn. Cawsant eu gwahardd, ond wedyn fe wnaethon ennill achos a chael pysgota yn y DU. Mae'r achos hwn yn dangos bod cyfraith yr UE yn dirymu cyfraith y DU.

Sylwadau'r arholwr

① Mae hwn yn gamgymeriad cyffredin lle mae myfyrwyr yn cyfeirio'n ôl at rywbeth a drafodwyd yn 'rhan' arall yr ateb. Does dim 'credyd croes' ar gael ar gyfer hyn, felly dylai myfyrwyr drafod y ddwy ran os yw gofynion y cwestiwn yn mynnu hynny. Mae'r cwestiwn hwn yn gofyn am ffynonellau cynradd a ffynonellau eilaidd cyfraith, ac felly mae angen cynnwys Cyfarwyddebau.

② Mae Tom wedi nodi Cytuniadau fel ffynhonnell cyfraith ac wedi deall hefyd sut y daethant i fod (ar lefel sylfaenol). Mae wedi awgrymu maes cyfraith lle cawsant effaith ond methodd ehangu ar hyn na rhoi unrhyw awdurdod cyfreithiol. Mae amrywiaeth o achosion i ddangos 'na allwch wahaniaethu rhwng dynion a menywod' ac roedd angen i Tom ategu ei ateb gan gyfeirio at awdurdod cyfreithiol.

③ Brawddeg sydd ar goll braidd. Nid yw'n berthnasol i'r cwestiwn a ofynnwyd.

④ Mae Tom wedi nodi dwy ffynhonnell arall cyfraith yr UE ar ffurf rheoliadau a phenderfyniadau. Hefyd yn gywir, mae wedi ystyried eu bod â blaenoriaeth dros gyfraith ddomestig os oes gwrthdaro. Yn y frawddeg olaf, mae fel petai'n awgrymu bod y rheoliadau ag effaith uniongyrchol ond nid yw'n gwneud hyn yn amlwg, nac yn gwneud ei ddealltwriaeth yn glir. Byddai angen llawer mwy o ehangu i gael mwy o farciau.

⑤ Mae Tom yn cyfeirio mewn ffordd ddryslyd braidd at achos Factortame. Nid yw'n anghywir wrth gynnwys yr achos hwn ond nid yw wedi dangos ei ddealltwriaeth yn dda iawn. Mae ei fynegiant yn gyfyngedig a dryslyd.

Marc a ddyfarnwyd:
AA2 – 5
AA3 – 1
Cyfanswm = 6 o 11 (55%)

Mae ateb Tom eto yn 'gyfyngedig'. Nid yw wedi datblygu ei bwyntiau ac er iddo wneud yn dda i ystyried prif ffynonellau cyfraith yr UE, mae ei ateb fel petai'n awgrymu ei fod yn deall goruchafiaeth cyfraith yr UE ond nid yw wedi ei ategu gan gyfeiriad at unrhyw awdurdod cyfreithiol ac eithrio am grybwyll Factortame. Mae hwn yn achos pwysig ond mae angen ei egluro yn well.

Cwestiynau ac Atebion

Ateb Seren

① Yn y DU, ffynonellau cynradd cyfraith yw Deddfau Seneddol. Cyfreithiau eilaidd yw offerynnau statudol ac is-ddeddfau. Mae gan yr UE system debyg. Cyfreithiau cynradd yw Cytuniadau a Rheoliadau, a ffynonellau eilaidd yw Cyfarwyddebau a Phenderfyniadau. Yn y traethawd hwn, byddaf yn edrych ar effaith y ffynonellau cyfraith hyn.

② Cytuniadau yw ffynhonnell uchaf cyfraith yr UE. Maent yn uniongyrchol gymwys, sy'n golygu eu bod yn dod yn rhan o gyfraith yr Aelod-wladwriaeth cyn gynted â'u bod yn cael eu pasio, heb i'r Aelod-wladwriaethau orfod gwneud dim byd arall. Enghraifft o Gytuniad yw Cytuniad Rhufain neu'r Cytuniad diweddar ar Weithrediad yr Undeb Ewropeaidd. Mae gan Gytuniadau effaith uniongyrchol fertigol a llorweddol, sy'n golygu bod modd gorfodi'r cyfreithiau yn y Cytuniadau yn erbyn y wladwriaeth ac yn erbyn unigolion neu gwmnïau eraill. Achos sy'n dangos hyn yw Mcarthys v Smith. Roedd Mrs Mcarthy yn cael ei thalu llai na'r dyn a oedd wedi gwneud ei gwaith o'i blaen. Roedd hyn yn gwahaniaethu amlwg yn erbyn menywod. Gofynnodd felly am gyflog cyfartal. Yn ôl Cytuniad Rhufain, dylai dynion a menywod gael eu trin yn gyfartal am wneud yr un gwaith. Er nad oedd cyfraith y DU yn ei hamddiffyn, gallai gael yr hawl dan y Cytuniad er hynny.

③ Rheoliadau yw'r ffynhonnell cyfraith nesaf. Maent fel deddfau seneddol. Os oes gwrthdaro, y Rheoliadau sydd drechaf. Maent wedi cyfyngu ar sofraniaeth seneddol pob Aelod-wladwriaeth. Mae ganddynt effaith uniongyrchol fertigol a llorweddol. Achos sy'n dangos hyn yw un y ffermwr Eidalaidd.

④ Fel y trafodwyd uchod, mae gan Gyfarwyddebau effaith fertigol yn unig, fel y trafodwyd yn achos Van Duyn. Mae'n rhaid eu gweithredu gan Aelod-wladwriaethau, felly byddai'n annheg iddynt allu cael eu gorfodi yn erbyn pobl eraill neu gwmnïau. Mae hyn yn cael ei ddangos hefyd yn achos Marshall v Southampton lle caniatawyd iddi hi barhau i weithio tan ei bod yn 65 oed.

⑤ Disgrifiodd yr Arglwydd Denning y ffordd yr oedd cyfraith yr UE yn effeithio ar gyfraith y DU fel 'llanw yn dod i mewn'. Dywedodd hyn am fod cyfraith yr UE yn awr yn uniongyrchol gymwys yn y DU heb i'r llywodraeth orfod gwneud dim. Dywed A.2(1) Deddf y Cymunedau Ewropeaidd 1972 mai cyfraith yr UE sydd oruchaf. Achos allweddol i ddangos hyn yn y DU yw achos Factortame. Roedd yr achos hwn am bysgotwyr Sbaenaidd a apeliodd yn erbyn y Ddeddf Llongau Masnach a oedd yn eu hatal rhag sefydlu busnes yn y DU. Yr achos hwn oedd y tro cyntaf i Ddeddf Seneddol y DU gael ei rhoi o'r neilltu o blaid polisi cystadlu'r UE.

⑥ Gellir gweld bod cyfraith yr UE yn cael effaith fawr ar gyfraith Aelod-wladwriaethau'r UE. Mae ffynonellau cynradd a ffynonellau eilaidd, ond pa bynnag ffordd, maent yn dirymu cyfraith y wlad honno. Nid yw llawer o bobl yn cytuno â hyn.

Sylwadau'r arholwr

① Paragraff agoriadol da yma lle mae wedi gosod allan safle ffynonellau gwahanol cyfraith yr UE. Mae hefyd wedi cymharu â ffynonellau'r DU.

② Paragraff da iawn lle mae Seren wedi dangos dealltwriaeth am Gytuniadau. Mae wedi cynnwys termau allweddol fel uniongyrchol gymwys, effaith uniongyrchol fertigol a llorweddol. Gwnaeth yn dda hefyd i roi dwy enghraifft o Gytuniadau ac achos cywir, wedi i egluro'n dda.

③ Nid yw Seren fel petai'n cofio achos Leonesio yma. Mae wedi defnyddio tacteg dda yma o grybwyll achos lle na all gofio'r enw. Dylai myfyrwyr gael eu hannog i wneud hyn pan na fedrant gofio enw'r achos. Gallai fod wedi egluro'r achos hwn ymhellach, er hynny.

④ Er bod Seren wedi cyfeirio at waith a drafododd yn rhan (a), mae wedi ailadrodd y prif bwyntiau yma. Mae hyn yn bwysig am nad oes 'credyd croes' ar gael.

⑤ Paragraff da iawn yn ymgorffori llawer o wybodaeth berthnasol. Mae hyn yn dda o fewn y terfyn amser a'r amodau. Gwnaeth yn dda i grybwyll a.2(1) a hefyd sylwadau'r Arglwydd Denning. Gwnaeth yn dda hefyd i ddyfynnu achos Factortame fel awdurdod cyfreithiol. Mae hyn yn rhoi ffocws da i'r cwestiwn ac wedi rhoi gwerthusiad da o ffynonellau cyfraith yr UE.

⑥ Da gweld casgliad gan mai cwestiwn traethawd yw hwn.

Marc a ddyfarnwyd:
AA2 – 9
AA3 – 2
Cyfanswm = 11 o 11 (100%)

Ateb cadarn sy'n trafod llawer o'r materion yn ymwneud â'r cwestiwn. Llwyddodd i ystyried pob ffynhonnell cyfraith, ac er nad yw'n ateb perffaith, gwnaeth yn ddigon da i haeddu marc llawn. Mae gan ei hateb rychwant da a chyfeiriad cywir at dermau cyfreithiol allweddol ac awdurdod sy'n dangos dealltwriaeth sylfaenol dda o gyfraith yr UE ac effaith uniongyrchol.

Mynegai

achosion sifil
   rôl rheithgorau 13
   rôl Ynadon 60
achosion traddodi 22
achosion troseddol
   rôl rheithgorau 13
   rôl Ynadon 60
Adolygiad Auld 2001 14, 16, 17, 30
adolygiad barnwrol 43, 62, 73, 83
Adolygiad yr Arglwydd Carter 50
ADR gweler Dull Amgen o Ddatrys Anghydfod
adrodd yn fanwl gywir am y gyfraith 74
adroddiad cyn-dedfrydu 21
Adroddiad Wolfenden 1957 10
amheuaeth resymol (y tu hwnt i) 13, 31
annibyniaeth farnwrol 64–65
apelio (gweithdrefn) 32–34
Arglwydd Ganghellor 59, 61, 62–63, 64, 65, 71
Asiantaeth Cymorth Cyfreithiol 45, 46, 47, 48
Auld gweler Adolygiad Auld 2001

baich y prawf 31
bargeinio ple 22
bargyfreithwyr
   cwynion yn erbyn 68
   cymwysterau 68
   materion cynrychioli 68–69
   rôl 67–68
barnwriaeth/barnwyr
   barnwyr yn gwneud cyfreithiau 76
   beirniadaeth 65
   diwygio'r farnwriaeth 65
   hierarchaeth 62
   hyfforddi 64
   proses penodiadau 63
   rôl 62
Bil Hawliau 11, 51, 53, 54
Bil Newid Hinsawdd 72

Carter gweler Adolygiad yr Arglwydd Carter
CCRC gweler Comisiwn Adolygu Achosion Troseddol
CG gweler Comisiwn y Gyfraith
CJEU gweler Llys Cyfiawnder yr Undeb Ewropeaidd

CLS gweler Gwasanaeth Cyfreithiol Cymunedol
Cod Ariannu 46
Cod i Erlynwyr y Goron 28–29
   prawf budd y cyhoedd 28, 29
   prawf tystiolaethol 28, 29
   Y Prawf Cod Llawn 28, 29
   Y Prawf Trothwy 28, 29
Comisiwn Adolygu Achosion Troseddol (CCRC: Criminal Cases Review Commission) 33–34
Comisiwn Cydraddoldeb a Hawliau Dynol 54
Comisiwn Ewropeaidd 55, 56
Comisiwn Gwasanaethau Cyfreithiol (LSC: Legal Services Commission) 45, 46, 50
Comisiwn y Gyfraith (CG/LC: Law Commission) 63, 70, 71, 72, 76, 81
Confensiwn Ewropeaidd ar Hawliau Dynol (ECHR: European Convention on Human Rights) 15, 16, 21, 23, 24, 25, 31, 32, 37, 46, 47, 51, 53, 54, 81, 93
Confensiwn Ewropeaidd ar Hawliau Dynol a Rhyddid Sylfaenol 51
CPS gweler Gwasanaeth Erlyn y Goron
croesholi 22
Cydbwyllgor ar Offerynnau Statudol 83
cyfansoddiad 11–12, 53, 86, 89
Cyfarwyddwr Erlyniadau Cyhoeddus (DPP: Director of Public Prosecutions) 27, 28, 30
cyflafareddu 39
cyflawniad llythrennol 20
cyfraith camwedd 9
cyfraith contract 9, 76
cyfraith gwlad 18–20
cyfraith naturiol 9
cyfreithwyr
   cwynion yn erbyn 67
   materion cynrychioli 68–69
   rôl 66–67
Cyfrin Gyngor 35, 62, 74, 75, 77, 82
cyfryngu 38, 40
Cyngor Ewrop 55
Cyngor yr Undeb Ewropeaidd 55
cylchdeithiau 18

cymesuredd disgynnol 55
cymodi 40
cymorth cyfreithiol 45–50, 63
cymorth cyfreithiol sifil 45–47
cymorth cyfreithiol troseddol 45–49
cynsail barnwrol 73–77
   anfanteision 77
   manteision 77
cytundebau ffioedd amodol 46, 47, 49–50
   anfanteision 50
   manteision 50
Cytuniad Lisbon 2009 54, 55, 85
cywiro 20

Dadl Hart–Devlin 10
dadwneuthuriad contract 20
Datganiad Ymarfer Tŷ'r Arglwyddi 1966 75
datgeliad 22, 38
Deddf Ailgylchu Gwastraff Cartrefi 2003 72
Deddf Apeliadau Troseddol 1995 32, 33
Deddf Camddefnyddio Cyfrifiaduron 1990 71
Deddf Cyfiawnder Troseddol 2003 14, 16, 23, 25, 30, 70
Deddf Cyfiawnder Troseddol a Threfn Gyhoeddus 1994 24, 25
Deddf Cyflafareddu 1996 37, 39
Deddf Cymorth Cyfreithiol, Dedfrydu a Chosbi Troseddwyr 2012 (LASPO: Legal Aid, Sentencing and Punishment of Offenders Act) 24, 36, 45–47, 49
Deddf Cysylltiadau Hiliol (Diwygio) 2000 70
Deddf Diwygio Cyfansoddiadol 2005 12, 62–65, 77
Deddf Erlyniad Troseddau 1985 27–28
Deddf Ffrwythloni Dynol ac Embryoleg 1990, 2008 10
Deddf Gwasanaeth Amddiffyn Troseddol 2006 48
Deddf Gwasanaethau Cyfreithiol 2007 67, 69
Deddf Gwerthiant Nwyddau 1994 71
Deddf Gwrthderfysgaeth, Trosedd a Diogelwch 2001 25
Deddf Hawliau Dynol (HRA: Human Rights Act) 1998 11–12, 21, 51–54, 62, 64, 72, 73, 75, 80, 81

Mynegai

Deddf Llysoedd a Gwasanaethau Cyfreithiol 1990 49, 64, 66, 69
Deddf Llywodraeth Cymru 2006 82, 83
Deddf Mechnïaeth 1976 24, 25, 26
Deddf Mynediad at Gyfiawnder 1999 45–46, 48, 49, 66, 69, 70
Deddf Plant 1989 71
Deddf Rheithgorau 1974 13, 14
Deddf Telerau Contract Annheg 1977 71
Deddf Tribiwnlysoedd ac Ymchwiliadau 1958 42
Deddf Tribiwnlysoedd, Llysoedd a Gorfodaeth 2007 41–43, 63, 69
Deddf Trosedd ac Anhrefn 1998 22, 25
Deddf y Cymunedau Ewropeaidd 1972 55, 85, 89
Deddf y Goruchaf Lys 1981 13
Deddf y Llysoedd 2003 59
Deddf Ynadon Heddwch 1997 59
Deddf yr Heddlu a Thystiolaeth Droseddol 1984 23, 25, 70
Deddf yr Iaith Gymraeg 1993 72
deddfwriaeth ddirprwyedig 82–84
    anfanteision 84
    diffiniad 82
    ffurfiau 82–83
    manteision 84
    rheoli 83
dehongli statudau
    cymhorthion 80–81
    ffurfio statudau 78–79
    rheol drygioni 79
    rheol euraidd 79
    rheol lythrennol 78–79
    ymagwedd fwriadus 79, 81
deiseb unigol 52
Devlin gweler Dadl Hart–Devlin
dirmyg llys 15, 17
Diwygiadau Woolf 35–38, 70
diwygio'r gyfraith
    carfanau pwyso 72
    Comisiwn y Gyfraith 63, 70, 71, 72, 76, 81
    pwyllgorau ymgynghorol 70
DPP gweler Cyfarwyddwr Erlyniadau Cyhoeddus
Dull Amgen o Ddatrys Anghydfod (*ADR: Alternative Dispute Resolution*) 37, 38, 39–40, 41, 43, 44

ECHR gweler Confensiwn Ewropeaidd ar Hawliau Dynol
ecwiti 18–20
    rhwymedïau ecwitïol 19, 20
effaith anuniongyrchol 86, 88
effaith uniongyrchol 85–87, 88, 89
elfen rwymol 74
esgusodi dewisol 14, 16, 19, 20
estopel ecwitïol 19, 20
EU gweler Undeb Ewropeaidd
Gorchmynion y Cyfrin Gyngor 82
gorchymyn costau yn erbyn 39
gorchymyn chwilio 18, 20
gorchymyn rhewi 18, 20
gorfodeb 19, 20
Goruchaf Lys 31–32, 35, 53, 62, 63, 65, 73, 74, 77, 83, 88
gwahaniad pwerau 11, 62
gwaharddebau
    gwaharddeb waharddiadol 19, 20, 74
    gwaharddeb yng nghwrs achos 19, 20
    uwch-waharddeb 20
Gwasanaeth Amddiffyn Troseddol 45–46
Gwasanaeth Cyfreithiol Cymunedol (*CLS: Community Legal Service*) 45–46
Gwasanaeth Erlyn y Goron (*CPS: Crown Prosecution Service*) 27–30
    diwygio 29–30
gwirebau ecwiti 19
gwrandawiadau gweinyddol cynnar 21, 22, 23
Hansard 81
Hart gweler Dadl Hart–Devlin
heriau
    her am reswm 14
    mae'r Goron yn eich hepgor 14
HRA gweler Deddf Hawliau Dynol 1998
iawndal 18, 20, 49
is-ddeddfau 82, 84
iwtilitariaeth 9
LASPO gweler Deddf Cymorth Cyfreithiol, Dedfrydu a Chosbi Troseddwyr 2012
LC gweler Comisiwn y Gyfraith
LSC gweler Comisiwn Gwasanaethau Cyfreithiol
Llys Apêl 9, 16, 19, 31–33, 35, 37, 42, 43, 62, 65, 73, 74, 75, 76, 79
Llys Cyfiawnder yr Undeb Ewropeaidd (*CJEU: Court of Justice of the European Union*) 35, 52, 54, 56, 73, 85, 89

Llys Gwrandawiad Cyntaf 56
Llys Hawliau Dynol Ewrop 16, 35, 52, 53, 73
Llys Ieuenctid 59, 60, 61
Llys Mân Hawliadau 35, 37, 38
Llys Sirol 14, 35, 37, 62, 73
Llys y Crwner
    rôl rheithgorau 13
Llys y Goron 13, 15, 21, 22, 25, 27, 31–32, 48, 49, 59, 60, 62, 73
Llys Ynadon 13, 15, 21, 22, 23, 25, 27, 31–32, 45, 48–49, 59–61, 62, 66, 73
llysoedd
    hierarchaeth y llysoedd 73
    hierarchaeth y Llysoedd Sifil 35
    hierarchaeth y Llysoedd Troseddol 31
Llywodraeth Cymru 82–83
mechnïaeth 23–26
    anfanteision 26
    manteision 26
    mechnïaeth stryd 23
meichiau 24
mens rea 80
Mesur y Gymraeg (Cymru) 2011 72
moesoldeb
    rôl moesoldeb yn y gyfraith 9
    y gwahaniaeth rhwng y gyfraith a moesoldeb 9
obiter dicta 74, 77
Offerynnau Statudol 82, 83, 84
    penderfyniad cadarnhaol 82, 83
    penderfyniad negyddol 82, 83, 84
partïon gwrthwynebus 36
Prif Erlynydd y Goron 27, 29
proffesiwn y gyfraith
    bargyfreithwyr 67–69
    cyfreithwyr 66–67
    diwygiadau 69
Protocolau Cyn-Cyfreitha 36, 38
Pwyllgor Warnock 10
ratio decidendi 74, 77
rheithfarn ddisynnwyr 15, 17
rheithgorau 13–17, 21, 22, 27, 31, 32, 36
    achosion sifil 13
    achosion troseddol 13
    anfanteision 15–16
    bod yn anghymwys 14
    dethol rheithwyr 14

diwygiadau 17
esgusodi 14
gohirio 14
gwysio'r rheithgor 14
heriau 14–15
Llys y Crwner 13
manteision 15
rôl 13
rheithgor crog 13
yn cynrychioli cymdeithas 16
rheol drygioni 79
rheol euraidd 79
rheol lythrennol 78–79
rheol y 'rhes cabiau' 67
Rheolaeth Cyfraith 10, 11–12, 62, 65
Rheolau Trefniadaeth Sifil 1998 36–37, 39, 42
rhwymedïau 18, 19, 20, 35
safon y prawf 13, 35
Senedd 9, 11–12, 54, 55, 56, 62, 63, 64, 65, 70, 71, 72, 76, 77, 78, 79, 81, 82, 83, 84, 85, 89
goruchafiaeth y Senedd 11–12, 79
Senedd Ewrop 55
sofraniaeth seneddol 11, 52, 56, 79, 89

tegwch 16, 18, 42
trafod 40
tribiwnlys cyflogaeth 41, 43
tribiwnlys domestig 41
tribiwnlys gweinyddol 41
tribiwnlysoedd 41–44, 47, 50, 63, 88
anfanteision 44
manteision 44
troseddau ditiadwy 21, 22, 23, 59
troseddau neillffordd profadwy 21, 22, 60
troseddau ynadol 21, 23, 60
trosglwyddo eithriadol 12
Tŷ'r Arglwyddi 53, 62, 63, 64, 65, 68, 73, 74, 75, 76, 77, 78, 79, 81, 83, 89
tystiolaeth achlust 28
tystiolaeth dderbyniol 28

Uchel Lys 31–32, 35, 62, 73
UE gweler Undeb Ewropeaidd
ultra vires 82, 83
Undeb Ewropeaidd (UE/*EU: European Union*)
aelodaeth 11, 55, 79
ffynonellau cyfraith 85–89
sefydliadau 55–56
uwchgynadleddau 55

Warnock gweler Pwyllgor Warnock
Wolfenden gweler Adroddiad Wolfenden 1957
Woolf gweler Diwygiadau Woolf

ymagwedd fwriadus 79, 81
Ynadon
anfanteision 61
cefndir 61
hyfforddi 60–61
manteision 61
penodi 59
rôl 60–61
Ysbytai'r Brawdlys 68